Annuaire

Yearbook

2022-2023

Le présent ouvrage a été réalisé par le Greffe de la Cour internationale de Justice

This book has been produced by the Registry of the International Court of Justice

Photographie de couverture :
© Photo ONU/CIJ-ICJ/Frank van Beek

Cover photo:
© UN Photo/ICJ-CIJ/Frank van Beek

ISSN 0074-445X
ISBN 978-92-1-003435-7
eISBN 978-92-1-107082-8

Nº de vente : Sales number 1312

IMPRIMÉ EN FRANCE/PRINTED IN FRANCE

ANNUAIRE

2022-2023

YEARBOOK

2022-2023

COUR INTERNATIONALE DE JUSTICE

ANNUAIRE

2022-2023

Palais de la Paix, Carnegieplein 2, 2517 KJ, La Haye, Pays-Bas
Téléphone : +31 (0) 70 302 23 23
Site Internet : www.icj-cij.org
Compte X : @CIJ_ICJ
Chaîne YouTube : CIJ ICJ
Page LinkedIn : Cour internationale de Justice (CIJ)

INTERNATIONAL COURT OF JUSTICE

YEARBOOK

2022-2023

Peace Palace, Carnegieplein 2, 2517 KJ, The Hague, Netherlands
Telephone: +31 (0) 70 302 23 23
Website: www.icj-cij.org
X account: @CIJ_ICJ
YouTube channel: CIJ ICJ
LinkedIn page: International Court of Justice (ICJ)

Avant-propos

Publié depuis 1947, l'*Annuaire* de la Cour internationale de Justice présente, dans un format bilingue, des informations au sujet de l'activité judiciaire de la Cour, de son organisation, de sa compétence, ainsi que de la procédure suivie par elle.

Le présent volume de l'*Annuaire*, qui porte sur la période allant du 1er août 2022 au 31 juillet 2023, constitue le soixante-dix-septième volume de cette publication annuelle.

L'*Annuaire*, rédigé par le Greffe de la Cour, n'engage cette dernière d'aucune façon. Les résumés des décisions qui y figurent ne sauraient être invoqués à l'encontre du texte même de celles-ci, dont ils ne constituent pas une interprétation.

Le greffier de la Cour

Philippe Gautier

Foreword

Published since 1947, the *Yearbook* of the International Court of Justice provides information in a bilingual format on its judicial activities, organization and jurisdiction, together with the procedure that it follows.

The present volume of the *Yearbook*, covering the period from 1 August 2022 to 31 July 2023, is the seventy-seventh in this annual series.

The *Yearbook* is produced by the Registry and in no way involves the responsibility of the Court. The summaries of decisions that it contains cannot be invoked against the actual texts of those decisions and do not constitute an interpretation of them.

Philippe Gautier

Registrar of the Court

SOMMAIRE

SUMMARY

INTRODUCTION

La Cour internationale de Justice (CIJ), qui a son siège au Palais de la Paix, à La Haye (Pays-Bas), est l'organe judiciaire principal de l'Organisation des Nations Unies (ONU). Elle a été instituée en juin 1945 par la Charte des Nations Unies et a entamé ses activités en avril 1946.

La Cour est le seul des six organes principaux des Nations Unies dont le siège n'est pas à New York. Elle a eu pour devancière la Cour permanente de Justice internationale (CPJI), instituée par le Pacte de la Société des Nations en 1920 et dissoute en 1946. Composée de quinze juges, élus pour un mandat de neuf ans par l'Assemblée générale et le Conseil de sécurité des Nations Unies, la CIJ est indépendante du Secrétariat des Nations Unies. Elle est assistée par un Greffe, son propre secrétariat international, dont l'activité revêt un aspect judiciaire et diplomatique, ainsi qu'un aspect administratif. Ses langues officielles sont le français et l'anglais.

La CIJ est la seule juridiction universelle à compétence générale. Sa mission est double : d'une part, la Cour règle conformément au droit international les différends d'ordre juridique qui lui sont soumis par les États (par des arrêts qui ont force obligatoire immédiate et ne sont pas susceptibles d'appel) et, d'autre part, elle donne des avis consultatifs sur les questions juridiques qui lui sont soumises par les organes des Nations Unies et les institutions du Système dûment autorisés à le faire.

L'*Annuaire* présente, dans une première partie, l'ensemble de l'activité de la Cour — tant sur le plan judiciaire que sur un plan plus général — entre le 1er août 2022 et le 31 juillet 2023. Sont ensuite exposés, dans une deuxième partie, l'organisation de la Cour au travers de sa structure et de son administration et, dans une troisième partie, le fonctionnement de la Cour sous l'angle de sa compétence et des procédures suivies par elle.

Des annexes retraçant l'histoire de la Cour et sa pratique de 1946 à nos jours viennent compléter les différentes parties de l'ouvrage.

INTRODUCTION

The International Court of Justice (ICJ), which has its seat at the Peace Palace, in The Hague (Netherlands), is the principal judicial organ of the United Nations. It was established by the Charter of the United Nations in June 1945 and began its activities in April 1946.

Of the six principal organs of the United Nations, it is the only one not located in New York. It had as its predecessor the Permanent Court of International Justice (PCIJ), which was instituted by the Covenant of the League of Nations in 1920 and was dissolved in 1946. Composed of fifteen judges elected for a nine-year term by the General Assembly and the Security Council of the United Nations, the ICJ is independent of the United Nations Secretariat. It is assisted by a Registry, its own international secretariat, whose activities are both judicial and diplomatic, as well as administrative. Its official languages are English and French.

The ICJ is the only court of a universal character with general jurisdiction. It has a two-fold role: first, to settle, in accordance with international law, legal disputes submitted to it by States (its judgments have immediate binding force and are without appeal); and, second, to give advisory opinions on legal questions referred to it by duly authorized United Nations organs and agencies of the System.

The first part of the *Yearbook* sets out the Court's activities — both judicial and more general — between 1 August 2022 and 31 July 2023. The second part focuses on the organization of the ICJ through its structure and administration, and the third part on the functioning of the Court through its jurisdiction and the procedures that it follows.

Annexes describing the history of the Court and its practice since 1946 supplement the various parts of the publication.

PREMIÈRE PARTIE

ACTIVITÉ DE LA COUR ENTRE LE 1er AOÛT 2022 ET LE 31 JUILLET 2023

I. Activités judiciaires

A. *Présentation générale*

La première affaire inscrite au rôle général de la Cour *(Détroit de Corfou (Royaume-Uni c. Albanie))* a été introduite le 22 mai 1947. Entre cette date et le 31 juillet 2023, la Cour a été saisie de 161 affaires contentieuses et 29 procédures consultatives ont été engagées devant elle (la liste détaillée figure en annexe 1 du présent *Annuaire*, p. 186). Elle a en tout rendu 145 arrêts et 28 avis consultatifs. Elle a par ailleurs rendu 634 ordonnances, dont 451 portaient sur des questions de délais (fixation ou prorogation) pour le dépôt de pièces de procédure, et les 183 autres sur des points plus substantiels (mesures conservatoires, demandes reconventionnelles, intervention, radiation du rôle, désignation d'experts, etc.).

Évolution du nombre d'affaires portées devant la Cour (1946-2023)

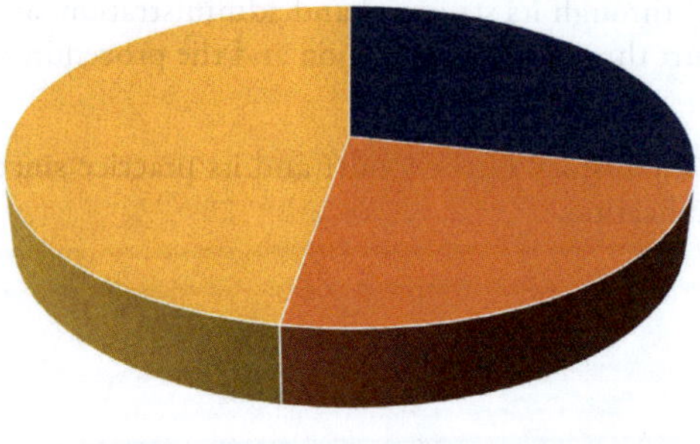

1. *Nouvelles affaires*

Au cours de la période considérée aux fins du présent *Annuaire*, cinq nouvelles affaires contentieuses et deux procédures consultatives ont été portées devant la Cour.

Le 29 septembre 2022, la Guinée équatoriale a déposé une requête introductive d'instance contre la France au sujet d'un différend ayant trait à la violation alléguée, par cette dernière, de ses obligations au titre de la convention des Nations Unies contre la corruption du 31 octobre 2003, au motif qu'elle ne lui aurait pas restitué les biens « qui constituent le produit d'un crime de détournement de fonds public[s] à son préjudice, y compris un

PART ONE

ACTIVITY OF THE COURT BETWEEN 1 AUGUST 2022 AND 31 JULY 2023

I. Judicial Activity

A. General Overview

The first case entered in the General List of the Court *(Corfu Channel (United Kingdom* v. *Albania))* was submitted on 22 May 1947. Between then and 31 July 2023, 161 contentious cases and 29 advisory procedures have been brought before the Court (the full list of the proceedings can be found in Annex 1 of this *Yearbook*, p. 187). In all, the Court has rendered 145 Judgments and 28 Advisory Opinions. It has also made 634 Orders. While 451 of those Orders concern the fixing or extension of time-limits for the filing of written pleadings, the other 183 relate to more substantive matters (provisional measures, counter-claims, intervention, discontinuance, appointment of experts, etc.).

Growth in number of cases before the Court (1946-2023)

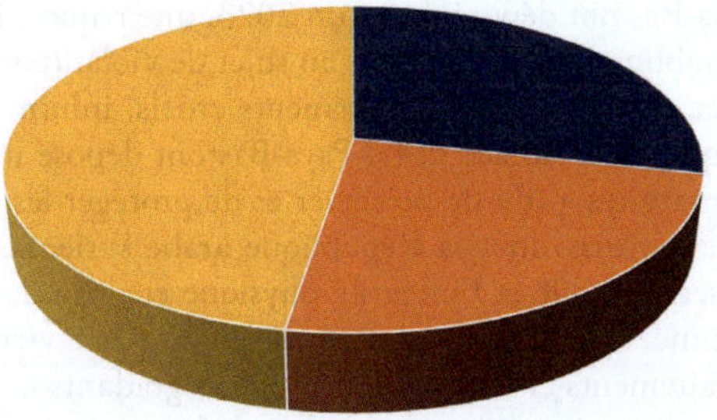

1. New cases

During the period under review in this *Yearbook*, five new contentious cases and two advisory proceedings were brought before the Court.

On 29 September 2022, Equatorial Guinea filed an Application instituting proceedings against France with regard to a dispute concerning the alleged violation, by France, of its obligations under the United Nations Convention against Corruption of 31 October 2003, on the grounds that France had not returned to Equatorial Guinea "property . . . which constitutes the proceeds of a crime of misappropriation of public funds committed against bien immobilier dont elle était le propriétaire effectif et légitime avant sa confiscation par la France». La requête était accompagnée d'une demande en indication de mesures conservatoires visant, selon la Guinée équatoriale, à protéger son droit «à la restitution de l'immeuble sis 40-42 avenue Foch» contre le risque de préjudice imminent et irréparable auquel ce droit est exposé.

Le 16 novembre 2022, le Belize a introduit une instance contre le Honduras au sujet d'un différend concernant la souveraineté sur les cayes de Sapodilla/cayes Zapotillos. Dans sa requête, le Belize rappelle que, « [d]epuis le début du XIXe siècle, les cayes de Sapodilla font partie du territoire du Belize, ayant relevé de l'établissement de Belize, puis de la colonie du Honduras britannique et enfin, à partir de 1981, de l'État indépendant du Belize». Le demandeur affirme que, « [a]u regard du droit international, le Belize a souveraineté sur les cayes de Sapodilla», et que « [l]a revendication du Honduras sur celles-ci, énoncée dans sa Constitution de 1982, qui demeure en vigueur en ce qui concerne le droit interne hondurien, n'a pas de fondement en droit international».

Le 30 décembre 2022, l'Assemblée générale des Nations Unies a adopté la résolution 77/247, dans laquelle, se référant à l'article 65 du Statut de la Cour, elle prie la Cour de donner un avis consultatif relatif aux conséquences juridiques découlant des politiques et pratiques d'Israël dans le Territoire palestinien occupé, y compris Jérusalem-Est. La demande d'avis consultatif a été transmise à la Cour par le Secrétaire général des Nations Unies par une lettre datée du 17 janvier 2023 et reçue au Greffe le 19 janvier 2023.

Le 29 mars 2023, l'Assemblée générale des Nations Unies a adopté la résolution 77/276, dans laquelle, se référant à l'article 65 du Statut de la Cour, elle prie la Cour de donner un avis consultatif sur les «obligations des États à l'égard des changements climatiques». La demande d'avis consultatif a été transmise à la Cour par le Secrétaire général des Nations Unies par une lettre datée du 12 avril 2023 et reçue au Greffe le 17 avril 2023.

Le Canada et les Pays-Bas ont déposé, le 8 juin 2023, une requête introductive d'instance conjointe contre la République arabe syrienne, au sujet de violations alléguées de la convention contre la torture et autres peines ou traitements cruels, inhumains ou dégradants. En même temps que la requête, le Canada et les Pays-Bas ont déposé une demande en indication de mesures conservatoires «afin de préserver et de protéger les droits que leur confère la convention contre la torture, dont la République arabe syrienne continue de violer les dispositions, et de préserver la vie et l'intégrité physique et mentale des personnes, qui, en République arabe syrienne, sont actuellement ou risquent d'être victimes d'actes de torture et d'autres peines ou traitements cruels, inhumains ou dégradants».

Par une requête déposée le 27 juin 2023, la République islamique d'Iran a introduit une instance contre le Canada concernant des allégations de violations de ses immunités. Dans sa requête, l'Iran affirme que, depuis 2012, « [l]e Canada a adopté et mis en œuvre une série de mesures législatives, administratives et judiciaires contre l'Iran et ses biens, au mépris des obligations internationales qui lui incombent». Selon la demanderesse, ces mesures auraient «privé l'Iran des immunités auxquelles il a droit, pour ce qui est tant de l'immunité de juridiction que de l'immunité à l'égard des mesures de contrainte».

Le 4 juillet 2023, le Canada, le Royaume-Uni, la Suède et l'Ukraine ont déposé une requête introductive d'instance conjointe contre la République islamique d'Iran au sujet d'un différend relatif à la convention pour la répression d'actes illicites dirigés contre la sécurité de l'aviation civile. Dans leur requête, le Canada, le Royaume-Uni, la Suède et l'Ukraine affirment que l'Iran a manqué à une série d'obligations lui incombant au titre de cette convention, du fait de la destruction, par des soldats du Corps des gardiens de la révolution it, including immovable property of which it was the effective and legitimate owner before its confiscation by France". The Application was accompanied by a Request for the indication of provisional measures which, according to Equatorial Guinea, sought to protect its right to "the return of the building located at 40-42 avenue Foch" from imminent and irreparable prejudice.

On 16 November 2022, Belize instituted proceedings against Honduras with regard to a dispute concerning sovereignty over the Sapodilla Cayes/Cayos Zapotillos. In its Application, Belize recalls that, "[s]ince the early nineteenth century, the Sapodilla Cayes have formed part of the territory of Belize, initially as part of the settlement of Belize and later the colony of British Honduras, and since 1981 as part of the independent State of Belize". The Applicant states that, "[u]nder international law, Belize is sovereign over the Sapodilla Cayes" and that "[t]he Honduran claim to the Sapodilla Cayes, articulated in its 1982 Constitution, which remains in force as a matter of the internal law of Honduras, has no basis in international law".

On 30 December 2022, the General Assembly adopted resolution 77/247 in which, referring to Article 65 of the Statute of the Court, it requests the Court to give an advisory opinion on the legal consequences arising from the policies and practices of Israel in the Occupied Palestinian Territory, including East Jerusalem. The Request for an advisory opinion was transmitted to the Court by the Secretary-General of the United Nations by a letter dated 17 January 2023 and received in the Registry on 19 January 2023.

On 29 March 2023, the General Assembly of the United Nations adopted resolution 77/276 in which, referring to Article 65 of the Statute of the Court, it requests the Court to give an advisory opinion on the "obligations of States in respect of climate change". The Request for an advisory opinion was transmitted to the Court by the Secretary-General of the United Nations by a letter dated 12 April 2023 and received in the Registry on 17 April 2023.

On 8 June 2023, Canada and the Netherlands filed a joint Application instituting proceedings against the Syrian Arab Republic concerning alleged violations of the Convention against Torture and Other Cruel, Inhuman or Degrading Treatment or Punishment. The Application was accompanied by a Request for the indication of provisional measures "to preserve and protect the rights owed to them under the Convention against Torture, which Syria continues to violate, and protect the lives and physical and mental integrity of individuals within Syria who are currently, or are at risk of, being subjected to torture and other cruel, inhuman or degrading treatment or punishment".

By an Application filed on 27 June 2023, the Islamic Republic of Iran instituted proceedings against Canada concerning alleged violations of State immunities. In its Application, Iran contends that, since 2012, "Canada has adopted and implemented a series of legislative, executive, and judicial measures against Iran and its property in breach of its international obligations". According to the Applicant, these measures "have abrogated the immunities to which Iran is entitled, both with respect to jurisdictional immunity and immunity from measures of constraint".

On 4 July 2023, Canada, Sweden, Ukraine and the United Kingdom filed a joint Application instituting proceedings against the Islamic Republic of Iran concerning a dispute under the Convention for the Suppression of Unlawful Acts against the Safety of Civil Aviation. In their Application, Canada, Sweden, Ukraine and the United Kingdom claim that Iran has violated a series of obligations under this Convention as a result of the shooting down on 8 January 2020 of a civil aircraft in service, Ukraine International Airlines Flight PS752, iranienne, d'un aéronef civil en service, l'appareil de la compagnie Ukraine International Airlines assurant le vol PS752, le 8 janvier 2020. L'ensemble des 176 passagers et membres de l'équipage qui se trouvaient à bord de l'avion, parmi lesquels de nombreux ressortissants et résidents des États demandeurs, ont trouvé la mort.

2. *Audiences*

Entre le 1er août 2022 et le 31 juillet 2023, la Cour a tenu des audiences publiques en six affaires.

La Cour a tout d'abord tenu, du 19 au 23 septembre 2022, des audiences publiques portant sur le fond en l'affaire relative à *Certains actifs iraniens (Iran c. États-Unis d'Amérique).*

Par la suite, du 17 au 22 novembre 2022, elle a tenu des audiences publiques portant sur l'exception préliminaire soulevée par le Venezuela en l'affaire de la *Sentence arbitrale du 3 octobre 1899 (Guyana c. Venezuela).*

Du 5 au 9 décembre 2022, la Cour a tenu des audiences publiques portant sur le fond en l'affaire relative à la *Question de la délimitation du plateau continental entre le Nicaragua et la Colombie au-delà de 200 milles marins de la côte nicaraguayenne (Nicaragua c. Colombie).*

Elle a également tenu, le 30 janvier 2023, des audiences publiques consacrées à la demande en indication de mesures conservatoires présentée, le 22 décembre 2022, par l'Arménie en l'affaire relative à l'*Application de la convention internationale sur l'élimination de toutes les formes de discrimination raciale (Arménie c. Azerbaïdjan).*

Le 31 janvier 2023, la Cour a tenu des audiences publiques sur la demande en indication de mesures conservatoires présentée, le 4 janvier 2023, par l'Azerbaïdjan en l'affaire relative à l'*Application de la convention internationale sur l'élimination de toutes les formes de discrimination raciale (Azerbaïdjan c. Arménie).*

Enfin, du 6 au 14 juin 2023, la Cour a tenu des audiences publiques consacrées au fond en l'affaire relative à l'*Application de la convention internationale pour la répression du financement du terrorisme et de la convention internationale sur l'élimination de toutes les formes de discrimination raciale (Ukraine c. Fédération de Russie).*

3. *Décisions*

Au cours de la période considérée, la Cour a rendu 25 décisions, à savoir 4 arrêts et 21 ordonnances.

Le 1er décembre 2022, la Cour a rendu son arrêt sur le fond en l'affaire relative au *Différend concernant le statut et l'utilisation des eaux du Silala (Chili c. Bolivie),* y compris sur les demandes reconventionnelles de la Bolivie. Le 30 mars 2023, elle a rendu son arrêt sur le fond en l'affaire relative à *Certains actifs iraniens (République islamique d'Iran c. États-Unis d'Amérique).* Le 6 avril 2023, elle a rendu son arrêt sur l'exception préliminaire soulevée par le Venezuela en l'affaire de la *Sentence arbitrale du 3 octobre 1899 (Guyana c. Venezuela).* Enfin, le 13 juillet 2023, elle a rendu son arrêt sur le fond en l'affaire relative à la *Question de la délimitation du plateau continental entre le Nicaragua et la Colombie au-delà de 200 milles marins de la côte nicaraguayenne (Nicaragua c. Colombie).*

En tout, la Cour a rendu 21 ordonnances pendant la période considérée. Par une ordonnance datée du 4 octobre 2022, la Cour a indiqué les points qu'elle voulait voir spécialement étudier par les Parties dans le cadre de la procédure orale en l'affaire relative à la by military personnel of Iran's Islamic Revolutionary Guard Corps. All 176 passengers and crew aboard the flight, many of whom were nationals and residents of the applicant States, were killed.

2. *Hearings*

Between 1 August 2022 and 31 July 2023, the Court held public hearings in six cases.

First, from 19 to 23 September 2022, it held public hearings on the merits in the case concerning *Certain Iranian Assets (Islamic Republic of Iran* v. *United States of America).*

Second, from 17 to 22 November 2022, the Court held public hearings on the preliminary objection raised by Venezuela in the case concerning the *Arbitral Award of 3 October 1899 (Guyana* v. *Venezuela).*

Third, from 5 to 9 December 2022, the Court held public hearings on the merits in the case concerning the *Question of the Delimitation of the Continental Shelf between Nicaragua and Colombia beyond 200 Nautical Miles from the Nicaraguan Coast (Nicaragua* v. *Colombia).*

Fourth, on 30 January 2023, it held public hearings on the request for the indication of provisional measures submitted by Armenia on 22 December 2022 in the case concerning *Application of the International Convention on the Elimination of All Forms of Racial Discrimination (Armenia* v. *Azerbaijan).*

Fifth, on 31 January 2023, the Court held public hearings on the request for the indication of provisional measures submitted by Azerbaijan on 4 January 2023 in the case concerning the *Application of the International Convention on the Elimination of All Forms of Racial Discrimination (Azerbaijan* v. *Armenia).*

Finally, from 6 to 14 June 2023, the Court held public hearings on the merits of the case concerning the *Application of the International Convention for the Suppression of the Financing of Terrorism and of the International Convention on the Elimination of All Forms of Racial Discrimination (Ukraine* v. *Russian Federation).*

3. *Decisions*

During the period under review, the Court delivered 25 decisions, including 4 judgments and 21 orders.

On 1 December 2022, the Court delivered its Judgment on the merits in the case concerning *Dispute over the Status and Use of the Waters of the Silala (Chile* v. *Bolivia)*, including with regard to the counter-claims of Bolivia. On 30 March 2023, it rendered its Judgment on the merits in the case concerning *Certain Iranian Assets (Islamic Republic of Iran* v. *United States of America).* On 6 April 2023, the Court delivered its Judgment on the preliminary objection raised by Venezuela in the case concerning the *Arbitral Award of 3 October 1899 (Guyana* v. *Venezuela).* Finally, on 13 July 2023, it rendered its Judgment on the merits in the case concerning *Question of the Delimitation of the Continental Shelf between Nicaragua and Colombia beyond 200 Nautical Miles from the Nicaraguan Coast (Nicaragua* v. *Colombia).*

The Court handed down 21 orders during the period under review. By an Order dated 4 October 2022, the Court indicated the specific questions that it wished the Parties to address at the oral proceedings in the case concerning the *Question of the Delimitation of*

Question de la délimitation du plateau continental entre le Nicaragua et la Colombie au-delà de 200 milles marins de la côte nicaraguayenne (Nicaragua c. Colombie). Le 12 octobre 2022, la Cour a rendu une ordonnance sur la demande de l'Arménie tendant à la modification de l'ordonnance en indication de mesures conservatoires rendue le 7 décembre 2021 en l'affaire relative à l'*Application de la convention internationale sur l'élimination de toutes les formes de discrimination raciale (Arménie c. Azerbaïdjan).* Par une ordonnance en date du 21 octobre 2022, la présidente de la Cour a donné acte à la Guinée équatoriale du retrait de sa demande en indication de mesures conservatoires en l'affaire relative à la *Demande concernant la restitution de biens confisqués dans le cadre de procédures pénales (Guinée équatoriale c. France).* Le 22 février 2023, la Cour a indiqué une mesure conservatoire à la demande de l'Arménie en l'affaire relative à l'*Application de la convention internationale sur l'élimination de toutes les formes de discrimination raciale (Arménie c. Azerbaïdjan).* Par une autre ordonnance datée du même jour, la Cour a rejeté la demande en indication de mesures conservatoires présentée par l'Azerbaïdjan en l'affaire relative à l'*Application de la convention internationale sur l'élimination de toutes les formes de discrimination raciale (Azerbaïdjan c. Arménie).* Par une ordonnance en date du 5 juin 2023, la Cour s'est prononcée sur la recevabilité des déclarations d'intervention déposées par 33 États en l'affaire relative à des *Allégations de génocide au titre de la convention pour la prévention et la répression du crime de génocide (Ukraine c. Fédération de Russie).* En outre, par une ordonnance du 6 juillet 2023, elle s'est prononcée sur la demande de l'Arménie datée du 12 mai 2023, tendant à la modification de l'ordonnance du 22 février 2023 indiquant une mesure conservatoire en l'affaire relative à l'*Application de la convention internationale sur l'élimination de toutes les formes de discrimination raciale (Arménie c. Azerbaïdjan).* La Cour ou sa présidente ont également adopté 14 autres ordonnances de fixation ou de prorogation de délais.

B. *Fiches signalétiques des affaires pendantes*

La présente section a pour objet de présenter de manière synthétique l'état des procédures pendantes entre le 1er août 2022 et le 31 juillet 2023, sous forme de « fiches signalétiques ». Celles-ci exposent de manière succincte l'affaire, en insistant plus particulièrement sur les développements intervenus au cours de la période considérée aux fins du présent *Annuaire.*

Pour un exposé plus approfondi des affaires pendantes, les lecteurs sont invités à se reporter aux communiqués de presse publiés sur le site Internet de la Cour.

Les décisions sont quant à elles publiées dans leur intégralité, avec les opinions et déclarations jointes par les juges, dans la série *Recueil des arrêts, avis consultatifs et ordonnances* et sur le site Internet de la Cour.

Les abréviations ci-après sont utilisées dans les fiches signalétiques qui suivent :

C.-M. : contre-mémoire
D. : duplique
M. : mémoire
Ord. : ordonnance
R. : réplique

Les croquis ne sont proposés qu'à titre d'illustrations et de repères. La présentation des données y figurant n'implique, en particulier, de la part du Greffe aucune prise de position quant au statut juridique des pays, territoires, villes ou zones, ou de leurs autorités, ou quant au tracé de leurs frontières et limites.

the Continental Shelf between Nicaragua and Colombia beyond 200 Nautical Miles from the Nicaraguan Coast (Nicaragua v. *Colombia).* On 12 October 2022, the Court rendered an Order on Armenia's request to modify the Order of 7 December 2021 indicating provisional measures in the case concerning *Application of the International Convention on the Elimination of All Forms of Racial Discrimination (Armenia* v. *Azerbaijan).* By an Order dated 21 October 2022, the President of the Court placed on record the withdrawal by Equatorial Guinea of its Request for the indication of provisional measures in the case concerning *Request relating to the Return of Property Confiscated in Criminal Proceedings (Equatorial Guinea* v. *France).* On 22 February 2023, the Court indicated a provisional measure at the request of Armenia in the case concerning *Application of the International Convention on the Elimination of All Forms of Racial Discrimination (Armenia* v. *Azerbaijan).* By another Order of the same date, the Court rejected the request by Azerbaijan for the indication of provisional measures in the case concerning *Application of the International Convention on the Elimination of All Forms of Racial Discrimination (Azerbaijan* v. *Armenia).* By an Order dated 5 June 2023, the Court ruled on the admissibility of the Declarations of intervention filed by 33 States in the case concerning *Allegations of Genocide under the Convention on the Prevention and Punishment of the Crime of Genocide (Ukraine* v. *Russian Federation).* In addition, by an Order dated 6 July 2023, it ruled on Armenia's request of 12 May 2023 to modify the Order of 22 February 2023 indicating a provisional measure in the case concerning *Application of the International Convention on the Elimination of All Forms of Racial Discrimination (Armenia* v. *Azerbaijan).* The Court or its President adopted a further 14 orders fixing or extending time-limits.

B. Case Summaries of Pending Cases

This section aims to give an overview of the proceedings pending before the Court between 1 August 2022 and 31 July 2023, in the form of case summaries. These summaries briefly outline the case, giving particular attention to the developments that took place during the period under review in this *Yearbook.*

A more detailed account of the cases pending before the Court can be found in the press releases published on the Court's website.

The Court's decisions are published in full, together with any opinions and declarations appended thereto by the judges, in the series *Reports of Judgments, Advisory Opinions and Orders*, and on the Court's website.

The abbreviations below have been used in the case summaries that follow:

C.-M.: Counter-Memorial
M.: Memorial
Ord.: Order
Rej.: Rejoinder
Rep.: Reply

The sketch-maps on the following pages are for illustrative and reference purposes only. In particular, the information presented therein implies no position on the part of the Registry as to the legal status of the countries, territories, towns or areas, or that of their authorities, or as to the course of their frontiers or boundaries.

Par ailleurs, les « Thèmes » visent à donner une idée très générale des points soulevés dans l'acte introductif d'instance, et sont évidemment sans préjudice de toute question de définition juridique de l'objet de l'affaire sur laquelle la Cour serait appelée à se prononcer.

Légende (pour les cartes relatives aux affaires pendantes, p. 26-78) :

- ■ État demandeur dans une affaire introduite par requête
- ■ État défendeur dans une affaire introduite par requête
- □ État partie à une affaire introduite par compromis
- □ État intervenant

In addition, the "Themes" seek to give a general idea of the points raised in the document instituting proceedings; they are, of course, without prejudice to any question of the legal definition of the subject-matter of the case on which the Court may be called to rule.

Legend (for maps in pending cases, pp. 27-79):

- ■ Applicant State in a case brought by an Application
- ■ Respondent State in a case brought by an Application
- □ State party in a case brought by Special Agreement
- □ Intervening State

LISTE DES AFFAIRES PENDANTES

LIST OF PENDING CASES

*

*

1. Projet Gabčíkovo-Nagymaros (Hongrie/Slovaquie)

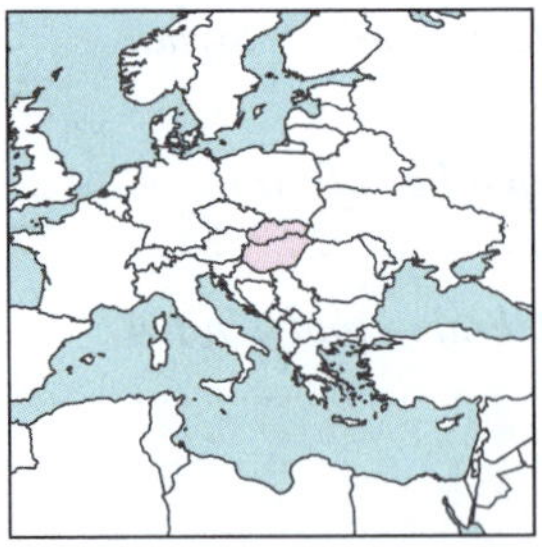

Introduction	2 VII 1993 (compromis)
Audiences	3-7 et 24-27 III 1997, puis 10, 11, 14 et 15 IV 1997 (fond)
Décisions	Fixation de délais (M. et C.-M.): 14 VII 1993 (ord.) Fixation de délai (R.): 20 XII 1994 (ord.) Descente sur les lieux: 5 II 1997 (ord.) Fond: 25 IX 1997 (arrêt)
Descente sur les lieux	1-4 IV 1997
Thèmes	Violations alléguées d'un traité bilatéral; droit de la responsabilité; environnement

En application d'un traité de 1977, la Hongrie et la Slovaquie étaient convenues de construire et d'exploiter conjointement le système de barrage de Gabčíkovo-Nagymaros. Toutefois, à la suite de vives critiques que le projet avait suscitées en Hongrie, celle-ci décida, en 1989, de suspendre puis d'abandonner les travaux, et, en 1992, de mettre un terme au traité de 1977. Désireuse, quant à elle, d'exploiter le système de Gabčíkovo, la Slovaquie adopta une solution de rechange qui lui permit de mettre l'ouvrage en service à partir de 1992.

Chaque pays reprochant à l'autre les décisions ainsi prises, la Hongrie et la Slovaquie notifièrent conjointement à la Cour, le 2 juillet 1993, un compromis en vue de lui soumettre certaines questions nées de leurs contestations.

Dans son arrêt du 25 septembre 1997, la Cour a estimé que la Hongrie et la Slovaquie avaient toutes deux violé leurs obligations juridiques. Elle les a appelées à négocier de bonne foi pour assurer la réalisation des objectifs du traité de 1977 — dont elle a indiqué qu'il était encore en vigueur — en tenant compte de la situation de fait qui s'était développée depuis 1989.

Le 3 septembre 1998, estimant que la Hongrie n'était pas disposée à exécuter l'arrêt de 1997, la Slovaquie a présenté à la Cour une demande en vue du prononcé d'un arrêt supplémentaire. Elle a, à cette fin, fait usage d'une disposition particulière du compromis précité (art. 5, par. 3), aux termes de laquelle les Parties étaient convenues que, faute d'accord dans un délai de six mois sur les modalités d'exécution de la décision de la Cour, l'une ou l'autre d'entre elles pourrait demander un nouvel arrêt pour déterminer celles-ci. La Hongrie a répondu par écrit à la demande de la Slovaquie le 7 décembre 1998, en contestant la recevabilité de ladite demande. Début 1999, les Parties ont toutefois repris leurs échanges.

Elles ont depuis lors engagé des négociations et ont informé régulièrement la Cour de l'évolution de celles-ci.

Par une lettre de son agent en date du 30 juin 2017, la Slovaquie a prié la Cour « de prendre acte [de son] désistement de l'instance [introduite par la demande tendant au prononcé d'un arrêt supplémentaire en l'affaire] et de prescrire la radiation de l'affaire de son rôle ». Par une lettre en date du 12 juillet 2017, l'agent de la Hongrie a déclaré que son gouvernement « ne s'oppos[ait] pas [au] désistement de l'instance introduite par la demande de la Slovaquie du 3 septembre 1998 tendant au prononcé d'un arrêt supplémentaire ».

Par une lettre en date du 18 juillet 2017, la Cour a fait part aux deux agents de sa décision de prendre acte du désistement, par la Slovaquie, de la procédure engagée par la demande de celle-ci et les a informés qu'elle avait pris note du fait que les deux Parties avaient chacune

1. Gabčíkovo-Nagymaros Project (Hungary/Slovakia)

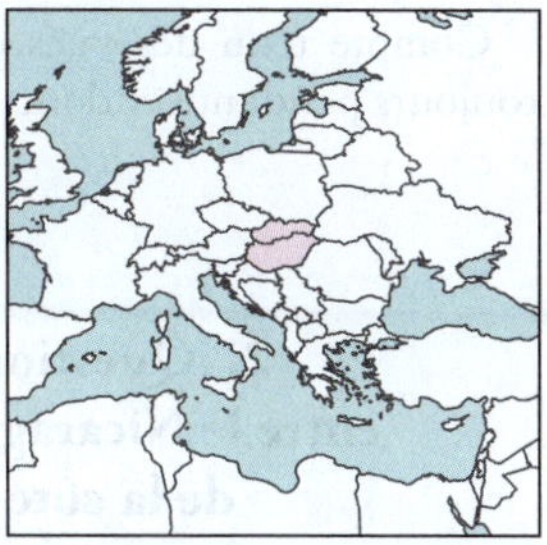

Proceedings instituted	2 VII 1993 (Special Agreement)
Hearings	3-7 and 24-27 III 1997, then 10, 11, 14 and 15 IV 1997 (merits)
Decisions	Fixing of time-limits (M. and C.-M.): 14 VII 1993 (Ord.) Fixing of time-limit (R.): 20 XII 1994 (Ord.) Site visit: 5 II 1997 (Ord.) Merits: 25 IX 1997 (Judgment)
Site visit	1-4 IV 1997
Themes	Alleged violations of a bilateral treaty; law of responsibility; environment

Under a treaty concluded in 1977, Hungary and Slovakia had agreed to jointly construct and operate the Gabčíkovo-Nagymaros barrage system. However, as a result of intense criticism which the project had generated in Hungary, the latter decided in 1989 to suspend and subsequently abandon the works, and, in 1992, to terminate the 1977 Treaty. Slovakia, wishing for its part to operate the Gabčíkovo system, adopted an alternative solution which enabled it to bring the project into service from 1992.

As each country criticized the other for the decisions thus taken, Hungary and Slovakia jointly notified to the Court, on 2 July 1993, a Special Agreement for the submission to it of certain issues arising out of their differences.

In its Judgment of 25 September 1997, the Court found that both Hungary and Slovakia had breached their legal obligations. It called on them to negotiate in good faith in order to ensure the achievement of the objectives of the 1977 Treaty — which it declared was still in force — while taking account of the factual situation that had developed since 1989.

On 3 September 1998, in the belief that Hungary was unwilling to implement the 1997 Judgment, Slovakia submitted to the Court a request for an additional judgment, invoking a particular provision of the Special Agreement (Art. 5, para. 3) under which, if the Parties were unable to reach agreement within six months on the modalities for executing the Court's judgment, either of them might request an additional judgment to determine those modalities. Hungary responded in writing to Slovakia's request on 7 December 1998 and challenged the admissibility of the request. At the start of 1999, however, the Parties reopened discussions.

They have since resumed negotiations and informed the Court on a regular basis of the progress made.

By a letter from its Agent dated 30 June 2017, Slovakia requested that the Court "place on record [its] discontinuance of the proceedings [instituted by means of the request for an additional judgment in the case] and . . . direct the removal of the case from the List". In a letter dated 12 July 2017, the Agent of Hungary stated that his Government "d[id] not oppose the discontinuance of the proceedings instituted by means of the request of Slovakia of 3 September 1998 for an additional judgment".

By a letter to both Agents dated 18 July 2017, the Court communicated its decision to place on record the discontinuance of the procedure begun by means of Slovakia's request and informed them that it had taken note of the fact that both Parties had reserved their réservé leur droit de se prévaloir, au titre du compromis précité (art. 5, par. 3), de la possibilité de prier la Cour de rendre un arrêt supplémentaire pour déterminer les modalités d'exécution de son arrêt du 25 septembre 1997.

Compte tenu des vues des Parties, la Cour a décidé, en mars 2018, que l'affaire était toujours pendante et donc inscrite au rôle. ▪

2. Question de la délimitation du plateau continental entre le Nicaragua et la Colombie au-delà de 200 milles marins de la côte nicaraguayenne (Nicaragua c. Colombie)

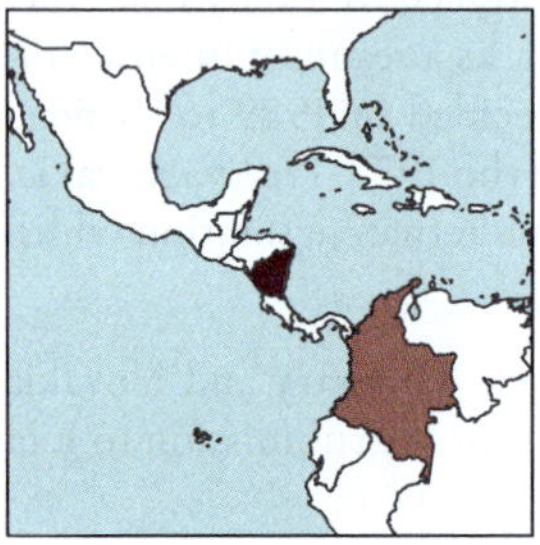

Introduction	16 IX 2013 (requête)
Audiences	5–9 X 2015 (exceptions préliminaires) ; 5–9 XII 2022 (fond)
Décisions	Fixation de délais (M. et C.-M.) : 9 XII 2013 (ord.) Fixation de délai (exposé écrit sur les exceptions préliminaires) : 19 IX 2014 (ord.) Exceptions préliminaires : 17 III 2016 (arrêt) Fixation de délais (M. et C.-M.) : 28 IV 2016 (ord.) Fixation de délais (R. et D.) : 8 XII 2017 (ord.) Organisation de la procédure orale : 4 X 2022 (ord.) Fond : 13 VII 2023 (arrêt)
Thème	Délimitation maritime (plateau continental étendu)

Le Nicaragua a, par une requête en date du 16 septembre 2013, introduit une instance contre la Colombie concernant un « différend [relatif à] la délimitation entre, d'une part, le plateau continental du Nicaragua s'étendant au-delà de 200 milles marins des lignes de base à partir desquelles est mesurée la largeur de la mer territoriale du Nicaragua et, d'autre part, le plateau continental de la Colombie ».

Dans sa requête, le Nicaragua prie la Cour de déterminer « [l]e tracé précis de la frontière maritime entre les portions de plateau continental relevant du Nicaragua et de la Colombie au-delà des limites établies par la Cour dans son arrêt du 19 novembre 2012 » (à savoir au-delà de 200 milles marins) en l'affaire du *Différend territorial et maritime (Nicaragua c. Colombie)*. Le Nicaragua estime en effet que les « informations finales » qu'il a soumises à la Commission des limites du plateau continental le 24 juin 2013 « démontre[nt] que sa marge continentale, d'une part, s'étend au-delà de 200 milles marins des lignes de base à partir desquelles est mesurée la largeur de sa mer territoriale et, d'autre part, i) traverse une zone située à plus de 200 milles marins de la Colombie ; et ii) empiète sur une zone située à moins de 200 milles marins de la côte colombienne ».

Le 14 août 2014, la Colombie, se référant à l'article 79 du Règlement, a soulevé certaines exceptions préliminaires à la compétence de la Cour et à la recevabilité de la requête.

Après avoir tenu des audiences sur ces exceptions préliminaires, la Cour, dans un arrêt en date du 17 mars 2016, s'est déclarée compétente, sur la base de l'article XXXI du pacte de Bogotá, pour connaître de la première demande formulée par le Nicaragua, tendant à ce qu'elle détermine « [l]e tracé précis de la frontière maritime entre les portions du plateau right under the above-mentioned Special Agreement (Art. 5, para. 3) to request the Court to render an additional judgment to determine the modalities for executing its Judgment of 25 September 1997.

Taking into account the views of the Parties, in March 2018 the Court decided that the case remained pending and therefore on the General List. ■

2. Question of the Delimitation of the Continental Shelf between Nicaragua and Colombia beyond 200 Nautical Miles from the Nicaraguan Coast (Nicaragua *v.* Colombia)

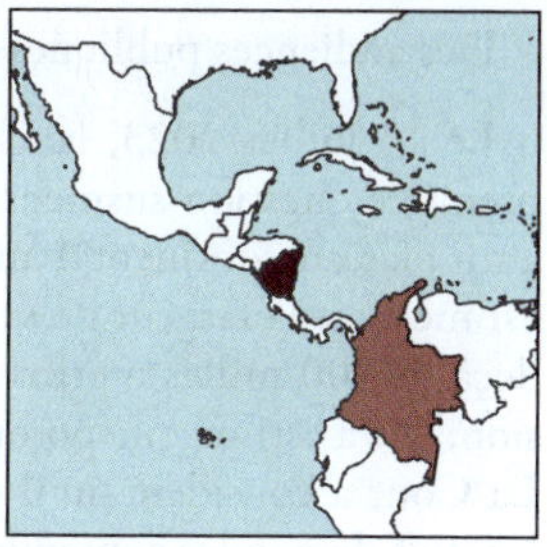

Proceedings instituted	16 IX 2013 (Application)
Hearings	5–9 X 2015 (preliminary objections); 5–9 XII 2022 (merits)
Decisions	Fixing of time-limits (M. and C.-M.): 9 XII 2013 (Ord.) Fixing of time-limit (written statement on preliminary objections): 19 IX 2014 (Ord.) Preliminary objections: 17 III 2016 (Judgment) Fixing of time-limits (M. and C.-M.): 28 IV 2016 (Ord.) Fixing of time-limits (Rep. and Rej.): 8 XII 2017 (Ord.) Organization of oral proceedings: 4 X 2022 (Ord.) Merits: 13 VII 2023 (Judgment)
Theme	Maritime delimitation (extended continental shelf)

By an Application dated 16 September 2013, Nicaragua instituted proceedings against Colombia relating to a "dispute [which] concerns the delimitation of the boundaries between, on the one hand, the continental shelf of Nicaragua beyond the 200-nautical-mile limit from the baselines from which the breadth of the territorial sea of Nicaragua is measured, and on the other hand, the continental shelf of Colombia".

In its Application, Nicaragua requests the Court to determine "[t]he precise course of the maritime boundary between Nicaragua and Colombia in the areas of the continental shelf which appertain to each of them beyond the boundaries determined by the Court in its Judgment of 19 November 2012" (i.e. beyond 200 nautical miles) in the case concerning the *Territorial and Maritime Dispute (Nicaragua* v. *Colombia)*. Nicaragua considers that its "final information" submitted to the Commission on the Limits of the Continental Shelf on 24 June 2013 "demonstrates that Nicaragua's continental margin extends more than 200 nautical miles from the baselines from which the breadth of the territorial sea of Nicaragua is measured, and both (i) traverses an area that lies more than 200 nautical miles from Colombia and also (ii) partly overlaps with an area that lies within 200 nautical miles of Colombia's coast".

On 14 August 2014, Colombia, referring to Article 79 of the Rules of Court, raised certain preliminary objections to the jurisdiction of the Court and to the admissibility of the Application.

After holding hearings on those preliminary objections, the Court, in a Judgment dated 17 March 2016, found that it had jurisdiction, on the basis of Article XXXI of the Pact of Bogotá, to entertain the First Request put forward by Nicaragua, asking it to determine "[t]he precise course of the maritime boundary between Nicaragua and Colombia in the areas of the continental relevant du Nicaragua et de la Colombie au-delà des limites établies par [elle] dans son arrêt du 19 novembre 2012», et a jugé cette demande recevable.

Par son ordonnance du 4 octobre 2022, la Cour a considéré que, dans les circonstances de l'espèce, avant de procéder à tout examen des questions techniques et scientifiques relatives à la délimitation, il lui était nécessaire de se prononcer sur les deux questions suivantes:

> «1) En droit international coutumier, le droit d'un État à un plateau continental au-delà de 200 milles marins des lignes de base à partir desquelles est mesurée la largeur de sa mer territoriale peut-il s'étendre à des espaces maritimes en deçà de 200 milles marins des lignes de base d'un autre État?
>
> 2) Quels sont en droit international coutumier les critères sur la base desquels il convient de déterminer les limites du plateau continental au-delà de 200 milles marins des lignes de base à partir desquelles est mesurée la largeur de la mer territoriale? À cet égard, les paragraphes 2 à 6 de l'article 76 de la convention des Nations Unies sur le droit de la mer reflètent-ils le droit international coutumier?»

Des audiences publiques sur ces deux questions se sont tenues du 5 au 9 décembre 2022.

Le 13 juillet 2023, la Cour a rendu son arrêt, dans lequel elle a conclu au sujet de la première question susmentionnée que, en droit international coutumier, le droit d'un État à un plateau continental au-delà de 200 milles marins des lignes de base à partir desquelles est mesurée la largeur de sa mer territoriale ne peut pas s'étendre à des espaces maritimes en deçà de 200 milles marins des lignes de base d'un autre État. À la lumière de cette conclusion, elle a estimé que point n'était besoin pour elle de se prononcer sur la seconde question. La Cour a considéré qu'il découlait de sa conclusion concernant la première question que les trois demandes contenues dans les conclusions présentées par le Nicaragua dans ses exposés écrits ne pouvaient pas être accueillies. ▪

3. Différend concernant le statut et l'utilisation des eaux du Silala (Chili c. Bolivie)

Introduction	6 VI 2016 (requête)
Audiences	1-14 IV 2022 (fond)
Décisions	Fixation de délais (M. et C.-M.): 1 VII 2016 (ord.) Prorogation de délai (C.-M.): 23 V 2018 (ord.) Fixation de délais (R. et D.): 15 XI 2018 (ord.) Fixation de délai (pièce additionnelle): 18 VI 2019 (ord.) Fond: 1 XII 2022 (arrêt)
Thème	Environnement (statut et utilisation d'un cours d'eau)

Le 6 juin 2016, le Chili a déposé une requête introductive d'instance contre la Bolivie au sujet d'un différend ayant trait au statut et à l'utilisation des eaux du Silala. Dans sa requête, il soutient que les eaux du Silala proviennent de sources souterraines situées en territoire bolivien, «à quelques kilomètres au nord-est de la frontière internationale entre le Chili et la Bolivie», et que le Silala poursuit alors son cours de l'autre côté de la frontière et pénètre en territoire chilien, où il «reçoit ensuite les eaux de différentes sources ..., avant de rejoindre la rivière Inacaliri».

continental shelf which appertain to each of them beyond the boundaries determined by the Court in its Judgment of 19 November 2012", and declared that Request admissible.

By an Order dated 4 October 2022, the Court considered that, in the circumstances of the case, before proceeding to any consideration of technical and scientific questions in relation to delimitation, it was necessary to decide on the following two questions:

> "(1) Under customary international law, may a State's entitlement to a continental shelf beyond 200 nautical miles from the baselines from which the breadth of its territorial sea is measured extend within 200 nautical miles from the baselines of another State?
>
> (2) What are the criteria under customary international law for the determination of the limit of the continental shelf beyond 200 nautical miles from the baselines from which the breadth of the territorial sea is measured and, in this regard, do paragraphs 2 to 6 of Article 76 of the United Nations Convention on the Law of the Sea reflect customary international law?"

Public hearings on these two questions were held from 5 to 9 December 2022.

On 13 July 2023, the Court delivered a Judgment in which it concluded with regard to the first question that, under customary international law, a State's entitlement to a continental shelf beyond 200 nautical miles from the baselines from which the breadth of its territorial sea is measured may not extend within 200 nautical miles from the baselines of another State. In light of this conclusion, the Court found that there was no need for it to address the second question. The Court considered that it followed from the conclusion reached on the first question that the three requests contained in the submissions set out in Nicaragua's written pleadings could not be upheld. ▪

3. Dispute over the Status and Use of the Waters of the Silala (Chile *v.* Bolivia)

Proceedings instituted	6 VI 2016 (Application)
Hearings	1–14 IV 2022 (merits)
Decisions	Fixing of time-limits (M. and C.-M.): 1 VII 2016 (Ord.) Extension of time-limit (C.-M.): 23 V 2018 (Ord.) Fixing of time-limits (Rep. and Rej.): 15 XI 2018 (Ord.) Fixing of time-limit (additional pleading): 18 VI 2019 (Ord.) Merits: 1 XII 2022 (Judgment)
Theme	Environment (status and use of a river)

On 6 June 2016, Chile filed an Application instituting proceedings against Bolivia with regard to a dispute concerning the status and use of the waters of the Silala. In its Application, Chile argues that the Silala originates from groundwater springs in Bolivian territory, "a few kilometres north-east of the Chile-Bolivia international boundary". It contends that the Silala then flows across the border into Chilean territory where it "receives additional waters from various springs . . . before it reaches the Inacaliri River".

Le Chili indique, à propos du Silala, que « [s]a qualité de cours d'eau international ... n'avait jamais été contestée jusqu'à ce que, en 1999, la Bolivie affirme pour la première fois que les eaux de celui-ci étaient exclusivement boliviennes ». Il affirme qu'il a « toujours été disposé à engager des discussions avec la Bolivie à propos du régime d'utilisation des eaux du Silala », mais que ces discussions se sont soldées par un échec, « la Bolivie persistant à nier au Silala le caractère de cours d'eau international et s'arrogeant le droit exclusif d'en utiliser les eaux ».

D'après le Chili, le différend entre les deux États porte donc sur la nature du Silala en tant que cours d'eau international, et sur les droits et obligations qui en découlent pour les Parties au regard du droit international.

Le demandeur invoque, comme base de compétence de la Cour, l'article XXXI du pacte de Bogotá, auquel les deux États sont parties.

Par son arrêt en date du 1er décembre 2022, la Cour a relevé que les Parties n'avaient pas contesté sa compétence, hormis pour ce qui est d'une objection soulevée par le Chili concernant la première demande reconventionnelle de la Bolivie, qu'elle a examinée par la suite. Elle a donc tenu pour établi qu'elle avait compétence pour statuer sur le différend entre les Parties.

Après avoir rappelé que, même si elle établit sa compétence, « [i]l y a des limitations inhérentes à l'exercice de la fonction judiciaire dont [elle], en tant que tribunal, doit toujours tenir compte », la Cour a souligné que « [l]e différend dont [elle] a été saisie doit ... persister au moment où elle statue » et « qu'elle ne peut statuer au fond sur la demande » lorsqu'elle considère que « toute décision judiciaire [serait] sans objet ».

La Cour a considéré que les demandes formulées par le Chili dans ses conclusions finales relatives *a)* au système hydrographique du Silala en tant que cours d'eau international régi par le droit international coutumier, *b)* au droit du Chili à l'utilisation équitable et raisonnable des eaux du système hydrographique du Silala, *c)* au droit du Chili d'utiliser comme il le fait actuellement les eaux du système hydrographique du Silala et *d)* à l'obligation de la Bolivie de prévenir et limiter les dommages résultant des activités qu'elle mène à proximité du système hydrographique du Silala étaient devenues sans objet et qu'il n'y avait dès lors pas lieu pour la Cour d'y statuer. Elle a rejeté la demande formulée par le Chili dans sa conclusion *e)* relative à l'obligation de la Bolivie de notification et de consultation pour les mesures susceptibles d'avoir un impact préjudiciable sur le système hydrographique du Silala.

La Cour a par ailleurs rejeté les demandes reconventionnelles formulées par la Bolivie dans ses conclusions finales relatives *a)* à la souveraineté alléguée de la Bolivie sur les chenaux et systèmes de drainage artificiels installés sur son territoire et *b)* à la souveraineté alléguée de la Bolivie sur les eaux du Silala dont l'écoulement a été « artificiellement » aménagé, amélioré ou créé sur son territoire en indiquant qu'elles étaient devenues sans objet et qu'il n'y avait dès lors pas lieu pour elle d'y statuer. Elle a en outre rejeté la demande reconventionnelle formulée par la Bolivie dans sa conclusion finale *c)* relative à la nécessité alléguée de conclure un accord pour la fourniture ultérieure au Chili de l'« écoulement amélioré » du Silala. ■

Chile explains that "[t]he nature of the Silala River as an international watercourse was never disputed until Bolivia, for the first time in 1999, claimed its waters as exclusively Bolivian". Chile contends that it "has always been willing to engage in discussions with Bolivia concerning a regime of utilization of the waters of the Silala", however, these discussions were unsuccessful "due to Bolivia's insistence on denying that the Silala River is an international watercourse and Bolivia's contention that it has rights to the 100 per cent use of its waters".

According to Chile, the dispute between the two States therefore concerns the nature of the Silala as an international watercourse and the resulting rights and obligations of the Parties under international law.

As basis for the Court's jurisdiction, Chile invokes Article XXXI of the Pact of Bogotá, to which both States are parties.

By a Judgment dated 1 December 2022, the Court noted that the Parties had not contested its jurisdiction, with the exception of an objection raised by Chile regarding Bolivia's first counter-claim, which it proceeded to address. The Court was thus satisfied that it had jurisdiction to adjudicate the dispute between the Parties.

Having recalled that, even if it finds that it has jurisdiction, "[t]here are inherent limitations on the exercise of the judicial function which the Court, as a court of justice, can never ignore", the Court emphasized that "[t]he dispute brought before it must . . . continue to exist at the time when the Court makes its decision" and that "it cannot adjudicate upon the merits of the claim" when it considers that "any adjudication [would be] devoid of purpose".

The Court considered that the claims made in Chile's final submissions concerning *(a)* the Silala River system as an international watercourse governed by customary international law, *(b)* Chile's entitlement to the equitable and reasonable utilization of the waters of the Silala River system, *(c)* Chile's entitlement to its current use of the waters of the Silala River system and *(d)* Bolivia's obligation to prevent and control harm resulting from its activities in the vicinity of the Silala River system no longer had any object and that, therefore, the Court was not called upon to give a decision thereon. It rejected the claim made by Chile in its submission *(e)* concerning Bolivia's obligation to notify and consult with respect to measures that may have an adverse effect on the Silala River system.

Additionally, the Court rejected the counter-claims made by Bolivia in its final submissions concerning *(a)* Bolivia's alleged sovereignty over the artificial channels and drainage mechanisms installed in its territory and *(b)* its alleged sovereignty over the "artificial" flow of Silala waters engineered, enhanced or produced in its territory, indicating that they no longer had any object and that, therefore, the Court was not called upon to give a decision thereon. It further rejected the counter-claim made by Bolivia in its final submission *(c)* concerning the alleged need to conclude an agreement for any future delivery to Chile of the "enhanced flow" of the Silala. ▪

4. Certains actifs iraniens (République islamique d'Iran c. États-Unis d'Amérique)

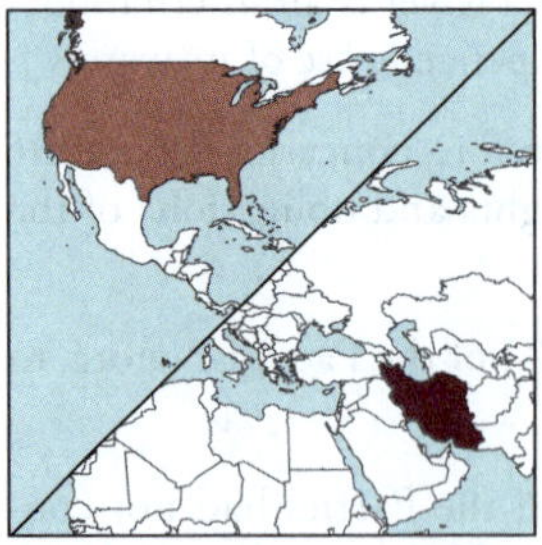

Introduction	14 VI 2016 (requête)
Audiences	8-12 X 2018 (exceptions préliminaires) ; 19-23 IX 2022 (fond)
Décisions	Fixation de délais (M. et C.-M.) : 1 VII 2016 (ord.) Fixation de délai (exposé écrit sur les exceptions préliminaires) : 2 V 2017 (ord.) Exceptions préliminaires : 13 II 2019 (arrêt) Fixation de délai (C.-M.) : 13 II 2019 (ord.) Prorogation de délai (C.-M.) : 15 VIII 2019 (ord.) Fixation de délais (R. et D.) : 15 XI 2019 (ord.) Fond : 30 III 2023 (arrêt)
Thèmes	Violations alléguées d'un traité bilatéral ; immunités

Le 14 juin 2016, la République islamique d'Iran a introduit une instance contre les États-Unis d'Amérique relativement à un différend concernant des « violations, par le Gouvernement des États-Unis d'Amérique, du traité d'amitié, de commerce et de droits consulaires entre l'Iran et les États-Unis d'Amérique, signé à Téhéran le 15 août 1955 et entré en vigueur le 16 juin 1957 » (le « traité de 1955 »).

Dans sa requête, l'Iran explique que, ayant considéré de longue date « qu['il] peut être qualifié d'État soutenant le terrorisme (désignation que l'Iran conteste énergiquement) », les États-Unis ont adopté un certain nombre d'actes législatifs et exécutifs ayant eu pour conséquence pratique d'assujettir les actifs et intérêts de l'Iran et d'entités iraniennes, notamment ceux de la Banque centrale iranienne (également appelée « banque Markazi »), aux procédures d'exécution des États-Unis, y compris lorsque ces actifs ou intérêts « sont détenus par des entités juridiques distinctes … qui ne sont pas parties à l'action en responsabilité ayant donné lieu au jugement à exécuter » ou qu'ils « sont détenus par l'Iran ou des entités iraniennes … et bénéficient de l'immunité d'exécution en vertu du droit international et comme le stipule le traité » de 1955. L'Iran ajoute que, en conséquence de ces actes, « nombre de demandes contre [lui-même] et des entités iraniennes aux États-Unis ont été ou sont en voie d'être accueillies », et que les tribunaux américains « ont systématiquement rejeté les tentatives faites par la banque Markazi pour se prévaloir de l'immunité s'attachant à ces biens » en vertu du droit américain et du traité de 1955.

Pour fonder la compétence de la Cour, le demandeur invoque le paragraphe 2 de l'article XXI du traité de 1955, auquel les États-Unis et l'Iran sont tous deux parties.

Après avoir tenu des audiences publiques sur les exceptions préliminaires d'incompétence et d'irrecevabilité soulevées le 1er mai 2017 par les États-Unis, la Cour a rendu son arrêt sur lesdites exceptions le 13 février 2019. Dans son arrêt, la Cour a conclu à sa compétence pour connaître d'une partie des demandes de l'Iran, et à la recevabilité de la requête. Elle a retenu la deuxième exception d'incompétence des États-Unis, concluant qu'elle n'était pas compétente pour examiner les demandes de l'Iran en ce qu'elles concernaient la prétendue violation des règles de droit international en matière d'immunités souveraines. La Cour a en outre considéré que la troisième exception d'incompétence — par laquelle le défendeur la priait de rejeter comme échappant à sa compétence « toute demande se rapportant à des violations alléguées des articles III, IV et V du traité d'amitié reposant sur le traitement réservé à l'État iranien ou à la banque Markazi » — ne présentait pas, dans les circonstances de l'espèce, un caractère exclusivement préliminaire.

4. Certain Iranian Assets (Islamic Republic of Iran *v.* United States of America)

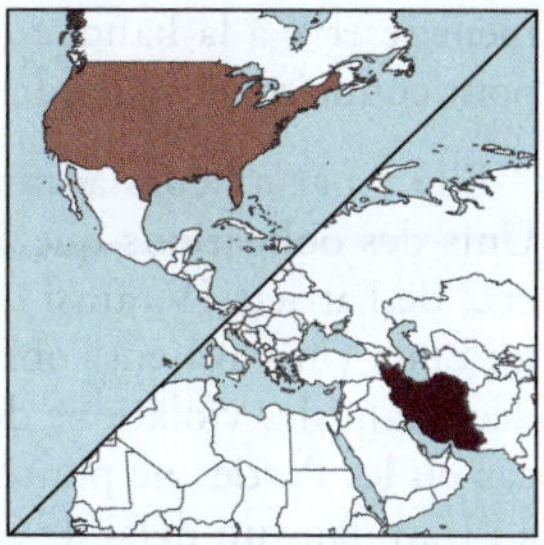

Proceedings instituted	14 VI 2016 (Application)
Hearings	8–12 X 2018 (preliminary objections); 19–23 IX 2022 (merits)
Decisions	Fixing of time-limits (M. and C.-M.): 1 VII 2016 (Ord.) Fixing of time-limit (written statement on preliminary objections): 2 V 2017 (Ord.) Preliminary objections: 13 II 2019 (Judgment) Fixing of time-limit (C.-M.): 13 II 2019 (Ord.) Extension of time-limit (C.-M.): 15 VIII 2019 (Ord.) Fixing of time-limits (Rep. and Rej.): 15 XI 2019 (Ord.) Merits: 30 III 2023 (Judgment)
Themes	Alleged violations of a bilateral treaty; immunities

On 14 June 2016, the Islamic Republic of Iran instituted proceedings against the United States of America with regard to a dispute concerning "violations by the Government of the United States of America of the Treaty of Amity, Economic Relations, and Consular Rights between Iran and the United States of America which was signed in Tehran on 15 August 1955 and entered into force on 16 June 1957" (the "1955 Treaty").

In its Application, Iran explains that, having for many years taken "the position that Iran may be designated a State sponsoring terrorism (a designation which Iran strongly contests)", the United States has adopted a number of legislative and executive acts that have had the practical effect of subjecting the assets and interests of Iran and Iranian entities, including those of the Central Bank of Iran (also known as "Bank Markazi"), to enforcement proceedings in the United States, even where such assets or interests "are found to be held by separate juridical entities . . . that are not party to the judgment on liability in respect of which enforcement is sought" and/or "are held by Iran or Iranian entities . . . and benefit from immunities from enforcement proceedings as a matter of international law, and as required by the [1955] Treaty". Iran further argues that, as a consequence of these acts, "a wide series of claims have been determined, or are underway, against Iran and Iranian entities" and that United States courts "have repeatedly dismissed attempts by Bank Markazi to rely on the immunities to which such property is entitled" under United States law and the 1955 Treaty.

As basis of the Court's jurisdiction, Iran invokes Article XXI, paragraph 2, of the 1955 Treaty, to which both the United States and Iran are parties.

After holding public hearings on the preliminary objections to jurisdiction and admissibility raised on 1 May 2017 by the United States, the Court delivered its Judgment on those objections on 13 February 2019. In its Judgment, the Court found that it had jurisdiction to entertain part of the claims made by Iran and that the Application was admissible. It upheld the United States' second objection to jurisdiction and found that, in so far as Iran's claims concerned the alleged violation of rules of international law on sovereign immunities, the Court did not have jurisdiction to consider them. The Court further considered that the third objection to jurisdiction — whereby the Respondent requested the Court to dismiss as outside its jurisdiction "all claims of purported violations of Articles III, IV, or V of the Treaty of Amity that are predicated on treatment accorded to the Government of Iran or Bank Markazi" — did not possess, in the circumstances of the case, an exclusively preliminary character.

Des audiences publiques sur le fond de l'affaire se sont tenues du 19 au 23 septembre 2022.

Le 30 mars 2023, la Cour a rendu son arrêt sur le fond de l'affaire. Elle a retenu l'exception d'incompétence soulevée par les États-Unis relative aux demandes présentées par l'Iran au titre des articles III, IV et V du traité de 1955, dans la mesure où elles portent sur le traitement réservé à la banque Markazi et, en conséquence, a dit qu'elle n'était pas compétente pour connaître desdites demandes.

Elle a par ailleurs admis les demandes de l'Iran concernant la violation par les États-Unis des obligations que leur imposent le paragraphe 1 de l'article III, les paragraphes 1 et 2 de l'article IV, ainsi que le paragraphe 1 de l'article X du traité de 1955, et a dit que les États-Unis avaient l'obligation d'indemniser l'Iran pour les conséquences préjudiciables découlant des violations des obligations internationales. La Cour a également dit que, au cas où les Parties ne pourraient se mettre d'accord sur la question de l'indemnisation due à l'Iran dans un délai de 24 mois à compter de la date de l'arrêt, cette question serait, à la demande de l'une ou l'autre Partie, réglée par la Cour, qui a réservé à cet effet la suite de la procédure. ▪

5. Application de la convention internationale pour la répression du financement du terrorisme et de la convention internationale sur l'élimination de toutes les formes de discrimination raciale (Ukraine c. Fédération de Russie)

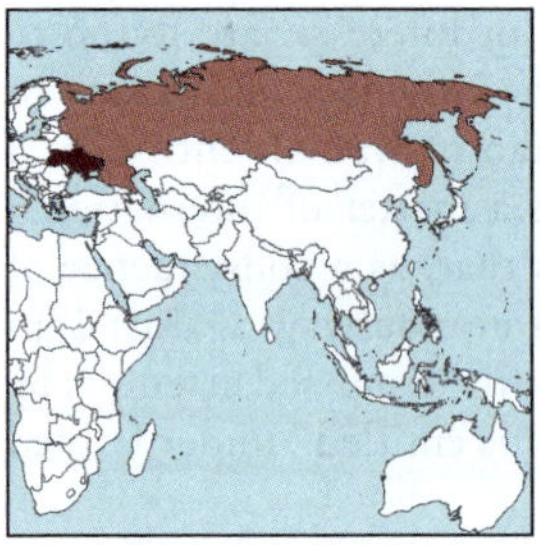

Introduction	16 I 2017 (requête)
Audiences	6-9 III 2017 (mesures conservatoires) ; 3-7 VI 2019 (exceptions préliminaires) ; 6-14 VI 2023 (fond)
Décisions	Mesures conservatoires : 19 IV 2017 (ord.) Fixation de délais (M. et C.-M.) : 12 V 2017 (ord.) Fixation de délai (exposé écrit sur les exceptions préliminaires) : 17 IX 2018 (ord.) Exceptions préliminaires : 8 XI 2019 (arrêt) Fixation de délai (C.-M.) : 8 XI 2019 (ord.) Prorogation de délai (C.-M.) : 13 VII 2020 (ord.) ; 20 I 2021 (ord.) ; 28 VI 2021 (ord.) Fixation de délais (R. et D.) : 8 X 2021 (ord.) Prorogation de délais (R. et D.) : 8 IV 2022 (ord.) Prorogation de délai (D.) : 15 XII 2022 (ord.) Prorogation de délai (D.) : 3 II 2023 (ord.)
Thèmes	Violations alléguées d'obligations conventionnelles ; terrorisme ; discrimination raciale

Le 16 janvier 2017, l'Ukraine a introduit une instance contre la Fédération de Russie concernant des violations alléguées de la convention internationale pour la répression du financement du terrorisme du 9 décembre 1999 (la « CIRFT ») et de la convention internationale sur l'élimination de toutes les formes de discrimination raciale du 21 décembre 1965 (la « CIEDR »). Pour fonder la compétence de la Cour, l'Ukraine invoque le paragraphe 1 de l'article 36 du Statut de celle-ci, ainsi que le paragraphe 1 de l'article 24 de la CIRFT et l'article 22 de la CIEDR.

Dans sa requête, l'Ukraine allègue que la Fédération de Russie a manqué à ses obligations de prendre des mesures et de coopérer, conformément aux articles 8, 9, 10, 12 et 18 de la

Public hearings on the merits of the case were held from 19 to 23 September 2022.

On 30 March 2023, the Court delivered its Judgment on the merits of the case. It upheld the United States' objection to jurisdiction relating to Iran's claims under Articles III, IV and V of the 1955 Treaty, to the extent that they related to treatment accorded to Bank Markazi and, accordingly, found that it had no jurisdiction to consider those claims.

In addition, it upheld Iran's claims concerning the United States' violation of its obligations under Article III, paragraph 1, Article IV, paragraphs 1 and 2, and Article X, paragraph 1, of the 1955 Treaty, and found that the United States was under obligation to compensate Iran for the injurious consequences of the violations of these international obligations. The Court also decided that, failing agreement between the Parties on the question of compensation due to Iran within 24 months from the date of the Judgment, this matter would, at the request of either Party, be settled by the Court, and it reserved for that purpose the subsequent procedure in the case. ■

5. Application of the International Convention for the Suppression of the Financing of Terrorism and of the International Convention on the Elimination of All Forms of Racial Discrimination (Ukraine *v.* Russian Federation)

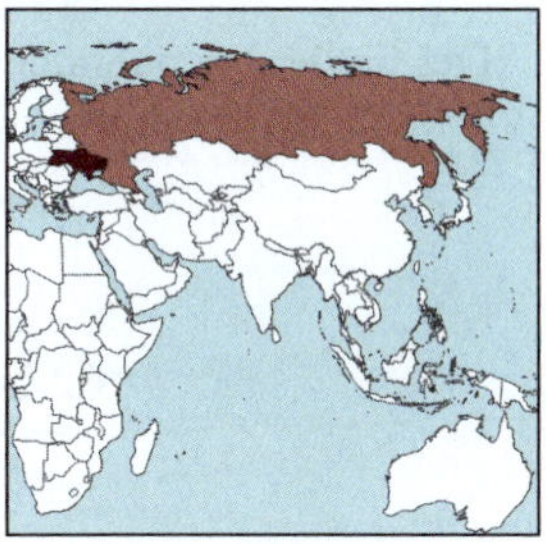

Proceedings instituted	16 I 2017 (Application)
Hearings	6–9 III 2017 (provisional measures); 3–7 VI 2019 (preliminary objections); 6–14 VI 2023 (merits)
Decisions	Provisional measures: 19 IV 2017 (Ord.) Fixing of time-limits (M. and C.-M.): 12 V 2017 (Ord.) Fixing of time-limit (written statement on preliminary objections): 17 IX 2018 (Ord.) Preliminary objections: 8 XI 2019 (Judgment) Fixing of time-limit (C.-M.): 8 XI 2019 (Ord.) Extension of time-limit (C.-M.): 13 VII 2020 (Ord.); 20 I 2021 (Ord.); 28 VI 2021 (Ord.) Fixing of time-limits (Rep. and Rej.): 8 X 2021 (Ord.) Extension of time-limits (Rep. and Rej.): 8 IV 2022 (Ord.) Extension of time-limit (Rej.): 15 XII 2022 (Ord.) Extension of time-limit (Rej.): 3 II 2023 (Ord.)
Themes	Alleged violations of treaty obligations; terrorism; racial discrimination

On 16 January 2017, Ukraine instituted proceedings against the Russian Federation concerning alleged violations of the International Convention for the Suppression of the Financing of Terrorism of 9 December 1999 (the "ICSFT") and of the International Convention on the Elimination of All Forms of Racial Discrimination of 21 December 1965 ("CERD"). Ukraine invoked, as the basis for the Court's jurisdiction, Article 24, paragraph 1, of the ICSFT and Article 22 of CERD, in accordance with Article 36, paragraph 1, of the Statute of the Court.

In its Application, Ukraine claims that the Russian Federation violated its obligations to take measures and to co-operate under Articles 8, 9, 10, 12 and 18 of the ICSFT in the

CIRFT, pour prévenir et réprimer les infractions de financement du terrorisme telles que définies à l'article 2 de la convention. La demanderesse soutient également que la Fédération de Russie a contrevenu à ses obligations au titre des articles 2, 4, 5, 6 et 7 de la CIEDR, en se livrant à une campagne visant à priver les Tatars de Crimée et les Ukrainiens de souche en Crimée de leurs droits politiques, civils, économiques, sociaux et culturels, et qu'elle a adopté une politique et une pratique de discrimination raciale à l'encontre de ces communautés.

Le 16 janvier 2017, l'Ukraine a également présenté une demande en indication de mesures conservatoires.

Après avoir tenu des audiences publiques, la Cour a, le 19 avril 2017, rendu son ordonnance sur la demande en indication de mesures conservatoires de l'Ukraine, dans laquelle elle a conclu que, « [e]n ce qui concern[ait] la situation en Crimée, la Fédération de Russie [devait] … [s]'abstenir de maintenir ou d'imposer des limitations à la capacité de la communauté des Tatars de Crimée de conserver ses instances représentatives, y compris le *Majlis* » et « [f]aire en sorte de rendre disponible un enseignement en langue ukrainienne ».

À l'issue d'audiences publiques consacrées aux exceptions préliminaires d'incompétence et d'irrecevabilité soulevées le 12 septembre 2018 par la Fédération de Russie, la Cour a, le 8 novembre 2019, rendu son arrêt sur lesdites exceptions, concluant qu'elle avait compétence, sur le fondement du paragraphe 1 de l'article 24 de la CIRFT et de l'article 22 de la CIEDR, pour connaître des demandes formulées par l'Ukraine au titre de ces deux instruments, et que la requête de l'Ukraine, en ce qu'elle avait trait aux demandes fondées sur la CIEDR, était recevable.

Par ordonnances du 15 décembre 2022 et du 3 février 2023, la Cour a reporté la date d'expiration du délai pour le dépôt de la duplique de la Fédération de Russie au 24 février et au 10 mars 2023, respectivement. Cette pièce a été déposée dans le délai prorogé par la Cour.

Des audiences publiques sur le fond de l'affaire se sont tenues du 6 au 14 juin 2023. À la fin de la période considérée, l'affaire était en délibéré. ∎

6. Sentence arbitrale du 3 octobre 1899 (Guyana c. Venezuela)

Introduction	29 III 2018 (requête)
Audiences	30 VI 2020 (compétence) ; 17-22 XI 2022 (exception préliminaire)
Décisions	Fixation de délais (M. et C.-M.) : 19 VI 2018 (ord.) Compétence : 18 XII 2020 (arrêt) Fixation de délais (M. et C.-M.) : 8 III 2021 (ord.) Fixation de délai (exposé écrit sur les exceptions préliminaires) : 13 VI 2022 (ord.) Exception préliminaire : 6 IV 2023 (arrêt)
Thèmes	Différend frontalier ; validité d'une sentence arbitrale

Le 29 mars 2018, le Guyana a déposé une requête introductive d'instance contre le Venezuela concernant un différend portant sur « la validité juridique et l'effet contraignant de la sentence arbitrale du 3 octobre 1899 relative à la frontière entre la colonie de la Guyane britannique et les États-Unis du Venezuela ».

prevention and suppression of terrorism financing offences, as defined in Article 2 of the Convention. The Applicant also submits that the Russian Federation breached its obligations under Articles 2, 4, 5, 6 and 7 of CERD, by engaging in a campaign directed at depriving the Crimean Tatars and ethnic Ukrainians in Crimea of their political, civil, economic, social and cultural rights and pursuing a policy and practice of racial discrimination against those communities.

On 16 January 2017, Ukraine also filed a Request for the indication of provisional measures.

After holding public hearings, the Court handed down its Order on Ukraine's Request for the indication of provisional measures on 19 April 2017, in which it found that "[w]ith regard to the situation in Crimea, the Russian Federation must . . . [r]efrain from maintaining or imposing limitations on the ability of the Crimean Tatar community to conserve its representative institutions, including the *Mejlis*" and "[e]nsure the availability of education in the Ukrainian language".

Following public hearings on preliminary objections to jurisdiction and admissibility raised on 12 September 2018 by the Russian Federation, the Court delivered its Judgment on those objections on 8 November 2019, finding that it had jurisdiction, on the basis of Article 24, paragraph 1, of the ICSFT and Article 22 of CERD, to entertain the claims made by Ukraine under the two conventions, and that Ukraine's Application, in so far as it concerned the claims under CERD, was admissible.

By Orders of 15 December 2022 and 3 February 2023, the Court extended the time-limit for the filing of the Rejoinder of the Russian Federation to 24 February and 10 March 2023, respectively. The Rejoinder was filed within the time-limit thus extended.

Public hearings on the merits of the case were held from 6 to 14 June 2023. At the end of the period under review, the case was under deliberation. ▪

6. Arbitral Award of 3 October 1899 (Guyana *v.* Venezuela)

Proceedings instituted	29 III 2018 (Application)
Hearings	30 VI 2020 (jurisdiction); 17–22 XI 2022 (preliminary objection)
Decisions	Fixing of time-limits (M. and C.-M.): 19 VI 2018 (Ord.) Jurisdiction: 18 XII 2020 (Judgment) Fixing of time-limits (M. and C.-M.): 8 III 2021 (Ord.) Fixing of time-limit (written statement on preliminary objections): 13 VI 2022 (Ord.) Preliminary objection: 6 IV 2023 (Judgment)
Themes	Boundary dispute; validity of an arbitral award

On 29 March 2018, Guyana filed an Application instituting proceedings against Venezuela with regard to a dispute concerning "the legal validity and binding effect of the Award Regarding the Boundary between the Colony of British Guiana and the United States of Venezuela, of 3 October 1899".

Dans sa requête, le Guyana entend fonder la compétence de la Cour, en vertu du paragraphe 1 de l'article 36 du Statut de celle-ci, sur le paragraphe 2 de l'article IV de l'« accord tendant à régler le différend entre le Venezuela et le Royaume-Uni de Grande-Bretagne et d'Irlande du Nord relatif à la frontière entre le Venezuela et la Guyane britannique », signé à Genève le 17 février 1966 (l'« accord de Genève »), par lequel les Parties sont convenues, selon lui, d'investir le Secrétaire général de l'autorité de choisir le moyen de règlement du différend, autorité dont celui-ci a fait usage, dans une décision du 30 janvier 2018, en optant pour le règlement judiciaire par la Cour.

Par une ordonnance en date du 19 juin 2018, la Cour a décidé, en vertu du paragraphe 2 de l'article 79 de son Règlement, que les pièces de la procédure écrite porteraient d'abord sur la question de sa compétence et a fixé au 19 novembre 2018 et au 18 avril 2019, respectivement, les dates d'expiration des délais pour le dépôt d'un mémoire par le Guyana et d'un contre-mémoire par le Venezuela. Le mémoire du Guyana a été déposé dans le délai ainsi prescrit.

Par lettre en date du 12 avril 2019, le Venezuela a confirmé sa décision de ne pas participer à la procédure écrite devant la Cour, faisant toutefois savoir qu'il avait l'intention de fournir à celle-ci des informations afin de l'aider à s'acquitter de ses obligations en vertu de son Statut ; à cet effet, le Venezuela a déposé un mémorandum le 28 novembre 2019.

Une audience publique s'est tenue par liaison vidéo le 30 juin 2020. Le Venezuela n'a pas participé à la procédure orale ; cependant, par lettre en date du 24 juillet 2020, il a transmis des observations écrites concernant les arguments présentés par le Guyana à l'audience.

Dans l'arrêt qu'elle a rendu le 18 décembre 2020 sur la question de sa compétence, la Cour s'est déclarée compétente pour connaître de la requête déposée par le Guyana, « dans la mesure où elle se rapporte à la validité de la sentence arbitrale du 3 octobre 1899 et à la question connexe du règlement définitif du différend concernant la frontière terrestre entre [le] Guyana et … [le] Venezuela ». La Cour a toutefois considéré qu'elle n'avait pas compétence pour connaître des demandes du Guyana fondées sur des faits survenus après la signature de l'accord de Genève.

Des audiences publiques sur l'exception préliminaire soulevée le 7 juin 2022 par le Venezuela se sont tenues du 17 au 22 novembre 2022.

Par un arrêt du 6 avril 2023, après avoir dit que l'exception préliminaire d'irrecevabilité de la requête soulevée par le Venezuela était recevable, la Cour l'a rejetée. Elle a dit qu'elle pouvait statuer sur le fond des demandes du Guyana, dans la mesure où celles-ci entrent dans le champ du point 1 du paragraphe 138 de l'arrêt du 18 décembre 2020. Au point 1 du paragraphe 138 dudit arrêt, la Cour a dit « qu'elle a[vait] compétence pour connaître de la requête déposée par la République coopérative du Guyana le 29 mars 2018 dans la mesure où elle se rapporte à la validité de la sentence arbitrale du 3 octobre 1899 et à la question connexe du règlement définitif du différend concernant la frontière terrestre entre la République coopérative du Guyana et la République bolivarienne du Venezuela ». ■

In its Application, Guyana, pursuant to Article 36, paragraph 1, of the Statute of the Court, seeks to found the jurisdiction of the Court on Article IV, paragraph 2, of the "Agreement to Resolve the Controversy between Venezuela and the United Kingdom of Great Britain and Northern Ireland over the Frontier between Venezuela and British Guiana", signed at Geneva on 17 February 1966 (the "Geneva Agreement"). According to Guyana, the Parties thereby agreed to confer upon the Secretary-General the authority to choose the means of settlement of the controversy; in a decision of 30 January 2018, the Secretary-General exercised that authority by choosing judicial settlement by the Court.

By an Order dated 19 June 2018, the Court decided, pursuant to Article 79, paragraph 2, of its Rules, that the written pleadings in the case must first address the question of the Court's jurisdiction, and fixed 19 November 2018 and 18 April 2019 as the respective time-limits for the filing of a Memorial by Guyana and a Counter-Memorial by Venezuela. The Memorial of Guyana was filed within the time-limit thus fixed.

By a letter dated 12 April 2019, Venezuela confirmed its decision not to participate in the written proceedings before the Court, but indicated its intention to provide the Court with information in order to assist it in the fulfilment of its duty under the Statute; to this effect, Venezuela filed a Memorandum on 28 November 2019.

A public hearing was held by video link on 30 June 2020. Venezuela did not participate in the oral proceedings; however, by a letter dated 24 July 2020, Venezuela transmitted written comments on the arguments presented by Guyana at the oral proceedings.

On 18 December 2020, the Court delivered its Judgment on the question of its jurisdiction, in which it found that it had jurisdiction to entertain the Application filed by Guyana "in so far as it concerns the validity of the Arbitral Award of 3 October 1899 and the related question of the definitive settlement of the land boundary dispute between . . . Guyana and . . . Venezuela". The Court considered, however, that it did not have jurisdiction to entertain the claims of Guyana arising from events that occurred after the signature of the Geneva Agreement.

Public hearings on the preliminary objection raised by Venezuela on 7 June 2022 were held from 17 to 22 November 2022.

By a Judgment of 6 April 2023, after finding that Venezuela's preliminary objection to the admissibility of Guyana's Application was admissible, the Court rejected that objection. It found that it could adjudicate upon the merits of the claims of Guyana, in so far as they fell within the scope of paragraph 138, subparagraph 1, of the Judgment of 18 December 2020. In that subparagraph, the Court had found that it "ha[d] jurisdiction to entertain the Application filed by the Co-operative Republic of Guyana on 29 March 2018 in so far as it concerns the validity of the Arbitral Award of 3 October 1899 and the related question of the definitive settlement of the land boundary dispute between the Co-operative Republic of Guyana and the Bolivarian Republic of Venezuela". ■

7. Violations alléguées du traité d'amitié, de commerce et de droits consulaires de 1955 (République islamique d'Iran c. États-Unis d'Amérique)

Introduction	16 VII 2018 (requête)
Audiences	27-30 VIII 2018 (mesures conservatoires) ; 14-21 IX 2020 (exceptions préliminaires)
Décisions	Mesures conservatoires : 3 X 2018 (ord.) Fixation de délais (M. et C.-M.) : 10 X 2018 (ord.) Prorogation de délais (M. et C.-M.) : 8 IV 2019 (ord.) Fixation de délai (exposé écrit sur les exceptions préliminaires) : 26 VIII 2019 (ord.) Exceptions préliminaires : 3 II 2021 (arrêt) Fixation de délai (C.-M.) : 3 II 2021 (ord.) Prorogation de délai (C.-M.) : 21 VII 2021 (ord.) Fixation de délais (R. et D.) : 21 I 2022 (ord.) Prorogation de délais (R. et D.) : 20 X 2022 (ord.)
Thème	Violations alléguées d'un traité bilatéral

Le 16 juillet 2018, la République islamique d'Iran a déposé une requête introductive d'instance contre les États-Unis d'Amérique au sujet d'un différend concernant des violations alléguées du traité d'amitié, de commerce et de droits consulaires signé par les deux États à Téhéran le 15 août 1955 et entré en vigueur le 16 juin 1957 (le « traité de 1955 »).

L'Iran indique que sa requête porte sur la décision prise le 8 mai 2018 par les États-Unis de rétablir pleinement et de faire appliquer un ensemble de sanctions et de mesures restrictives le visant, directement ou indirectement, ainsi que ses sociétés, voire ses nationaux, sanctions et mesures que les autorités américaines avaient auparavant décidé de lever dans le cadre du plan d'action global commun (un accord sur le programme nucléaire iranien qui avait été conclu le 14 juillet 2015 par l'Iran, les cinq membres permanents du Conseil de sécurité des Nations Unies, l'Allemagne et l'Union européenne).

Le demandeur soutient que, du fait des « sanctions du 8 mai » et des autres sanctions qu'ils avaient annoncées, les États-Unis « ont violé et continuent de violer de multiples dispositions du traité de 1955 ».

Pour fonder la compétence de la Cour, le demandeur invoque le paragraphe 1 de l'article 36 du Statut de la Cour et le paragraphe 2 de l'article XXI du traité de 1955.

Le 16 juillet 2018, l'Iran a également présenté une demande en indication de mesures conservatoires, sur laquelle la Cour s'est prononcée, par une ordonnance en date du 3 octobre 2018.

Par un arrêt rendu le 3 février 2021 après des audiences publiques, la Cour a rejeté les exceptions préliminaires soulevées le 23 août 2019 par les États-Unis et s'est déclarée compétente, en vertu du paragraphe 2 de l'article XXI du traité de 1955, pour connaître de la requête introduite par l'Iran, et a conclu que ladite requête était recevable.

Par une ordonnance en date du 21 janvier 2022, la Cour a autorisé la présentation d'une réplique par la République islamique d'Iran et d'une duplique par les États-Unis et a fixé au 21 novembre 2022 et au 21 septembre 2023, respectivement, les dates d'expiration des délais pour le dépôt de ces pièces.

Par une ordonnance datée du 20 octobre 2022, la Cour a reporté au 21 décembre 2022 la date d'expiration du délai pour le dépôt de la réplique de l'Iran et au 23 octobre 2023 la date d'expiration du délai pour le dépôt de la duplique des États-Unis. ■

7. Alleged Violations of the 1955 Treaty of Amity, Economic Relations, and Consular Rights (Islamic Republic of Iran *v.* United States of America)

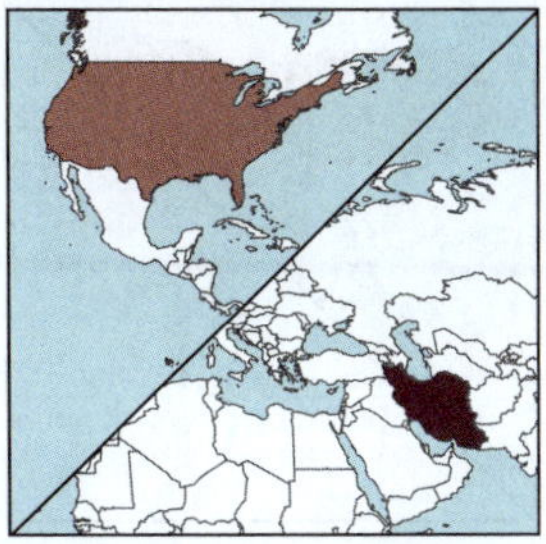

Proceedings instituted	16 VII 2018 (Application)
Hearings	27–30 VIII 2018 (provisional measures); 14–21 IX 2020 (preliminary objections)
Decisions	Provisional measures: 3 X 2018 (Ord.) Fixing of time-limits (M. and C.-M.): 10 X 2018 (Ord.) Extension of time-limits (M. and C.-M.): 8 IV 2019 (Ord.) Fixing of time-limit (written statement on preliminary objections): 26 VIII 2019 (Ord.) Preliminary objections: 3 II 2021 (Judgment) Fixing of time-limit (C.-M.): 3 II 2021 (Ord.) Extension of time-limit (C.-M.): 21 VII 2021 (Ord.) Fixing of time-limits (Rep. and Rej.): 21 I 2022 (Ord.) Extension of time-limits (Rep. and Rej.): 20 X 2022 (Ord.)
Theme	Alleged violations of a bilateral treaty

On 16 July 2018, the Islamic Republic of Iran filed an Application instituting proceedings against the United States of America with regard to a dispute concerning alleged violations of the Treaty of Amity, Economic Relations, and Consular Rights between Iran and the United States, which was signed in Tehran on 15 August 1955 and entered into force on 16 June 1957 (the "1955 Treaty").

Iran states that its Application relates to the decision of the United States of 8 May 2018 to re-impose in full effect and enforce sanctions and restrictive measures targeting, directly or indirectly, Iran and Iranian companies and/or nationals, which the United States had previously decided to lift in connection with the Joint Comprehensive Plan of Action (an agreement on the nuclear programme of Iran reached on 14 July 2015 by Iran, the five permanent members of the United Nations Security Council, plus Germany and the European Union).

The Applicant claims that, through the "8 May sanctions" and further sanctions that have been announced, the United States "has violated and continues to violate multiple provisions" of the 1955 Treaty.

As basis for the Court's jurisdiction, the Applicant invokes Article 36, paragraph 1, of the Statute of the Court and Article XXI, paragraph 2, of the 1955 Treaty.

On 16 July 2018, Iran also filed a Request for the indication of provisional measures, on which the Court ruled by an Order of 3 October 2018.

By a Judgment delivered on 3 February 2021, after holding public hearings, the Court rejected the preliminary objections raised by the United States on 23 August 2019, and found that it had jurisdiction, on the basis of Article XXI, paragraph 2, of the 1955 Treaty, to entertain the Application filed by Iran, and that the said Application was admissible.

By an Order dated 21 January 2022, the Court authorized the submission of a Reply by Iran and a Rejoinder by the United States, and fixed 21 November 2022 and 21 September 2023 as the respective time-limits for the filing of those written pleadings.

By an Order dated 20 October 2022, the Court extended to 21 December 2022 and 23 October 2023 the respective time-limits for the filing of the Reply of Iran and the Rejoinder of the United States. ■

8. Transfert de l'ambassade des États-Unis à Jérusalem (Palestine c. États-Unis d'Amérique)

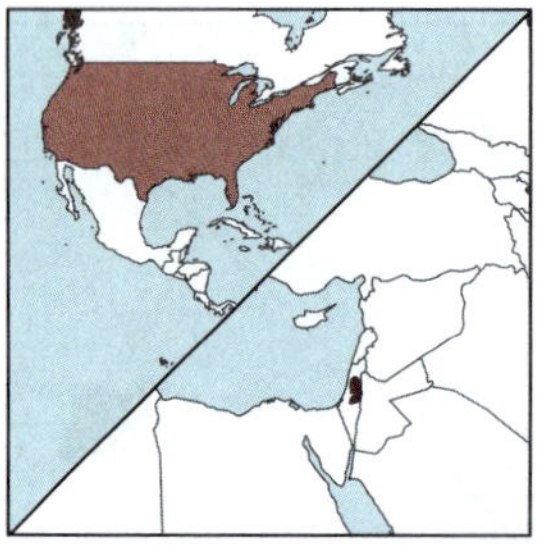

Introduction	28 IX 2018 (requête)
Décision	Compétence et recevabilité, fixation de délais (M. et C.-M.) : 15 XI 2018 (ord.)
Thèmes	Violations alléguées d'obligations conventionnelles ; droit diplomatique

Le 28 septembre 2018, l'État de Palestine (la « Palestine ») a déposé une requête introductive d'instance contre les États-Unis au sujet d'un différend concernant des violations alléguées de la convention de Vienne sur les relations diplomatiques du 18 avril 1961 (la « convention de Vienne »).

Dans sa requête, la Palestine rappelle que, le 6 décembre 2017, le président des États-Unis a reconnu Jérusalem en tant que capitale d'Israël et annoncé le transfert de l'ambassade des États-Unis en Israël de Tel-Aviv à Jérusalem. L'ambassade des États-Unis à Jérusalem a été inaugurée le 14 mai 2018. La Palestine soutient qu'il découle de la convention de Vienne que la mission diplomatique d'un État accréditant doit être établie sur le territoire de l'État accréditaire. Selon elle, compte tenu du statut spécial de cette ville, « [l]e transfert dans la ville sainte de Jérusalem de l'ambassade des États-Unis d'Amérique en Israël constitue une violation de la convention de Vienne ».

Pour fonder la compétence de la Cour, le demandeur invoque l'article premier du protocole de signature facultative à la convention de Vienne sur les relations diplomatiques concernant le règlement obligatoire des différends (le « protocole de signature facultative »).

La Palestine rappelle en outre qu'elle a soumis, le 4 juillet 2018, en application de la résolution 9 (1946) du Conseil de sécurité et du paragraphe 2 de l'article 35 du Statut de la Cour, une « déclaration reconnaissant la juridiction de la Cour internationale de Justice » pour le règlement de tous les différends nés ou à naître relevant de l'article premier et de l'article II du protocole de signature facultative.

Par une ordonnance en date du 15 novembre 2018, la Cour, se référant au paragraphe 2 de l'article 79 de son Règlement, a estimé que, dans les circonstances de l'espèce, il était nécessaire de régler en premier lieu les questions de sa compétence et de la recevabilité de la requête, et qu'il devait être statué séparément, avant toute procédure sur le fond, sur ces questions. La Cour a donc décidé que les pièces de la procédure écrite porteraient d'abord sur les questions de la compétence de la Cour et de la recevabilité de la requête, et a fixé au 15 mai et au 15 novembre 2019, respectivement, les dates d'expiration des délais pour le dépôt d'un mémoire par l'État de Palestine et d'un contre-mémoire par les États-Unis. Le mémoire de la Palestine a été déposé dans le délai ainsi fixé.

Par lettre en date du 14 novembre 2019, les États-Unis ont confirmé leur décision de ne pas participer à la procédure écrite et transmis un mémorandum afin d'« appeler l'attention de la Cour sur certaines questions fondamentales et [de] lui fournir des informations connexes touchant à la compétence et à la recevabilité qui, autrement, pourraient ne pas apparaître clairement ».

8. Relocation of the United States Embassy to Jerusalem (Palestine *v.* United States of America)

Proceedings instituted	28 IX 2018 (Application)
Decision	Jurisdiction and admissibility; fixing of time-limits (M. and C.-M.): 15 XI 2018 (Ord.)
Themes	Alleged violations of treaty obligations; diplomatic law

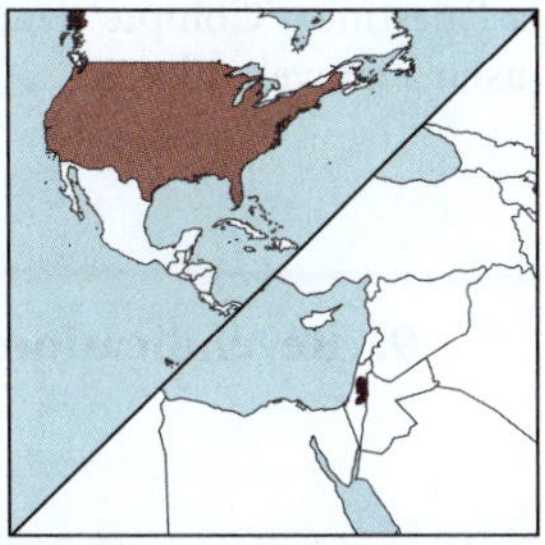

On 28 September 2018, the State of Palestine ("Palestine") filed an Application instituting proceedings against the United States with respect to a dispute concerning alleged violations of the Vienna Convention on Diplomatic Relations of 18 April 1961 (the "Vienna Convention").

In its Application, Palestine recalls that, on 6 December 2017, the President of the United States recognized Jerusalem as the capital of Israel and announced the relocation of the United States Embassy in Israel from Tel Aviv to Jerusalem. The United States Embassy in Jerusalem was then inaugurated on 14 May 2018. Palestine contends that it flows from the Vienna Convention on Diplomatic Relations that the diplomatic mission of a sending State must be established on the territory of the receiving State. According to Palestine, in view of the special status of Jerusalem, "[t]he relocation of the United States Embassy in Israel to the Holy City of Jerusalem constitutes a breach of the Vienna Convention".

As basis for the Court's jurisdiction, Palestine invokes Article I of the Optional Protocol to the Vienna Convention on Diplomatic Relations concerning the Compulsory Settlement of Disputes (the "Optional Protocol").

Palestine further states that, on 4 July 2018, it submitted, in accordance with Security Council resolution 9 (1946) and Article 35, paragraph 2, of the Statute of the Court, a "Declaration recognizing the Competence of the International Court of Justice" for the settlement of all disputes that may arise or that have already arisen covered by Articles I and II of the Optional Protocol.

By an Order dated 15 November 2018, the Court considered, with reference to Article 79, paragraph 2, of its Rules, that, in the circumstances of the case, it is necessary to resolve first of all the question of the Court's jurisdiction and that of the admissibility of the Application, and that these matters should be separately determined before any proceedings on the merits. The Court accordingly decided that the written pleadings would first be addressed to the question of the jurisdiction of the Court and that of the admissibility of the Application and fixed 15 May and 15 November 2019 as the respective time-limits for the filing of a Memorial by the State of Palestine and a Counter-Memorial by the United States. The Memorial of the State of Palestine was filed within the time-limit thus fixed.

By a letter dated 14 November 2019, the United States confirmed its decision not to participate in the written proceedings and transmitted a Memorandum "to assist the Court in identifying certain fundamental issues and associated information going to jurisdiction and admissibility that may not otherwise be readily apparent".

Par lettre en date du 12 avril 2021 adressée au greffier, la Palestine a demandé le report de la procédure orale qui devait s'ouvrir le 1er juin 2021, «afin de permettre aux Parties de trouver une solution au … différend par voie de négociation». Par lettre du 19 avril 2021, le greffier a été informé que les États-Unis «n'[avaient] aucune objection à la demande de la Palestine». Compte tenu des vues des Parties, la Cour a décidé de reporter les audiences jusqu'à nouvel ordre. ■

9. Revendication territoriale, insulaire et maritime du Guatemala (Guatemala/Belize)

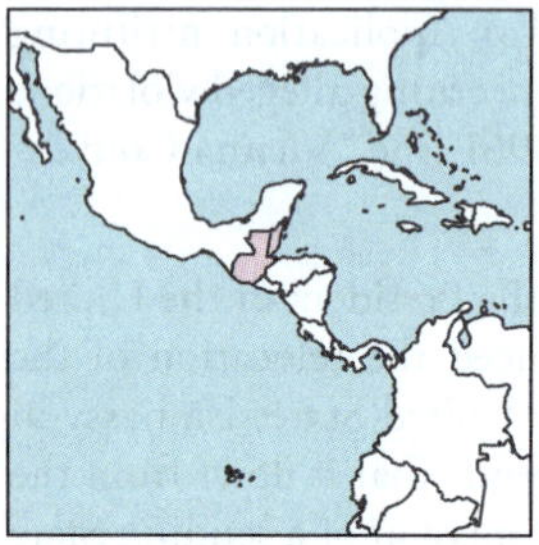

Introduction	7 VI 2019 (compromis)
Décisions	Fixation de délais (M. et C.-M.) : 18 VI 2019 (ord.) Prorogation de délais (M. et C.-M.) : 22 IV 2020 (ord.) Fixation de délais (R. et D.) : 24 VI 2022 (ord.)
Thème	Différend territorial, insulaire et maritime

Le 7 juin 2019, la Cour a été saisie par voie de compromis d'un différend entre le Guatemala et le Belize.

Le 8 décembre 2008, les deux États ont conclu un «compromis entre le Guatemala et le Belize visant à soumettre la revendication territoriale, insulaire et maritime du Guatemala à la Cour internationale de Justice» (ci-après le «compromis»), ultérieurement modifié par un protocole conclu le 25 mai 2015 (ci-après le «protocole»). Par ce compromis et ce protocole, les Parties sont convenues, sous réserve d'approbation de la population des deux pays par voie de référendum, «de soumettre à [la Cour] le différend décrit à l'article 2 du … compromis», par lequel elles «prient la Cour de se prononcer, conformément aux règles applicables du droit international telles que précisées au paragraphe 1 de l'article 38 de son Statut, sur l'ensemble des revendications juridiques que le Guatemala fait valoir à l'encontre du Belize sur certains territoires terrestres et insulaires ainsi que sur tout espace maritime généré par ceux-ci, de dire quels sont les droits des deux Parties sur ces territoires et espaces, et d'en déterminer les limites respectives». Aux termes de l'article 5 du compromis, les Parties se sont engagées à «accepte[r] la décision de la Cour comme définitive et obligatoire, et … à s'y conformer ainsi qu'à l'exécuter pleinement et de bonne foi».

En vertu de l'article 7 du compromis, tel que modifié par le protocole, les Parties se sont «engag[ées] à … soumettre à référendum[s] la décision de confier à la Cour internationale de Justice le règlement définitif du différend territorial», référendums qui «aur[aie]nt lieu simultanément ou séparément aux dates qui conviendr[aie]nt le mieux aux Parties». Aux termes de l'article 8 du compromis, tel que modifié par le protocole, «[l]e … compromis sera notifié au greffier de la Cour, conjointement ou par chacune des Parties, dans un délai d'un mois à compter de la date à laquelle il aura été accepté, par référendum organisé dans chacun des deux pays …, que le différend soit soumis à la Cour internationale de Justice».

By a letter to the Registrar dated 12 April 2021, Palestine sought the postponement of the oral proceedings which were due to open on 1 June 2021, "in order to provide the Parties with an opportunity to find a solution to [the] dispute through negotiations". By a letter dated 19 April 2021, the Registrar was informed that the United States "ha[d] no objection to the Applicant's request". Taking into account the views of the Parties, the Court decided to postpone the hearings until further notice. ▪

9. Guatemala's Territorial, Insular and Maritime Claim (Guatemala/Belize)

Proceedings instituted	7 VI 2019 (Special Agreement)
Decisions	Fixing of time-limits (M. and C.-M.): 18 VI 2019 (Ord.) Extension of time-limits (M. and C.-M.): 22 IV 2020 (Ord.) Fixing of time-limits (Rep. and Rej.): 24 VI 2022 (Ord.)
Theme	Territorial, insular and maritime dispute

On 7 June 2019, the Court was seised of a dispute between Guatemala and Belize by way of Special Agreement.

On 8 December 2008, the two States concluded a "Special Agreement between Guatemala and Belize to submit Guatemala's territorial, insular and maritime claim to the International Court of Justice" (the "Special Agreement"), which was subsequently amended by a Protocol concluded on 25 May 2015 (the "Protocol"). By this Special Agreement and Protocol, the Parties agreed, subject to approval in a referendum in each country, to "submit to the Court the dispute described in Article 2 of th[e] Special Agreement", whereby "[t]he Parties request the Court to determine in accordance with applicable rules of international law as specified in Article 38 (1) of the Statute of the Court any and all legal claims of Guatemala against Belize to land and insular territories and to any maritime areas pertaining to these territories, to declare the rights therein of both Parties, and to determine the boundaries between their respective territories and areas". Pursuant to Article 5 of the Special Agreement, the Parties undertook to "accept the decision of the Court as final and binding, and . . . to comply with and implement it in full and in good faith".

Under Article 7 of the Special Agreement, as amended by the Protocol, the Parties "committed themselves . . . to submit to referenda the decision to bring to the International Court of Justice the final settlement of the territorial dispute", to be "held simultaneously or separately on the dates most convenient to the Parties". According to Article 8 of the Special Agreement, as amended by the Protocol, "[t]he Registrar of the Court shall be notified of th[e] Special Agreement jointly or by either of the Parties within a month after the referendum in each country has approved . . . submission of the dispute to the International Court of Justice".

Par un référendum tenu le 15 avril 2018, la population guatémaltèque a accepté que le différend soit soumis à la Cour. Par lettre en date du 21 août 2018, le Guatemala a officiellement notifié à la Cour le compromis et le protocole y relatif.

Par un référendum tenu le 8 mai 2019, la population bélizienne a accepté que le différend soit soumis à la Cour. Par lettre en date du 7 juin 2019, le Belize a officiellement notifié à la Cour le compromis et le protocole y relatif.

Par une ordonnance en date du 18 juin 2019, la Cour a fixé au 8 juin 2020 et au 8 juin 2021, respectivement, les dates d'expiration des délais pour le dépôt d'un mémoire par le Guatemala et d'un contre-mémoire par le Belize.

Par une ordonnance en date du 22 avril 2020, les dates d'expiration de ces délais ont été reportées au 8 décembre 2020 et au 8 juin 2022, respectivement. Le mémoire du Guatemala et le contre-mémoire du Belize ont été déposés dans les délais ainsi prorogés.

Par une ordonnance en date du 24 juin 2022, la Cour a fixé au 8 décembre 2022 et au 8 juin 2023, respectivement, les dates d'expiration des délais pour le dépôt d'une réplique par le Guatemala et d'une duplique par le Belize. Ces pièces ont été déposées dans les délais ainsi fixés. ■

10. Application de la convention pour la prévention et la répression du crime de génocide (Gambie c. Myanmar)

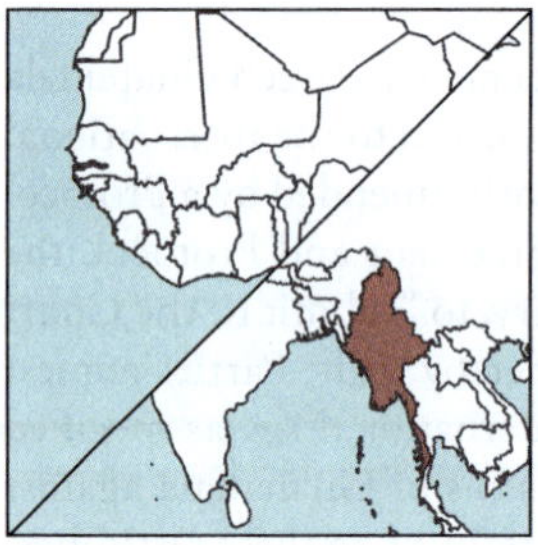

Introduction	11 XI 2019 (requête)
Audiences	10-12 XII 2019 (mesures conservatoires) ; 21-28 II 2022 (exceptions préliminaires)
Décisions	Mesures conservatoires : 23 I 2020 (ord.) Fixation de délais (M. et C.-M.) : 23 I 2020 (ord.) Prorogation de délais (M. et C.-M.) : 18 V 2020 (ord.) Fixation de délai (exposé écrit sur les exceptions préliminaires) : 28 I 2021 (ord.) Exceptions préliminaires : 22 VII 2022 (arrêt) Fixation de délai (C.-M.) : 22 VII 2022 (ord.) Prorogation de délai (C.-M.) : 6 IV 2023 (ord.) Prorogation de délai (C.-M.) : 12 V 2023 (ord.)
Thèmes	Violations alléguées d'obligations conventionnelles ; génocide

Le 11 novembre 2019, la Gambie a introduit une instance contre le Myanmar concernant des violations alléguées de la convention pour la prévention et la répression du crime de génocide du 9 décembre 1948 (la « convention sur le génocide »), à laquelle sont parties les deux États.

Pour fonder la compétence de la Cour, le demandeur invoque l'article IX de la convention sur le génocide.

La Gambie affirme dans sa requête que le Myanmar a adopté, accompli ou toléré des actes visant à détruire en tout ou en partie le « groupe rohingya, groupe ethnique, racial et religieux bien défini qui réside principalement dans l'État rakhine (Myanmar) ». En particulier, elle allègue que, en octobre 2016, l'armée du Myanmar et d'autres forces de sécurité du pays ont commencé à mener des « opérations de nettoyage » généralisées et systématiques qui « visaient à détruire en tout ou en partie les Rohingya en tant que groupe par des meurtres de masse,

By a referendum held on 15 April 2018, the Guatemalan population approved the decision to submit the dispute to the Court. By a letter dated 21 August 2018, Guatemala officially notified to the Court the Agreement and its Protocol.

By a referendum held on 8 May 2019, the population of Belize approved the decision to submit the dispute to the Court. By a letter dated 7 June 2019, Belize officially notified to the Court the Agreement and its Protocol.

By an Order dated 18 June 2019, the Court fixed 8 June 2020 and 8 June 2021 as the respective time-limits for the filing of a Memorial by Guatemala and a Counter-Memorial by Belize.

By an Order dated 22 April 2020, these time-limits were extended to 8 December 2020 and 8 June 2022, respectively. The Memorial of Guatemala and the Counter-Memorial of Belize were submitted within the time-limits as extended.

By an Order dated 24 June 2022, the Court fixed 8 December 2022 and 8 June 2023 as the respective time-limits for the filing of a Reply by Guatemala and a Rejoinder by Belize. These pleadings were filed within the time-limits thus fixed. ■

10. Application of the Convention on the Prevention and Punishment of the Crime of Genocide (The Gambia *v.* Myanmar)

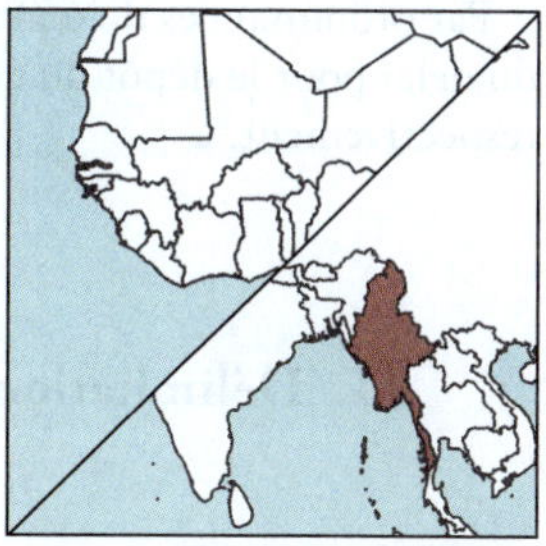

Proceedings instituted	11 XI 2019 (Application)
Hearings	10–12 XII 2019 (provisional measures); 21–28 II 2022 (preliminary objections)
Decisions	Provisional measures: 23 I 2020 (Ord.) Fixing of time-limits (M. and C.-M.): 23 I 2020 (Ord.) Extension of time-limits (M. and C.-M.): 18 V 2020 (Ord.) Fixing of time-limit (written statement on preliminary objections): 28 I 2021 (Ord.) Preliminary objections: 22 VII 2022 (Judgment) Fixing of time-limit (C.-M.): 22 VII 2022 (Ord.) Extension of time-limit (C.-M.): 6 IV 2023 (Ord.) Extension of time-limit (C.-M.): 12 V 2023 (Ord.)
Themes	Alleged violations of treaty obligations; genocide

On 11 November 2019, The Gambia instituted proceedings against Myanmar concerning alleged violations of the Convention on the Prevention and Punishment of the Crime of Genocide of 9 December 1948 (the "Genocide Convention"), to which both States are parties.

As basis for the Court's jurisdiction, the Applicant invokes Article IX of the Genocide Convention.

The Gambia contends in its Application that Myanmar has adopted, taken and condoned acts that are intended to destroy, in whole or in part, "the Rohingya group, a distinct ethnic, racial and religious group that resides primarily in Myanmar's Rakhine State". In particular, The Gambia asserts that in October 2016, the Myanmar military and other Myanmar security forces began widespread and systematic "clearance operations" that "intended to destroy the Rohingya as a group, in whole or in part, by the use of mass murder, rape and other des viols et d'autres formes de violence sexuelle, ainsi que par la destruction systématique de leurs villages par le feu, souvent alors que les habitants étaient enfermés dans leur maison ».

La requête de la Gambie était assortie d'une demande en indication de mesures conservatoires dans l'attente de l'arrêt définitif en l'affaire. Par une ordonnance en date du 23 janvier 2020, la Cour a prescrit au Myanmar de prendre toutes les mesures en son pouvoir afin de prévenir la commission, à l'encontre des membres du groupe rohingya présents sur son territoire, de tout acte entrant dans le champ d'application de l'article II de la convention sur le génocide.

Elle a également indiqué que le Myanmar devait veiller à ce que ni ses unités militaires, ni aucune unité armée irrégulière qui pourrait relever de son autorité ou bénéficier de son appui ou organisation ou personne qui pourrait se trouver sous son contrôle, son autorité ou son influence ne commettent, à l'encontre des membres du groupe rohingya présents sur son territoire, d'actes entrant dans le champ d'application de l'article II de la convention sur le génocide, ou ne participent à une entente en vue de commettre le génocide, n'incitent directement et publiquement à le commettre, ne se livrent à une tentative de génocide ou ne se rendent complices de ce crime. La Cour a en outre indiqué que le Myanmar devait prendre des mesures effectives pour prévenir la destruction et assurer la conservation de tout élément de preuve relatif aux allégations d'actes entrant dans le champ d'application de l'article II de la convention sur le génocide. Enfin, elle a indiqué que le Myanmar devrait lui fournir à intervalles réguliers des rapports sur l'ensemble des mesures prises pour exécuter son ordonnance, jusqu'à ce qu'elle ait rendu sa décision définitive en l'affaire.

Par un arrêt en date du 22 juillet 2022, la Cour a rejeté les exceptions préliminaires d'incompétence de la Cour et d'irrecevabilité de la requête soulevées, le 20 janvier 2021, par le Myanmar. Par une ordonnance du même jour, la Cour a fixé au 24 avril 2023 la nouvelle date d'expiration du délai pour le dépôt du contre-mémoire du Myanmar.

Par ordonnances du 6 avril 2023 et du 12 mai 2023, la Cour a reporté la date d'expiration du délai pour le dépôt du contre-mémoire du Myanmar au 24 mai 2023 et au 24 août 2023, respectivement. ▪

11. Délimitation terrestre et maritime et souveraineté sur des îles (Gabon/Guinée équatoriale)

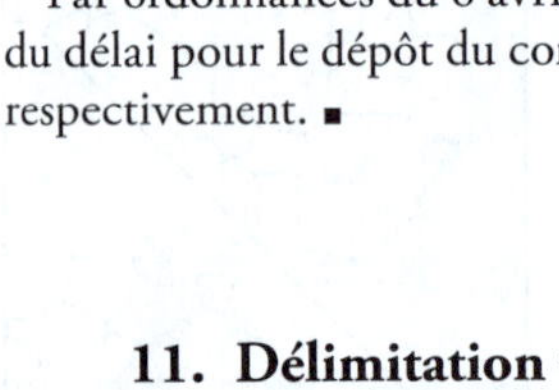

Introduction	5 III 2021 (compromis)
Décisions	Fixation de délais (M. et C.-M.) : 7 IV 2021 (ord.) Fixation de délais (R. et D.) : 6 V 2022 (ord.)
Thème	Délimitation maritime et terrestre

La Cour a, le 5 mars 2021, été saisie d'un différend par voie de compromis conclu entre le Gabon et la Guinée équatoriale en 2016 et entré en vigueur en 2020. Aux termes de cet instrument, la Cour est priée de « dire si les titres juridiques, traités et conventions internationales invoqués par les Parties font droit dans les relations entre la République gabonaise et la forms of sexual violence, as well as the systematic destruction by fire of their villages, often with inhabitants locked inside burning houses".

The Gambia's Application contained a Request for the indication of provisional measures pending a final judgment in the case. By an Order dated 23 January 2020, the Court indicated that Myanmar must take all measures within its power to prevent the commission of all acts within the scope of Article II of the Genocide Convention in relation to the members of the Rohingya group in its territory.

The Court also indicated that Myanmar must, in relation to the members of the Rohingya group in its territory, ensure that its military, as well as any irregular armed units which may be directed or supported by it and any organizations and persons which may be subject to its control, direction or influence, do not commit acts within the scope of Article II of the Genocide Convention or acts of conspiracy to commit genocide, of direct and public incitement to commit genocide, of attempt to commit genocide, or of complicity in genocide. Moreover, the Court indicated that Myanmar must take effective measures to prevent the destruction and ensure the preservation of evidence related to allegations of acts within the scope of Article II of the Genocide Convention. Finally, the Court indicated that Myanmar must submit reports to the Court on all measures taken to give effect to the Court's Order at regular intervals, until a final decision on the case is rendered by the Court.

By a Judgment dated 22 July 2022, the Court rejected the preliminary objections to the jurisdiction of the Court and the admissibility of the Application raised by Myanmar on 20 January 2021. By an Order of the same date, the Court fixed 24 April 2023 as the new time-limit for the filing of the Counter-Memorial of Myanmar.

By Orders of 6 April 2023 and 12 May 2023, the Court extended the time-limit for the filing of the Counter-Memorial of Myanmar to 24 May 2023 and 24 August 2023, respectively. ■

11. Land and Maritime Delimitation and Sovereignty over Islands (Gabon/Equatorial Guinea)

Proceedings instituted	5 III 2021 (Special Agreement)
Decisions	Fixing of time-limits (M. and C.-M.): 7 IV 2021 (Ord.) Fixing of time-limits (Rep. and Rej.): 6 V 2022 (Ord.)
Theme	Land and maritime delimitation

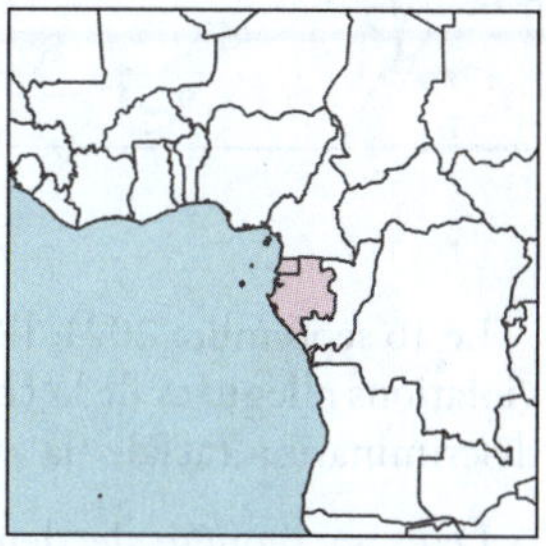

On 5 March 2021, the Court was seised of a dispute by way of a Special Agreement which was concluded between Gabon and Equatorial Guinea in 2016 and entered into force in March 2020. Under the terms of that Agreement, the Court is requested to "determine whether the legal titles, treaties and international conventions invoked by the Parties have

République de Guinée équatoriale s'agissant de la délimitation de leurs frontières maritime et terrestre communes et de la souveraineté sur les îles Mbanié, Cocotiers et Conga».

Le compromis indique que «[l]a République gabonaise reconnaît comme applicables au différend la Convention spéciale sur la délimitation des possessions françaises et espagnoles dans l'Afrique occidentale, sur la côte du Sahara et sur la côte du Golfe de Guinée du 27 juin 1900 (Paris) et la Convention délimitant les frontières terrestres et maritimes de la Guinée équatoriale et du Gabon du 12 septembre 1974 (Bata)», et que «[l]a République de Guinée équatoriale reconnaît comme applicable au différend la Convention spéciale sur la délimitation des possessions françaises et espagnoles dans l'Afrique occidentale, sur la côte du Sahara et sur la côte du Golfe de Guinée du 27 juin 1900 (Paris)». Dans le compromis, les Parties se réservent le droit d'invoquer d'autres titres juridiques et énoncent leurs vues communes concernant la procédure à suivre pour les phases écrite et orale de la procédure devant la Cour.

Par une ordonnance en date du 7 avril 2021, la Cour a fixé au 5 octobre 2021 et au 5 mai 2022, respectivement, les dates d'expiration des délais pour le dépôt du mémoire de la Guinée équatoriale et du contre-mémoire du Gabon.

Par une ordonnance en date du 6 mai 2022, la présidente de la Cour a fixé au 5 octobre 2022 et au 6 mars 2023, respectivement, les dates d'expiration des délais pour le dépôt d'une réplique par la Guinée équatoriale et d'une duplique par le Gabon. Ces pièces ont été déposées dans les délais ainsi fixés. ■

12. Application de la convention internationale sur l'élimination de toutes les formes de discrimination raciale (Arménie c. Azerbaïdjan)

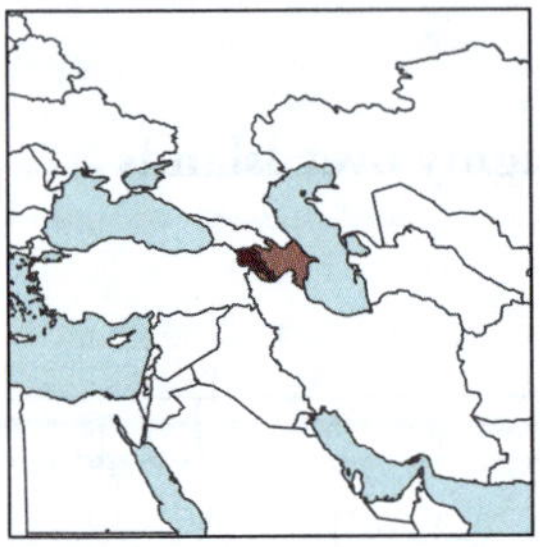

Introduction	16 IX 2021 (requête)
Audiences	14–15 X 2021 (mesures conservatoires); 30 I 2023 (mesures conservatoires)
Décisions	Mesures conservatoires: 7 XII 2021 (ord.) Fixation de délais (M. et C.-M.): 21 I 2022 (ord.) Mesures conservatoires: 12 X 2022 (ord.) Mesures conservatoires: 22 II 2023 (ord.) Fixation de délai (exposé écrit sur les exceptions préliminaires): 25 IV 2023 (ord.) Mesures conservatoires: 6 VII 2023 (ord.)
Thèmes	Violations alléguées d'obligations conventionnelles; discrimination raciale

Le 16 septembre 2021, l'Arménie a introduit une instance contre l'Azerbaïdjan à raison de violations alléguées de la convention internationale sur l'élimination de toutes les formes de discrimination raciale (la «CIEDR»).

Dans sa requête, le demandeur soutient que, «[d]epuis des décennies, les Arméniens subissent une discrimination raciale de la part de l'Azerbaïdjan» et que «[e]n conséquence de cette politique de haine que promeut l'État contre les Arméniens, ceux-ci sont victimes d'une discrimination généralisée, de massacres, de tortures et d'autres violences». Selon l'Arménie, ces violations sont commises contre des personnes d'origine ethnique ou nationale the force of law in the relations between the Gabonese Republic and the Republic of Equatorial Guinea in so far as they concern the delimitation of their common maritime and land boundaries and sovereignty over the islands of Mbanié/Mbañe, Cocotiers/Cocoteros and Conga".

It is stated in the Special Agreement that "[t]he Gabonese Republic recognizes as applicable to the dispute the special Convention on the delimitation of French and Spanish possessions in West Africa, on the coasts of the Sahara and the Gulf of Guinea, signed in Paris on 27 June 1900, and the Convention demarcating the land and maritime frontiers of Equatorial Guinea and Gabon, signed in Bata on 12 September 1974", and that "[t]he Republic of Equatorial Guinea recognizes as applicable to the dispute the special Convention on the delimitation of French and Spanish possessions in West Africa, on the coasts of the Sahara and the Gulf of Guinea, signed in Paris on 27 June 1900". In the Special Agreement, both Parties reserve their right to invoke other legal titles, and they set out their common views regarding the procedure to be followed for written and oral proceedings before the Court.

By an Order dated 7 April 2021, the Court fixed 5 October 2021 and 5 May 2022 as the respective time-limits for the filing of a Memorial by Equatorial Guinea and a Counter-Memorial by Gabon.

By an Order dated 6 May 2022, the President of the Court fixed 5 October 2022 and 6 March 2023 as the respective time-limits for the filing of a Reply by Equatorial Guinea and a Rejoinder by Gabon. These pleadings were filed within the time-limits thus fixed. ▪

12. Application of the International Convention on the Elimination of All Forms of Racial Discrimination (Armenia *v.* Azerbaijan)

Proceedings instituted	16 IX 2021 (Application)
Hearings	14–15 X 2021 (provisional measures); 30 I 2023 (provisional measures)
Decisions	Provisional measures: 7 XII 2021 (Ord.) Fixing of time-limits (M. and C.-M.): 21 I 2022 (Ord.) Provisional measures: 12 X 2022 (Ord.) Provisional measures: 22 II 2023 (Ord.) Fixing of time-limit (written statement on preliminary objections): 25 IV 2023 (Ord.) Provisional measures: 6 VII 2023 (Ord.)
Themes	Alleged violations of treaty obligations; racial discrimination

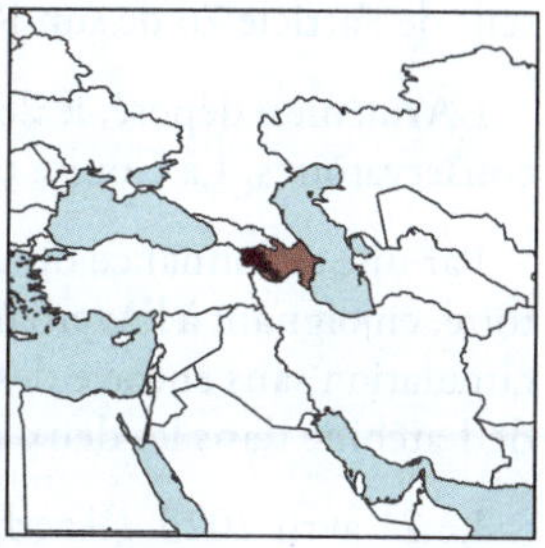

On 16 September 2021, Armenia instituted proceedings against Azerbaijan concerning alleged violations of the International Convention on the Elimination of All Forms of Racial Discrimination ("CERD").

In its Application, Armenia claims that, "[f]or decades, Azerbaijan has subjected Armenians to racial discrimination" and that, "[a]s a result of this State-sponsored policy of Armenian hatred, Armenians have been subjected to systemic discrimination, mass killings, torture and other abuse". According to Armenia, these violations are directed at individuals of Armenian ethnic or national origin, regardless of their actual nationality. It contends that arménienne, quelle que soit leur véritable nationalité. L'Arménie soutient que « [c]es pratiques ont une nouvelle fois été mises en évidence en septembre 2020, après l'agression de l'Azerbaïdjan contre la République d'Artsakh et l'Arménie» et que « [p]endant ce conflit armé, l'Azerbaïdjan a commis de graves violations de la CIEDR».

Pour fonder la compétence de la Cour, la demanderesse invoque le paragraphe 1 de l'article 36 du Statut de celle-ci et l'article 22 de la CIEDR.

La requête contenait également une demande en indication de mesures conservatoires visant à «protéger et [à] préserver les droits de l'Arménie et des Arméniens de tout nouveau préjudice, et [à] empêcher que le différend ne s'aggrave ou ne s'étende, en attendant que les questions soulevées dans la requête soient tranchées sur le fond».

Par une ordonnance en date du 7 décembre 2021, la Cour a indiqué à l'Azerbaïdjan, conformément aux obligations que lui impose la CIEDR, de « [p]rotéger contre les voies de fait et les sévices toutes les personnes arrêtées en relation avec le conflit de 2020 qui sont toujours en détention et [de] garantir leur sûreté et leur droit à l'égalité devant la loi», de « [p]rendre toutes les mesures nécessaires pour empêcher l'incitation et l'encouragement à la haine et à la discrimination raciales, y compris par ses agents et ses institutions publiques, à l'égard des personnes d'origine nationale ou ethnique arménienne» et de « [p]rendre toutes les mesures nécessaires pour empêcher et punir les actes de dégradation et de profanation du patrimoine culturel arménien, notamment, mais pas seulement, les églises et autres lieux de culte, monuments, sites, cimetières et artefacts». Elle a en outre dit que « [l]es deux Parties doivent s'abstenir de tout acte qui risquerait d'aggraver ou d'étendre le différend dont la Cour est saisie ou d'en rendre le règlement plus difficile».

Le 16 septembre 2022, l'Arménie, se référant à l'article 76 du Règlement de la Cour, a déposé une demande tendant à la modification de l'ordonnance en indication de mesures conservatoires rendue par la Cour le 7 décembre 2021. Par une ordonnance en date du 12 octobre 2022, la Cour a conclu que les hostilités qui ont éclaté entre les Parties en septembre 2022 et la détention de personnel militaire arménien ne constituaient pas un changement de situation justifiant la modification de l'ordonnance du 7 décembre 2021 au sens de l'article 76 de son Règlement.

L'Arménie a déposé, le 28 décembre 2022, une nouvelle demande en indication de mesures conservatoires. La Cour a tenu des audiences consacrées à cette demande le 30 janvier 2023.

Par une ordonnance du 22 février 2023, la Cour a indiqué une nouvelle mesure conservatoire, enjoignant à l'Azerbaïdjan de prendre toutes les mesures dont il dispose afin d'assurer la circulation sans entrave des personnes, des véhicules et des marchandises le long du corridor de Latchine dans les deux sens.

Le 21 avril 2023, l'Azerbaïdjan a déposé des exceptions préliminaires d'incompétence de la Cour. La présidente de la Cour a rendu une ordonnance en date du 25 avril 2023, par laquelle elle a fixé au 21 août 2023 la date d'expiration du délai dans lequel l'Arménie pourrait présenter un exposé écrit contenant ses observations et conclusions sur les exceptions préliminaires soulevées par l'Azerbaïdjan.

Le 15 mai 2023, l'Arménie, se référant à l'article 76 du Règlement de la Cour, a déposé une demande tendant à la modification de l'ordonnance en indication de mesures conservatoires rendue par la Cour le 22 février 2023.

Le 6 juillet 2023, la Cour a rendu une nouvelle ordonnance dans laquelle elle a considéré que les circonstances auxquelles se référait l'Arménie dans sa demande ne constituaient pas un changement dans la situation justifiant une modification de l'ordonnance du 22 février 2023. ■

"[t]hese practices once again came to the fore in September 2020, after Azerbaijan's aggression against the Republic of Artsakh and Armenia" and that "[d]uring that armed conflict, Azerbaijan committed grave violations of the CERD".

As basis for the Court's jurisdiction, the Applicant invokes Article 36, paragraph 1, of the Statute of the Court and Article 22 of CERD.

The Application also contained a Request for the indication of provisional measures to "protect and preserve Armenia's rights and the rights of Armenians from further harm, and to prevent the aggravation or extension of this dispute, pending the determination of the merits of the issues raised in the Application".

By an Order dated 7 December 2021, the Court ordered Azerbaijan, in accordance with its obligations under CERD, to "[p]rotect from violence and bodily harm all persons captured in relation to the 2020 Conflict who remain in detention, and ensure their security and equality before the law", to "[t]ake all necessary measures to prevent the incitement and promotion of racial hatred and discrimination, including by its officials and public institutions, targeted at persons of Armenian national or ethnic origin", and to "[t]ake all necessary measures to prevent and punish acts of vandalism and desecration affecting Armenian cultural heritage, including but not limited to churches and other places of worship, monuments, landmarks, cemeteries and artefacts". It also ordered "[b]oth Parties [to] refrain from any action which might aggravate or extend the dispute before the Court or make it more difficult to resolve".

On 16 September 2022, Armenia, referring to Article 76 of the Rules of Court, requested the modification of the Court's Order indicating provisional measures of 7 December 2021. By an Order dated 12 October 2022, the Court concluded that the hostilities which had erupted between the Parties in September 2022 and the detention of Armenian military personnel did not constitute a change in the situation justifying modification of the Order of 7 December 2021 within the meaning of Article 76 of the Rules of Court.

On 28 December 2022, Armenia submitted a new Request for the indication of provisional measures. The Court held one day of hearings on this request on 30 January 2023.

By an Order of 22 February 2023, the Court indicated another provisional measure requiring Azerbaijan to take all measures at its disposal to ensure unimpeded movement of persons, vehicles and cargo along the Lachin Corridor in both directions.

On 21 April 2023, Azerbaijan raised preliminary objections to the jurisdiction of the Court. By an Order dated 25 April 2023, the President of the Court fixed 21 August 2023 as the time-limit within which Armenia might present a written statement of its observations and submissions on the preliminary objections raised by Azerbaijan.

On 15 May 2023, Armenia, referring to Article 76 of the Rules of Court, requested the modification of the Court's Order indicating a provisional measure of 22 February 2023.

On 6 July 2023, the Court issued another Order, in which it found that the circumstances to which Armenia referred did not constitute a change in the situation justifying a modification of the Order of 22 February 2023. ■

13. Application de la convention internationale sur l'élimination de toutes les formes de discrimination raciale (Azerbaïdjan c. Arménie)

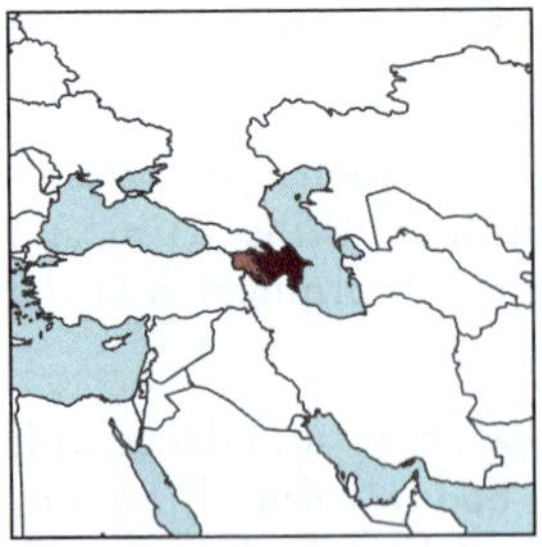

Introduction	23 IX 2021 (requête)
Audiences	18–19 X 2021 (mesures conservatoires) ; 31 I 2023 (mesures conservatoires)
Décisions	Mesures conservatoires : 7 XII 2021 (ord.) Fixation de délais (M. et C.-M.) : 21 I 2022 (ord.) Mesures conservatoires : 22 II 2023 (ord.) Fixation de délai (exposé écrit sur les exceptions préliminaires) : 25 IV 2023 (ord.)
Thèmes	Violations alléguées d'obligations conventionnelles ; discrimination raciale

Le 23 septembre 2021, l'Azerbaïdjan a déposé une requête introductive d'instance contre l'Arménie concernant des violations alléguées de la CIEDR. Selon le demandeur, l'Arménie « s'est livrée, et continue de se livrer, à une série d'actes de discrimination visant les Azerbaïdjanais, sur le fondement de leur origine "nationale ou ethnique" au sens de la CIEDR ».

Il soutient que « l'Arménie poursuit, par des moyens aussi bien directs qu'indirects, sa politique de nettoyage ethnique » et « incite à la haine et à la violence ethnique contre les Azerbaïdjanais par les propos haineux qu'elle tient et la propagande raciste qu'elle diffuse, y compris aux plus hauts niveaux du Gouvernement ». Se référant aux hostilités qui ont éclaté entre les deux pays à l'automne 2020, l'Azerbaïdjan affirme que « l'Arménie s'en est une fois de plus prise aux Azerbaïdjanais, les soumettant à des brutalités motivées par la haine ethnique ». Il affirme en outre que

> « les politiques et les actes de nettoyage ethnique, d'annihilation culturelle et de provocation à la haine de l'Arménie contre les Azerbaïdjanais portent systématiquement atteinte aux droits et aux libertés des Azerbaïdjanais, ainsi qu'aux droits propres de l'Azerbaïdjan, en violation de la CIEDR ».

Pour fonder la compétence de la Cour, l'Azerbaïdjan invoque le paragraphe 1 de l'article 36 du Statut de celle-ci et l'article 22 de la CIEDR.

La requête était assortie d'une demande en indication de mesures conservatoires visant à « contraindre l'Arménie à se conformer aux obligations internationales qui lui incombent au titre de la CIEDR et [à] protéger les Azerbaïdjanais contre le préjudice irréparable causé par le comportement persistant de l'Arménie » en attendant que la Cour tranche l'affaire sur le fond.

Par une ordonnance en date du 7 décembre 2021, la Cour a indiqué, à titre provisoire, à l'Arménie, conformément aux obligations que lui impose la CIEDR, de « prendre toutes les mesures nécessaires pour empêcher l'incitation et l'encouragement à la haine raciale, y compris par des organisations ou des personnes privées sur son territoire, contre les personnes d'origine nationale ou ethnique azerbaïdjanaise ». Elle a en outre dit que « [l]es deux Parties doivent s'abstenir de tout acte qui risquerait d'aggraver ou d'étendre le différend dont la Cour est saisie ou d'en rendre le règlement plus difficile ».

Le 4 janvier 2023, l'Azerbaïdjan a déposé une nouvelle demande en indication de mesures conservatoires sur le fondement de l'article 41 du Statut de la Cour et des articles 73, 74

13. Application of the International Convention on the Elimination of All Forms of Racial Discrimination (Azerbaijan *v.* Armenia)

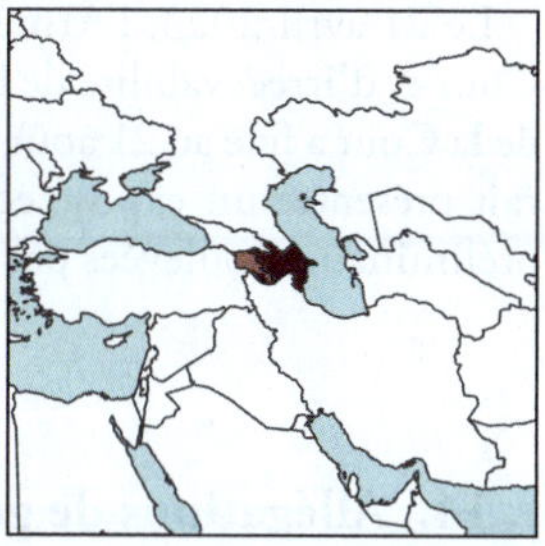

Proceedings instituted	23 IX 2021 (Application)
Hearings	18–19 X 2021 (provisional measures); 31 I 2023 (provisional measures)
Decisions	Provisional measures: 7 XII 2021 (Ord.) Fixing of time-limits (M. and C.-M.): 21 I 2022 (Ord.) Provisional measures: 22 II 2023 (Ord.) Fixing of time-limit (written statement on preliminary objections): 25 IV 2023 (Ord.)
Themes	Alleged violations of treaty obligations; racial discrimination

On 23 September 2021, Azerbaijan filed an Application instituting proceedings against Armenia with regard to alleged violations of CERD. According to the Applicant, Armenia "has engaged and is continuing to engage in a series of discriminatory acts against Azerbaijanis on the basis of their 'national or ethnic' origin within the meaning of CERD".

The Applicant claims that "through both direct and indirect means, Armenia continues its policy of ethnic cleansing", and "incites hatred and ethnic violence against Azerbaijanis by engaging in hate speech and disseminating racist propaganda, including at the highest levels of its Government". Referring to the period of hostilities between the two countries that erupted in autumn 2020, Azerbaijan contends that "Armenia once again targeted Azerbaijanis for brutal treatment motivated by ethnic hatred". Azerbaijan further contends that

> "Armenia's policies and conduct of ethnic cleansing, cultural erasure and fomenting of hatred against Azerbaijanis systematically infringe the rights and freedoms of Azerbaijanis, as well as Azerbaijan's own rights, in violation of CERD".

As basis for the Court's jurisdiction, Azerbaijan invokes Article 36, paragraph 1, of the Statute of the Court and Article 22 of CERD.

The Application was accompanied by a Request for the indication of provisional measures "to compel Armenia to abide by its international obligations under CERD and protect Azerbaijanis from the irreparable harm caused by Armenia's ongoing conduct", pending the Court's determination of the case on the merits.

By an Order dated 7 December 2021, the Court directed Armenia, in accordance with its obligations under CERD, to "take all necessary measures to prevent the incitement and promotion of racial hatred, including by organizations and private persons in its territory, targeted at persons of Azerbaijani national or ethnic origin". The Court further ordered "[b]oth Parties [to] refrain from any action which might aggravate or extend the dispute before the Court or make it more difficult to resolve".

On 4 January 2023, Azerbaijan filed a new Request for the indication of provisional measures, referring to Article 41 of the Statute of the Court and Articles 73, 74 and 75 of the et 75 du Règlement. Les audiences publiques consacrées à la demande en indication de mesures conservatoires de l'Azerbaïdjan se sont tenues le 31 janvier 2023. Par une ordonnance du 22 février 2023, la Cour a rejeté la demande en indication de mesures conservatoires présentée par l'Azerbaïdjan.

Le 21 avril 2023, l'Arménie a déposé des exceptions préliminaires d'incompétence de la Cour et d'irrecevabilité de la requête. Par ordonnance en date du 25 avril 2023, la présidente de la Cour a fixé au 21 août 2023 la date d'expiration du délai dans lequel l'Azerbaïdjan pourrait présenter un exposé écrit contenant ses observations et conclusions sur les exceptions préliminaires soulevées par l'Arménie en la présente affaire. ■

14. Allégations de génocide au titre de la convention pour la prévention et la répression du crime de génocide (Ukraine c. Fédération de Russie ; 32 États intervenants)

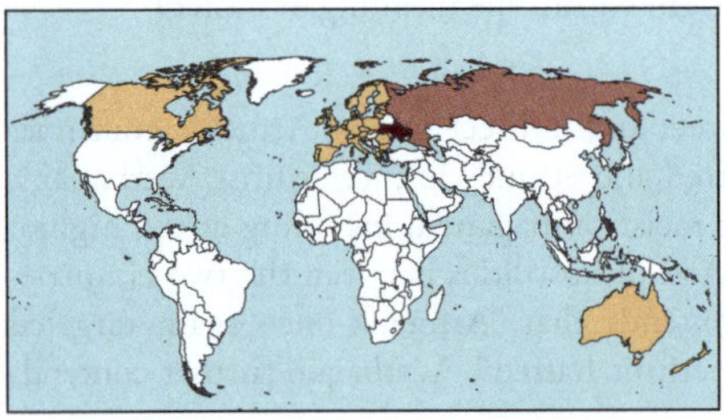

Introduction	26 II 2022 (requête)
Audience	7 III 2022 (mesures conservatoires)
Décisions	Mesures conservatoires : 16 III 2022 (ord.) Fixation de délais (M. et C.-M.) : 23 III 2022 (ord.) Fixation de délai (exposé écrit sur les exceptions préliminaires) : 7 X 2022 (ord.) Recevabilité des déclarations d'intervention : 5 VI 2023 (ord.)
Thèmes	Violations alléguées d'obligations conventionnelles ; génocide

Le 26 février 2022, l'Ukraine a introduit une instance contre la Fédération de Russie au sujet d'« un différend ... concernant l'interprétation, l'application et l'exécution de la convention de 1948 pour la prévention et la répression du crime de génocide » (la « convention sur le génocide »).

L'Ukraine affirme notamment que

> « la Fédération de Russie a soutenu de façon mensongère que des actes de génocide avaient été commis dans les oblasts ukrainiens de Louhansk et de Donetsk, a usé de ce prétexte pour reconnaître les prétendues "République populaire de Donetsk" et "République populaire de Louhansk", puis a annoncé et lancé une "opération militaire spéciale" contre l'Ukraine ».

L'Ukraine « conteste catégoriquement » qu'un tel génocide ait eu lieu, et déclare avoir introduit sa requête « afin d'établir que la Russie ne dispose d'aucune base juridique valable pour entreprendre la moindre action contre l'État ukrainien et sur son territoire à des fins de prévention et de répression de prétendus actes de génocide ».

Dans sa requête, l'Ukraine accuse également la Fédération de Russie « de planifier des actes de génocide en Ukraine » et affirme que, « [d]e manière intentionnelle, la Russie tue des personnes de nationalité ukrainienne ou porte gravement atteinte à leur intégrité physique — l'*actus reus* du génocide au titre de l'article II de la convention [sur le génocide] ».

Rules of Court. One day of public hearings on Azerbaijan's request for the indication of provisional measures was held on 31 January 2023. By an Order of 22 February 2023, the Court rejected the request for provisional measures submitted by Azerbaijan.

On 21 April 2023, Armenia raised preliminary objections to the jurisdiction of the Court and the admissibility of the Application. By an Order dated 25 April 2023, the President of the Court fixed 21 August 2023 as the time-limit within which Azerbaijan might present a written statement of its observations and submissions on those preliminary objections. ■

14. Allegations of Genocide under the Convention on the Prevention and Punishment of the Crime of Genocide (Ukraine *v.* Russian Federation: 32 States intervening)

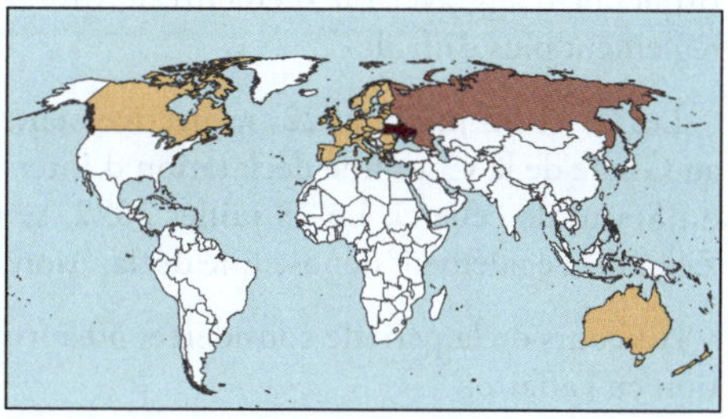

Proceedings instituted	26 II 2022 (Application)
Hearing	7 III 2022 (provisional measures)
Decisions	Provisional measures: 16 III 2022 (Ord.) Fixing of time-limits (M. and C.-M.): 23 III 2022 (Ord.) Fixing of time-limit (written statement on preliminary objections): 7 X 2022 (Ord.) Admissibility of the Declarations of intervention: 5 VI 2023 (Ord.)
Themes	Alleged violations of treaty obligations; genocide

On 26 February 2022, Ukraine filed an Application instituting proceedings against the Russian Federation concerning "a dispute . . . relating to the interpretation, application and fulfilment of the 1948 Convention on the Prevention and Punishment of the Crime of Genocide" (the "Genocide Convention").

Ukraine contends, *inter alia*, that

> "the Russian Federation has falsely claimed that acts of genocide have occurred in the Luhansk and Donetsk oblasts of Ukraine, and on that basis recognized the so-called 'Donetsk People's Republic' and 'Luhansk People's Republic', and then declared and implemented a 'special military operation' against Ukraine".

Ukraine "emphatically denies" that any such genocide has occurred and states that it submitted its Application "to establish that Russia has no lawful basis to take action in and against Ukraine for the purpose of preventing and punishing any purported genocide".

In its Application, Ukraine also accuses the Russian Federation of "planning acts of genocide in Ukraine" and contends that the Russian Federation "is intentionally killing and inflicting serious injury on members of the Ukrainian nationality — the *actus reus* of genocide under Article II of the [Genocide] Convention".

Pour fonder la compétence de la Cour, l'Ukraine invoque le paragraphe 1 de l'article 36 du Statut de celle-ci et l'article IX de la convention sur le génocide.

La requête de l'Ukraine était accompagnée d'une demande en indication de mesures conservatoires, par laquelle elle priait la Cour d'indiquer des mesures « afin d'éviter qu'un préjudice irréparable ne soit causé à ses droits et à ceux de sa population et que le différend qui oppose les Parties en ce qui concerne la convention sur le génocide ne s'aggrave ou ne s'étende ».

Une audience publique sur la demande en indication de mesures conservatoires s'est tenue, sous forme hybride, le 7 mars 2022, avec la participation de la délégation de l'Ukraine.

Par une ordonnance en date du 16 mars 2022, la Cour a indiqué, à titre provisoire, à la Fédération de Russie de « suspendre immédiatement les opérations militaires qu'elle a commencées le 24 février 2022 sur le territoire de l'Ukraine » et de « veiller à ce qu'aucune des unités militaires ou unités armées irrégulières qui pourraient agir sous sa direction ou bénéficier de son appui, ni aucune organisation ou personne qui pourrait se trouver sous son contrôle ou sa direction, ne commette d'actes tendant à la poursuite des[dites] opérations militaires ». La Cour a en outre indiqué aux deux Parties de « s'abstenir de tout acte qui risquerait d'aggraver ou d'étendre le différend dont la Cour est saisie ou d'en rendre le règlement plus difficile ».

Les 21 et 22 juillet 2022, respectivement, la Lettonie et la Lituanie ont chacune déposé au Greffe de la Cour une déclaration d'intervention en vertu du paragraphe 2 de l'article 63 du Statut de celle-ci. Le 28 juillet 2022, se fondant sur la même disposition, la Nouvelle-Zélande a également déposé une déclaration d'intervention en l'affaire.

Au cours de la période considérée, 30 autres États ont déposé des déclarations d'intervention en l'affaire.

Le 3 octobre 2022, la Fédération de Russie a soulevé des exceptions préliminaires d'incompétence de la Cour et d'irrecevabilité de la requête.

Par une ordonnance du 7 octobre 2022, la Cour a fixé au 3 février 2023 la date d'expiration du délai dans lequel l'Ukraine pourrait présenter un exposé écrit contenant ses observations et conclusions sur les exceptions préliminaires soulevées par la Fédération de Russie. L'Ukraine a déposé son exposé dans le délai ainsi fixé.

La Fédération de Russie ayant soulevé des objections à la recevabilité de toutes les déclarations d'intervention, la Cour était tenue, en application du paragraphe 2 de l'article 84 de son Règlement, d'entendre les Parties et les États désireux d'intervenir sur la recevabilité des déclarations d'intervention, et a décidé de le faire au moyen d'une procédure écrite. La Cour a fixé au 13 février 2023 la date d'expiration du délai dans lequel les États désireux d'intervenir pourraient présenter leurs observations écrites sur la recevabilité de leurs déclarations, et au 13 mars 2023 la date d'expiration du délai dans lequel l'Ukraine et la Fédération de Russie pourraient présenter leurs observations écrites sur celles-ci. La date d'expiration du délai dans lequel les Parties pourraient présenter leurs observations écrites sur la recevabilité des déclarations d'intervention a par la suite été reportée au 24 mars 2023. Les observations écrites des États désireux d'intervenir et des Parties ont été déposées dans les délais ainsi fixés.

Par ordonnance en date du 5 juin 2023, la Cour s'est prononcée sur la recevabilité des déclarations d'intervention. Elle a jugé que les déclarations d'intervention de l'Allemagne, l'Australie, l'Autriche, la Belgique, la Bulgarie, le Canada et les Pays-Bas (déclaration

As basis for the Court's jurisdiction, Ukraine invokes Article 36, paragraph 1, of the Statute of the Court and Article IX of the Genocide Convention.

Ukraine's Application was accompanied by a Request for the indication of provisional measures "in order to prevent irreparable prejudice to the rights of Ukraine and its people and to avoid aggravating or extending the dispute between the parties under the Genocide Convention".

A public hearing on the request for the indication of provisional measures was held in a hybrid format on 7 March 2022, with the participation of the delegation of Ukraine.

By an Order dated 16 March 2022, the Court directed the Russian Federation to "immediately suspend the military operations that it commenced on 24 February 2022 in the territory of Ukraine" and to "ensure that any military or irregular armed units which may be directed or supported by it, as well as any organizations and persons which may be subject to its control or direction, take no steps in furtherance of the [said] military operations". The Court further directed both Parties to "refrain from any action which might aggravate or extend the dispute before the Court or make it more difficult to resolve".

On 21 and 22 July 2022, Latvia and Lithuania respectively filed in the Registry of the Court a Declaration of intervention pursuant to Article 63, paragraph 2, of the Statute of the Court. On 28 July 2022, relying on the same provision, New Zealand also filed a Declaration of intervention in the case.

During the period under review, 30 other States filed Declarations of intervention in the case.

On 3 October 2022, the Russian Federation raised preliminary objections to the jurisdiction of the Court and the admissibility of the Application.

By an Order of 7 October 2022, the Court fixed 3 February 2023 as the time-limit within which Ukraine might present a written statement of its observations and submissions on the preliminary objections raised by the Russian Federation. Ukraine filed its statement within the time-limit thus fixed.

Since the Russian Federation had raised objections to the admissibility of all the Declarations of intervention, the Court was required, pursuant to Article 84, paragraph 2, of its Rules, to hear the Parties and the States seeking to intervene on the admissibility of the declarations, and decided to do so by means of a written procedure. The Court fixed 13 February 2023 as the time-limit within which the States seeking to intervene could furnish their written observations on the admissibility of their Declarations and 13 March 2023 as the time-limit within which Ukraine and the Russian Federation could furnish their written observations thereon. The time-limit for the submission by the Parties of their written observations on the admissibility of the Declarations of intervention was subsequently extended to 24 March 2023. The written observations of the States seeking to intervene and of the Parties were filed within the time-limits thus fixed.

By an Order dated 5 June 2023, the Court ruled on the admissibility of the Declarations of intervention. It decided that the Declarations of intervention submitted by Australia, Austria, Belgium, Bulgaria, Canada and the Netherlands (joint application), Croatia, Cyprus, conjointe), Chypre, la Croatie, le Danemark, l'Espagne, l'Estonie, la Finlande, la France, la Grèce, l'Irlande, l'Italie, la Lettonie, le Liechtenstein, la Lituanie, le Luxembourg, Malte, la Norvège, la Nouvelle-Zélande, la Pologne, le Portugal, la Roumanie, le Royaume-Uni, la Slovaquie, la Slovénie, la Suède et la Tchéquie étaient recevables au stade des exceptions préliminaires en ce qu'elles avaient trait à l'interprétation de l'article IX et d'autres dispositions de la convention sur le génocide pertinentes aux fins de la détermination de la compétence de la Cour. La Cour a en outre jugé que la déclaration d'intervention présentée par les États-Unis était irrecevable.

Par la même ordonnance, elle a fixé au 5 juillet 2023 la date d'expiration du délai pour le dépôt, par les États dont les déclarations d'intervention avaient été jugées recevables au stade des exceptions préliminaires, des observations écrites prévues au paragraphe 1 de l'article 86 du Règlement de la Cour. Trente et un des États dont les déclarations d'intervention avaient été jugées recevables au stade des exceptions préliminaires ont déposé les observations écrites prévues au paragraphe 1 de l'article 86 du Règlement de la Cour dans le délai ainsi fixé. ▪

15. Questions relatives aux immunités juridictionnelles de l'État et aux mesures de contrainte contre des biens appartenant à l'État (Allemagne c. Italie)

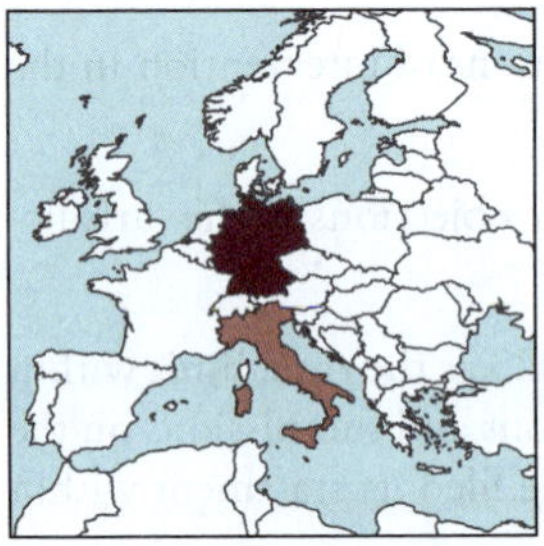

Introduction	29 IV 2022 (requête)
Décisions	Retrait de la demande en indication de mesures conservatoires : 10 V 2022 (ord.) Fixation de délais (M. et C.-M.) : 10 VI 2022 (ord.) Prorogation de délais (M. et C.-M.) : 30 V 2023 (ord.)
Thème	Immunités juridictionnelles

Le 29 avril 2022, l'Allemagne a déposé une requête introductive d'instance contre l'Italie à raison du manquement allégué de celle-ci à son obligation de respecter l'immunité de juridiction dont bénéficie l'Allemagne en tant qu'État souverain.

Dans sa requête, l'Allemagne rappelle que, le 3 février 2012, la Cour a rendu un arrêt sur la question de l'immunité de juridiction en l'affaire relative aux *Immunités juridictionnelles de l'État (Allemagne c. Italie; Grèce (intervenant))*. La demanderesse précise que, « [n]onobstant [l]es conclusions [contenues dans cet arrêt], les tribunaux italiens ont, depuis 2012, connu d'un grand nombre de nouvelles actions intentées contre l'Allemagne, en violation de l'immunité de juridiction de celle-ci ». Elle se réfère en particulier à l'arrêt n° 238/2014 du 22 octobre 2014, dans lequel la Cour constitutionnelle italienne a « reconnu "[l]'obligation pour la justice italienne … de se conformer à la décision rendue par la Cour le 3 février 2012" », tout en subordonnant cette obligation au « "principe fondamental de protection judiciaire des droits fondamentaux" inscrit dans le droit constitutionnel italien qui, selon elle, permet à des victimes de crimes de guerre et de crimes contre l'humanité de présenter des réclamations individuelles contre des États souverains ».

Czechia, Denmark, Estonia, Finland, France, Germany, Greece, Ireland, Italy, Latvia, Liechtenstein, Lithuania, Luxembourg, Malta, New Zealand, Norway, Poland, Portugal, Romania, Slovakia, Slovenia, Spain, Sweden and the United Kingdom were admissible at the preliminary objections stage of the proceedings in so far as they concerned the construction of Article IX and other provisions of the Genocide Convention that are relevant for the determination of the jurisdiction of the Court. The Court also found that the Declaration of intervention submitted by the United States was inadmissible.

By the same Order, the Court fixed 5 July 2023 as the time-limit for the filing, by the States whose Declarations of intervention were deemed admissible at the preliminary objections stage of the proceedings, of the written observations referred to in Article 86, paragraph 1, of the Rules of Court. Thirty-one States whose Declarations of intervention were deemed admissible at the preliminary objections stage of the proceedings filed the written observations provided for in Article 86, paragraph 1, of the Rules of Court within the time-limit thus fixed. ▪

15. Questions of Jurisdictional Immunities of the State and Measures of Constraint against State-Owned Property (Germany *v.* Italy)

Proceedings instituted — 29 IV 2022 (Application)

Decisions — Withdrawal of the Request for the indication of provisional measures: 10 V 2022 (Ord.)
Fixing of time-limits (M. and C.-M.): 10 VI 2022 (Ord.)
Extension of time-limits (M. and C.-M.): 30 V 2023 (Ord.)

Theme — Jurisdictional immunities

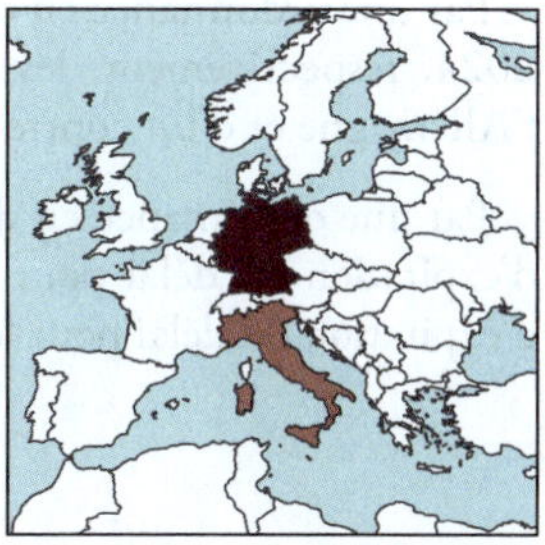

On 29 April 2022, Germany filed an Application instituting proceedings against Italy for allegedly failing to respect its jurisdictional immunity as a sovereign State.

In its Application, Germany recalls that, on 3 February 2012, the Court rendered its Judgment on the question of jurisdictional immunity in the case concerning *Jurisdictional Immunities of the State (Germany* v. *Italy: Greece intervening)*. Germany indicates that, "[n]otwithstanding [the] pronouncements [in that Judgment], Italian domestic courts[,] since 2012[,] have entertained a significant number of new claims against Germany in violation of Germany's sovereign immunity". Germany refers in particular to Judgment No. 238/2014 of 22 October 2014, in which the Italian Constitutional Court "acknowledged '[t]he duty of the Italian judge . . . to comply with the ruling of the ICJ of 3 February 2012'" but, nevertheless, "subjected that same duty to the 'fundamental principle of judicial protection of fundamental rights' under Italian constitutional law, which it read to permit individual claims by victims of war crimes and crimes against humanity to be brought against sovereign States".

L'Allemagne soutient que l'arrêt n° 238/2014 de la Cour constitutionnelle italienne, « adopté en violation consciente du droit international et de l'obligation incombant à l'Italie de se conformer à un arrêt rendu par l'organe judiciaire principal de l'Organisation des Nations Unies, a eu des conséquences de grande ampleur ».

Elle ajoute que, depuis le prononcé de l'arrêt, « pas moins de 25 nouvelles affaires ont été portées contre l'Allemagne [devant les tribunaux italiens] » et que, « dans 15 procédures au moins, les tribunaux italiens ont eu à se pencher et à statuer sur des actions intentées en rapport avec le comportement du Reich allemand pendant la seconde guerre mondiale ».

Pour fonder la compétence de la Cour, l'Allemagne invoque le paragraphe 1 de l'article 36 du Statut de celle-ci et l'article premier de la convention européenne pour le règlement pacifique des différends du 29 avril 1957.

La requête de l'Allemagne contenait une demande en indication de mesures conservatoires par laquelle elle priait notamment la Cour d'ordonner à l'Italie de veiller à ce que les biens allemands visés dans la requête « ne fassent pas l'objet d'une vente aux enchères publiques avant que la Cour ne se prononce sur le fond » et à ce qu'« aucune autre mesure de contrainte ne soit prise par [l]es tribunaux [italiens] contre des biens allemands ».

Par lettre du 4 mai 2022, l'Allemagne a informé la Cour que, par suite de récentes décisions des juridictions italiennes et des discussions tenues par les représentants des deux Parties, elle retirait sa demande en indication de mesures conservatoires.

Par une ordonnance en date du 10 mai 2022, la présidente de la Cour a donné acte à l'Allemagne du retrait de sa demande en indication de mesures conservatoires.

Par une ordonnance en date du 10 juin 2022, la Cour a fixé au 12 juin 2023 et au 12 juin 2024, respectivement, les dates d'expiration des délais pour le dépôt d'un mémoire par l'Allemagne et d'un contre-mémoire par l'Italie.

Par une ordonnance en date du 30 mai 2023, la Cour a reporté au 12 janvier 2024 la date d'expiration du délai pour le dépôt du mémoire de l'Allemagne et au 12 août 2025 la date d'expiration du délai pour le dépôt du contre-mémoire de l'Italie. ■

16. Demande concernant la restitution de biens confisqués dans le cadre de procédures pénales (Guinée équatoriale c. France)

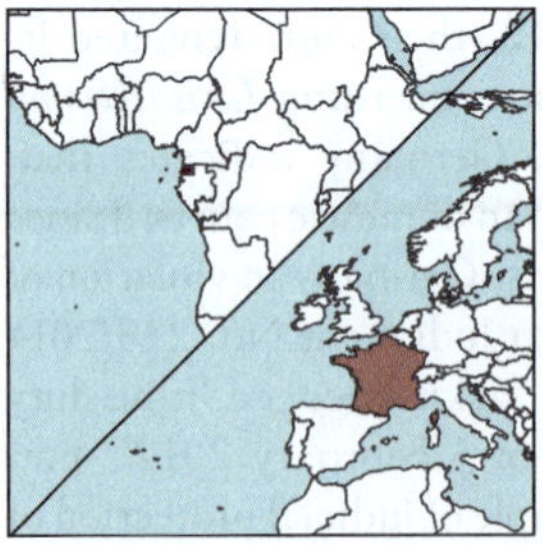

Introduction	29 IX 2022 (requête)
Décisions	Retrait de la demande en indication de mesures conservatoires : 21 X 2022 (ord.) Fixation de délais (M. et C.-M.) : 15 XII 2022 (ord.)
Thème	Restitution de biens confisqués

Le 29 septembre 2022, la Guinée équatoriale a introduit une instance contre la France au sujet d'un différend ayant trait à la violation alléguée des obligations souscrites au titre de la

Germany argues that Judgment No. 238/2014 of the Italian Constitutional Court, "adopted in conscious violation of international law and of Italy's duty to comply with a judgment of the principal judicial organ of the United Nations, had wide-ranging consequences".

It adds that, since the delivery of the Judgment, "at least 25 new cases have been brought against Germany [before Italian courts]" and that "in at least 15 proceedings, Italian domestic courts . . . have entertained and decided upon claims against Germany in relation to conduct of the German Reich during World War II".

As basis for the jurisdiction of the Court, Germany invokes Article 36, paragraph 1, of the Statute of the Court and Article 1 of the European Convention for the Peaceful Settlement of Disputes of 29 April 1957.

Germany's Application was accompanied by a Request for the indication of provisional measures, whereby it asked the Court, *inter alia*, to order Italy to ensure that the German properties referred to in the Application "are not subjected to a public auction pending a judgment by the Court on the merits" and that "no further measures of constraint are taken by [the Italian] courts against German property".

By a letter of 4 May 2022, Germany informed the Court that, following recent judicial developments in Italy and discussions between the representatives of the two Parties, Germany was withdrawing its Request for the indication of provisional measures.

By an Order dated 10 May 2022, the President of the Court placed on record the withdrawal by Germany of its Request for the indication of provisional measures.

By an Order dated 10 June 2022, the Court fixed 12 June 2023 and 12 June 2024 as the respective time-limits for the filing of a Memorial by Germany and a Counter-Memorial by Italy.

By an Order dated 30 May 2023, the Court extended the time-limits for the filing of those written pleadings to 12 January 2024 for the Memorial and 12 August 2025 for the Counter-Memorial. ▪

16. Request relating to the Return of Property Confiscated in Criminal Proceedings (Equatorial Guinea *v.* France)

Proceedings instituted	29 IX 2022 (Application)
Decisions	Withdrawal of the Request for the indication of provisional measures: 21 X 2022 (Ord.) Fixing of time-limits (M. and C.-M.): 15 XII 2022 (Ord.)
Theme	Return of confiscated property

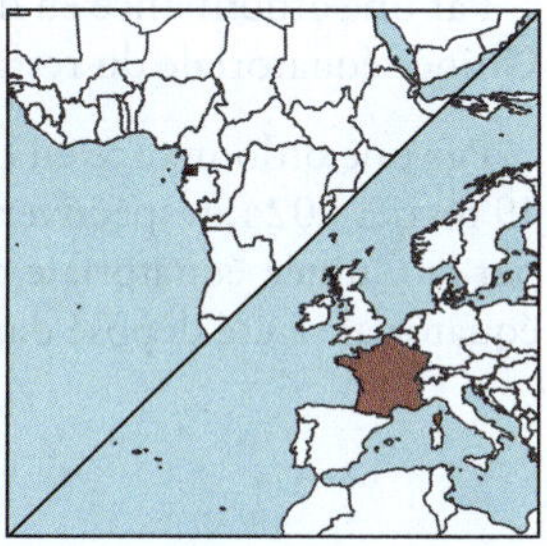

On 29 September 2022, Equatorial Guinea instituted proceedings against France with regard to a dispute concerning the alleged violation, by France, of its obligations under the

convention des Nations Unies contre la corruption du 31 octobre 2003 (la « convention »), au motif que la France ne lui aurait pas restitué les biens « qui constituent le produit d'un crime de détournement de fonds public[s] à son préjudice, y compris un bien immobilier dont elle était le propriétaire effectif et légitime avant sa confiscation par la France ».

Dans sa requête, la Guinée équatoriale affirme qu'elle a acquis, le 15 septembre 2011, de M. Teodoro Nguema Obiang Mangue, la totalité du capital de cinq sociétés de droit suisse, l'une d'elles détenant la totalité du capital de deux sociétés de droit français, dont la « Société du 42 avenue Foch » qui gérait l'immeuble sis à cette même adresse à Paris, en France. Elle indique en outre que, « [l]e 28 juillet 2021, la Cour de cassation française a confirmé la déclaration de culpabilité de M. Teodoro Nguema Obiang Mangue du délit de blanchiment des produits de délits de détournement de fonds public[s], d'abus de biens sociaux et d'abus de confiance » et que la Cour de cassation « a aussi confirmé la confiscation de l'immeuble [sis 40-42 avenue Foch], des biens qui ont fait l'objet d'une saisie pénale, et d'autres biens meubles ».

La Guinée équatoriale affirme avoir initié, sur la base de la convention, des demandes de restitution de certains avoirs correspondant à des biens confisqués par la France, auxquelles cette dernière n'a pas donné suite. Elle ajoute que, le 29 juillet 2022, la France a annoncé « la mise en vente imminente d'un des biens dont la restitution est demandée par la Guinée équatoriale, à savoir l'immeuble sis 40-42 avenue Foch à Paris ».

La requérante estime que,

> « en ignorant sa demande de restitution de certains avoirs correspondant à des biens confisqués par décision de justice française comme étant le produit d'un détournement de fonds publics au préjudice de la Guinée équatoriale, la France a violé ses obligations souscrites au titre de la convention ».

Pour fonder la compétence de la Cour, la requérante invoque le paragraphe 1 de l'article 36 du Statut de celle-ci et l'article 66 de la convention, auxquels les deux États sont parties.

La requête contenait en outre une demande en indication de mesures conservatoires, déposée conformément à l'article 41 du Statut de la Cour et aux articles 73, 74 et 75 de son Règlement.

Par une lettre datée du 19 octobre 2022, la Guinée équatoriale informait la Cour qu'elle avait « décidé de retirer sa demande en indication de mesures conservatoires afin de se concentrer sur la procédure au fond pour permettre à la Cour de trancher le différend le plus tôt possible ».

Par une ordonnance en date du 21 octobre 2022, la présidente de la Cour a donné acte à la Guinée équatoriale du retrait de sa demande en indication de mesures conservatoires.

Par une ordonnance en date du 15 décembre 2022, la Cour a fixé au 17 juillet 2023 et au 19 février 2024, respectivement, les dates d'expiration des délais pour le dépôt d'un mémoire par la Guinée équatoriale et d'un contre-mémoire par la France. Le mémoire de la Guinée équatoriale a été déposé dans le délai ainsi fixé. ■

United Nations Convention against Corruption of 31 October 2003 (the "Convention"), on the grounds that France had not returned to Equatorial Guinea "property . . . which constitutes the proceeds of a crime of misappropriation of public funds committed against it, including immovable property of which it was the effective and legitimate owner before its confiscation by France".

In its Application, Equatorial Guinea states that, on 15 September 2011, it acquired from Mr Teodoro Nguema Obiang Mangue the entire share capital of five Swiss companies, one of which owned the entire share capital of two French companies, including "Société du 42 avenue Foch", which managed the building located at the same address in Paris, France. Equatorial Guinea further states that "[o]n 28 July 2021, the French *Cour de cassation* upheld the conviction of Mr Teodoro Nguema Obiang Mangue for the offence of laundering the proceeds of misappropriation of public funds, misuse of corporate assets and breach of trust", and that the *Cour de cassation* "also upheld the confiscation of the building [located at 40-42 avenue Foch], the property that had been seized and other moveable property".

Equatorial Guinea asserts that it made requests, on the basis of the Convention, for the return of certain assets corresponding to property confiscated by France, to which the latter had failed to respond. It added that, on 29 July 2022, France had announced "the imminent offering for sale of an item of property whose return is sought by Equatorial Guinea, namely the building located at 40-42 avenue Foch in Paris".

The Applicant considers that,

> "by disregarding its request for the return of certain assets corresponding to property confiscated by decision of the French courts as the proceeds of misappropriation of public funds committed against Equatorial Guinea, France has violated its obligations under the Convention".

As basis for the Court's jurisdiction, the Applicant invokes Article 36, paragraph 1, of the Statute of the Court and Article 66 of the Convention, to which both States are parties.

The Application also contained a Request for the indication of provisional measures, filed in accordance with Article 41 of the Court's Statute and Articles 73, 74 and 75 of its Rules.

By a letter dated 19 October 2022, Equatorial Guinea informed the Court that it had "decided to withdraw its Request for the indication of provisional measures in order to focus on the proceedings on the merits, so that the Court may settle the dispute at the earliest opportunity".

By an Order dated 21 October 2022, the President of the Court placed on record the withdrawal by Equatorial Guinea of its Request for the indication of provisional measures.

By an Order dated 15 December 2022, the Court fixed 17 July 2023 and 19 February 2024 as the respective time-limits for the filing of the Memorial of Equatorial Guinea and the Counter-Memorial of France. The Memorial of Equatorial Guinea was filed within the time-limit thus fixed. ■

17. Souveraineté sur les cayes de Sapodilla/cayes Zapotillos (Belize c. Honduras)

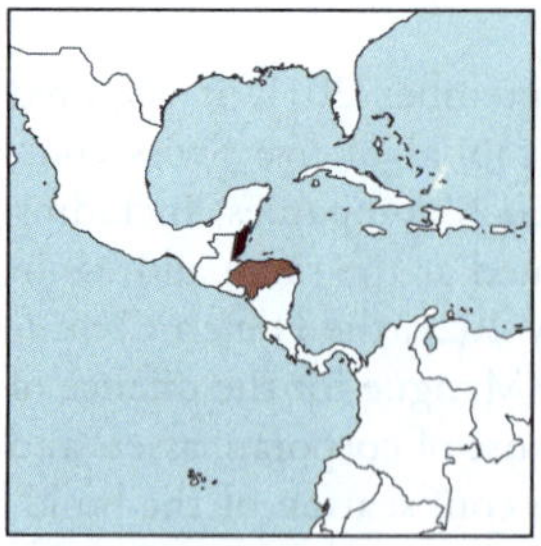

Introduction	16 XI 2022 (requête)
Décision	Fixation de délais (M. et C.-M.) : 2 II 2023 (ord.)
Thème	Souveraineté

Le 16 novembre 2022, le Belize a introduit devant la Cour une instance contre le Honduras au sujet d'un différend concernant la souveraineté sur les cayes de Sapodilla.

Dans sa requête, le Belize soutient que, « [d]epuis le début du XIXe siècle, les cayes de Sapodilla font partie du territoire du Belize, ayant relevé de l'établissement de Belize, puis de la colonie du Honduras britannique, et enfin, à partir de 1981, de l'État indépendant du Belize ».

Le demandeur affirme que, « [a]u regard du droit international, le Belize a souveraineté sur les cayes de Sapodilla » et que « [l]a revendication du Honduras sur celles-ci, énoncée dans sa Constitution de 1982, qui demeure en vigueur en ce qui concerne le droit interne hondurien, n'a pas de fondement en droit international ».

Le Belize prie la Cour « de dire et juger que, entre le Belize et le Honduras, c'est le Belize qui a souveraineté sur les cayes de Sapodilla ».

Le demandeur entend fonder la compétence de la Cour sur l'article XXXI du pacte de Bogotá et sur le paragraphe 1 de l'article 36 du Statut de la Cour.

Par une ordonnance en date du 2 février 2023, la Cour a fixé au 2 mai 2023 et au 4 décembre 2023, respectivement, les dates d'expiration des délais pour le dépôt d'un mémoire par le Belize et d'un contre-mémoire par le Honduras. Le Belize a déposé son mémoire dans le délai ainsi fixé. ■

17. Sovereignty over the Sapodilla Cayes/Cayos Zapotillos (Belize *v.* Honduras)

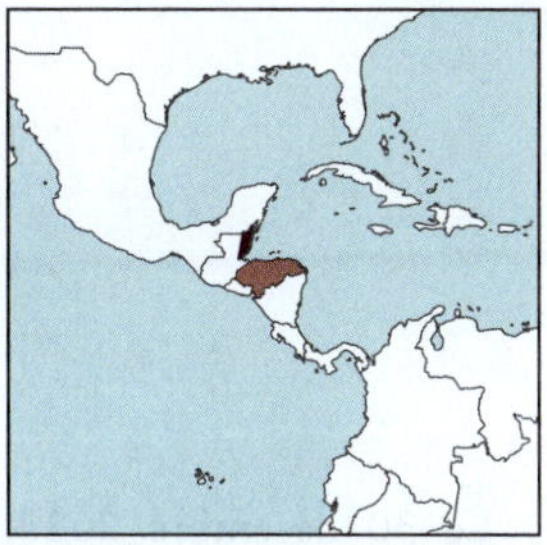

Proceedings instituted	16 XI 2022 (Application)
Decision	Fixing of time-limits (M. and C.-M.): 2 II 2023 (Ord.)
Theme	Sovereignty

On 16 November 2022, Belize instituted proceedings against Honduras with regard to a dispute concerning sovereignty over the Sapodilla Cayes.

In its Application, Belize contends that, "[s]ince the early nineteenth century, the Sapodilla Cayes have formed part of the territory of Belize, initially as part of the settlement of Belize and later the colony of British Honduras, and since 1981 as part of the independent State of Belize".

The Applicant asserts that "[u]nder international law, Belize is sovereign over the Sapodilla Cayes" and that "[t]he Honduran claim to the Sapodilla Cayes, articulated in its 1982 Constitution, which remains in force as a matter of the internal law of Honduras, has no basis in international law".

Belize requests the Court "to adjudge and declare that, as between Belize and Honduras, Belize is sovereign over the Sapodilla Cayes".

The Applicant seeks to found the Court's jurisdiction on Article XXXI of the Pact of Bogotá, and on Article 36, paragraph 1, of the Statute of the Court.

By an Order dated 2 February 2023, the Court fixed 2 May and 4 December 2023 as the respective time-limits for the filing of the Memorial of Belize and the Counter-Memorial of Honduras. The Memorial of Belize was filed within the time-limit thus fixed. ▪

18. Conséquences juridiques découlant des politiques et pratiques d'Israël dans le Territoire palestinien occupé, y compris Jérusalem-Est

Introduction	19 I 2023 (requête pour avis consultatif)
Décision	Fixation de délais (exposés écrits et observations écrites) : 3 II 2023 (ord.)
Thèmes	Occupation ; annexion

Le 30 décembre 2022, l'Assemblée générale des Nations Unies a adopté la résolution 77/247, dans laquelle, se référant à l'article 65 du Statut, elle prie la Cour de donner un avis consultatif. Le passage pertinent de la résolution se lit comme suit :

> « *L'Assemblée générale,*
>
> . . . .
>
> 18. *Décide*, conformément à l'Article 96 de la Charte des Nations Unies, de demander à la Cour internationale de Justice de donner, en vertu de l'Article 65 du Statut de la Cour, un avis consultatif sur les questions ci-après, compte tenu des règles et principes du droit international, dont la Charte des Nations Unies, le droit international humanitaire, le droit international des droits de l'homme, les résolutions pertinentes du Conseil de sécurité et du Conseil des droits de l'homme et les siennes propres, et l'avis consultatif donné par la Cour le 9 juillet 2004 :
>
> *a)* Quelles sont les conséquences juridiques de la violation persistante par Israël du droit du peuple palestinien à l'autodétermination, de son occupation, de sa colonisation et de son annexion prolongées du territoire palestinien occupé depuis 1967, notamment des mesures visant à modifier la composition démographique, le caractère et le statut de la ville sainte de Jérusalem, et de l'adoption par Israël des lois et mesures discriminatoires connexes ?
>
> *b)* Quelle incidence les politiques et pratiques d'Israël visées au paragraphe 18 *a)* ci-dessus ont-elles sur le statut juridique de l'occupation et quelles sont les conséquences juridiques qui en découlent pour tous les États et l'Organisation des Nations Unies ? »

La demande d'avis consultatif a été transmise à la Cour par le Secrétaire général des Nations Unies par une lettre datée du 17 janvier 2023 et reçue au Greffe le 19 janvier 2023. Par lettres datées du 19 janvier 2023, le greffier a notifié cette demande à tous les États admis à ester devant la Cour, conformément au paragraphe 1 de l'article 66 du Statut.

Le 3 février 2023, la Cour a rendu une ordonnance organisant la procédure. Elle a décidé « que l'Organisation des Nations Unies et ses États Membres, ainsi que l'État observateur de Palestine, [étaient] jugés susceptibles de fournir des renseignements sur les questions soumises à la Cour pour avis consultatif ». Elle a fixé au 25 juillet 2023 la date d'expiration du délai dans lequel des exposés écrits sur lesdites questions pourraient être présentés à la Cour, conformément au paragraphe 2 de l'article 66 de son Statut. Par la même ordonnance, la Cour a fixé au 25 octobre 2023 la date d'expiration du délai dans lequel les États et organisations qui auraient présenté un exposé écrit pourraient présenter des observations écrites sur les exposés écrits faits par d'autres États ou organisations, conformément au paragraphe 4 de l'article 66 du Statut. ▪

18. Legal Consequences arising from the Policies and Practices of Israel in the Occupied Palestinian Territory, including East Jerusalem

Proceedings instituted	19 I 2023 (Request for advisory opinion)
Decision	Fixing of time-limits (written statements and written comments): 3 II 2023 (Ord.)
Themes	Occupation; annexation

On 30 December 2022, the General Assembly adopted resolution 77/247, in which, referring to Article 65 of the Statute of the Court, it requested the Court to give an advisory opinion. The relevant part of the resolution reads as follows:

> "*The General Assembly,*
>
> . . . .
>
> 18. *Decides*, in accordance with Article 96 of the Charter of the United Nations, to request the International Court of Justice, pursuant to Article 65 of the Statute of the Court, to render an advisory opinion on the following questions, considering the rules and principles of international law, including the Charter of the United Nations, international humanitarian law, international human rights law, relevant resolutions of the Security Council, the General Assembly and the Human Rights Council, and the advisory opinion of the Court of 9 July 2004:
>
> *(a)* What are the legal consequences arising from the ongoing violation by Israel of the right of the Palestinian people to self-determination, from its prolonged occupation, settlement and annexation of the Palestinian territory occupied since 1967, including measures aimed at altering the demographic composition, character and status of the Holy City of Jerusalem, and from its adoption of related discriminatory legislation and measures?
>
> *(b)* How do the policies and practices of Israel referred to in paragraph 18 *(a)* above affect the legal status of the occupation, and what are the legal consequences that arise for all States and the United Nations from this status?"

The Request for an advisory opinion was transmitted to the Court by the Secretary-General of the United Nations by a letter dated 17 January 2023 and received in the Registry on 19 January 2023. By letters dated 19 January 2023, the Registrar gave notice of the Request for an advisory opinion to all States entitled to appear before the Court, pursuant to Article 66, paragraph 1, of its Statute.

On 3 February 2023, the Court made an Order organizing the proceedings. It decided "that the United Nations and its Member States, as well as the observer State of Palestine, [were] considered likely to be able to furnish information on the questions submitted to the Court for an advisory opinion". It fixed 25 July 2023 as the time-limit within which written statements on those questions could be presented to the Court, in accordance with Article 66, paragraph 2, of its Statute. By the same Order, the Court fixed 25 October 2023 as the time-limit within which States and organizations having presented written statements could submit written comments on the written statements made by other States or organizations, in accordance with Article 66, paragraph 4, of the Statute. ▪

19. Obligations des États en matière de changement climatique

Introduction	17 IV 2023 (requête pour avis consultatif)
Décision	Fixation de délais (exposés écrits et observations écrites) : 20 IV 2023 (ord.)
Thèmes	Changement climatique ; droit de l'environnement

Le 29 mars 2023, l'Assemblée générale des Nations Unies a adopté la résolution 77/276, dans laquelle, se référant à l'article 65 du Statut de la Cour, elle prie la Cour internationale de Justice de donner un avis consultatif sur les « obligations des États à l'égard des changements climatiques ». Dans sa résolution, l'Assemblée générale pose à la Cour les questions ci-après :

> « Eu égard en particulier à la Charte des Nations Unies, au Pacte international relatif aux droits civils et politiques, au Pacte international relatif aux droits économiques, sociaux et culturels, à la Convention-cadre des Nations Unies sur les changements climatiques, à l'Accord de Paris, à la Convention des Nations Unies sur le droit de la mer, à l'obligation de diligence requise, aux droits reconnus dans la Déclaration universelle des droits de l'homme, au principe de prévention des dommages significatifs à l'environnement et à l'obligation de protéger et de préserver le milieu marin :
>
> *a)* Quelles sont, en droit international, les obligations qui incombent aux États en ce qui concerne la protection du système climatique et d'autres composantes de l'environnement contre les émissions anthropiques de gaz à effet de serre pour les États et pour les générations présentes et futures ?
>
> *b)* Quelles sont, au regard de ces obligations, les conséquences juridiques pour les États qui, par leurs actions ou omissions, ont causé des dommages significatifs au système climatique et à d'autres composantes de l'environnement, à l'égard :
>
> i) Des États, y compris, en particulier, des petits États insulaires en développement, qui, de par leur situation géographique et leur niveau de développement, sont lésés ou spécialement atteints par les effets néfastes des changements climatiques ou sont particulièrement vulnérables face à ces effets ?
>
> ii) Des peuples et des individus des générations présentes et futures atteints par les effets néfastes des changements climatiques ? »

La demande d'avis consultatif a été transmise à la Cour par le Secrétaire général des Nations Unies par une lettre datée du 12 avril 2023 et reçue au Greffe le 17 avril 2023. Par lettres datées du 17 avril 2023, le greffier adjoint a notifié cette demande à tous les États admis à ester devant la Cour, conformément au paragraphe 1 de l'article 66 du Statut.

Dans son ordonnance datée du 20 avril 2023, la présidente a décidé que « l'Organisation des Nations Unies et ses États Membres [étaie]nt jugés susceptibles de fournir des renseignements sur les questions soumises à la Cour pour avis consultatif ». Elle a fixé au 20 octobre 2023 la date d'expiration du délai dans lequel des exposés écrits sur lesdites questions pourraient être présentés à la Cour, conformément au paragraphe 2 de l'article 66 de son Statut, et au 22 janvier 2024 la date d'expiration du délai dans lequel les États ou organisations qui auraient présenté un exposé écrit pourraient présenter des observations écrites sur les exposés écrits faits par d'autres États ou organisations, conformément au paragraphe 4 de l'article 66 du Statut. ■

19. Obligations of States in respect of Climate Change

Proceedings instituted	17 IV 2023 (Request for advisory opinion)
Decision	Fixing of time-limits (written statements and written comments): 20 IV 2023 (Ord.)
Themes	Climate change; environmental law

On 29 March 2023, the General Assembly of the United Nations adopted resolution 77/276 in which, referring to Article 65 of the Statute of the Court, it requested the Court to give an advisory opinion on the "obligations of States in respect of climate change". In its resolution, the General Assembly put to the Court the following questions:

> "Having particular regard to the Charter of the United Nations, the International Covenant on Civil and Political Rights, the International Covenant on Economic, Social and Cultural Rights, the United Nations Framework Convention on Climate Change, the Paris Agreement, the United Nations Convention on the Law of the Sea, the duty of due diligence, the rights recognized in the Universal Declaration of Human Rights, the principle of prevention of significant harm to the environment and the duty to protect and preserve the marine environment,
>
> *(a)* What are the obligations of States under international law to ensure the protection of the climate system and other parts of the environment from anthropogenic emissions of greenhouse gases for States and for present and future generations?
>
> *(b)* What are the legal consequences under these obligations for States where they, by their acts and omissions, have caused significant harm to the climate system and other parts of the environment, with respect to:
>
> (i) States, including, in particular, small island developing States, which due to their geographical circumstances and level of development, are injured or specially affected by or are particularly vulnerable to the adverse effects of climate change?
>
> (ii) Peoples and individuals of the present and future generations affected by the adverse effects of climate change?"

The Request for an advisory opinion was transmitted to the Court by the Secretary-General of the United Nations by a letter dated 12 April 2023 and received in the Registry on 17 April 2023. By letters dated 17 April 2023, the Deputy-Registrar gave notice of the Request for an advisory opinion to all States entitled to appear before the Court, pursuant to Article 66, paragraph 1, of the Statute.

By an Order dated 20 April 2023, the President of the Court decided that "the United Nations and its Member States [were] considered likely to be able to furnish information on the questions submitted to the Court for an advisory opinion". She fixed 20 October 2023 as the time-limit within which written statements on those questions could be presented to the Court, in accordance with Article 66, paragraph 2, of the Statute, and 22 January 2024 as the time-limit within which States and organizations having presented written statements could submit written comments on the written statements made by other States or organizations, in accordance with Article 66, paragraph 4, of the Statute. ■

20. Application de la convention contre la torture et autres peines ou traitements cruels, inhumains ou dégradants (Canada et Pays-Bas c. République arabe syrienne)

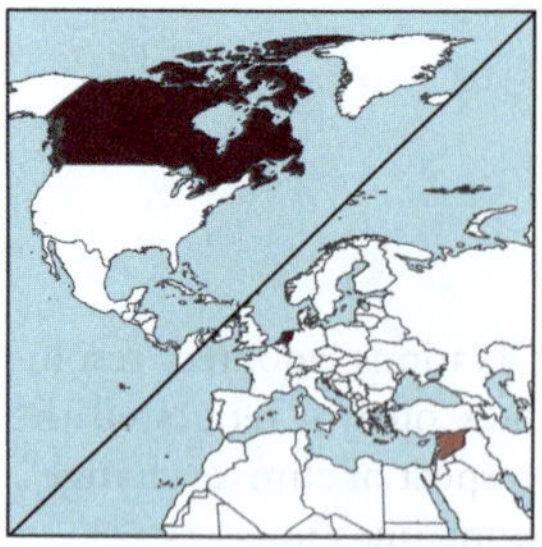

Introduction 8 VI 2023 (requête)

Thèmes Violations alléguées d'obligations conventionnelles ; torture

Le 8 juin 2023, le Canada et les Pays-Bas ont déposé une requête introductive d'instance conjointe contre la République arabe syrienne concernant des violations alléguées de la convention contre la torture et autres peines ou traitements cruels, inhumains ou dégradants (la « convention contre la torture »).

Dans leur requête, le Canada et les Pays-Bas affirment que « [d]epuis au moins 2011, la Syrie a commis d'innombrables violations du droit international, avec la répression violente des manifestations civiles, violations qui continuent encore à ce jour alors que la situation en Syrie s'est transformée en un conflit armé prolongé ». Les demandeurs avancent que « [c]es violations comprennent le recours à la torture et à d'autres peines ou traitements cruels, inhumains ou dégradants, notamment par le traitement odieux des détenus, les conditions inhumaines dans les lieux de détention, les disparitions forcées, le recours à la violence sexuelle et fondée sur le genre et la violence à l'encontre des enfants ». Ils ajoutent que « [c]es violations comprennent également l'utilisation d'armes chimiques, une pratique particulièrement odieuse pour intimider et punir la population, qui a fait de nombreux morts et blessés, et causé de graves souffrances physiques et mentales ».

Le Canada et les Pays-Bas entendent fonder la compétence de la Cour sur le paragraphe 1 de l'article 36 du Statut de la Cour et le paragraphe 1 de l'article 30 de la convention contre la torture, à laquelle les deux demandeurs et la République arabe syrienne sont parties.

En même temps que la requête, le Canada et les Pays-Bas ont déposé une demande en indication de mesures conservatoires sur le fondement de l'article 41 du Statut de la Cour et des articles 73, 74 et 75 de son Règlement « afin de préserver et de protéger les droits que leur confère la convention contre la torture, dont la Syrie continue de violer les dispositions, et de préserver la vie et l'intégrité physique et mentale des personnes qui, en Syrie, sont actuellement ou risquent d'être victimes d'actes de torture et d'autres peines ou traitements cruels, inhumains ou dégradants ».

Après avoir examiné les vues et arguments présentés par les Parties à l'affaire suite à la demande de la République arabe syrienne tendant au report des audiences, la Cour a décidé de reporter les audiences consacrées à la demande en indication de mesures conservatoires présentée par le Canada et les Pays-Bas qui devaient débuter le 19 juillet 2023 aux 10 et 11 octobre 2023. ▪

20. Application of the Convention against Torture and Other Cruel, Inhuman or Degrading Treatment or Punishment (Canada and Netherlands *v.* Syrian Arab Republic)

Proceedings instituted 8 VI 2023 (Application)

Themes Alleged violations of treaty obligations; torture

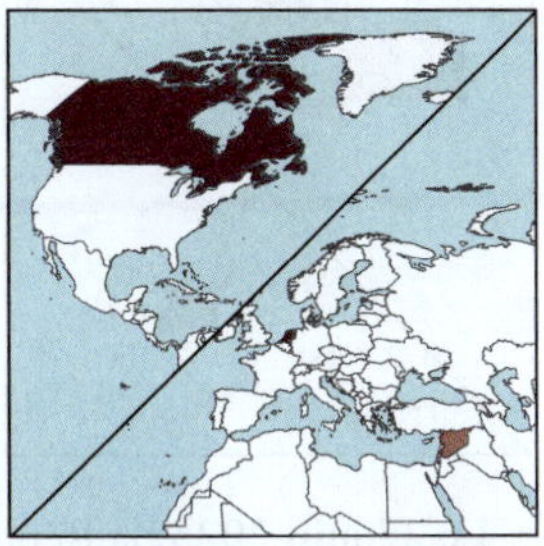

On 8 June 2023, Canada and the Netherlands filed a joint Application instituting proceedings against the Syrian Arab Republic concerning alleged violations of the Convention against Torture and Other Cruel, Inhuman or Degrading Treatment or Punishment (the "Convention against Torture").

In their Application, Canada and the Netherlands contend that "Syria has committed countless violations of international law, beginning at least in 2011, with its violent repression of civilian demonstrations, and continuing as the situation in Syria devolved into a protracted armed conflict". According to the Applicants, "[t]hese violations include the use of torture and other cruel, inhuman or degrading treatment or punishment . . ., including through abhorrent treatment of detainees, inhumane conditions in places of detention, enforced disappearances, the use of sexual and gender-based violence, and violence against children". The Applicants claim that "[t]hese violations also include the use of chemical weapons which has been a particularly abhorrent practice to intimidate and punish the civilian population, resulting in numerous deaths, injuries and severe physical and mental suffering".

Canada and the Netherlands seek to found the Court's jurisdiction on Article 36, paragraph 1, of the Statute of the Court and Article 30, paragraph 1, of the Convention against Torture, to which both Applicants and Syria are parties.

The Application of Canada and the Netherlands was accompanied by a Request for the indication of provisional measures, pursuant to Article 41 of the Court's Statute and Articles 73, 74 and 75 of its Rules, "to preserve and protect the rights owed to them under the Convention against Torture, which Syria continues to violate, and protect the lives and physical and mental integrity of individuals within Syria who are currently, or are at risk of, being subjected to torture and other cruel, inhuman or degrading treatment or punishment".

Following a request by Syria for the postponement of the oral proceedings in the case, which were scheduled to open on 19 July 2023, the Court, having considered the views and arguments of the Parties, decided to postpone the hearings on the request for the indication of provisional measures submitted by Canada and the Netherlands to 10 and 11 October 2023. ▪

21. Violations alléguées des immunités de l'État (République islamique d'Iran c. Canada)

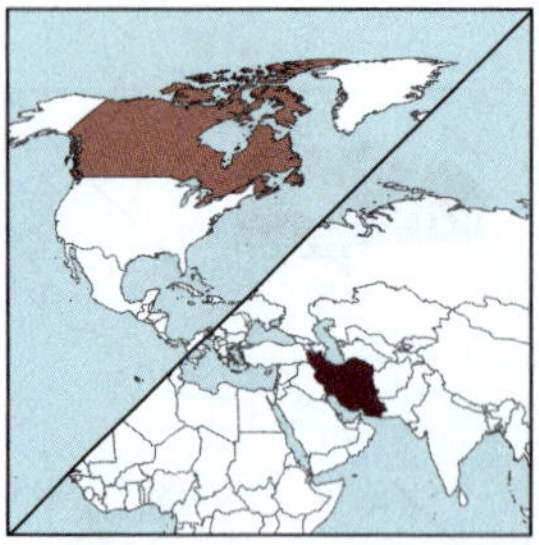

Introduction 27 VI 2023 (requête)

Thème Immunités de l'État

Le 27 juin 2023, la République islamique d'Iran a déposé une requête introductive d'instance contre le Canada concernant des allégations de violations de ses immunités.

Dans sa requête, l'Iran affirme que, depuis 2012, « [l]e Canada a adopté et mis en œuvre une série de mesures législatives, administratives et judiciaires contre l'Iran et ses biens, au mépris des obligations internationales qui lui incombent ». Ces mesures auraient « privé l'Iran des immunités auxquelles il a droit, pour ce qui est tant de l'immunité de juridiction que de l'immunité à l'égard des mesures de contrainte ».

L'Iran fait valoir que, « [e]n tant qu'État souverain, [il] a droit aux immunités souveraines de juridiction et d'exécution reconnues en droit international coutumier », et prie la Cour de dire et juger que, « en ne respectant pas les immunités de l'Iran et de ses biens, [le Canada] a manqué aux obligations internationales qui lui incombent à [son] égard ».

L'Iran entend fonder la compétence de la Cour sur le paragraphe 2 de l'article 36 et le paragraphe 1 de l'article 40 du Statut de celle-ci, ainsi que sur l'article 38 de son Règlement. Il déclare que l'Iran et le Canada ont tous deux accepté la juridiction obligatoire de la Cour le 26 juin 2023 et le 10 mai 1994, respectivement. ■

22. Incident aérien du 8 janvier 2020 (Canada, Royaume-Uni, Suède et Ukraine c. République islamique d'Iran)

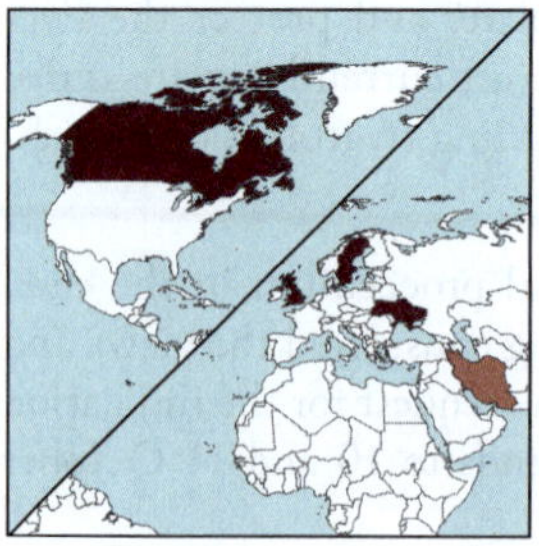

Introduction 4 VII 2023 (requête)

Thèmes Violations alléguées d'obligations conventionnelles ; droit aérien

Le 4 juillet 2023, le Canada, le Royaume-Uni, la Suède et l'Ukraine ont déposé une requête introductive d'instance conjointe contre la République islamique d'Iran concernant

21. Alleged Violations of State Immunities (Islamic Republic of Iran *v.* Canada)

Proceedings instituted 27 VI 2023 (Application)

Theme State immunities

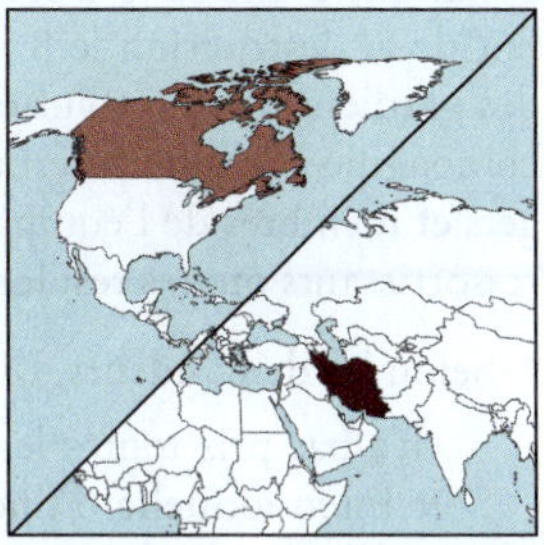

On 27 June 2023, the Islamic Republic of Iran filed an Application instituting proceedings against Canada concerning alleged violations of State immunities.

In its Application, Iran contends that, since 2012, "Canada has adopted and implemented a series of legislative, executive, and judicial measures against Iran and its property in breach of its international obligations". According to Iran, these measures "have abrogated the immunities to which Iran is entitled, both with respect to jurisdictional immunity and immunity from measures of constraint".

Iran argues that, "as a sovereign State, [it] is entitled to sovereign immunities from jurisdiction and from enforcement under customary international law", and it requests the Court to adjudge and declare that "by failing to respect the immunities of Iran and its property, Canada has violated its international obligations toward Iran".

Iran seeks to found the Court's jurisdiction on Article 36, paragraph 2, and Article 40, paragraph 1, of the Statute of the Court and Article 38 of the Rules of Court. It asserts that both Iran and Canada have accepted the compulsory jurisdiction of the Court, on 26 June 2023 and 10 May 1994, respectively. ■

22. Aerial Incident of 8 January 2020 (Canada, Sweden, Ukraine and United Kingdom *v.* Islamic Republic of Iran)

Proceedings instituted 4 VII 2023 (Application)

Themes Alleged violations of treaty obligations; aviation law

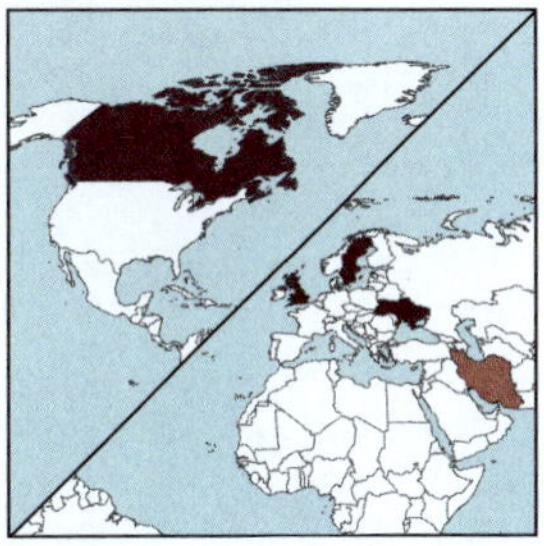

On 4 July 2023, Canada, Sweden, Ukraine and the United Kingdom filed a joint Application instituting proceedings against the Islamic Republic of Iran concerning a dispute

un différend relatif à la convention pour la répression d'actes illicites dirigés contre la sécurité de l'aviation civile (la « convention de Montréal »).

Dans leur requête, le Canada, le Royaume-Uni, la Suède et l'Ukraine affirment que l'Iran a manqué à une série d'obligations lui incombant au titre de la convention de Montréal du fait de la destruction le 8 janvier 2020, par des membres du personnel militaire du Corps des gardiens de la révolution islamique d'Iran, d'un aéronef civil en service, l'appareil de la compagnie Ukraine International Airlines assurant le vol PS752. L'ensemble des 176 passagers et membres de l'équipage qui se trouvaient à bord de l'avion, dont beaucoup étaient des ressortissants ou des résidents des États demandeurs, ont trouvé la mort.

Selon les demandeurs, l'Iran

> « n'a pas pris toutes les mesures raisonnables en vue de prévenir la commission illicite et intentionnelle d'une infraction décrite à l'article 1 de la convention de Montréal, en l'espèce la destruction du vol PS752. Par la suite, il n'a pas mené d'enquête ni de poursuites criminelles impartiales, transparentes et équitables, conformément au droit international. »

Le Canada, le Royaume-Uni, la Suède et l'Ukraine entendent fonder la compétence de la Cour sur le paragraphe 1 de l'article 36 du Statut de la Cour et le paragraphe 1 de l'article 14 de la convention de Montréal, à laquelle les quatre demandeurs et l'Iran sont parties. ■

under the Convention for the Suppression of Unlawful Acts against the Safety of Civil Aviation (the "Montreal Convention").

In their Application, Canada, Sweden, Ukraine and the United Kingdom claim that Iran has violated a series of obligations under the Montreal Convention as a result of the shooting down on 8 January 2020 of a civil aircraft in service, Ukraine International Airlines Flight PS752, by military personnel of Iran's Islamic Revolutionary Guard Corps. All 176 passengers and crew aboard the flight, many of whom were nationals and residents of the applicant States, were killed in the crash.

According to the Applicants, Iran

> "failed to take all practicable measures to prevent the unlawful and intentional commission of an offence described in Article 1 of the Montreal Convention, including the destruction of Flight PS752. It also subsequently failed to conduct an impartial, transparent, and fair criminal investigation and prosecution consistent with international law."

Canada, Sweden, Ukraine and the United Kingdom seek to found the Court's jurisdiction on Article 36, paragraph 1, of the Statute of the Court and Article 14, paragraph 1, of the Montreal Convention, to which all four Applicants and Iran are parties. ▪

II. Autres activités

A. *Activités et manifestations*

La Cour a reçu les hauts dignitaires suivants pendant la période considérée: le 27 septembre 2022, une délégation de la Cour africaine des droits de l'homme et des peuples; le 10 octobre 2022, une délégation du Parlement fédéral de la Somalie conduite par son président, S. Exc. Sheikh Adan Mohamed Nur; le 10 novembre 2022, S. Exc. Mme Victoria Prentis, procureure générale pour l'Angleterre et le pays de Galles et avocate générale pour l'Irlande du Nord, et S. Exc. M. Michael Tomlinson, *Solicitor General* pour l'Angleterre et le pays de Galles; le 22 mars 2023, S. Exc. M. Rodrigo Chaves Robles, président de la République du Costa Rica; et, le 24 mai 2023, S. Exc. M. Mario Búcaro Flores, ministre des affaires étrangères de la République du Guatemala.

Le 15 septembre 2022, le greffier a présenté un exposé sur les activités de la Cour, suivi d'une séance de questions/réponses, à l'intention des représentants diplomatiques accrédités auprès du Royaume des Pays-Bas. Le 26 octobre 2022, le greffier a participé à une manifestation tenue à la soixante-dix-septième session de l'Assemblée générale, en marge de la semaine du droit international et organisée par l'Académie de droit international de La Haye, sur le thème « [l]es institutions sises au Palais de la Paix, acteurs modernes essentiels du droit international». Le 14 décembre 2022, le greffier a donné des informations sur les travaux de la Cour à un groupe de conseillers juridiques d'ambassades d'États membres de l'Union européenne. Le 28 mars 2023, une visite de travail a été organisée à l'intention de journalistes francophones, en coopération avec le ministère des affaires étrangères des Pays-Bas. Le 23 mai 2023, la présidente, les membres de la Cour et le greffier ont participé à une cérémonie organisée, en coopération avec l'Académie de droit international de La Haye, en hommage au juge Antônio Augusto Cançado Trindade, ancien membre de la Cour décédé en service; et, enfin, le 5 juin 2023, la présidente, les membres de la Cour et le greffier adjoint ont reçu une délégation de *Chief Justices* et de juges de dix pays africains, dans le cadre d'une rencontre organisée en coopération avec le ministère des affaires étrangères des Pays-Bas et la municipalité de La Haye.

B. *Discours*

Au cours de la période considérée, la présidente de la Cour a prononcé un certain nombre d'allocutions portant sur différents aspects des travaux de celle-ci.

Le 27 octobre 2022, elle s'est adressée à la soixante-dix-septième session de l'Assemblée générale en donnant un aperçu des activités de la Cour pour la période allant du 1er août 2021 au 31 juillet 2022. Le 28 octobre 2022, elle s'est exprimée devant la Sixième Commission de l'Assemblée générale sur certains aspects des travaux et procédures de la Cour, portant sur l'institution du juge *ad hoc*, le rôle de la Cour en tant que juridiction de première instance et le rythme des procédures devant la Cour.

Le 12 janvier 2023, la présidente a prononcé une allocution, par visioconférence depuis le siège de la Cour, lors de la réunion spéciale du Conseil de sécurité sur l'état de droit parmi les nations. Elle est également intervenue, le 18 juillet 2023, à l'occasion de la soixante-quatorzième session de la Commission du droit international. Le texte intégral de ses principales allocutions est disponible sur le site Internet de la Cour sous « Présidence ».

*

II. Other Activities

A. Activities and Events

The Court received the following dignitaries during the period under review: on 27 September 2022, a delegation from the African Court on Human and Peoples' Rights; on 10 October 2022, a delegation from the Federal Parliament of Somalia, led by its Speaker, HE Sheikh Adan Mohamed Nur; on 10 November 2022, HE Ms Victoria Prentis, Attorney General for England and Wales and Advocate General for Northern Ireland, and Mr Michael Tomlinson, Solicitor General for England and Wales; on 22 March 2023, HE Mr Rodrigo Chaves Robles, President of the Republic of Costa Rica; and, on 24 May 2023, HE Mr Mario Búcaro Flores, Minister for Foreign Affairs of the Republic of Guatemala.

On 15 September 2022, the Registrar gave a presentation on the work of the Court, followed by a question-and-answer session, to diplomatic representatives accredited to the Kingdom of the Netherlands. On 26 October 2022, the Registrar participated in a side event at the seventy-seventh session of the General Assembly, as part of International Law Week, and organized by the Hague Academy of International Law, on the subject of "[t]he institutions at the Peace Palace as key contemporary actors of international law". On 14 December 2022, the Registrar gave a briefing on the work of the Court to a group of legal counsel from embassies of European Union Member States. On 28 March 2023, a working visit for French-language journalists was organized in co-operation with the Ministry of Foreign Affairs of the Netherlands. On 23 May 2023, the President, the Members of the Court and the Registrar took part in a commemorative event organized in co-operation with the Hague Academy of International Law in honour of Judge Antônio Augusto Cançado Trindade, a former Member of the Court who passed away while in service; and, lastly, on 5 June 2023, the President, the Members of the Court and the Deputy-Registrar hosted a delegation of Chief Justices and judges from ten African countries, organized in co-operation with the Ministry of Foreign Affairs of the Netherlands and the municipality of The Hague.

B. Speeches

During the period under review, the President of the Court gave a number of speeches on various aspects of the Court's work.

On 27 October 2022, she addressed the seventy-seventh session of the General Assembly, giving an overview of the Court's activities during the period from 1 August 2021 to 31 July 2022. The following day, she delivered an address to the Sixth Committee of the General Assembly on certain aspects of the work and procedures of the Court, including the institution of the judge *ad hoc*, the role of the Court as a court of first instance, and the pace of proceedings before the Court.

On 12 January 2023, by video link from the seat of the Court, the President delivered a speech at the Security Council's signature event on the rule of law among nations. She also gave a speech on 18 July 2023 at the seventy-fourth session of the International Law Commission. The full texts of the principal speeches of the President can be found on the website of the Court under "Presidency".

*

LES JUGES

Mme la présidente
President
Joan E. Donoghue
(États-Unis d'Amérique/
United States of America)

M. le juge
Judge
Peter Tomka
(Slovaquie/Slovakia)

M. le juge
Judge
Ronny Abraham
(France/France)

M. le juge
Judge
Mohamed Bennouna
(Maroc/Morocco)

M. le juge
Judge
Abdulqawi A. Yusuf
(Somalie/Somalia)

M. le juge
Judge
Nawaf Salam
(Liban/Lebanon)

M. le juge
Judge
Iwasawa Yuji
(Japon/Japan)

M. le juge
Judge
Georg Nolte
(Allemagne/Germany)

THE JUDGES

M. le vice-président
Vice-President
Kirill Gevorgian
(Fédération de Russie/
Russian Federation)

Mme la juge
Judge
Xue Hanqin
(Chine/China)

Mme la juge
Judge
Julia Sebutinde
(Ouganda/Uganda)

M. le juge
Judge
Dalveer Bhandari
(Inde/India)

M. le juge
Judge
Patrick L. Robinson
(Jamaïque/Jamaica)

Mme la juge
Judge
Hilary Charlesworth
(Australie/Australia)

M. le juge
Judge
Leonardo Brant
(Brésil/Brazil)

LE GREFFIER
THE REGISTRAR

M. le greffier
Registrar
Philippe Gautier
(Belgique/Belgium)

Les membres de la Cour, photo prise le 21 juin 2023. (© Photo ONU/CIJ-ICJ/Frank van Beek. Avec l'aimable autorisation de la CIJ. Tous droits réservés.)

Members of the Court, photo taken on 21 June 2023. (© UN Photo/ICJ-CIJ/Frank van Beek. Courtesy of the ICJ. All rights reserved.)

Cérémonie organisée en hommage au juge Cançado Trindade, membre de la Cour de 2009 à 2022. (© Photo ONU/CIJ-ICJ/Wendy van Bree. Avec l'aimable autorisation de la CIJ. Tous droits réservés.)

Commemorative event in honour of Judge Cançado Trindade, who served as a Member of the Court from 2009 until 2022. (© UN Photo/ICJ-CIJ/Wendy van Bree. Courtesy of the ICJ. All rights reserved.)

LES JUGES *AD HOC* — THE JUDGES *AD HOC*

M. le juge *ad hoc*
Judge *ad hoc*
Gilbert Guillaume

M. le juge *ad hoc*
Judge *ad hoc*
Yves Daudet

M. le juge *ad hoc*
Judge *ad hoc*
Bruno Simma

M. le juge *ad hoc*
Judge *ad hoc*
Leonid Skotnikov

M. le juge *ad hoc*
Judge *ad hoc*
Fausto Pocar

M. le juge *ad hoc*
Judge *ad hoc*
Donald M. McRae

M. le juge *ad hoc*
Judge *ad hoc*
Djamchid Momtaz

M. le juge *ad hoc*
Judge *ad hoc*
Philippe Couvreur

Mme la juge *ad hoc*
Judge *ad hoc*
Navanethem Pillay

M. le juge *ad hoc*
Judge *ad hoc*
Claus Kress

M. le juge *ad hoc*
Judge *ad hoc*
Rüdiger Wolfrum

Mme la juge *ad hoc*
Judge *ad hoc*
Rosemary Barkett

M. le juge *ad hoc*
Judge *ad hoc*
Kenneth Keith

Mme la juge *ad hoc*
Judge *ad hoc*
Mónica Pinto

M. le juge *ad hoc*
Judge *ad hoc*
Giorgio Gaja

M. le juge *ad hoc*
Judge *ad hoc*
Bakhtiyar
Tuzmukhamedov

M. le juge *ad hoc*
Judge *ad hoc*
Abdul G. Koroma

Visite d'une délégation de la Cour africaine des droits de l'homme et des peuples le 27 septembre 2022. (© Photo ONU/CIJ-ICJ/Wiebe Kiestra. Avec l'aimable autorisation de la CIJ. Tous droits réservés.)

Visit of a delegation from the African Court on Human and Peoples' Rights on 27 September 2022. (© UN Photo/ICJ-CIJ/Wiebe Kiestra. Courtesy of the ICJ. All rights reserved.)

S. Exc. Mme la juge Joan E. Donoghue, présidente de la Cour internationale de Justice, s'adresse à l'Assemblée générale des Nations Unies à New York le 27 octobre 2022. (© Photo ONU/Loey Felipe. Tous droits réservés.)

HE Judge Joan E. Donoghue, President of the International Court of Justice, addresses the United Nations General Assembly in New York on 27 October 2022. (© UN Photo/Loey Felipe. All rights reserved.)

Visite de S. Exc. M. Rodrigo Chaves Robles, président de la République du Costa Rica, le 22 mars 2023. (© Photo ONU/CIJ-ICJ/Wiebe Kiestra. Avec l'aimable autorisation de la CIJ. Tous droits réservés.)

Visit of HE Mr Rodrigo Chaves Robles, President of the Republic of Costa Rica on 22 March 2023. (© UN Photo/ICJ-CIJ/Wiebe Kiestra. Courtesy of the ICJ. All rights reserved.)

Séance publique de la Cour dans la grande salle de justice. (© Photo ONU/CIJ-ICJ/Wiebe Kiestra. Avec l'aimable autorisation de la CIJ. Tous droits réservés.)

Public sitting of the Court in the Great Hall of Justice. (© UN Photo/ICJ-CIJ/Wiebe Kiestra. Courtesy of the ICJ. All rights reserved.)

DEUXIÈME PARTIE

ORGANISATION DE LA COUR ET DE SON GREFFE

I. La Cour

A. Textes de base

Les textes de base de la CIJ sont la Charte des Nations Unies et le Statut de la Cour, qui en fait partie intégrante. À ces instruments s'ajoutent le Règlement de la Cour et les instructions de procédure, qui lui sont complémentaires, ainsi que la résolution visant la pratique interne de la Cour en matière judiciaire.

a) *Charte des Nations Unies*

La CIJ a été instituée par la Charte des Nations Unies signée à San Francisco le 26 juin 1945. La Charte traite de la Cour en ses articles 7, paragraphe 1, et 36, paragraphe 3, ainsi qu'en son chapitre XIV (art. 92-96).

b) *Statut de la Cour*

i) Texte du Statut

Le Statut de la CIJ a été établi sur la base de celui de la CPJI. Les modifications, dont la liste figure dans l'*Annuaire 1946-1947* (p. 95-96), ont été peu nombreuses, la plupart étant des changements de forme destinés à tenir compte de la substitution de l'Organisation des Nations Unies à la Société des Nations.

Également signé à San Francisco le 26 juin 1945, le texte du Statut de la Cour est annexé à la Charte des Nations Unies, dont il fait partie intégrante. Le Statut peut, conformément à son article 69, être amendé selon la même procédure que la Charte (voir les articles 108 et 109 de celle-ci). Il peut également faire l'objet de modifications proposées par la Cour elle-même (voir l'article 70 du Statut).

Le Statut n'a, à ce jour, fait l'objet d'aucun amendement.

ii) États parties au Statut

La question de la qualité d'État partie au Statut de la Cour est régie par l'article 93 de la Charte. Celui-ci dispose que « [t]ous les Membres des Nations Unies sont *ipso facto* parties au Statut de la Cour internationale de Justice ». À ce jour, 193 États sont parties au Statut.

PART TWO

ORGANIZATION OF THE COURT AND ITS REGISTRY

I. The Court

A. Basic Texts

The basic texts of the Court are the Charter of the United Nations and the Statute of the Court, which form an integral part of the Charter. Other texts are the Rules of Court and the Practice Directions supplementing them, as well as the Resolution concerning the Internal Judicial Practice of the Court.

(a) *Charter of the United Nations*

The ICJ was brought into being by the Charter of the United Nations, signed in San Francisco on 26 June 1945. The Charter deals with the Court in Article 7, paragraph 1, Article 36, paragraph 3, and Articles 92-96, which form Chapter XIV.

(b) *Statute of the Court*

(i) Text of the Statute

The text of the Statute was based upon that of the PCIJ. The modifications, a list of which can be found in the *Yearbook 1946-1947* (pp. 101-102), were few in number, most of them being formal adaptations designed to take account of the replacement of the League of Nations by the United Nations.

The text of the Statute, which was also signed in San Francisco on 26 June 1945, is annexed to the Charter, of which it forms an integral part. According to Article 69 of the Statute, amendments to that instrument can be made using the same procedure as is provided for amendments to the Charter (see Articles 108 and 109 of the latter). It may also be amended in accordance with proposals made by the Court itself (see Article 70 of the Statute).

No amendments have so far been made to the Statute.

(ii) States parties to the Statute

The question of status as a party to the Statute of the Court is governed by Article 93 of the Charter, which provides that "[a]ll Members of the United Nations are *ipso facto* parties to the Statute of the International Court of Justice". To date, 193 States are parties to the Statute.

c) *Règlement de la Cour et instructions de procédure*

i) Règlement de la Cour

Aux termes de l'article 30 de son Statut, «la Cour détermine par un règlement le mode suivant lequel elle exerce ses attributions. Elle règle notamment sa procédure».

Le premier Règlement de la Cour a été adopté le 6 mai 1946 et publié dans le recueil *Actes et documents nº 1* (deuxième édition, p. 54-83). Il était fondé sur le plus récent des textes du Règlement de la CPJI, à savoir celui du 11 mars 1936, avec quelques changements de forme et de fond dont l'*Annuaire 1946-1947* donne la liste (p. 96-97).

Ce texte est demeuré inchangé nombre d'années, et ce n'est qu'en 1967 que la Cour a entrepris une révision de son Règlement. Elle a adopté, le 10 mai 1972, plusieurs amendements d'intérêt immédiat, entraînant en particulier un changement de numérotation de certains articles (une table de concordance a été publiée dans l'*Annuaire 1971-1972*, p. 3-11). Le Règlement ainsi modifié (publié dans le recueil *Actes et documents nº 3*, p. 92-148) est entré en vigueur le 1er septembre 1972.

Les travaux de la Cour se sont ensuite poursuivis et ont abouti à l'adoption d'une nouvelle version du Règlement le 14 avril 1978, laquelle est entrée en vigueur le 1er juillet 1978. Le texte en a été publié pour la première fois dans le recueil *Actes et documents nº 4*, en même temps qu'une *Note du Greffe sur le Règlement revisé* (1978) indiquant les articles modifiés et contenant une table de concordance entre les articles de ce Règlement et ceux du Règlement de 1972 (*Note documentaire V*).

Par la suite, en l'an 2000, la Cour a de nouveau amendé son Règlement. À cette occasion, deux articles ont été modifiés, à savoir l'article 79 concernant les exceptions préliminaires et l'article 80 relatif aux demandes reconventionnelles[1].

D'autres changements ont été apportés au Règlement de la Cour en 2005. Ceux-ci ont concerné, dans un premier temps, l'article 52 (qui se rapporte à la présentation des pièces de procédure) et, dans un second temps, l'article 43 (qui a trait aux notifications à effectuer lorsque l'interprétation d'une convention est en cause dans une affaire). La Cour a par ailleurs, cette même année, adopté une nouvelle procédure pour la promulgation des modifications apportées à son Règlement (voir *Actes et documents nº 6*, p. 90). Elle a ainsi décidé que, une fois adopté, tout amendement au Règlement serait placé sur le site Internet de la Cour, avec mention de sa date d'entrée en vigueur et, le cas échéant, de toute réserve *ratione temporis* quant à son applicabilité (par exemple, applicabilité limitée aux affaires introduites après son entrée en vigueur).

En octobre 2019, la Cour a modifié les articles 22, 23, 29, 76 et 79 du Règlement; les dispositions modifiées sont entrées en vigueur le 21 octobre 2019. Le libellé des articles 22, 23 et 29, qui portent sur les procédures relatives à l'élection et à la révocation du greffier et du greffier adjoint de la Cour, a été modifié de façon à offrir une version neutre du point de vue du genre. Le paragraphe 1 de l'article 22 a en outre été révisé à l'effet de supprimer l'exigence qu'un candidat au poste de greffier soit proposé par un membre de la Cour, laquelle a été remplacée par une procédure consistant à publier un avis de vacance et à recevoir des candidatures, tel que précisé au paragraphe 2. En vertu de ce dernier, l'annonce de la vacance devra par ailleurs désormais être faite non pas trois, mais au moins

[1] Les amendements sont entrés en vigueur le 1er février 2001. Le Règlement de 1978 continue toutefois de s'appliquer à toutes les affaires soumises à la Cour avant le 1er février 2001 et à toutes les phases de ces affaires.

(c) *Rules of Court and Practice Directions*

(i) Rules of Court

Article 30 of the Statute provides that "the Court shall frame rules for carrying out its functions. In particular, it shall lay down rules of procedure".

The first Rules of Court were adopted on 6 May 1946 and were published in the volume *Acts and Documents No. 1* (second edition, pp. 54-83). They were based on the latest text of the Rules of the Permanent Court, that of 11 March 1936, with certain changes, formal and substantive, a list of which was given in the *Yearbook 1946-1947* (pp. 102-103).

The Rules remained unchanged for many years and it was not until 1967 that the Court undertook a revision. On 10 May 1972, the Court adopted some amendments of immediate interest, involving, in particular, the partial renumbering of certain articles (a table of concordance was published in the *Yearbook 1971-1972*, pp. 3-11). The amended Rules came into force on 1 September 1972 (published in the volume *Acts and Documents No. 3*, pp. 93-149).

The work of revision was subsequently resumed and culminated on 14 April 1978 in the adoption of a new set of Rules, which came into force on 1 July 1978. They were first published in *Acts and Documents No. 4*, concurrently with a *Note by the Registry on the Revised Rules of Court* (1978) indicating those articles modified and containing a table of concordance comparing the new Rules to those of 1972 (*Background Note V*).

The Court amended the Rules again in 2000. On that occasion, two articles were modified, namely Article 79, concerning preliminary objections, and Article 80, relating to counter-claims[1].

In 2005, the Court again amended the Rules, first Article 52 (concerning the filing of pleadings) and subsequently Article 43 (relating to the notifications to be made when the construction of a convention is in question in a case). That same year, the Court adopted a new procedure for the promulgation of modifications to its Rules (see *Acts and Documents No. 6*, p. 91). It thus decided that any amendments to the Rules, following their adoption by the Court, would be posted on the Court's website, with an indication of the date of their entry into force and a note of any temporal reservations relating to their applicability (for example, whether the application of the amended rule is limited to cases instituted after the date of entry into force of the amendment).

In October 2019, the Court amended Articles 22, 23, 29, 76 and 79 of its Rules of Court; the amendments entered into force on 21 October 2019. The wording of Articles 22, 23 and 29, which concern the procedure for the election and removal from office of the Registrar and the Deputy-Registrar of the Court, were amended so as to make those provisions gender neutral. Article 22, paragraph 1, was further amended to eliminate the requirement that a candidate for the post of Registrar be proposed by a Member of the Court. This procedure has been replaced with the publication of a vacancy announcement and the submission of applications, as set out in paragraph 2 of the same Article. Paragraph 2 was further revised to require that public notice of a vacancy be given at least

[1] The amendments came into force on 1 February 2001. The Rules of Court as adopted in 1978 continued to apply to all cases submitted to the Court prior to 1 February 2001, and all phases of those cases.

six mois avant l'expiration du mandat du greffier. Au paragraphe 3 de l'article 22, les renseignements à fournir pour faire acte de candidature ont été mis à jour.

Le paragraphe 1 de l'article 29 a été modifié de sorte à indiquer clairement que la majorité requise pour décider de relever le greffier de ses fonctions est celle des deux tiers des membres composant la Cour au moment où celle-ci est appelée à se prononcer, et que le vote a lieu au scrutin secret.

Le paragraphe 1 de l'article 76, qui porte sur la possibilité de rapporter ou modifier toute décision concernant des mesures conservatoires, a été modifié de sorte à préciser que la Cour a la faculté de prendre une telle disposition de sa propre initiative.

Enfin, l'article 79 a été restructuré en trois articles distincts (79, 79*bis* et 79*ter*) afin d'établir une distinction entre les dispositions concernant les « questions préliminaires » soulevées par la Cour et celles concernant les « exceptions préliminaires » déposées par les parties à une affaire.

Dans cette nouvelle structure, l'article 79 traite exclusivement des questions préliminaires tandis que l'article 79*bis* traite des exceptions préliminaires et l'article 79*ter*, de questions de procédure générales applicables dans les deux cas de figure.

En juin 2020, la Cour a modifié les articles 59 et 94 de son Règlement; les dispositions modifiées sont entrées en vigueur le 25 juin 2020.

La modification de l'article 59 vient clarifier que la Cour peut décider, lorsque des raisons sanitaires, des motifs de sécurité ou d'autres motifs impérieux l'exigent, de tenir tout ou partie des audiences par liaison vidéo. Cette modification a été incorporée sous la forme d'un nouveau paragraphe — le paragraphe 2 —, le contenu de l'ancien article 59 étant renuméroté en tant que paragraphe 1.

La modification apportée au paragraphe 2 de l'article 94 prévoit que la Cour peut également, pour des raisons sanitaires, des motifs de sécurité ou d'autres motifs impérieux, procéder à la lecture d'un arrêt par liaison vidéo.

Le texte intégral du Règlement de la Cour peut être consulté sur le site Internet de la Cour (onglet « Documents de base »).

ii) Instructions de procédure

Réexaminant de manière constante ses méthodes de travail, la Cour a décidé, en octobre 2001, d'édicter des instructions de procédure à l'usage des États se présentant devant elle. Elle souhaitait ainsi faire face à l'encombrement de son rôle et aux contraintes budgétaires auxquelles elle était confrontée. Ces instructions, qui n'entraînent aucune modification du Règlement de la Cour, sont complémentaires de celui-ci.

À l'origine, le texte comptait six instructions (numérotées de I à VI). Il a été complété à plusieurs reprises, l'instruction IX*quater* ayant été promulguée au printemps 2013.

Le 11 décembre 2019, des amendements à l'instruction de procédure V ont été promulgués en vue d'accélérer la procédure sur les exceptions préliminaires soulevées par une partie en vertu de l'article 79*bis*, paragraphe 1, du Règlement de la Cour. Selon le nouveau texte, le délai pour la présentation par la partie adverse d'un exposé écrit contenant ses observations et conclusions, au sens de l'article 79*bis*, paragraphe 3, ne devra en général pas excéder quatre mois à compter de la date de présentation desdites exceptions préliminaires.

six months before the end of an incumbent's term, rather than three. In paragraph 3 of Article 22, the information to be included with an application was updated.

Article 29, paragraph 1, was modified to clarify that the two-thirds majority needed to remove a Registrar from office is two-thirds of the Members of the Court composing it at the time of the decision to be taken, and that such decision is to be taken by secret ballot.

Article 76, paragraph 1, relating to the revocation or modification of any decision concerning provisional measures, was amended to clarify that the Court has the power to revoke or modify provisional measures on its own initiative.

Finally, Article 79 was reorganized into three separate provisions (i.e. Article 79, Article 79*bis* and Article 79*ter*), to distinguish provisions relating to "preliminary questions" identified by the Court from those relating to "preliminary objections" filed by a party to a case.

Under this new structure, Article 79 deals exclusively with preliminary questions, while Article 79*bis* addresses preliminary objections and Article 79*ter* concerns general procedural issues applicable to both scenarios.

In June 2020, the Court amended Articles 59 and 94 of the Rules of Court; the amendments entered into force on 25 June 2020.

The amendment to Article 59 makes clear that the Court may decide, for health, security or other compelling reasons, to hold a hearing entirely or in part by video link. This amendment was incorporated as a new paragraph — paragraph 2 — and the previous Article 59 was renumbered as Article 59, paragraph 1.

The amendment made to Article 94, paragraph 2, provides that the reading of the Court's judgment in a case may also take place by video link, when this is necessary for health, security or other compelling reasons.

The full text of the Rules of Court can be viewed on the Court's website (under "Basic Documents").

(ii) Practice Directions

As part of the ongoing review of its procedures and working methods, in October 2001, the Court decided to adopt Practice Directions for use by the States appearing before it. In so doing, it wished to more effectively deal with the congested state of its List and the budgetary constraints facing it. These Practice Directions involve no alteration to the Rules of Court but are additional thereto.

The original text was made up of six Directions (numbered I to VI). It has been supplemented on a number of occasions, with Direction IX*quater* having been promulgated in spring 2013.

On 11 December 2019, amendments to Practice Direction V were promulgated with the aim of accelerating proceedings on preliminary objections made by one party under Article 79*bis*, paragraph 1, of the Rules of Court. Under the newly promulgated Practice Direction, the time-limit for the presentation by the other party of a written statement of its observations and submissions under Article 79*bis*, paragraph 3, shall generally not exceed four months from the date of the filing of the preliminary objections.

Le 20 janvier 2021, la Cour a modifié l'instruction de procédure III afin d'établir une limite au nombre de pages des annexes aux pièces de procédure.

Le texte intégral actualisé des instructions de procédure peut être consulté sur le site Internet de la Cour (onglet « Documents de base »).

d) *Résolution visant la pratique interne de la Cour en matière judiciaire*

En vertu de l'article 19 du Règlement de la Cour, « [l]a pratique interne de [celle-ci] en matière judiciaire est régie ... par toute résolution adoptée par la Cour ». La résolution actuellement en vigueur date du 12 avril 1976. Bien qu'elle s'y conforme, la Cour reste entièrement libre de s'écarter de cette résolution dans un cas d'espèce, si elle estime que les circonstances le justifient.

Le 21 décembre 2020, la Cour a adopté un nouvel article 11 de la résolution visant la pratique interne de la Cour en matière judiciaire. L'article prévoit la création d'une commission *ad hoc*, composée de trois juges, qui aidera la Cour à assurer le suivi de la mise en œuvre des mesures conservatoires qu'elle indique. La commission examinera les renseignements fournis par les parties à cet égard, elle rendra compte périodiquement à la Cour et lui fera des recommandations sur la suite à donner. Toute décision sera, si nécessaire, prise par la Cour.

Le texte du nouvel article 11 se lit comme suit :

> « i) Lorsqu'elle indique des mesures conservatoires, la Cour élit trois juges pour former une commission *ad hoc* chargée de l'aider à assurer le suivi de la mise en œuvre des mesures indiquées. Ni les membres de la Cour ayant la nationalité de l'une des parties ni les juges *ad hoc* ne peuvent siéger à la commission.
> ii) La commission *ad hoc* examine les renseignements fournis par les parties concernant la mise en œuvre des mesures conservatoires indiquées. Elle rend compte périodiquement à la Cour et lui fait des recommandations sur la suite à donner.
> iii) Toute décision à cet égard est prise par la Cour. »

Le texte de la résolution visant la pratique interne de la Cour en matière judiciaire est disponible sur le site Internet de la Cour (onglet « Documents de base », sous-onglet « Autres textes »).

e) *Compilation des décisions adoptées par la Cour concernant les activités extérieures de ses membres*

Le 8 septembre 2020, une compilation des décisions adoptées par la Cour concernant les activités extérieures de ses membres a été approuvée par celle-ci. Ce texte contient les règles et directives régissant les activités d'arbitrage ainsi que d'autres activités extérieures des membres de la Cour telles que l'enseignement, et précise la manière dont les membres de la Cour doivent répondre aux invitations qui leur sont adressées par des entités étatiques.

Le texte intégral de la compilation peut être consulté sur le site Internet de la Cour (onglet « Documents de base », sous-onglet « Autres textes »).

f) *Directives à l'intention des parties concernant l'organisation d'audiences par liaison vidéo*

Le 13 juillet 2020, la Cour a adopté les *Directives à l'intention des parties concernant l'organisation d'audiences par liaison vidéo*, qui visent à assister les parties lorsque la Cour décide de tenir des audiences à distance.

Le texte de ces directives est disponible sur le site Internet de la Cour (onglet « Documents de base », sous-onglet « Autres textes »).

On 20 January 2021, the Court amended Practice Direction III in order to establish a page limit on the annexes to written pleadings.

The full text of the updated Practice Directions can be found on the Court's website (under "Basic Documents").

(d) *Resolution concerning the Internal Judicial Practice of the Court*

In accordance with Article 19 of the Rules of Court, "[t]he internal judicial practice of the Court shall . . . be governed by any resolutions on the subject adopted by the Court". The resolution currently in force was adopted on 12 April 1976. While the Court complies with the present resolution, it remains entirely free to depart from it, in a given case, if it considers that the circumstances justify that course.

On 21 December 2020, the Court adopted a new Article 11 of the Resolution concerning the Internal Judicial Practice of the Court. The article provides for the establishment of an *ad hoc* committee, composed of three judges, which will assist the Court in monitoring the implementation of the provisional measures that it indicates. The committee will examine the information supplied by the parties in this regard, report periodically to the Court and recommend potential options for it. Any decision, if required, will be taken by the Court.

The text of the new Article 11 reads as follows:

> "(i) Where the Court indicates provisional measures, it shall elect three judges to form an *ad hoc* committee which will assist the Court in monitoring the implementation of provisional measures. This committee shall include neither a Member of the Court of the nationality of one of the parties nor any judges *ad hoc*.
>
> (ii) The *ad hoc* committee shall examine the information supplied by the parties in relation to the implementation of provisional measures. It shall report periodically to the Court, recommending potential options for the Court.
>
> (iii) Any decision in this respect shall be taken by the Court."

The text of the Resolution concerning the Internal Judicial Practice of the Court can be found on the Court's website (under "Basic Documents", subheading "Other Texts").

(e) *Compilation of decisions adopted by the Court concerning the external activities of its Members*

On 8 September 2020, a Compilation of decisions adopted by the Court concerning the external activities of its Members was approved by the Court. The Compilation contains rules and guidelines which regulate the arbitration activities of Members of the Court and other extrajudicial activities such as teaching, and set out how Members of the Court should deal with invitations from State entities.

The full text of the Compilation can be found on the Court's website (under "Basic Documents", subheading "Other Texts").

(f) *Guidelines for the parties on the organization of hearings by video link*

On 13 July 2020, the Court adopted *Guidelines for the parties on the organization of hearings by video link* to assist parties when the Court decides to hold remote hearings.

The text of these Guidelines can be found on the Court's website (under "Basic Documents", subheading "Other Texts").

B. Composition

L'organisation de la Cour est régie par les articles 2 à 33 de son Statut ainsi que par les articles 1 à 18 et 32 à 37 de son Règlement.

1. Les membres de la Cour

La Cour comprend 15 membres (Statut, art. 3, par. 1).

Au 31 juillet 2023, la Cour était composée comme suit (voir aussi les photographies pages 82-83).

Ordre de préséance	Pays	Date d'expiration du mandat
Mme Joan E. DONOGHUE, présidente	États-Unis d'Amérique	5 février 2024
M. Kirill GEVORGIAN, vice-président	Fédération de Russie	5 février 2024
M. Peter TOMKA	Slovaquie	5 février 2030
M. Ronny ABRAHAM	France	5 février 2027
M. Mohamed BENNOUNA	Maroc	5 février 2024
M. Abdulqawi A. YUSUF	Somalie	5 février 2027
Mme XUE Hanqin	Chine	5 février 2030
Mme Julia SEBUTINDE	Ouganda	5 février 2030
M. Dalveer BHANDARI	Inde	5 février 2027
M. Patrick L. ROBINSON	Jamaïque	5 février 2024
M. Nawaf SALAM	Liban	5 février 2027
M. IWASAWA Yuji	Japon	5 février 2030
M. Georg NOLTE	Allemagne	5 février 2030
Mme Hilary CHARLESWORTH	Australie	5 février 2024
M. Leonardo Nemer Caldeira BRANT[2]	Brésil	5 février 2027

Les membres de la Cour sont élus pour neuf ans et leur renouvellement a lieu par tiers tous les trois ans; ils sont rééligibles (Statut, art. 13). Si un siège devient vacant, il est procédé à une élection et le nouveau juge achève le terme du mandat de son prédécesseur (Statut, art. 14-15).

Pour chaque élection, le Secrétaire général de l'Organisation des Nations Unies dresse une liste des personnes désignées conformément aux articles 5 et 6 du Statut (Statut, art. 7). Les membres de la Cour sont élus par l'Assemblée générale et le Conseil de sécurité des Nations Unies, qui procèdent indépendamment et en même temps (Statut, art. 8-12). Les États parties au Statut de la Cour qui ne sont pas membres de l'Organisation des Nations Unies participent à l'élection, à l'Assemblée générale, de la même manière que les Membres de l'Organisation (résolution 264 (III) de l'Assemblée générale en date du 8 octobre 1948).

[2] M. Leonardo Nemer Caldeira Brant, élu le 4 novembre 2022 par l'Assemblée générale et le Conseil de sécurité, a succédé à feu le juge Antônio Augusto Cançado Trindade, qui est décédé le 29 mai 2022.

B. Composition

The organization of the Court is governed by Articles 2 to 33 of its Statute and Articles 1 to 18 and 32 to 37 of the Rules of Court.

1. Members of the Court

The Court consists of 15 Members (Statute, Art. 3, para. 1).

On 31 July 2023, the composition of the Court was as follows (see also the photographs on pages 82-83).

Order of precedence	Country	Date of expiry of term of office
Judge Joan E. DONOGHUE, President	United States of America	5 February 2024
Judge Kirill GEVORGIAN, Vice-President	Russian Federation	5 February 2024
Judge Peter TOMKA	Slovakia	5 February 2030
Judge Ronny ABRAHAM	France	5 February 2027
Judge Mohamed BENNOUNA	Morocco	5 February 2024
Judge Abdulqawi A. YUSUF	Somalia	5 February 2027
Judge XUE Hanqin	China	5 February 2030
Judge Julia SEBUTINDE	Uganda	5 February 2030
Judge Dalveer BHANDARI	India	5 February 2027
Judge Patrick L. ROBINSON	Jamaica	5 February 2024
Judge Nawaf SALAM	Lebanon	5 February 2027
Judge IWASAWA Yuji	Japan	5 February 2030
Judge Georg NOLTE	Germany	5 February 2030
Judge Hilary CHARLESWORTH	Australia	5 February 2024
Judge Leonardo Nemer Caldeira BRANT[2]	Brazil	5 February 2027

The Members of the Court are elected for nine years, one-third of the total number of judges being elected every three years; they may be re-elected (Statute, Art. 13). In the event of a vacancy, an election is held and the new judge holds office for the remainder of his or her predecessor's term (Statute, Arts. 14-15).

For each election, the Secretary-General of the United Nations prepares a list of the persons nominated in accordance with Articles 5 and 6 of the Statute (Statute, Art. 7). The Members of the Court are elected by the General Assembly and the Security Council of the United Nations, proceeding independently of each other and simultaneously (Statute, Arts. 8-12). The States parties to the Statute of the Court which are not members of the United Nations take part in the election by the General Assembly in the same manner as Members of the United Nations (General Assembly resolution 264 (III) of 8 October 1948).

[2] Mr Leonardo Nemer Caldeira Brant, elected on 4 November 2022 by the General Assembly and the Security Council, succeeded Judge Antônio Augusto Cançado Trindade, who passed away on 29 May 2022.

Les membres de la Cour élus durant la même session de l'Assemblée générale et entrant en fonctions à la même date prennent rang entre eux d'après l'ancienneté d'âge; les membres élus au cours d'une session antérieure ont la préséance; en cas de réélection immédiate, un membre conserve son rang antérieur (Règlement, art. 3, par. 2-4).

Les biographies des membres de la Cour sont disponibles sur le site Internet de la Cour.

Une liste complète de tous les anciens membres de la Cour, indiquant leur nationalité et la période durant laquelle ils ont exercé leurs fonctions, se trouve à l'annexe 2 du présent *Annuaire* (p. 204), ainsi que sur le site Internet de la Cour.

La Cour nomme son président et son vice-président, qui, élus pour trois ans, prennent rang avant les autres juges (Statut, art. 21, par. 1; Règlement, art. 3, par. 5, art. 10-14, art. 18, par. 2, et art. 32).

Une liste complète de tous les anciens présidents et vice-présidents de la Cour se trouve à l'annexe 3 du présent *Annuaire* (p. 210), ainsi que sur le site Internet de la Cour.

2. Les juges ad hoc

Si, dans une affaire, la Cour ou une chambre de la Cour compte sur le siège un juge de la nationalité de l'une des parties à une affaire, toute autre partie peut désigner une personne de son choix pour siéger comme juge; de même, si la Cour ou une chambre de la Cour ne compte sur le siège aucun juge de la nationalité des parties, chacune d'elles peut en désigner un (Statut, art. 31; Règlement, art. 7-8, art. 17, par. 2, art. 35-37, art. 91, par. 2, et art. 102, par. 3; instruction de procédure VII).

Lorsque plusieurs parties font cause commune, elles ne comptent à cet égard que pour une seule (Statut, art. 31, par. 5; Règlement, art. 36 et art. 37, par. 2). Il en est par exemple allé ainsi dans les affaires relatives à la *Licéité de l'emploi de la force (Serbie-et-Monténégro c. Allemagne) (Serbie-et-Monténégro c. Belgique) (Serbie-et-Monténégro c. Canada) (Serbie-et-Monténégro c. France) (Serbie-et-Monténégro c. Italie) (Serbie-et-Monténégro c. Pays-Bas) (Serbie-et-Monténégro c. Portugal)* et *(Serbie-et-Monténégro c. Royaume-Uni)*, en lesquelles la Cour a décidé que, compte tenu de la présence sur le siège de juges de nationalités britannique, française et néerlandaise, les juges *ad hoc* désignés par les États défendeurs ne devraient pas siéger dans la phase relative aux exceptions préliminaires.

Un juge *ad hoc* n'est pas nécessairement tenu d'avoir la nationalité de l'État qui le désigne (et, dans la pratique de la Cour, ne l'a souvent pas).

Figurent à la page 100 ci-après les noms des juges *ad hoc* siégeant dans des affaires pendantes devant la Cour durant la période considérée (sauf mention contraire, ils ont la nationalité de la partie qui les a désignés). Il convient de noter que, entre le 1er août 2022 et le 31 juillet 2023, des juges *ad hoc* ont été désignés dans quatre affaires; leurs noms sont suivis d'un astérisque.

Members of the Court elected during the same session of the General Assembly whose terms of office begin on the same date take precedence according to seniority of age; Members elected at a previous session take precedence; in the event of immediate re-election, a Member retains his or her former precedence (Rules, Art. 3, paras. 2-4).

Biographies of Members of the Court can be found on the Court's website.

A full list of all former Members of the Court, including their nationalities and terms in office, can be found in Annex 2 of this *Yearbook* (p. 205) and on the Court's website.

The Court elects its President and Vice-President; they are both elected for three years and take precedence over the other judges (Statute, Art. 21, para. 1; Rules, Art. 3, para. 5, Arts. 10-14, Art. 18, para. 2, and Art. 32).

A full list of all former Presidents and Vice-Presidents of the Court can be found in Annex 3 of this *Yearbook* (p. 211) and on the Court's website.

2. *Judges* ad hoc

If in a case the Court, or a chamber of the Court, includes upon the Bench a judge of the nationality of one of the parties, any other party may choose a person to sit as judge; similarly, if the Court or the chamber includes upon the Bench no judge of the nationality of the parties, each of these parties may choose a judge (Statute, Art. 31; Rules, Arts. 7-8, Art. 17, para. 2, Arts. 35-37, Art. 91, para. 2, and Art. 102, para. 3; Practice Direction VII).

Should there be several parties in the same interest they are reckoned for this purpose as one party only (Statute, Art. 31, para. 5; Rules, Art. 36 and Art. 37, para. 2). This was so, for example, in the cases concerning the *Legality of Use of Force (Serbia and Montenegro* v. *Belgium) (Serbia and Montenegro* v. *Canada) (Serbia and Montenegro* v. *France) (Serbia and Montenegro* v. *Germany) (Serbia and Montenegro* v. *Italy) (Serbia and Montenegro* v. *Netherlands) (Serbia and Montenegro* v. *Portugal)* and *(Serbia and Montenegro* v. *United Kingdom)*, in which the Court decided that, taking account of the presence of judges of British, Dutch and French nationality on the Bench, the judges *ad hoc* chosen by the respondent States should not sit during the preliminary objections phase.

A judge *ad hoc* does not necessarily have to have (and, in the practice of the Court, often does not have) the nationality of the designating State.

Listed on page 101 below are the names of the judges *ad hoc* sitting in cases pending before the Court during the period under review (unless otherwise indicated, they hold the nationality of the appointing party). It should be noted that between 1 August 2022 and 31 July 2023, judges *ad hoc* were appointed in four cases; their names are followed by an asterisk.

Affaire(s)	Juge(s) *ad hoc* désigné(s)
Question de la délimitation du plateau continental entre le Nicaragua et la Colombie au-delà de 200 milles marins de la côte nicaraguayenne (Nicaragua c. Colombie)	Désigné par le Nicaragua : M. L. Skotnikov (Fédération de Russie) Désigné par la Colombie : M. D. M. McRae (Canada/Nouvelle-Zélande)
Différend concernant le statut et l'utilisation des eaux du Silala (Chili c. Bolivie)	Désigné par le Chili : M. B. Simma (Allemagne) Désigné par la Bolivie : M. Y. Daudet (France)
Certains actifs iraniens (République islamique d'Iran c. États-Unis d'Amérique)	Désigné par la République islamique d'Iran : M. D. Momtaz Désignée par les États-Unis d'Amérique : Mme R. Barkett
Application de la convention internationale pour la répression du financement du terrorisme et de la convention internationale sur l'élimination de toutes les formes de discrimination raciale (Ukraine c. Fédération de Russie)	Désigné par l'Ukraine : M. F. Pocar (Italie) Désigné par la Fédération de Russie : M. B. Tuzmukhamedov*
Sentence arbitrale du 3 octobre 1899 (Guyana c. Venezuela)	Désigné par le Guyana : M. R. Wolfrum (Allemagne) Désigné par le Venezuela : M. Ph. Couvreur (Belgique)
Violations alléguées du traité d'amitié, de commerce et de droits consulaires de 1955 (République islamique d'Iran c. États-Unis d'Amérique)	Désigné par la République islamique d'Iran : M. D. Momtaz
Transfert de l'ambassade des États-Unis à Jérusalem (Palestine c. États-Unis d'Amérique)	Désigné par l'État de Palestine : M. G. Guillaume (France)
Revendication territoriale, insulaire et maritime du Guatemala (Guatemala/Belize)	Désigné par le Guatemala : M. Ph. Couvreur (Belgique) Désigné par le Belize : M. D. M. McRae (Canada/Nouvelle-Zélande)
Application de la convention pour la prévention et la répression du crime de génocide (Gambie c. Myanmar)	Désignée par la Gambie : Mme N. Pillay (Afrique du Sud) Désigné par le Myanmar : M. C. Kress (Allemagne)
Délimitation terrestre et maritime et souveraineté sur des îles (Gabon/Guinée équatoriale)	Désignée par le Gabon : Mme M. Pinto (Argentine) Désigné par la Guinée équatoriale : M. R. Wolfrum (Allemagne)

Case(s)	Judge(s) *ad hoc* chosen
Question of the Delimitation of the Continental Shelf between Nicaragua and Colombia beyond 200 Nautical Miles from the Nicaraguan Coast (Nicaragua v. *Colombia)*	Chosen by Nicaragua: Mr L. Skotnikov (Russian Federation) Chosen by Colombia: Mr D. M. McRae (Canada/ New Zealand)
Dispute over the Status and Use of the Waters of the Silala (Chile v. *Bolivia)*	Chosen by Chile: Mr B. Simma (Germany) Chosen by Bolivia: Mr Y. Daudet (France)
Certain Iranian Assets (Islamic Republic of Iran v. *United States of America)*	Chosen by the Islamic Republic of Iran: Mr D. Momtaz Chosen by the United States of America: Ms R. Barkett
Application of the International Convention for the Suppression of the Financing of Terrorism and of the International Convention on the Elimination of All Forms of Racial Discrimination (Ukraine v. *Russian Federation)*	Chosen by Ukraine: Mr F. Pocar (Italy) Chosen by the Russian Federation: Mr B. Tuzmukhamedov*
Arbitral Award of 3 October 1899 (Guyana v. *Venezuela)*	Chosen by Guyana: Mr R. Wolfrum (Germany) Chosen by Venezuela: Mr Ph. Couvreur (Belgium)
Alleged Violations of the 1955 Treaty of Amity, Economic Relations, and Consular Rights (Islamic Republic of Iran v. *United States of America)*	Chosen by the Islamic Republic of Iran: Mr D. Momtaz
Relocation of the United States Embassy to Jerusalem (Palestine v. *United States of America)*	Chosen by the State of Palestine: Mr G. Guillaume (France)
Guatemala's Territorial, Insular and Maritime Claim (Guatemala/Belize)	Chosen by Guatemala: Mr Ph. Couvreur (Belgium) Chosen by Belize: Mr D. M. McRae (Canada/ New Zealand)
Application of the Convention on the Prevention and Punishment of the Crime of Genocide (The Gambia v. *Myanmar)*	Chosen by The Gambia: Ms N. Pillay (South Africa) Chosen by Myanmar: Mr C. Kress (Germany)
Land and Maritime Delimitation and Sovereignty over Islands (Gabon/Equatorial Guinea)	Chosen by Gabon: Ms M. Pinto (Argentina) Chosen by Equatorial Guinea: Mr R. Wolfrum (Germany)

Affaire(s)	Juge(s) *ad hoc* désigné(s)
Application de la convention internationale sur l'élimination de toutes les formes de discrimination raciale (Arménie c. Azerbaïdjan)	Désigné par l'Arménie: M. Y. Daudet (France) Désigné par l'Azerbaïdjan: M. K. Keith (Nouvelle-Zélande) (jusqu'au 21 avril 2023) M. A. G. Koroma* (Sierra Leone)
Application de la convention internationale sur l'élimination de toutes les formes de discrimination raciale (Azerbaïdjan c. Arménie)	Désigné par l'Azerbaïdjan: M. K. Keith (Nouvelle-Zélande) (jusqu'au 21 avril 2023) M. A. G. Koroma* (Sierra Leone) Désigné par l'Arménie: M. Y. Daudet (France)
Allégations de génocide au titre de la convention pour la prévention et la répression du crime de génocide (Ukraine c. Fédération de Russie; 32 États intervenants)	Désigné par l'Ukraine: M. Y. Daudet (France)
Questions relatives aux immunités juridictionnelles de l'État et aux mesures de contrainte contre des biens appartenant à l'État (Allemagne c. Italie)	Désigné par l'Italie: M. G. Gaja*

La liste complète des personnes ayant exercé les fonctions de juge *ad hoc* à la Cour se trouve sur le site Internet de la Cour.

3. *Les chambres*

Si la Cour siège le plus souvent en formation plénière, son Statut prévoit que des chambres, composées d'un nombre restreint de juges, peuvent être constituées (les dispositions du Règlement concernant les chambres se trouvent aux articles 15-18 et 90-93).

a) *Chambre de procédure sommaire*

Le Statut prévoit, en son article 29, que, en vue de la prompte expédition des affaires, la Cour compose annuellement une chambre de cinq juges appelés à statuer en procédure sommaire lorsque les parties le demandent. La Cour désigne également deux juges suppléants pour remplacer ceux des membres de cette chambre qui se trouveraient dans l'impossibilité de siéger. Le Règlement précise que le président et le vice-président en sont membres de droit et que les autres membres et les membres suppléants sont élus (art. 15). La chambre de procédure sommaire n'a, à ce jour, jamais été appelée à fonctionner. Au 31 juillet 2023, elle était constituée comme suit:

Membres:	Mme	J. E. Donoghue, présidente
	M.	K. Gevorgian, vice-président
	M.	R. Abraham
	Mme	J. Sebutinde
	M.	P. L. Robinson, juges
Membres suppléants:	M.	G. Nolte
	Mme	H. Charlesworth, juges

Case(s)	Judge(s) *ad hoc* chosen
Application of the International Convention on the Elimination of All Forms of Racial Discrimination (Armenia v. *Azerbaijan)*	Chosen by Armenia: Mr Y. Daudet (France) Chosen by Azerbaijan: Mr K. Keith (New Zealand) (until 21 April 2023) Mr A. G. Koroma* (Sierra Leone)
Application of the International Convention on the Elimination of All Forms of Racial Discrimination (Azerbaijan v. *Armenia)*	Chosen by Azerbaijan: Mr K. Keith (New Zealand) (until 21 April 2023) Mr A. G. Koroma* (Sierra Leone) Chosen by Armenia: Mr Y. Daudet (France)
Allegations of Genocide under the Convention on the Prevention and Punishment of the Crime of Genocide (Ukraine v. *Russian Federation: 32 States intervening)*	Chosen by Ukraine: Mr Y. Daudet (France)
Questions of Jurisdictional Immunities of the State and Measures of Constraint against State-Owned Property (Germany v. *Italy)*	Chosen by Italy: Mr G. Gaja*

The full list of judges *ad hoc* having served at the Court can be found on the Court's website.

3. *Chambers*

Although the Court sits most often as a full Court, its Statute provides for the formation of chambers composed of a limited number of judges (the provisions relating to chambers can be found in Articles 15-18 and 90-93 of the Rules of Court).

(a) *Chamber of Summary Procedure*

Article 29 of the Statute provides that, with a view to the speedy dispatch of business, the Court shall form annually a chamber composed of five judges which, at the request of the parties, may hear and determine cases by summary procedure. The Court also selects two judges for the purpose of replacing judges who find it impossible to sit in the Chamber. Under the Rules of Court, the President and Vice-President are members of this Chamber *ex officio*, the other members and the substitutes being elected (Art. 15). The Chamber of Summary Procedure has never as yet been called upon to meet. As at 31 July 2023, it was composed as follows:

Members:	President	J. E. Donoghue
	Vice-President	K. Gevorgian
	Judges	R. Abraham
		J. Sebutinde
		P. L. Robinson
Substitute members:	Judges	G. Nolte
		H. Charlesworth

b) *Chambres prévues au paragraphe 1 de l'article 26 du Statut*

Le Statut prévoit également, en son article 26, paragraphe 1, que la Cour peut, à toute époque, constituer une ou plusieurs chambres composées de trois juges au moins, selon ce qu'elle décidera, pour connaître de catégories déterminées d'affaires, par exemple d'affaires de travail et d'affaires concernant le transit et les communications. De telles chambres statuent si les parties le demandent.

La Cour avait institué en 1993 une chambre pour les questions d'environnement, laquelle avait été régulièrement reconstituée jusqu'en 2006. Au cours de ses 13 années d'existence, aucun État n'a toutefois demandé à ce qu'une affaire soit portée devant elle. La Cour a en conséquence décidé, en 2006, de ne pas tenir d'élections pour renouveler la composition de ladite chambre, étant entendu que si, à l'avenir, les parties demandaient que soit formée une chambre pour statuer sur un différend relevant du droit de l'environnement, celle-ci serait constituée en vertu du paragraphe 2 de l'article 26 du Statut (voir ci-après).

c) *Chambres constituées en vertu du paragraphe 2 de l'article 26 du Statut*

Le Statut prévoit enfin, en son article 26, paragraphe 2, que la Cour peut constituer une chambre pour connaître d'une affaire déterminée, le nombre des juges de cette chambre étant fixé par la Cour avec l'assentiment des parties.

À la demande conjointe des parties, de telles chambres ont été constituées pour connaître de six affaires.

> L'annexe 5 du présent *Annuaire* (p. 216) donne la liste complète de ces affaires; elle précise les dates de constitution et de dissolution de la chambre concernée, ainsi que le nom des membres qui la composaient.

4. *Les assesseurs*

L'article 30, paragraphe 2, du Statut et l'article 9 du Règlement disposent que la Cour peut, soit d'office, soit sur demande présentée avant la clôture de la procédure écrite, décider, pour une affaire contentieuse ou une procédure consultative, de s'adjoindre des assesseurs qu'elle élit au scrutin secret et qu'elle admet à participer à ses délibérations sans droit de vote. Les mêmes pouvoirs appartiennent aux chambres.

À ce jour, il n'a jamais été fait application de ces articles.

C. *Privilèges et immunités des membres de la Cour*

L'article 19 du Statut dispose que « [l]es membres de la Cour jouissent, dans l'exercice de leurs fonctions, des privilèges et immunités diplomatiques ».

Aux Pays-Bas, conformément à un échange de lettres entre le président de la Cour et le ministre des affaires étrangères en date du 26 juin 1946, ils bénéficient, d'une manière générale, des mêmes privilèges, immunités, facilités et prérogatives que les chefs de mission diplomatique accrédités près S. M. le roi (ou la reine) des Pays-Bas (*Actes et documents nº 7*, p. 204-210). En outre, aux termes d'une lettre du ministre des affaires étrangères des Pays-Bas en date du 26 février 1971, le président de la Cour a préséance sur les chefs de mission, y compris le doyen du corps diplomatique, lequel est immédiatement suivi du vice-président de la Cour, après quoi la préséance va alternativement aux chefs de mission et aux membres de la Cour (*ibid.*, p. 214-216).

(b) *Chambers provided for in Article 26, paragraph 1, of the Statute*

Article 26, paragraph 1, of the Statute provides also that the Court may from time to time form one or more chambers, composed of three or more judges, as the Court may determine, for dealing with particular categories of cases: for example, labour cases and cases relating to transit and communications. Cases are heard and determined by these chambers if the parties so request.

In 1993, the Court established a Chamber for Environmental Matters, which was periodically reconstituted until 2006. In the Chamber's 13 years of existence, however, no State ever requested that a case be dealt with by it. The Court consequently decided in 2006 not to hold elections to re-elect a Bench for the said Chamber, it being understood that should parties in the future request the formation of a chamber to rule on a dispute involving environmental law, that chamber would be constituted under Article 26, paragraph 2, of the Statute of the Court (see below).

(c) *Chambers formed under Article 26, paragraph 2, of the Statute*

Article 26, paragraph 2, of the Statute provides that the Court may form a chamber to deal with a particular case, the number of judges constituting such a chamber being determined by the Court with the approval of the parties.

Chambers of this kind have been formed at the joint request of the parties to deal with six cases.

For the full list of these cases, including an indication of the date on which the respective chamber was constituted, the names of its members and the dates that the chambers were dissolved, please see Annex 5 of this *Yearbook* (p. 217).

4. *Assessors*

Article 30, paragraph 2, of the Statute and Article 9 of the Rules of Court provide that the Court may, either *proprio motu* or upon a request made not later than the closure of the written proceedings, decide, for the purpose of a contentious case or request for advisory opinion, to appoint assessors who are chosen by secret ballot and are allowed to sit with it without the right to vote. The chambers also have the power to appoint assessors.

These provisions have so far never been applied.

C. Privileges and Immunities of Members of the Court

Article 19 of the Statute provides: "The Members of the Court, when engaged on the business of the Court, shall enjoy diplomatic privileges and immunities."

In the Netherlands, pursuant to an exchange of correspondence between the President of the Court and the Minister for Foreign Affairs, dated 26 June 1946, they enjoy, in a general way, the same privileges, immunities, facilities and prerogatives as Heads of Diplomatic Missions accredited to His Majesty the King (or Her Majesty the Queen) of the Netherlands (*Acts and Documents No. 7*, pp. 205-211). In addition, in accordance with the terms of a letter dated 26 February 1971 from the Minister for Foreign Affairs of the Netherlands, the President of the Court takes precedence over the Heads of Mission, including the Dean of the Diplomatic Corps, who is immediately followed by the Vice-President of the Court and thereafter the precedence proceeds alternately between Heads of Mission and the Members of the Court (*ibid.*, pp. 215-217).

Par sa résolution 90 (I) du 11 décembre 1946 (*Actes et documents nº 7*, p. 210-214), l'Assemblée générale des Nations Unies a approuvé les accords intervenus en juin 1946 avec le Gouvernement des Pays-Bas et a recommandé que, « si un juge, en vue d'être à tout moment à la disposition de la Cour, réside dans un autre pays que le sien, il devra jouir pendant la durée de sa résidence des privilèges et immunités diplomatiques ». Elle a en outre recommandé que

> « les juges aient toutes facilités pour quitter le pays où ils se trouvent, ainsi que pour accéder au pays où siège la Cour et pour en sortir [, précisant qu'au] cours des déplacements afférents à l'exercice de leurs fonctions, ils devront bénéficier, dans tous les pays qu'ils doivent traverser, de l'ensemble des privilèges, immunités et facilités reconnus dans ces pays aux agents diplomatiques ».

Cette résolution contient également une recommandation tendant à faire reconnaître et accepter par les États Membres des Nations Unies les laissez-passer délivrés par la Cour.

Par ailleurs, l'article 32, paragraphe 8, du Statut énonce que « les traitements, allocations et indemnités » perçus par les juges « sont exempts de tout impôt ».

Les questions concernant les privilèges et immunités de la Cour qui ne sont pas traitées aux paragraphes précédents relèvent des dispositions de la convention sur les privilèges et immunités des Nations Unies, adoptée par l'Assemblée générale des Nations Unies le 13 février 1946.

II. Le Greffe

La CIJ est le seul organe principal de l'Organisation des Nations Unies à ne pas être assisté par le Secrétaire général, lequel n'a pas autorité sur la Cour. L'organe administratif permanent de la CIJ n'est donc pas le Secrétariat de l'ONU, mais son Greffe. La Cour étant à la fois un tribunal et un organe international, la mission du Greffe est aussi bien celle d'un service auxiliaire de la justice — avec des États pour justiciables — que celle d'un secrétariat international.

A. Textes de base

1. Statut

L'article 21 du Statut dispose que la Cour pourvoit à la nomination des fonctionnaires.

2. Règlement

L'article 28 du Règlement précise que le Greffe se compose du greffier, du greffier adjoint et de tous autres fonctionnaires dont le greffier peut avoir besoin pour s'acquitter efficacement de ses fonctions.

En application du paragraphe 1 de l'article 25 du Règlement de la Cour, les fonctionnaires sont nommés par la Cour sur la proposition du greffier. Il est toutefois précisé que la Cour peut décider que, pour les postes qu'elle déterminera, les nominations seront faites par le greffier avec l'approbation du président.

Le paragraphe 2 de ce même article dispose que, avant son entrée en fonctions, tout fonctionnaire fait une déclaration devant le président et en présence du greffier, aux termes de

By resolution 90 (I) of 11 December 1946 (*Acts and Documents No. 7*, pp. 211-215), the General Assembly of the United Nations approved the agreements concluded with the Government of the Netherlands in June 1946 and recommended that "if a judge, for the purpose of holding himself permanently at the disposal of the Court, resides in some country other than his own, he should be accorded diplomatic privileges and immunities during the period of his residence there". It also recommended that

> "judges should be accorded every facility for leaving the country where they may happen to be, for entering the country where the Court is sitting, and again for leaving it. On journeys in connection with the exercise of their functions, they should, in all countries through which they may have to pass, enjoy all the privileges, immunities and facilities granted by these countries to diplomatic envoys."

The same resolution contains also a recommendation calling upon Members of the United Nations to recognize and accept laissez-passer issued by the Court.

Furthermore, Article 32, paragraph 8, of the Statute provides that the "salaries, allowances and compensation" received by judges "shall be free of all taxation".

Matters relating to the privileges and immunities of the Court which are not addressed in the preceding paragraphs are covered by the provisions of the Convention on the privileges and immunities of the United Nations, adopted by the General Assembly of the United Nations on 13 February 1946.

II. The Registry

The ICJ is the only principal organ of the United Nations not to be assisted by the Secretary-General, who has no authority over the Court. The permanent administrative organ of the ICJ is thus not the UN Secretariat, but its Registry. Since the ICJ is both a court of justice and an international organ, the Registry's tasks include both helping in the administration of justice — with sovereign States as litigants — and acting as an international secretariat.

A. Basic Texts

1. Statute

In accordance with Article 21 of the Statute, the Court may provide for the appointment of officers.

2. Rules of Court

Article 28 of the Rules of Court states that the Registry shall comprise the Registrar, the Deputy-Registrar, and such other staff as the Registrar shall require for the efficient discharge of his functions.

Pursuant to Article 25, paragraph 1, of the Rules, the staff members of the Registry shall be appointed by the Court on proposals submitted by the Registrar. Appointments to such posts as the Court shall determine may however be made by the Registrar with the approval of the President.

Paragraph 2 of the same Article provides that, before taking up his or her duties, every staff member shall make a declaration before the President, the Registrar being present, declarlaquelle il déclare qu'il exercera « en toute loyauté, discrétion et conscience les devoirs qui [lui] incombent » et qu'il observera fidèlement toutes les prescriptions du Statut et du Règlement de la Cour.

3. *Instructions pour le Greffe*

Des « instructions pour le Greffe », établies en application des paragraphes 2 et 3 de l'article 28 du Règlement de la Cour, sont élaborées par le greffier et approuvées par la Cour. Leur première version remonte à octobre 1946 et a été amendée à plusieurs reprises. Les dernières modifications aux instructions pour le Greffe ont été approuvées le 20 mars 2012.

Ce document présente, au fil de ses 90 articles, les fonctions et devoirs du greffier (parties I et II) avant de traiter des fonctionnaires (partie III) et de l'organisation du travail au sein du Greffe (partie IV). Il énonce également les devoirs des fonctionnaires du Greffe en précisant les tâches incombant à chaque département ou service (partie V).

4. *Statut du personnel du Greffe*

Les fonctionnaires du Greffe sont assujettis au « statut du personnel du Greffe ».

À l'origine, ledit statut était arrêté par le président et approuvé par la Cour en vertu du paragraphe 2 de l'article 18 du Règlement de la Cour de 1946.

Depuis l'adoption du Règlement de la Cour de 1978, le statut du personnel est établi par le greffier et approuvé par la Cour. Un nouveau statut du personnel, qui, en application du paragraphe 4 de l'article 28 du Règlement de la Cour, est aussi conforme que possible au Statut et au Règlement du personnel de l'Organisation des Nations Unies, a ainsi été adopté le 7 mars 1979.

Ce texte a été modifié à plusieurs reprises. Au 31 juillet 2023, la version la plus récente datait du 16 juin 2023.

> Le texte de ces documents figure sur le site Internet de la Cour (onglet « Le Greffe »).

B. *Composition*

1. *Le greffier*

En application du paragraphe 2 de l'article 21 de son Statut et de l'article 22 de son Règlement, tel que modifié avec effet au 21 octobre 2019, la Cour élit son greffier sur la base des candidatures reçues à la suite de la publication d'un avis de vacance (voir la page 90 de cet *Annuaire*).

M. Philippe Gautier a pris ses fonctions le 1er août 2019. Avant de devenir greffier de la Cour, M. Gautier a été greffier (2001-2019) et greffier adjoint (1997-2001) du Tribunal international du droit de la mer (TIDM). Entre 1991 et 1997, il a occupé les fonctions de conseiller adjoint, chef du service Droit de la mer/Antarctique (1991-1995), et de conseiller, chef de la Direction des traités (1995-1997), au ministère belge des affaires étrangères. M. Gautier est professeur à l'Université catholique de Louvain (Louvain-la-Neuve).

Les fonctions générales du greffier sont définies par le Règlement (art. 26) et les instructions pour le Greffe (article premier). Le greffier assiste la Cour dans l'exercice de sa fonction judiciaire, assure les relations diplomatiques entre la Cour et les États, et gère le Greffe.

ing that he or she will perform "the duties incumbent upon [him or her] . . . in all loyalty, discretion and good conscience" and faithfully observe all the provisions of the Statute and of the Rules of Court.

3. *Instructions for the Registry*

"Instructions for the Registry" are drawn up by the Registrar under Article 28, paragraphs 2 and 3, of the Rules of Court, and approved by the Court. The first Instructions date back to October 1946. They have been amended on a number of occasions, with the most recent amendments being approved on 20 March 2012.

This document consists of 90 articles: Parts I and II set out the functions and duties of the Registrar, Part III concerns Registry staff and Part IV the organization of work within the Registry. Part V outlines the specific duties of Registry staff in each department or division.

4. *Staff Regulations for the Registry*

Registry officials are also subject to the "Staff Regulations for the Registry".

The original Staff Regulations were adopted by the President and approved by the Court in accordance with Article 18, paragraph 2, of the 1946 Rules of Court.

Since the adoption of the 1978 Rules of Court, the Staff Regulations are drawn up by the Registrar and approved by the Court; in compliance with Article 28, paragraph 4, of the Rules of Court, they are "so far as possible in conformity with the United Nations Staff Regulations and Rules". New Staff Regulations were thus adopted on 7 March 1979.

This text has been modified on a number of occasions. As of 31 July 2023, the most recent version dated from 16 June 2023.

> The texts of these documents can be found on the Court's website under "The Registry".

B. *Composition*

1. *The Registrar*

In accordance with Article 21, paragraph 2, of its Statute and Article 22 of its Rules, as amended by the Court with effect from 21 October 2019, the Court elects its Registrar on the basis of the applications it receives following the publication of a vacancy notice (see page 91 of this *Yearbook*).

Mr Philippe Gautier took office on 1 August 2019. Before joining the Court, Mr Gautier served as Registrar (2001-2019) and Deputy-Registrar (1997-2001) of the International Tribunal for the Law of the Sea (ITLOS). From 1991 to 1997, he held the positions of Deputy Director, Head of the Law of the Sea/Antarctica Office (1991-1995), and Director, Head of the Treaties Division (1995-1997), at the Belgian Ministry of Foreign Affairs. Mr Gautier is Professor at the Catholic University of Louvain (Louvain-la-Neuve).

The general functions of the Registrar are defined by the Rules of Court (Art. 26) and the Instructions for the Registry (Art. 1). The Registrar assists the Court in the exercise of its judicial function and is responsible for diplomatic relations between the Court and States, and directs the work of the Registry.

Le greffier est responsable des travaux de tous les départements et services du Greffe. Aux termes de l'article premier des instructions pour le Greffe, « [i]l a autorité sur le personnel et a seul qualité pour diriger les travaux du Greffe, dont il est le chef». Dans l'exercice de ses fonctions, le greffier rend compte à la Cour. Son activité revêt trois aspects : judiciaire, diplomatique et administratif.

Le travail judiciaire du greffier de la Cour consiste notamment à s'acquitter des devoirs qui lui incombent en rapport avec les affaires soumises à la Cour. À cet égard, le greffier remplit, entre autres, les tâches suivantes : *a)* il tient un rôle général de toutes les affaires, complétant les dossiers y afférents ; *b)* il gère la procédure dans les affaires ; *c)* il assiste en personne ou charge le greffier adjoint d'assister aux séances de la Cour et des chambres, apporte à celles-ci l'assistance nécessaire et fait établir sous sa responsabilité les procès-verbaux ou minutes de ces séances ; *d)* il contresigne les arrêts, avis consultatifs et ordonnances de la Cour, ainsi que les procès-verbaux ; *e)* il assure les relations avec les parties aux affaires et est expressément chargé de procéder à la communication de divers documents, dont les plus importants sont les actes introductifs d'instances (requêtes et compromis) ainsi que les pièces de la procédure écrite ; *f)* il fait traduire, imprimer et publier sous sa responsabilité les arrêts, avis consultatifs et ordonnances de la Cour, les pièces de procédure, les exposés écrits et les procès-verbaux des audiences publiques dans chaque affaire, ainsi que tout autre document dont la Cour décide la publication ; *g)* il assure la garde des sceaux et cachets, ainsi que celle des archives de la Cour et de toutes autres archives confiées à celle-ci (notamment les archives de la Cour permanente de Justice internationale et du Tribunal militaire international de Nuremberg).

S'agissant du volet diplomatique de son travail, le greffier : *a)* assure les relations extérieures de la Cour et sert d'intermédiaire pour les communications émanant de la Cour ou adressées à celle-ci ; *b)* est responsable de la correspondance avec le monde extérieur, dont celle relative aux affaires, et donne toutes consultations nécessaires ; *c)* gère les relations de caractère diplomatique, notamment avec les organes de l'Organisation des Nations Unies, avec ses États Membres, avec les autres organisations internationales, ainsi qu'avec le gouvernement du pays où est établi le siège de la Cour ; *d)* maintient les relations avec les autorités locales et les médias ; *e)* est responsable de l'information sur les activités de la Cour et des publications de celle-ci, y compris la diffusion de communiqués de presse.

Le travail administratif du greffier comprend : *a)* l'administration intérieure proprement dite ; *b)* la gestion financière conformément aux méthodes appliquées par l'Organisation des Nations Unies en matière financière, notamment l'établissement et l'exécution du budget ; *c)* la supervision de toutes les tâches administratives ainsi que des travaux d'impression ; *d)* la prise des dispositions nécessaires pour que soient effectuées ou vérifiées les traductions et interprétations dont la Cour peut avoir besoin dans les deux langues officielles de la Cour, à savoir le français et l'anglais.

2. Le greffier adjoint et les autres fonctionnaires

Outre son greffier, la Cour élit un greffier adjoint suivant la même procédure (Règlement, art. 23). Le rôle du greffier adjoint est d'assister le greffier et de le remplacer en cas d'absence.

Le greffier adjoint actuel est M. Jean-Pelé Fomété, de nationalité camerounaise, élu pour un mandat de sept ans qui a pris effet le 16 mars 2013, puis réélu pour un second mandat à compter du 1er avril 2020. M. Fomété a été, entre 2009 et sa nomination au Greffe de la Cour, greffier du Tribunal du contentieux administratif de l'Organisation des Nations Unies à Nairobi. Auparavant, il a été directeur de programmes au sein du greffe du Tribunal

The Registrar is responsible for all departments and divisions of the Registry. Under the terms of Article 1 of the Instructions for the Registry, "[t]he staff are under his authority, and he alone is authorized to direct the work of the Registry, of which he is the Head". In the discharge of his functions the Registrar reports to the Court. His role is threefold: judicial, diplomatic and administrative.

The Registrar's judicial duties notably include those relating to the cases submitted to the Court. In this respect, the Registrar performs, among others, the following tasks: *(a)* he keeps the General List of all cases and is responsible for recording documents in the case files; *(b)* he manages the proceedings in the cases; *(c)* he is present in person, or represented by the Deputy-Registrar, at meetings of the Court and of chambers; he provides any assistance required and is responsible for the preparation of reports or minutes of such meetings; *(d)* he signs all judgments, advisory opinions and orders of the Court, as well as minutes; *(e)* he maintains relations with the parties to a case and has specific responsibility for the receipt and transmission of various documents, most importantly those instituting proceedings (applications and special agreements) and all written pleadings; *(f)* he is responsible for the translation, printing and publication of the Court's judgments, advisory opinions and orders, the pleadings, written statements and minutes of the public sittings in every case, and of such other documents as the Court may decide to publish; and *(g)* he has custody of the seals and stamps of the Court, of the archives of the Court, and of such other archives as may be entrusted to the Court (including the archives of the Permanent Court of International Justice and of the Nuremberg International Military Tribunal).

The Registrar's diplomatic duties include the following tasks: *(a)* he attends to the Court's external relations and acts as the channel of communication to and from the Court; *(b)* he manages external correspondence, including that relating to cases, and provides any consultations required; *(c)* he manages relations of a diplomatic nature, in particular with the organs and States Members of the United Nations, with other international organizations and with the government of the country in which the Court has its seat; *(d)* he maintains relations with the local authorities and with the press; and *(e)* he is responsible for information concerning the Court's activities and for the Court's publications, including press releases.

The Registrar's administrative duties include: *(a)* the Registry's internal administration; *(b)* financial management, in accordance with the financial procedures of the United Nations, and in particular preparing and implementing the budget; *(c)* the supervision of all administrative tasks and of printing; and *(d)* making arrangements for such provisions or verification of translations and interpretations into the Court's two official languages (English and French) as the Court may require.

2. *The Deputy-Registrar and other staff*

In addition to its Registrar, the Court elects a Deputy-Registrar in the same way as the Registrar (Rules, Art. 23). The role of the Deputy-Registrar is to assist the Registrar and act as the latter's replacement in his absence.

The present Deputy-Registrar is Mr Jean-Pelé Fomété, of Cameroonian nationality, elected for a term of seven years as from 16 March 2013 and subsequently re-elected for a second term of office as from 1 April 2020. Between 2009 and his appointment to the Registry of the Court, Mr Fomété was Registrar of the United Nations Dispute Tribunal in Nairobi. Prior to that, he had been Programmes Director in the Registry of the International pénal international pour le Rwanda (TPIR) après y avoir occupé les fonctions de conseiller juridique et d'assistant spécial du greffier. Avant de rejoindre le TPIR, il avait notamment été juriste au greffe du Tribunal pénal international pour l'ex-Yougoslavie (TPIY) et chef du service des organes politiques et juridiques de l'ONU au ministère des relations extérieures du Cameroun.

Par ailleurs, en application du paragraphe 1 de l'article 25 du Règlement, la Cour nomme, sur proposition du greffier, les fonctionnaires du Greffe. La Cour peut toutefois décider que, pour les postes qu'elle déterminera, les nominations seront faites par le greffier avec l'approbation du président.

Au 31 juillet 2023, le Greffe comptait 117 fonctionnaires, titulaires d'un contrat continu ou d'un contrat à durée déterminée. Ceux-ci travaillent dans différentes sections : département des affaires juridiques ; département des affaires linguistiques ; département de l'information ; service de la documentation et bibliothèque de la Cour ; service des finances ; service de publication ; service des technologies de l'information et des communications ; service des archives, de l'indexage et de la distribution ; service de la sécurité et de l'assistance générale ; service administratif et du personnel ; médecin principal ; et fonctionnaire chargé du bien-être du personnel.

Selon les besoins du travail, des fonctionnaires temporaires sont par ailleurs engagés par le greffier : interprètes, traducteurs et assistants de traitement de texte.

L'organigramme du Greffe au 31 juillet 2023 est reproduit ci-après, page 114.

Criminal Tribunal for Rwanda (ICTR), where he had previously worked as Legal Adviser and Special Assistant to the Registrar. Before joining the ICTR, he had served, *inter alia*, as a law clerk at the International Criminal Tribunal for the former Yugoslavia (ICTY) and as Chief of the United Nations Political and Legal Affairs Service at the Ministry of External Relations of Cameroon.

In addition, under Article 25, paragraph 1, of the Rules, staff members are appointed by the Court on proposals submitted by the Registrar. However, the Court may decide that appointments to such posts as it shall determine will be made by the Registrar with the approval of the President.

As at 31 July 2023, there were 117 officials, either with continuing contracts or holding fixed-term contracts, working in the Registry's various departments and divisions: the Department of Legal Matters; Department of Linguistic Matters; Information Department; Documents Division and Library of the Court; Finance Division; Publishing Division; Information and Communications Technology Division; Archives, Indexing and Distribution Division; Security and General Assistance Division; Administrative and Personnel Division; Senior Medical Officer; and Staff Welfare Officer.

Additional temporary staff, including interpreters, translators and text processing assistants, are engaged by the Registrar as and when the work of the Court requires.

A chart showing the Registry's organizational structure as at 31 July 2023 can be found on page 115 below.

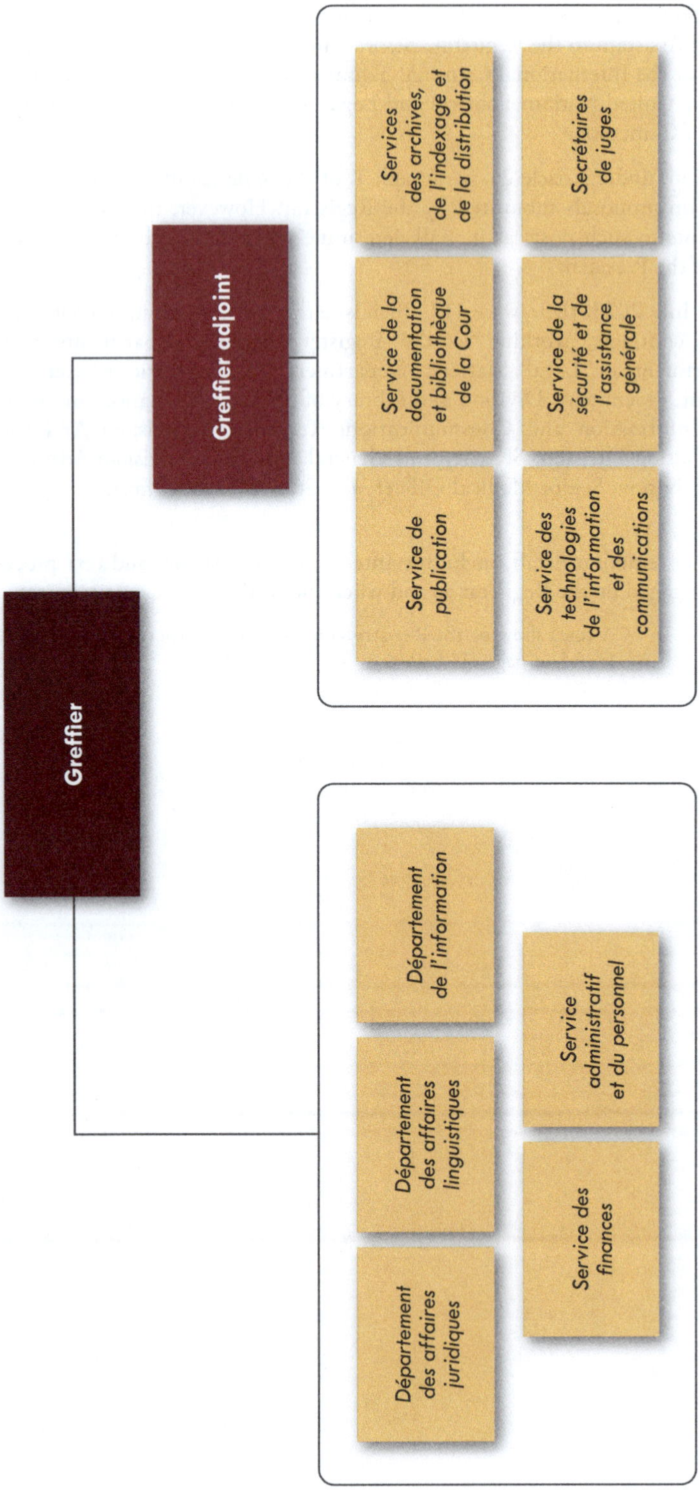
Greffier
Greffier adjoint
Services des archives, de l'indexage et de la distribution
Secrétaires de juges
Service de la documentation et bibliothèque de la Cour
Service de la sécurité et de l'assistance générale
Service de publication
Service des technologies de l'information et des communications
Département de l'information
Service administratif et du personnel
Département des affaires linguistiques
Service des finances
Département des affaires juridiques

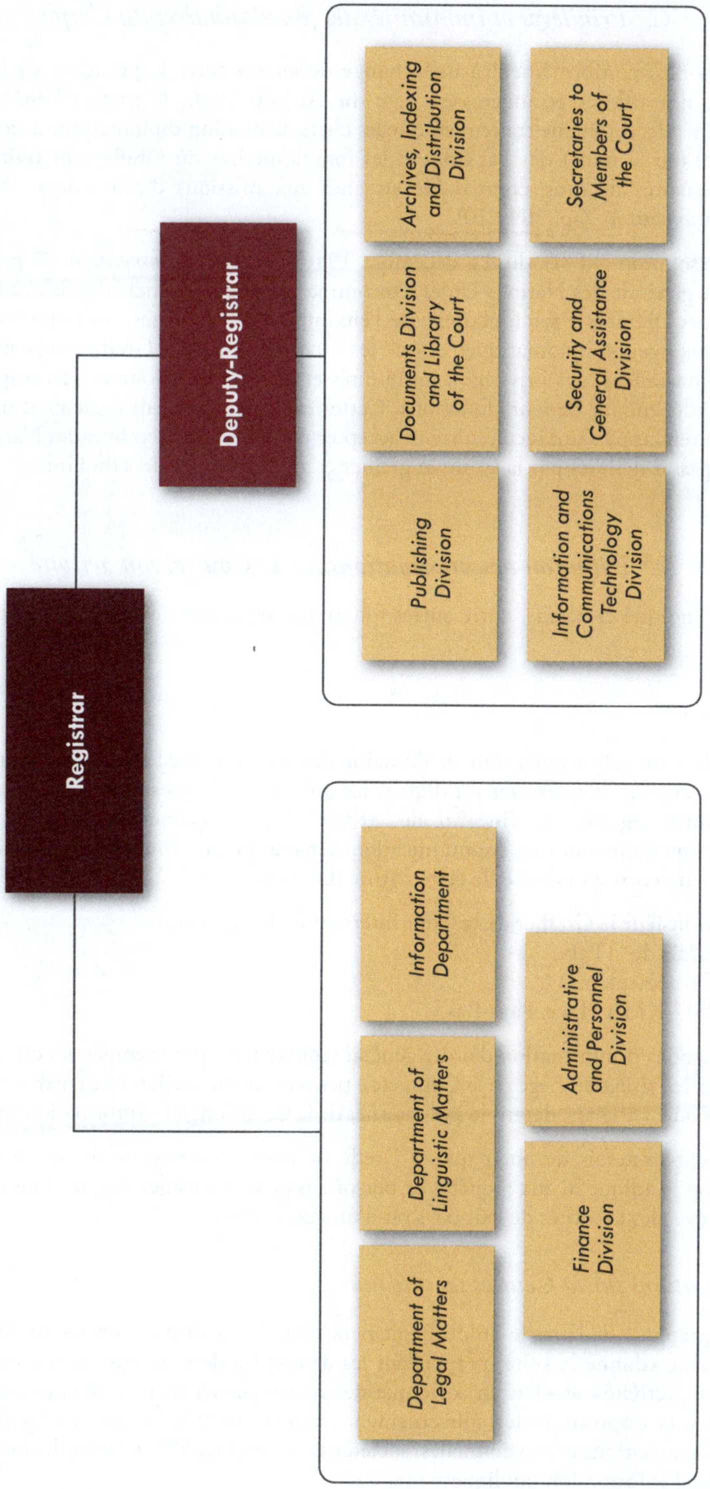
Registrar
Deputy-Registrar
Archives, Indexing and Distribution Division
Secretaries to Members of the Court
Documents Division and Library of the Court
Security and General Assistance Division
Publishing Division
Information and Communications Technology Division
Information Department
Administrative and Personnel Division
Department of Linguistic Matters
Finance Division
Department of Legal Matters

C. Privilèges et immunités des fonctionnaires du Greffe

Aux Pays-Bas, conformément à un échange de lettres entre le président de la Cour et le ministre des affaires étrangères en date du 26 juin 1946, le greffier bénéficie, d'une manière générale, du même traitement que les chefs de mission diplomatique accrédités près S. M. le roi (ou la reine) des Pays-Bas et les fonctionnaires du Greffe sont traités comme les fonctionnaires de rang comparable attachés aux missions diplomatiques à La Haye (*Actes et documents n° 7*, p. 204-210).

Par sa résolution 90 (I) du 11 décembre 1946 (*Actes et documents n° 7*, p. 210-214), l'Assemblée générale des Nations Unies a recommandé que le greffier bénéficie, au cours des déplacements afférents à ses fonctions, de l'ensemble des privilèges, immunités et facilités reconnus aux agents diplomatiques et que les fonctionnaires du Greffe jouissent, dans les mêmes circonstances, des privilèges, immunités et facilités de séjour et de voyage qu'exige l'exercice indépendant de leurs fonctions. Cette résolution contient également une recommandation tendant à faire reconnaître et accepter par les États Membres des Nations Unies les laissez-passer délivrés par la Cour au greffier et aux fonctionnaires du Greffe.

D. Diffusion des informations sur la Cour et son activité

Comme indiqué ci-dessus, entre autres fonctions, le greffier doit faire connaître l'œuvre de la Cour.

1. Contacts

Le Greffe a un rôle à jouer dans le domaine des relations avec les organisations internationales s'occupant de questions juridiques, les universités, la presse et le public en général. En vertu du paragraphe 1, alinéa *a)*, de l'article 26 du Règlement de la Cour, le greffier « sert d'intermédiaire pour les communications émanant de la Cour ou adressées à celle-ci ». Dès lors, toute correspondance de cette nature doit être adressée à

Monsieur le Greffier de la Cour internationale de Justice
Palais de la Paix
Carnegieplein 2
2517 KJ La Haye, Pays-Bas

Les demandes d'information d'ordre général (concernant, par exemple, les offres d'emploi ou de stage, les visites au siège de la Cour, etc.) peuvent, quant à elles, être envoyées au Greffe, en français ou en anglais, depuis le site Internet de la Cour (onglet « Informations pratiques »).

Il convient toutefois de noter que le Greffe ne peut donner suite ni aux demandes de consultation juridique ni aux requêtes de personnes privées au sujet de questions les mettant aux prises avec les autorités de leur pays ou d'un autre pays.

2. Informations sur la Cour et ses travaux

Le paragraphe 1 de l'article 26 du Règlement de la Cour dispose, en ses alinéas *k)* et *m)*, que le greffier « donne la suite qu'appellent les demandes de renseignements concernant la Cour et son activité » et « fait en sorte que des renseignements sur la Cour et son activité soient mis à la disposition des gouvernements, des cours et tribunaux nationaux les plus élevés, des associations professionnelles, sociétés savantes, facultés et écoles de droit ainsi que des moyens d'information publique ».

C. *Privileges and Immunities of Officials of the Registry*

In the Netherlands, pursuant to an exchange of correspondence between the President of the Court and the Minister for Foreign Affairs, dated 26 June 1946, the Registrar is, in a general way, accorded the same treatment as Heads of Diplomatic Missions accredited to His Majesty the King (or Her Majesty the Queen) of the Netherlands, and officials of the Registry are treated as officials of comparable rank attached to diplomatic missions at The Hague (*Acts and Documents No. 7*, pp. 205-211).

By resolution 90 (I) of 11 December 1946 (*Acts and Documents No. 7*, pp. 211-215), the General Assembly of the United Nations recommended that, on journeys in connection with the exercise of his functions, the Registrar should enjoy all the privileges, immunities and facilities granted to diplomatic envoys and that the officials of the Registry should, in the same circumstances, enjoy such privileges, immunities and facilities for residence and travel as may be necessary for the independent exercise of their functions. This resolution also contains a recommendation calling upon Members of the United Nations to recognize and accept the United Nations laissez-passer issued by the Court to the Registrar and officials of the Registry.

D. *Dissemination of Information about the Court and Its Activities*

As indicated above, one of the duties of the Registrar is that of making the outside world aware of the Court's work.

1. *Contacts*

The Registry maintains relations with international organizations that deal with legal questions, universities, the press and the general public. Under the terms of Article 26, paragraph 1 *(a)*, of the Rules of Court, the Registrar shall "be the regular channel of communications to and from the Court". Consequently, correspondence of this nature should be addressed to

The Registrar of the International Court of Justice
Peace Palace
Carnegieplein 2
2517 KJ The Hague, Netherlands

All general queries (regarding employment/internship opportunities, visits to the seat of the Court, etc.) may be sent to the Registry, in either English or French, via the Court's website (under "Practical Information").

Please note that it is not possible for the Registry to give legal advice or to enter into correspondence with private persons concerning any matter at issue between them and the authorities of their own or another country.

2. *Information about the Court and its work*

Article 26, paragraph 1 *(k)* and *(m)*, of the Rules of Court provides that the Registrar shall "deal with enquiries concerning the Court and its work" and "ensure that information concerning the Court and its activities is made accessible to governments, the highest national courts of justice, professional and learned societies, legal faculties and law schools, and public information media".

Le greffier prend donc les dispositions qu'il estime nécessaires pour assurer la publication de renseignements concernant la composition, la compétence et le travail de la Cour, ainsi que la diffusion des arrêts, avis consultatifs, ordonnances et autres documents pertinents.

a) *Site Internet et application*

Le site Internet de la Cour est régulièrement actualisé afin, notamment, de rendre compte des changements dans la composition de la Cour et des développements intervenus dans les affaires dont celle-ci est saisie, de fournir le calendrier des séances publiques et de rendre accessibles au public un certain nombre de ressources, telles que des publications. Au cours de la période concernée, le site Internet a reçu plus de 3 430 000 visiteurs uniques.

La Cour assure la diffusion intégrale, en direct et en différé, de ses séances publiques sur son site Internet. Ces vidéos sont également diffusées sur la télévision en ligne des Nations Unies.

L'application gratuite de la Cour, appelée « CIJ-ICJ », permet aux utilisateurs de suivre l'actualité de la Cour en leur fournissant des informations essentielles dans les deux langues officielles de celle-ci, notamment sur les procédures pendantes ou terminées, les dernières nouvelles, les décisions rendues, les communiqués de presse et le calendrier judiciaire.

b) *Compte X/Chaîne YouTube/Page LinkedIn*

Au 31 juillet 2023, le compte X de la Cour était suivi par plus de 141 000 personnes.

Compte X : @CIJ_ICJ

À la fin du mois de juillet 2023, la chaîne YouTube de la Cour comptait près de 10 000 abonnés.

Chaîne YouTube : CIJ ICJ

Les avis de vacance, communiqués de presse et autres informations ont continué d'être publiés sur la page LinkedIn de la Cour, qui comptait plus de 178 000 abonnés au 31 juillet 2023, soit un chiffre supérieur de près de 30 % à celui de l'année précédente.

Page LinkedIn : Cour internationale de Justice (CIJ)

c) *Présentation du fonctionnement et des travaux de la Cour au public*

Le département de l'information propose, pour autant que l'activité de la Cour le permette, des présentations sur l'histoire, le fonctionnement et les travaux de la Cour. Effectuées en français et en anglais, ces présentations sont gratuites et s'adressent aussi bien aux étudiants qu'aux diplomates, universitaires, magistrats, juristes ou journalistes.

Les demandes doivent être soumises par le biais du site Internet de la Cour (onglet « Informations pratiques ») au moins six semaines à l'avance.

d) *Bibliothèque de la Cour et archives du Tribunal de Nuremberg*

La Cour bénéficie des services d'une bibliothèque trouvant son origine dans celle, créée en janvier 1931, de la Cour permanente de Justice internationale, qui utilisait auparavant la bibliothèque du Palais de la Paix (dont les services sont accessibles en ligne, à l'adresse www.ppl.nl).

La bibliothèque de la Cour assure par ailleurs la garde des archives du Tribunal militaire international de Nuremberg, qui ont été confiées à la Cour internationale de Justice par

Accordingly, the Registrar arranges as he considers necessary for the publication of information concerning the composition, jurisdiction and work of the Court, along with judgments, advisory opinions and orders relating to all cases and corresponding case documentation.

(a) *Website and app*

The Court's website is regularly updated to reflect, *inter alia*, changes in the composition of the Court and judicial developments in the cases before it, provide the schedule of public sittings and give access to publicly available resources, such as publications. During the period under review, the website received over 3,430,000 unique visitors.

The Court provides full live and on-demand coverage of its public sittings on its website, as well as on United Nations Web TV.

The Court's free app, called "CIJ-ICJ", allows users to keep abreast of developments at the Court in its two official languages, by providing essential information on the Court, including on pending and concluded cases, latest news, decisions, press releases and the Court's judicial calendar.

(b) *X account/YouTube Channel/LinkedIn page*

As of 31 July 2023, the Court's X account had over 141,000 followers.

ICJ X account: @CIJ_ICJ

At the end of July 2023, the Court's YouTube channel had nearly 10,000 subscribers.

YouTube Channel: CIJ ICJ

Vacancy announcements, press releases and other information continued to be posted on the Court's LinkedIn page, which had over 178,000 followers as at 31 July 2023, an increase of almost 30 per cent over the previous year's figure.

LinkedIn page: International Court of Justice (ICJ)

(c) *Presentation of the work and functioning of the Court to the public*

The Information Department gives presentations on the history, workings and activities of the Court, so far as the work of the Court permits. These presentations, available in both English and French, are free of charge and are aimed at students, diplomats, scholars and academics, judges, lawyers and legal professionals, as well as journalists.

Requests for presentations must be submitted via the Court's website (see "Practical Information") at least six weeks in advance.

(d) *Library of the Court and archives of the Nuremberg Tribunal*

The Court's library has its origins in the library of the Permanent Court of International Justice. Before its own library was created in January 1931, the PCIJ made use of the Peace Palace Library (whose services can be accessed online at www.ppl.nl).

The library of the Court also has custody of the archives of the International Military Tribunal at Nuremberg which were entrusted to the International Court of Justice by décision de ce Tribunal datée du 1er octobre 1946. Ces archives furent acheminées au Palais de la Paix, où les représentants du Tribunal et les fonctionnaires de la Cour en prirent livraison le 14 mars 1950.

Bien que la bibliothèque ainsi que les archives de la Cour et de sa devancière, la CPJI, ne soient pas accessibles au public (Règlement, art. 26, par. 1 *n)*), les archives du Tribunal de Nuremberg peuvent, elles, être consultées. Toute question y relative doit être adressée, par écrit, au greffier de la Cour.

3. *Publications de la Cour*

Le Greffe est chargé des publications de la CIJ (Règlement, art. 26, par. 1 *i)*, et art. 71, par. 6; instructions pour le Greffe, art. 21, 50, 52-54 et 76), qui ont repris sous d'autres titres les anciennes séries de la CPJI.

Le service de publication est responsable des publications régulières de la Cour (voir les séries énumérées ci-après). Il peut également être appelé à produire des ouvrages revêtant un caractère événementiel. Un ouvrage à succès a ainsi été publié en 2022 pour le soixante-quinzième anniversaire de la Cour internationale de Justice.

La septième édition du *Manuel* a été publiée en 2019 et est disponible sur le site Internet de la Cour (onglet « Publications »). L'objectif du *Manuel* est de fournir, sans trop de détails, les bases d'une meilleure compréhension pratique des faits concernant l'histoire, la composition, la compétence, la procédure et les décisions de la Cour.

À ce jour, les cinq séries suivantes sont publiées par la Cour:

a) Recueil des arrêts, avis consultatifs et ordonnances

Cette série contient les décisions de la Cour en français et en anglais. Lorsqu'une décision est prononcée, elle est imprimée sous la forme d'un fascicule vendu séparément. Les fascicules des décisions rendues au cours d'une année calendaire sont ensuite assemblés et publiés, avec un index, en un recueil relié qui peut comporter de un à trois volumes.

À ce jour, soixante-quatorze recueils ont paru, le premier étant le *C.I.J. Recueil 1947-1948* — réunissant par exception deux années en un seul volume — et le dernier, le *C.I.J. Recueil 2021*.

> Série *Recueil des arrêts, avis consultatifs et ordonnances*, mode de citation: ex. *C.I.J. Recueil 2021*.
>
> Fascicule, mode de citation: ex. *Délimitation maritime dans l'océan Indien (Somalie c. Kenya), arrêt, C.I.J. Recueil 2021*, p. 206.
>
> Les décisions publiées dans le *Recueil des arrêts, avis consultatifs et ordonnances* sont disponibles sur le site Internet de la Cour (onglet « Affaires »).

b) Mémoires, plaidoiries et documents

Les volumes de cette série reproduisent, dans le texte original (c'est-à-dire, selon le cas, le français ou l'anglais), le dossier des affaires, une fois celles-ci terminées.

Chaque dossier comprend l'acte introductif d'instance, les pièces de procédure écrite et leurs annexes, les comptes rendus des audiences publiques et les documents présentés à la Cour après la fin de la procédure écrite.

a decision of the Tribunal of 1 October 1946. These archives were transported to the Peace Palace, where representatives of the Tribunal and the staff of the Court took delivery of them on 14 March 1950.

While neither the library and archives of the Court, nor those of its forerunner, the PCIJ, are open to the public (Rules, Art. 26, para. 1 *(n)*), the archives of the Nuremberg Tribunal can be consulted. All questions regarding the consultation of these archives should be addressed in writing to the Registrar of the Court.

3. Publications of the Court

The Registry is responsible for the Court's publications (Rules of Court, Art. 26, para. 1 *(i)*, and Art. 71, para. 6; Instructions for the Registry, Arts. 21, 50, 52-54 and 76), which continue the old PCIJ series under different names.

The Publishing Division has responsibility for the Court's regular publications (see the series listed below). It also occasionally produces one-off commemorative publications, such as the bestselling book published in 2022 to celebrate the seventy-fifth anniversary of the International Court of Justice.

The seventh edition of the *Handbook* was published in 2019 and is available on the Court's website (under "Publications"). The purpose of the *Handbook* is to provide, without excessive detail, the basis for a better practical understanding of the facts concerning the history, composition, jurisdiction, procedure and decisions of the Court.

At present, the following five series are published by the Court:

(a) Reports of Judgments, Advisory Opinions and Orders

This series contains the decisions of the Court in both English and French. Each decision is published after it is given, in an unbound fascicle which is sold separately. The collected decisions for each calendar year are published, with an index, and bound together in one to three cloth-bound volumes depending on the total page count.

Seventy-four bound volumes have so far been published, the first being the *I.C.J. Reports 1947-1948*, which — as an exception — consists of two years collected in a single volume. The latest is the *I.C.J. Reports 2021*.

> Series entitled *Reports of Judgments, Advisory Opinions and Orders*, official citation: e.g. *I.C.J. Reports 2021*.
>
> Fascicle, official citation: e.g. *Maritime Delimitation in the Indian Ocean (Somalia* v. *Kenya), Judgment, I.C.J. Reports 2021*, p. 206.
>
> The decisions published in *Reports of Judgments, Advisory Opinions and Orders* are available on the Court's website (under "Cases").

(b) Pleadings, Oral Arguments, Documents

Volumes in this series are published after the termination of a case and contain the documentation relating to the case in the original language (that is, in English or in French).

This comprises the document instituting proceedings, the written pleadings and their annexes, the verbatim records of the oral proceedings, and any documents submitted to the Court after the closure of the written proceedings.

Suivant la longueur des documents à reproduire, un dossier d'affaire représente un ou plusieurs volumes.

Série *Mémoires, plaidoiries et documents*, mode de citation : ex. *C.I.J. Mémoires, Effets juridiques de la séparation de l'archipel des Chagos de Maurice en 1965.*

c) Actes et documents relatifs à l'organisation de la Cour

Cette série contient les différents textes de base de la Cour. Sept éditions bilingues (français et anglais) ont été produites, la dernière datant de 2021. Y sont reproduits la Charte des Nations Unies, le Statut de la Cour, le Règlement de la Cour, les instructions de procédure ainsi que divers autres textes. La dernière édition révisée de la présente publication comporte une version actualisée du Règlement de la Cour, ainsi que de ses instructions de procédure telles que modifiées le 21 octobre 2019, le 11 décembre 2019, le 25 juin 2020 et le 20 janvier 2021.

Série *Actes et documents relatifs à l'organisation de la Cour*, mode de citation : ex. *C.I.J. Actes et documents n° 7.*

d) Annuaire-Yearbook

Chaque année paraît un *Annuaire* où il est rendu compte de l'activité de la Cour du 1er août de l'année précédente au 31 juillet de l'année en cours. Cet ouvrage, qui comportait précédemment deux éditions, l'une en français (*Annuaire*), l'autre en anglais (*Yearbook*), est désormais publié dans une version bilingue.

Le présent *Annuaire* est le soixante-dix-septième de la série, qui a commencé par l'*Annuaire 1946-1947.*

Série *Annuaire-Yearbook*, mode de citation : ex. *C.I.J. Annuaire-I.C.J. Yearbook 2022-2023.*

e) Bibliographie

Le Greffe publie une *Bibliographie* dressant la liste des ouvrages et des documents ayant trait à la Cour qui sont parvenus à sa connaissance. Jusqu'en 1963-1964, les *Bibliographies* nos 1-18 ont formé le chapitre IX des *Annuaires* ou *Yearbooks* correspondants. Entre 1964 et 2003, les *Bibliographies* nos 19-57 ont été publiées annuellement sous la forme de fascicules séparés. Depuis le volume n° 58, les *Bibliographies* sont élaborées en interne en vue d'une impression sur demande dans des volumes regroupant plusieurs années. Le volume le plus récent (n° 61) a été publié en 2022 et couvre les années 2017 à 2019.

Série *Bibliographie*, mode de citation : ex. *C.I.J. Bibliographie n° 61.*

4. Diffusion des publications de la Cour

Dès parution de l'ouvrage papier, une version au format électronique des séries *Actes et documents relatifs à l'organisation de la Cour*, *Bibliographie* et *Annuaire-Yearbook* est également placée sur le site Internet de la Cour (onglet « Publications »).

Les fascicules des décisions de la Cour sont disponibles, au format électronique, sur le site Internet de celle-ci (onglet « Affaires »).

La vente des publications de la Cour est notamment assurée par la section des ventes du Secrétariat de l'Organisation des Nations Unies :

Depending upon the length of the documents to be printed, one or more volumes are issued for each case.

> Series entitled *Pleadings, Oral Arguments, Documents*, official citation: e.g. *I.C.J. Pleadings, Legal Consequences of the Separation of the Chagos Archipelago from Mauritius in 1965.*

(c) Acts and Documents concerning the Organization of the Court

This series consists of the Court's various basic texts. Seven bilingual editions (English and French) have been published, the latest in 2021. They contain the Charter of the United Nations, the Statute and Rules of Court, the Practice Directions and a number of other texts. The latest revised edition of this publication includes the updated Rules of Court, and the updated Practice Directions of the Court as amended on 21 October 2019, 11 December 2019, 25 June 2020 and 20 January 2021.

> Series entitled *Acts and Documents concerning the Organization of the Court*, official citation: e.g. *I.C.J. Acts and Documents No. 7.*

(d) Annuaire-Yearbook

Each year a *Yearbook* is published in which an account is given of the work of the Court during the period from 1 August of the preceding year to 31 July of the current year. This publication, previously produced in two editions (one in English (*Yearbook*) and one in French (*Annuaire*)), is now published in a single, bilingual edition.

This *Yearbook* is the seventy-seventh in the series, which started with the *Yearbook 1946-1947.*

> Series entitled *Annuaire-Yearbook*, official citation: e.g. *C.I.J. Annuaire-I.C.J. Yearbook 2022-2023.*

(e) Bibliography

The Registry issues a *Bibliography* listing such works and documents relating to the Court as have come to its attention. *Bibliographies* Nos. 1-18 formed Chapter IX of the relevant *Yearbook* or *Annuaire* up to the 1963-1964 editions. *Bibliographies* Nos. 19-57 were issued annually as separate fascicles from 1964 to 2003. Since Volume No. 58, *Bibliographies* have been prepared in-house and printed on demand in multi-year volumes. The most recent volume, No. 61, was issued in 2022 and covers the years 2017 to 2019.

> Series entitled *Bibliography*, official citation: e.g. *I.C.J. Bibliography No. 61.*

4. Dissemination of the publications of the Court

Upon publication of the printed work, the following series are also published in digital format on the Court's website: *Acts and Documents concerning the Organization of the Court*; *Bibliography*; *Annuaire-Yearbook* (under "Publications").

The digital fascicles of the Court's decisions are available on the Court's website (under "Cases").

The Court's printed publications are, *inter alia*, sold by the Sales and Marketing Section of the United Nations Secretariat at:

United Nations Publications
405 East 42nd Street
Room S-11FW001
New York, NY 10017, États-Unis d'Amérique
Courriel : publications@un.org
Site Internet : shop.un.org
Recherche et découverte globales : un-library.org

Les commandes émanant d'Europe, d'Afrique, du Moyen-Orient ou de la Chine doivent être adressées à direct.orders@marston.co.uk (pour les commandes et demandes individuelles) ou à trade.orders@marston.co.uk (pour les commandes et demandes commerciales). Les commandes émanant des Amériques, d'Asie ou du Pacifique doivent être adressées à order@un.org.

De par le monde, plusieurs distributeurs proposent également les ouvrages de la Cour.

Ces publications peuvent être consultées dans les principales bibliothèques de droit, notamment dans de nombreuses bibliothèques universitaires, dans certaines bibliothèques dépositaires des publications des Nations Unies et dans certaines bibliothèques bénéficiant du programme d'assistance des Nations Unies aux fins de l'enseignement, de l'étude, de la diffusion et d'une compréhension plus large du droit international.

Un catalogue, édité en français et en anglais, donne le numéro de vente de chaque publication et son prix en dollars des États-Unis. Une version électronique du catalogue est disponible sur le site Internet de la Cour (onglet « Publications », sous-onglet « Catalogue »).

E. Finances

1. Règles suivies

En matière financière, la Cour applique les articles 32, 33, 35 et 64 de son Statut, l'article 26, paragraphe 1, alinéa *j)*, de son Règlement, les articles 6, 24-36 et 55-63 des instructions pour le Greffe, le statut du personnel du Greffe, les règles et règlements financiers de l'Organisation des Nations Unies et les résolutions applicables de l'Assemblée générale des Nations Unies.

Aux termes de l'article 33 du Statut de la Cour, « les frais de la Cour sont supportés par les Nations Unies de la manière que l'Assemblée générale décide ». Le budget de la Cour ayant été intégré au budget de l'Organisation, les États Membres participent aux dépenses de l'une et de l'autre dans la même proportion, conformément au barème établi par l'Assemblée générale.

Conformément aux articles 24-28 des instructions pour le Greffe, un avant-projet de budget est établi par le greffier. Ce document est soumis à l'examen de la commission administrative et budgétaire de la Cour, puis à l'approbation de la Cour elle-même.

Une fois approuvé, le projet de budget est transmis au Secrétariat des Nations Unies pour être intégré au projet de budget de l'Organisation. Il est alors examiné par le Comité consultatif pour les questions administratives et budgétaires (le « CCQAB »), puis soumis à la Cinquième Commission de l'Assemblée générale. Il est enfin adopté par l'Assemblée générale siégeant en séance plénière, dans le cadre des décisions concernant le budget de l'Organisation.

United Nations Publications
405 East 42nd Street
Room S-11FW001
New York, NY 10017, United States of America
Email: publications@un.org
Website: shop.un.org
Global research and discovery: un-library.org

Orders from Europe, Africa, the Middle East or China should be addressed either to direct.orders@marston.co.uk (for individual orders and enquiries) or to trade.orders@marston.co.uk (for trade orders and enquiries). Orders from the Americas, Asia or the Pacific should be addressed to order@un.org.

A number of distributors around the world also sell the Court's publications.

These publications may be consulted in major law libraries, including many university libraries, certain depository libraries for United Nations publications, and libraries aided by the United Nations programme of assistance in the teaching, study, dissemination and wider appreciation of international law.

A catalogue, issued in English and French, lists the sales number of each publication and its price in US dollars. A digital version is available on the Court's website (under "Publications", subheading "Catalogue").

E. Finances

1. Applicable rules

With regard to financial matters, the Court applies Articles 32, 33, 35 and 64 of the Statute of the Court, Article 26, paragraph 1 *(j)*, of the Rules of Court, Articles 6, 24-36 and 55-63 of the Instructions for the Registry, the Staff Regulations for the Registry, the Financial Rules and Regulations of the United Nations and the relevant resolutions of the General Assembly of the United Nations.

In accordance with Article 33 of the Statute, "[t]he expenses of the Court shall be borne by the United Nations in such a manner as shall be decided by the General Assembly". As the budget of the Court has been incorporated in the budget of the United Nations, Member States participate in the expenses of both in the same proportion, in accordance with the scale of assessments determined by the General Assembly.

In accordance with Articles 24-28 of the Instructions for the Registry, a preliminary draft budget is prepared by the Registrar. This preliminary draft is submitted for the consideration of the Budgetary and Administrative Committee of the Court and then for approval to the Court itself.

Once approved, the draft budget is forwarded to the Secretariat of the United Nations for incorporation in the draft budget of the United Nations. It is then examined by the Advisory Committee on Administrative and Budgetary Questions (the "ACABQ") and is afterwards submitted to the Fifth Committee of the General Assembly. It is finally adopted by the General Assembly in plenary meeting, within the framework of decisions concerning the budget of the United Nations.

L'exécution du budget incombe au greffier, qui est pour cela assisté du chef du service des finances. Le greffier veille à ce que les crédits votés soient bien employés et à ce qu'aucune dépense ne soit engagée sans avoir été prévue au budget (instructions pour le Greffe, art. 29). Il a seul qualité pour engager des dépenses au nom de la Cour, sous réserve d'éventuelles délégations de pouvoir (instructions pour le Greffe, art. 33). Conformément à une décision de la Cour, le greffier communique régulièrement un état financier à la commission administrative et budgétaire de celle-ci.

Les comptes de la Cour sont vérifiés régulièrement par le comité des commissaires aux comptes, nommé par l'Assemblée générale.

En 2022, la Cour a transmis à l'Assemblée générale, par l'intermédiaire du Secrétariat des Nations Unies, ses demandes de crédits budgétaires pour l'exercice 2023. La grande majorité des dépenses prévues sont fixes et de nature statutaire, et les demandes de crédits présentées pour l'exercice étaient, pour l'essentiel, destinées à financer lesdites dépenses. En établissant sa proposition budgétaire pour l'exercice 2023, la Cour a privilégié les ressources financières qui sont essentielles pour lui permettre de s'acquitter de son mandat, en mettant l'accent sur la maintenance et le perfectionnement de son infrastructure de technologies de l'information et de la communication compte tenu de l'ampleur et de la complexité croissantes des cybermenaces. Elle a demandé la création d'un poste de spécialiste des systèmes informatiques (cybersécurité) de classe P-3, ainsi que des ressources aux fins du remplacement d'équipements informatiques obsolètes, en vue de renforcer sa capacité à répondre auxdites menaces et de concevoir puis mettre en place une infrastructure informatique et de communication moderne et sécurisée, de manière à préserver la confidentialité, l'intégrité et la disponibilité de ses informations sensibles. Par sa résolution 77/262 du 30 décembre 2022, l'Assemblée générale a approuvé les recommandations formulées par le CCQAB dans ses rapports A/77/7 et A/77/7/Add.31, notamment, s'agissant de la Cour, la création d'un poste de spécialiste des systèmes informatiques (cybersécurité) de classe P-3, financé au titre du personnel temporaire (autre que pour les réunions), et une réduction des crédits demandés aux fins des services contractuels (moins 18 400 dollars), de la location de mobilier et de matériel (moins 3 300 dollars) et des fournitures et accessoires (moins 1 400 dollars).

Pour consulter le budget approuvé (crédits ouverts) pour l'exercice 2023, voir l'annexe 21 (p. 358).

2. *Traitements et autres émoluments des membres de la Cour*

Aux termes du paragraphe 5 de l'article 32 du Statut de la Cour, les traitements, allocations et indemnités versés aux juges sont fixés par l'Assemblée générale. Celle-ci a adopté à ce sujet un ensemble de résolutions et de décisions, dont la dernière est la résolution 77/263 B du 18 avril 2023.

Par sa résolution 71/272, l'Assemblée générale a souscrit à la recommandation du CCQAB d'étendre aux membres de la Cour le régime de l'indemnité pour frais d'études applicable aux administrateurs et fonctionnaires de rang supérieur, tel qu'adopté par l'Assemblée générale dans sa résolution 70/244 et qu'appliqué à compter de l'année scolaire ou universitaire en cours au 1er janvier 2018. L'Assemblée générale a également souscrit à la recommandation du CCQAB de mettre à jour le libellé des règles relatives aux frais de voyage et à l'indemnité de subsistance des membres de la Cour, et de remplacer la notion de « prime d'affectation » par un renvoi aux dispositions relatives à l'« indemnité de réinstallation » prévue pour les hauts fonctionnaires du Secrétariat de l'Organisation des Nations Unies.

The Registrar is responsible for implementing the budget, with the assistance of the Head of the Finance Division. The Registrar ensures that proper use is made of the funds voted and sees that no expenses are incurred that are not provided for in the budget (Instructions for the Registry, Art. 29). He alone is entitled to incur liabilities in the name of the Court, subject to any possible delegations of authority (Instructions for the Registry, Art. 33). In accordance with a decision of the Court, the Registrar regularly communicates a statement of accounts to the Budgetary and Administrative Committee of the Court.

The accounts of the Court are regularly audited by the Board of Auditors appointed by the General Assembly.

In 2022, the Court submitted its budgetary requests for 2023 to the General Assembly, through the United Nations Secretariat. The large majority of the Court's expenditures are fixed and statutory in nature, and most of the budgetary requests for the year were to be used to fund those expenditures. In preparing its budget proposal for 2023, the Court focused on the financial resources that are essential for the fulfilment of its mandate, while placing particular emphasis on the maintenance and development of its information and communications technology infrastructure in response to the growing scale and complexity of cybersecurity threats. The Court requested the establishment of an Information Systems Officer (Cybersecurity) post at the P-3 level, as well as resources for the replacement of obsolete ICT equipment, to reinforce the Court's ability to respond to cybersecurity threats and to develop and put in place a modern and secure ICT infrastructure, thus ensuring the confidentiality, integrity and continued availability of the Court's sensitive information. By its resolution 77/262 of 30 December 2022, the General Assembly approved the recommendations made by the ACABQ in its reports A/77/7 and A/77/7/Add.31, including, with respect to the ICJ, the establishment of a P-3 Information Systems Officer (Cybersecurity) as a general temporary position and a reduction of US$18,400 to the proposed resources for contractual services, US$3,300 for rental of furniture and equipment, and US$1,400 for supplies and materials.

For the approved budget (appropriations) for 2023, see Annex 21 (p. 359).

2. *Salaries and other emoluments of Members of the Court*

By virtue of Article 32, paragraph 5, of the Statute, the salaries, allowances and compensation paid to the judges are fixed by the General Assembly. In this connection, the General Assembly adopted a series of resolutions and decisions, the latest one being resolution 77/263 B of 18 April 2023.

By its resolution 71/272, the General Assembly endorsed the recommendations of the ACABQ to extend to Members of the Court the education grant scheme for staff members in the Professional and higher categories, adopted by the General Assembly in its resolution 70/244 and introduced as of the school year in progress on 1 January 2018. The General Assembly also endorsed the recommendations of the ACABQ that the language of the travel and subsistence regulations applicable to Members of the Court be updated and that the reference to "assignment grant" be revised to make reference to the "settling-in grant" provisions applicable to senior officials of the Secretariat of the United Nations.

Avec effet au 1er janvier 2023, le traitement de base annuel des membres de la Cour a été fixé à 191 263 dollars des États-Unis.

Les émoluments des membres de la Cour se composent d'un traitement annuel qui ne peut être diminué pendant la durée des fonctions (Statut de la Cour, art. 32, par. 1 et 5). Par sa résolution 61/262 du 4 avril 2007, l'Assemblée générale a décidé que le traitement annuel des membres de la Cour se composerait d'un traitement de base annuel assorti d'une indemnité de poste calculée à partir de l'indice d'ajustement applicable aux Pays-Bas, chaque point d'ajustement étant égal à 1 % du traitement de base net. Selon les paragraphes 2 et 3 de l'article 32 du Statut, le président et, lorsqu'il remplit les fonctions de ce dernier, le vice-président de la Cour perçoivent des indemnités spéciales dont le taux, fixé par la résolution 40/257 du 18 décembre 1985, a été révisé par la résolution 65/258 du 16 mars 2011, et qui s'élèvent à 25 000 dollars des États-Unis par an pour le président de la Cour et, pour le vice-président, à 156 dollars des États-Unis par jour où il remplit les fonctions de président, jusqu'à concurrence d'un montant annuel maximal de 15 600 dollars des États-Unis.

Selon le paragraphe 7 de l'article 32 du Statut, « [u]n règlement adopté par l'Assemblée générale fixe les conditions dans lesquelles des pensions sont allouées aux membres de la Cour». L'Assemblée générale a pour la première fois adopté un règlement concernant le régime de pensions des membres de la CIJ dans sa résolution 86 (I) du 11 décembre 1946, à laquelle des modifications ont été apportées au fil du temps.

Dans sa résolution 77/263 B du 18 avril 2023, l'Assemblée générale a pris acte du rapport du Secrétaire général, qui ne proposait pas de modification du régime de rémunération et autres conditions d'emploi en vigueur des membres de la Cour internationale de Justice. Dans la même résolution, l'Assemblée générale a prié le président de la Cinquième Commission de demander au Bureau des affaires juridiques du Secrétariat, avant la partie principale de la soixante-dix-huitième session, un avis juridique officiel «dans lequel il évaluera[it] les obstacles juridiques, si obstacle il y a[vait], à l'apport de changements au régime des pensions des juges de la Cour internationale de Justice», et a invité la Sixième Commission à «examiner les aspects juridiques de cette évaluation et à envisager de donner son avis sur cette évaluation en vue d'un débat ultérieur par la Cinquième Commission». Conformément au cycle triennal d'examen des conditions d'emploi et de rémunération des membres de la Cour, il sera procédé au prochain examen d'ensemble desdites conditions à la quatre-vingtième session de l'Assemblée.

Aux termes du paragraphe 7 de l'article 32 du Statut, un règlement adopté par l'Assemblée générale fixe les conditions dans lesquelles les membres de la Cour reçoivent le remboursement de leurs frais de voyage. L'Assemblée générale a adopté un premier règlement concernant les frais de voyage et l'indemnité de subsistance des membres de la CIJ dans sa résolution 85 (I) du 11 décembre 1946, règlement qui a ensuite été modifié par la résolution 37/240 du 21 décembre 1982, par la résolution 74/262 du 27 décembre 2019 et par la résolution 77/263 B du 18 avril 2023.

En vertu du paragraphe 4 de l'article 32 du Statut, les juges *ad hoc* désignés par application de l'article 31 reçoivent une indemnité pour chaque jour où ils exercent leurs fonctions. Cette indemnité a changé au fil du temps. L'indemnité journalière a été fixée, avec effet au 1er avril 2008, à 1/365 du traitement annuel total des membres de la Cour (avec indemnité de poste).

With effect from 1 January 2023, the annual base salary of Members of the Court was fixed at US$191,263.

The emoluments of Members of the Court are made up of an annual salary, which may not be decreased during the period of office (Statute, Art. 32, paras. 1 and 5). By its resolution 61/262 of 4 April 2007, the General Assembly decided that the annual salaries of the Members of the Court would comprise an annual base salary with a corresponding post adjustment per index point equal to one per cent of the net base salary to which would be applied a post adjustment multiplier for the Netherlands. Under Article 32, paragraphs 2 and 3, of the Statute, the President of the Court and the Vice-President (for every day in which he or she acts as President) receive special allowances in addition. The rates, fixed by resolution 40/257 of 18 December 1985, were revised by resolution 65/258 of 16 March 2011 and amount to US$25,000 per annum for the President of the Court and US$156 for the Vice-President for every day in which he or she acts as President up to a maximum amount of US$15,600 per annum.

Article 32, paragraph 7, of the Statute provides: "Regulations made by the General Assembly shall fix the conditions under which retirement pensions may be given to Members of the Court." The General Assembly first adopted the Pensions Scheme Regulations for Members of the ICJ in its resolution 86 (I) of 11 December 1946 and modifications were made over the years.

In its resolution 77/263 B of 18 April 2023, the General Assembly took note of the report of the Secretary-General, which proposed no changes in the current remuneration system and other conditions of service of the Members of the International Court of Justice. In the same resolution, the General Assembly requested the Chair of the Fifth Committee to solicit a formal legal opinion from the Office of Legal Affairs of the Secretariat by the main part of its seventy-eighth session, "containing an assessment of legal impediments, if any, to the introduction of changes to the pension scheme for judges of the International Court of Justice" and invited the Sixth Committee to "consider the legal aspects of this assessment and to consider providing advice on this assessment for further discussion by the Fifth Committee". In accordance with the three-year cycle for the review of conditions of service and compensation of Members of the Court, the next comprehensive review of the conditions of service and compensation will be undertaken at the eightieth session of the Assembly.

By virtue of Article 32, paragraph 7, of the Statute, regulations made by the General Assembly fix the conditions under which Members of the Court have their travelling expenses refunded. The General Assembly adopted the first Travel and Subsistence Regulations of the ICJ by its resolution 85 (I) of 11 December 1946, which were subsequently amended by resolution 37/240 of 21 December 1982, by resolution 74/262 of 27 December 2019 and by resolution 77/263 B of 18 April 2023.

Under Article 32, paragraph 4, of the Statute, judges *ad hoc* chosen to sit in certain cases under Article 31 of the Statute shall receive compensation for each day in which they exercise their functions. Compensation to judges *ad hoc* has changed over time. With effect from 1 April 2008, the daily fee of judges *ad hoc* has been fixed at 1/365th of the total annual salary of a Member of the Court (plus post adjustment).

3. *Traitements, indemnités et frais du greffier*

Aux termes du paragraphe 6 de l'article 32 du Statut de la Cour, le traitement du greffier est fixé par l'Assemblée générale sur proposition de la Cour. L'Assemblée générale a décidé, par sa résolution 85 (I) du 11 décembre 1946, confirmée par sa résolution 474 (V) du 15 décembre 1950, « d'assimiler le traitement annuel du greffier de la Cour internationale de Justice à celui d'un directeur principal du Secrétariat des Nations Unies ». Dans la structure actuelle, le greffier a rang de sous-secrétaire général.

En vertu de l'article 5 du règlement concernant les frais de voyage et l'indemnité de subsistance des membres de la Cour internationale de Justice en date du 21 décembre 1982, le greffier est assujetti, en ce qui concerne les frais de voyage et l'indemnité de subsistance, aux dispositions qu'énonce le statut du personnel de l'ONU pour les fonctionnaires de rang comparable, sous réserve de toute dérogation autorisée par le président de la Cour.

4. *Traitements, indemnités et frais du personnel du Greffe*

L'Assemblée générale a approuvé l'ensemble des prestations, y compris le dernier barème révisé des traitements des administrateurs et fonctionnaires de rang supérieur, dans sa résolution 70/244, avec effet à plusieurs dates à partir du 1er juillet 2016. Le dernier barème révisé des traitements pour cette catégorie de personnel a été approuvé par l'Assemblée générale et promulgué par la Commission de la fonction publique internationale (la « CFPI ») avec effet au 1er janvier 2023, alors que la dernière révision du barème de la rémunération considérée aux fins de la pension a été approuvée et promulguée avec effet au 1er février 2023. Le dernier barème révisé des traitements des fonctionnaires relevant de la catégorie des services généraux pour La Haye est quant à lui en vigueur depuis le 1er mars 2023. Pour les fonctionnaires recrutés à titre temporaire et remplissant les conditions applicables, l'indemnité journalière pour La Haye est fixée, à partir du 1er avril 2023, à 284 euros.

Les frais de voyage des fonctionnaires du Greffe sont défrayés dans des conditions analogues à celles qu'applique le Secrétariat des Nations Unies (statut du personnel du Greffe, art. 12).

5. *Services communs*

Les services communs à la Cour et au Greffe et les dépenses de capital font l'objet de postes spéciaux du budget. En particulier, la Cour verse à la Fondation Carnegie une contribution annuelle pour les locaux qu'elle occupe au sein du Palais de la Paix. Le montant de cette contribution a été fixé pour la première fois par l'Assemblée générale dans sa résolution 84 (I) du 11 décembre 1946. Modifié ensuite à plusieurs reprises, il a été porté à 1 513 182 euros par an à partir du 1er janvier 2022 et à 1 662 630 euros par an à partir du 1er janvier 2023.

* *

*

3. *Salaries, allowances and expenses of the Registrar*

By virtue of Article 32, paragraph 6, of the Statute, the salary of the Registrar is fixed by the General Assembly on the proposal of the Court. By resolution 85 (I) of 11 December 1946, confirmed by resolution 474 (V) of 15 December 1950, the General Assembly decided that "the annual salary of the Registrar of the International Court of Justice shall be assimilated to that of a top-ranking director of the Secretariat of the United Nations". In the existing structure, the Registrar has the rank of an Assistant Secretary-General.

Under Article 5 of the regulations concerning the travel and subsistence allowances of the Members of the International Court of Justice, dated 21 December 1982, the travel and subsistence provisions applicable to the Registrar are, as set out in the Staff Regulations of the United Nations for officials of comparable rank, subject to any exceptions authorized by the President of the Court.

4. *Salaries, allowances and expenses of officials of the Registry*

The latest revision of the compensation package for staff in the Professional and higher categories was approved by the General Assembly by resolution 70/244, with several effective dates, commencing 1 July 2016. The latest revision of the salary scale for this category of staff was approved by the General Assembly and promulgated by the International Civil Service Commission (the "ICSC"), with an effective date of 1 January 2023, while the latest revision of the pensionable remuneration scale was approved and promulgated with an effective date of 1 February 2023. The latest salary scale for The Hague for staff members in the General Services category has been in effect since 1 March 2023. For eligible temporary staff, the daily subsistence allowance for The Hague is fixed at 284 euros, with an effective date of 1 April 2023.

Travel allowances are paid to Registry officials under the same conditions as those applied by the United Nations Secretariat (Staff Regulations for the Registry, Art. 12).

5. *Common services*

The common services of the Court and of the Registry, as well as capital expenditures, come under special items in the budget. In particular, the Court pays to the Carnegie Foundation an annual contribution for the premises it occupies at the Peace Palace. The amount of the contribution has undergone successive alterations since it was first fixed by General Assembly resolution 84 (I) of 11 December 1946 and stands at 1,513,182 euros per annum as from 1 January 2022 and at 1,662,630 euros per annum as from 1 January 2023.

* *

*

TROISIÈME PARTIE

COMPÉTENCE DE LA COUR ET PROCÉDURE SUIVIE PAR CELLE-CI

I. Compétence de la Cour

A. Compétence en matière contentieuse

En vertu du paragraphe 1 de l'article 38 de son Statut, la Cour internationale de Justice a pour mission de régler conformément au droit international les différends qui lui sont soumis. Sa compétence à cet égard est définie à l'article 93 de la Charte des Nations Unies et aux articles 34 à 37 de son Statut.

1. Compétence ratione personae

L'article 34, paragraphe 1, du Statut énonce que « [s]euls les États ont qualité pour se présenter devant la Cour ». Les organisations internationales, les collectivités et les personnes privées ne sont donc pas habilitées à introduire une instance devant la Cour.

Les États admis à ester devant la Cour relèvent, quant à eux, de l'une des trois catégories suivantes.

a) *États Membres de l'Organisation des Nations Unies*

Le paragraphe 1 de l'article 35 du Statut de la Cour dispose que « [l]a Cour est ouverte aux États parties au[dit] Statut ». Or, en application du paragraphe 1 de l'article 93 de la Charte des Nations Unies, « [t]ous les Membres des Nations Unies sont *ipso facto* parties au Statut de la Cour internationale de Justice ».

Au 31 juillet 2023, l'Organisation des Nations Unies comptait 193 États Membres, dont la liste peut être consultée sur le site Internet de l'Organisation des Nations Unies (onglet « À propos de l'ONU ») ou sur le site Internet de la Cour (onglet « Compétence »).

b) *États non membres de l'Organisation des Nations Unies, mais parties au Statut*

Le paragraphe 2 de l'article 93 de la Charte des Nations Unies prévoit que les États qui ne sont pas membres des Nations Unies peuvent devenir parties au Statut de la Cour, aux conditions déterminées dans chaque cas par l'Assemblée générale sur recommandation du Conseil de sécurité.

La Suisse (à partir du 28 juillet 1948), le Liechtenstein (à partir du 29 mars 1950), Saint-Marin (à partir du 18 février 1954), le Japon (à partir du 2 avril 1954) et Nauru (à partir du 29 janvier 1988) ont relevé de cette catégorie avant de devenir Membres des Nations Unies.

Les conditions posées à cette fin ont jusqu'à présent été les mêmes dans tous les cas. Elles ont été fixées pour la première fois par une résolution de l'Assemblée générale adoptée

PART THREE

JURISDICTION OF THE COURT AND THE PROCEDURE FOLLOWED BY IT

I. Jurisdiction of the Court

A. *Jurisdiction in Contentious Cases*

Pursuant to Article 38, paragraph 1, of its Statute, it is the function of the International Court of Justice to decide in accordance with international law such disputes as are submitted to it. Its jurisdiction in this respect is defined in Article 93 of the Charter of the United Nations and in Articles 34 to 37 of the Statute of the Court.

1. *Jurisdiction* ratione personae

Article 34, paragraph 1, of the Statute provides that "[o]nly States may be parties in cases before the Court". International organizations, other collectivities and private persons are therefore not entitled to institute proceedings before the International Court of Justice.

States entitled to appear before the Court may fall into one of the three categories listed below.

(a) *States Members of the United Nations*

Article 35, paragraph 1, of the Statute provides that the Court shall be open to the States parties to the Statute. Under Article 93, paragraph 1, of the Charter of the United Nations, "[a]ll Members of the United Nations are *ipso facto* parties to the Statute of the International Court of Justice".

As of 31 July 2023, the United Nations had 193 Member States, a list of which can be found on the United Nations website (under "About us") or on the Court's website (under "Jurisdiction").

(b) *States, not members of the United Nations, parties to the Statute*

Article 93, paragraph 2, of the Charter of the United Nations provides that States which are not members of the United Nations may become parties to the Statute of the Court on conditions to be determined in each case by the General Assembly upon the recommendation of the Security Council.

Switzerland (as from 28 July 1948), Liechtenstein (as from 29 March 1950), San Marino (as from 18 February 1954), Japan (as from 2 April 1954) and Nauru (as from 29 January 1988) fell into this category before joining the United Nations.

The conditions imposed have hitherto been the same in each case. They were laid down for the first time in a resolution adopted by the General Assembly as a result of a request by à la suite d'une demande du Conseil fédéral suisse[3]. La date à laquelle l'État intéressé devient partie au Statut est celle du dépôt de l'instrument d'acceptation desdites conditions auprès du Secrétaire général de l'Organisation des Nations Unies.

Deux autres résolutions de l'Assemblée générale précisent, d'une part, les conditions dans lesquelles les États non membres de l'Organisation, mais parties au Statut, peuvent participer à l'élection des membres de la Cour (résolution 264 (III) adoptée par l'Assemblée générale le 8 octobre 1948, dont le texte est reproduit dans *Actes et documents nº 6*, p. 184) et, d'autre part, la participation de ces États à la procédure d'amendement du Statut de la Cour (résolution 2520 (XXIV) adoptée par l'Assemblée générale le 4 décembre 1969, dont le texte est reproduit dans *Actes et documents nº 7*, p. 184-186).

c) *États non parties au Statut, mais pouvant être admis à ester devant la Cour*

Aux termes du paragraphe 2 de l'article 35 du Statut (voir aussi Règlement, art. 26, par. 1, al. *c)*, et art. 41), la Cour est également ouverte à d'autres États que ceux parties à son Statut. Ladite disposition prévoit que les conditions pertinentes sont, sous réserve des dispositions particulières des traités en vigueur, réglées par le Conseil de sécurité, étant précisé que ces conditions ne sauraient, en aucun cas, résulter pour les parties en une inégalité devant la Cour.

À ce jour, les conditions posées en la matière sont énoncées dans la résolution 9 (1946) prise le 15 octobre 1946 par le Conseil de sécurité (voir *Actes et documents nº 7*, p. 186-188). Il y est précisé que les États non parties au Statut doivent, pour que la Cour leur soit ouverte, avoir déposé préalablement au Greffe de la Cour une déclaration par laquelle ils acceptent la juridiction de celle-ci conformément à la Charte des Nations Unies et aux conditions du Statut et du Règlement de la Cour, et par laquelle ils s'engagent à exécuter de bonne foi l'arrêt ou les arrêts de la Cour et à accepter toutes les obligations mises à la charge d'un Membre des Nations Unies par l'article 94 de la Charte. Il y est en outre dit qu'une telle déclaration peut avoir soit un caractère particulier (et viser un ou plusieurs différends déjà nés), soit un caractère général (et viser tous différends ou une ou plusieurs catégories de différends nés ou à naître).

Des déclarations de caractère particulier ont été déposées par l'Albanie (1947) et l'Italie (1953), et des déclarations de caractère général par le Cambodge (1952), Ceylan (1952), la Finlande (1953 et 1954), l'Italie (1955), le Japon (1951), le Laos (1952), la République fédérale d'Allemagne (1955, 1956, 1961, 1965 et 1971) et la République du Viet Nam (1952).

À ce jour, la déclaration de caractère particulier la plus récente est celle déposée le 4 juillet 2018 par la Palestine, dans laquelle cette dernière indique qu'elle « accepte avec effet immédiat la juridiction de la Cour internationale de Justice pour tous différends nés ou à naître relevant de l'article premier du protocole de signature facultative à la convention de Vienne sur les relations diplomatiques concernant le règlement obligatoire des différends (1961), auquel l'État de Palestine a adhéré le 22 mars 2018 ».

*

Au 31 juillet 2023, 105 États ont été parties à des affaires contentieuses portées devant la Cour. Leurs noms sont indiqués dans le tableau de la page 148. La République arabe syrienne est le dernier État en date à se présenter pour la première fois devant la Cour dans

[3] Résolution 91 (I) du 11 décembre 1946, dont le texte intégral figure sur le site Internet de l'Organisation des Nations Unies (https://documents.un.org/symbol-explorer?s=A/RES/91(I)&i=A/RES/91(I)_7534560).

the Swiss Federal Council[3]. The date on which the State concerned becomes a party to the Statute is that of the deposit with the Secretary-General of the United Nations of the instrument of acceptance of the said conditions.

Two other General Assembly resolutions govern, on the one hand, the conditions under which States that are not members of the United Nations but are parties to the Statute may participate in the election of Members of the Court (resolution 264 (III) adopted by the General Assembly on 8 October 1948, reproduced in *Acts and Documents No. 6*, p. 185) and, on the other hand, the participation of such States in the procedure for amending the Statute of the Court (resolution 2520 (XXIV) adopted by the General Assembly on 4 December 1969, reproduced in *Acts and Documents No. 7*, pp. 185-187).

(c) *States, not parties to the Statute, to which the Court may be open*

Under the terms of Article 35, paragraph 2, of the Statute (see also Rules, Art. 26, para. 1 *(c)*, and Art. 41), the Court is also open to other States not parties to its Statute. This Article provides that the relevant conditions shall, subject to the special provisions contained in treaties in force, be laid down by the Security Council, but in no case shall such conditions place the parties in a position of inequality before the Court.

The conditions applicable in such instances are currently set out in resolution 9 (1946) adopted on 15 October 1946 by the Security Council (see *Acts and Documents No. 7*, pp. 187-189), which stipulates that, in order to have access to the Court, a State not party to the Statute must previously have deposited in the Registry of the Court a declaration by which it accepts the Court's jurisdiction, in accordance with the Charter of the United Nations and subject to the conditions of the Statute and Rules of Court, and undertakes to comply in good faith with the decision or decisions of the Court and to accept all the obligations of a Member of the United Nations under Article 94 of the Charter. Resolution 9 further states that such a declaration may be either particular (and relate to a dispute or disputes which have already arisen) or general (and relate to all disputes or to one or several classes of disputes which have already arisen or which may arise in the future).

Particular declarations have been filed by Albania (1947) and Italy (1953), and general declarations by Cambodia (1952), Ceylon (1952), the Federal Republic of Germany (1955, 1956, 1961, 1965 and 1971), Finland (1953 and 1954), Italy (1955), Japan (1951), Laos (1952) and the Republic of Viet Nam (1952).

To date, the most recent particular declaration is the one filed by Palestine on 4 July 2018 which states that it "accepts with immediate effect the competence of the International Court of Justice for the settlement of all disputes that may arise or that have already arisen covered by Article I of the Optional Protocol to the Vienna Convention on Diplomatic Relations concerning the Compulsory Settlement of Disputes (1961), to which the State of Palestine acceded on 22 March 2018".

*

As of 31 July 2023, 105 States have been parties to contentious cases before the Court. These States are listed in the table on page 149. The Syrian Arab Republic is the latest State to appear before the Court for the first time in contentious proceedings, as a party to the case

[3] Resolution 91 (I) of 11 December 1946, the full text of which can be found on the website of the United Nations (https://documents.un.org/symbol-explorer?s=A/RES/91(I)&i=A/RES/91(I)_7534560).

une procédure contentieuse, en qualité de partie en l'affaire relative à l'*Application de la convention contre la torture et autres peines ou traitements cruels, inhumains ou dégradants (Canada et Pays-Bas c. République arabe syrienne).*

La répartition géographique des États ayant été parties à des affaires est la suivante :

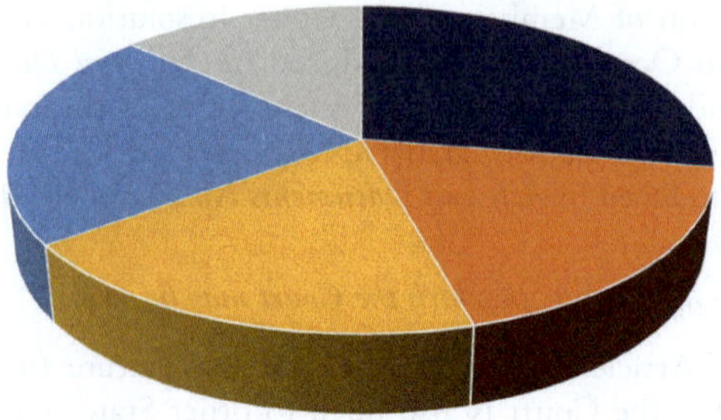

2. *Compétence* ratione materiae

La compétence de la Cour en matière contentieuse repose sur le consentement des États admis à ester devant elle. La forme suivant laquelle ce consentement est exprimé détermine la manière dont la Cour peut être saisie. La Cour ne peut connaître d'un différend que si les États concernés ont accepté sa compétence d'une ou plusieurs des quatre manières suivantes :

a) *Compromis*

Le paragraphe 1 de l'article 36 du Statut prévoit, en tout premier lieu, que la compétence de la Cour s'étend « à toutes les affaires que les parties lui soumettront ». Les parties peuvent donc convenir ensemble de porter un différend déjà existant devant la Cour et ainsi reconnaître la compétence de celle-ci aux fins de l'espèce.

Dans une telle hypothèse, la Cour est normalement saisie par la notification au Greffe d'un accord, dit compromis, conclu spécialement à cet effet par les parties.

À ce jour, 19 affaires ont été soumises à la Cour de cette manière. La dernière affaire en date introduite par voie de compromis était l'affaire de la *Délimitation terrestre et maritime et souveraineté sur des îles (Gabon/Guinée équatoriale)*, portée devant la Cour le 5 mars 2021.

La liste des affaires introduites par compromis figure à l'annexe 6 (p. 220).

b) *Traités et conventions*

Le paragraphe 1 de l'article 36 du Statut dispose également que la compétence de la Cour s'étend aux cas « spécialement prévus … dans les traités et conventions en vigueur ». Aujourd'hui, plusieurs centaines de traités et de conventions contiennent une clause compromissoire prévoyant la compétence de la Cour. À ces instruments s'en ajoutent d'autres, conclus auparavant, et qui conféraient compétence à la Cour permanente de Justice internationale. En effet, le Statut de la CIJ dispose en son article 37 que, lorsqu'un traité ou une concerning *Application of the Convention against Torture and Other Cruel, Inhuman or Degrading Treatment or Punishment (Canada and Netherlands* v. *Syrian Arab Republic).*

The geographical breakdown of these States is as follows:

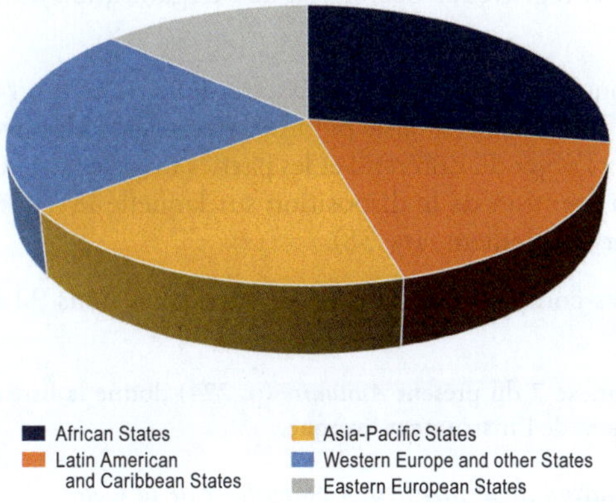

2. *Jurisdiction* ratione materiae

The jurisdiction of the Court in contentious proceedings is based on the consent of the States to which it is open. The form in which this consent is expressed determines the manner in which a case may be brought before the Court. The Court is competent to entertain a dispute only if the States concerned have accepted its jurisdiction in one or more of the following four ways:

(a) *Special agreement*

Article 36, paragraph 1, of the Statute provides, first, that the Court's jurisdiction comprises "all cases which the parties refer to it". Parties may therefore agree to submit an existing dispute to the Court and thus to recognize the Court's jurisdiction for the purposes of the case.

Such cases normally come before the Court by notification to the Registry of an instrument known as a special agreement and concluded by the parties specially for this purpose.

To date, 19 such cases have been submitted to the Court. The latest case to be brought by special agreement was the case concerning *Land and Maritime Delimitation and Sovereignty over Islands (Gabon/Equatorial Guinea)*, on 5 March 2021.

For the list of cases submitted by special agreement, see Annex 6 (p. 221).

(b) *Treaties and conventions*

Article 36, paragraph 1, of the Statute also provides that the Court's jurisdiction comprises "all matters specially provided for . . . in treaties and conventions in force". Today, several hundred treaties and conventions contain a compromissory clause providing for the jurisdiction of the Court. There are also other such instruments, concluded earlier, that conferred jurisdiction on the Permanent Court of International Justice; Article 37 of the ICJ Statute stipulates that whenever a treaty or convention in force provides convention en vigueur prévoit le renvoi à une juridiction que devait instituer la Société des Nations ou à la CPJI, la Cour internationale de Justice constitue cette juridiction entre les parties audit Statut[4]. Il n'est cependant pas aisé de déterminer de manière exacte le nombre de tels traités actuellement en vigueur. Aussi aucune liste exhaustive n'existe-t-elle. Le Greffe publie sur le site Internet de la Cour une liste chronologique des instruments qui lui ont été notifiés, après avoir été enregistrés au Secrétariat de l'Organisation des Nations Unies (onglet « Compétence »).

Lorsqu'un État invoque la clause compromissoire d'un traité pour fonder la compétence de la Cour, celle-ci est normalement saisie par une requête introductive d'instance, acte unilatéral qui doit indiquer l'objet du différend et les parties (Statut, art. 40, par. 1) et comporter, autant que possible, la mention de la disposition sur laquelle le requérant entend fonder la compétence de la Cour (Règlement, art. 38).

À ce jour, des clauses compromissoires ont été invoquées dans 92 requêtes introductives d'instance.

> L'annexe 7 du présent *Annuaire* (p. 224) donne la liste de ces affaires et précise le nom de l'instrument invoqué.

c) *Déclarations d'acceptation de la juridiction obligatoire de la Cour*

Le paragraphe 2 de l'article 36 du Statut définit un troisième moyen de consentir à la compétence. Il prévoit qu'un État peut, à n'importe quel moment, déclarer reconnaître comme obligatoire, à l'égard de tout autre État acceptant la même obligation, la juridiction de la Cour sur tous les différends d'ordre juridique ayant pour objet :

a) l'interprétation d'un traité ;

b) tout point de droit international ;

c) la réalité de tout fait qui, s'il était établi, constituerait la violation d'un engagement international ;

d) la nature ou l'étendue de la réparation due pour la rupture d'un engagement international.

Le paragraphe 3 dudit article précise que ces déclarations peuvent être faites purement ou simplement ou être assorties de réserves.

Lorsqu'une déclaration d'acceptation de sa juridiction obligatoire est invoquée, la Cour est saisie par requête.

> L'annexe 7 du présent *Annuaire* (p. 224) donne la liste des affaires en lesquelles des déclarations ont été invoquées comme fondement de la compétence de la Cour.

Les déclarations d'acceptation de la juridiction obligatoire de la Cour faites en vertu du paragraphe 2 de l'article 36 du Statut sont déposées auprès du Secrétaire général de l'Organisation des Nations Unies et publiées dans le *Recueil des traités des Nations Unies*. Elles sont également reproduites dans l'*Annuaire* correspondant à l'année au cours de laquelle elles ont été faites, ainsi que sur le site Internet de la Cour (onglet « Compétence »)[5].

---

[4] Les dispositions pertinentes des traités ou conventions qui régissaient la compétence de la Cour permanente de Justice internationale ont été reproduites par la CPJI, en 1932, dans sa *Collection des textes régissant la compétence de la Cour* (*C.P.J.I. série D nº 6*, quatrième édition) et, par la suite, dans le chapitre X de ses *Rapports annuels (C.P.J.I. série E nºs 8-16)*.

[5] Ces deux dernières publications n'ont qu'une valeur illustrative.

for reference of a matter to a tribunal to have been instituted by the League of Nations, or to the PCIJ, the matter shall, as between the parties to the Statute[4], be referred to the International Court of Justice. It is not easy to determine, however, exactly how many such treaties are currently in force, and hence there is no comprehensive list. The Registry publishes on the Court's website a chronological list of the instruments notified to the Registry following registration at the Secretariat of the United Nations (under "Jurisdiction").

When a State invokes the compromissory clause of a treaty as basis for the Court's jurisdiction, the matter is normally brought before the Court by means of an application instituting proceedings; this is a unilateral document which must indicate the subject of the dispute and the parties (Statute, Art. 40, para. 1) and, as far as possible, specify the provision on which the jurisdiction of the Court is said to be based (Rules, Art. 38).

To date, compromissory clauses have been invoked in 92 Applications instituting proceedings.

A list of the names of both the cases and the instruments concerned can be found in Annex 7 of the present *Yearbook* (p. 225).

(c) *Declarations recognizing the jurisdiction of the Court as compulsory*

Article 36, paragraph 2, of the Statute sets out a third means by which States may recognize the Court's jurisdiction. It provides that a State may at any time declare that it recognizes as compulsory, in relation to any other State accepting the same obligation, the jurisdiction of the Court in all legal disputes concerning:

(a) the interpretation of a treaty;

(b) any question of international law;

(c) the existence of any fact which, if established, would constitute a breach of an international obligation;

(d) the nature or extent of the reparation to be made for the breach of an international obligation.

Paragraph 3 of the same Article states that such declarations may be made unconditionally or with reservations.

When a declaration recognizing the jurisdiction of the Court as compulsory is invoked, the Court is seised by means of an application.

A list of the cases in which declarations have been invoked as a basis for the Court's jurisdiction can be found in Annex 7 of the present *Yearbook* (p. 225).

Declarations recognizing the jurisdiction of the Court as compulsory under Article 36, paragraph 2, of the Statute are filed with the Secretary-General of the United Nations and published in the *United Nations Treaty Series*. They are also reproduced in the *Yearbook* for the year in which they were made and on the Court's website (under "Jurisdiction")[5].

---

[4] The relevant provisions of the instruments governing the jurisdiction of the Permanent Court of International Justice were reproduced by the PCIJ, in 1932, in its *Collection of Texts Governing the Jurisdiction of the Court* (*P.C.I.J., Series D, No. 6*, fourth edition) and subsequently in Chapter X of its *Annual Reports (P.C.I.J., Series E, Nos. 8-16)*.

[5] In these two instances, the declarations are published for information purposes only.

Au 31 juillet 2023, 74 déclarations avaient ainsi été déposées (55 étant assorties de réserves)[6]. La dernière déclaration a été déposée par la République islamique d'Iran le 27 juin 2023.

Il convient de noter que, par application du paragraphe 5 de l'article 36 du Statut de la Cour internationale de Justice, les déclarations faites sous le régime du Statut de la Cour permanente de Justice internationale qui ne sont pas devenues caduques ou n'ont pas été retirées sont considérées comme comportant acceptation de la juridiction obligatoire de la Cour internationale de Justice pour la durée restant à courir d'après ces déclarations et conformément à leurs termes. Ces déclarations, qui sont actuellement au nombre de six, sont également publiées sur le site Internet de la Cour[7].

d) Forum prorogatum

Outre les trois modes susmentionnés, la Cour peut également être saisie d'une affaire par la voie dite du *forum prorogatum*. Le paragraphe 5 de l'article 38 du Règlement prévoit le cas où un État dépose une requête contre un autre État tout en reconnaissant que celui-ci n'a pas reconnu la compétence de la Cour au moment du dépôt et en l'invitant à le faire. L'État contre lequel la requête est ainsi formée a alors la possibilité d'accepter cette compétence. L'instance n'est réputée introduite qu'à la date de cette acceptation, et la requête n'est pas inscrite au rôle général de la Cour et aucun acte de procédure n'est effectué tant que l'État contre lequel la requête est formée n'a pas accepté la compétence de la Cour aux fins de l'affaire.

Avant l'introduction du paragraphe 5 de l'article 38 du Règlement (le 1er juillet 1978), la Cour traitait les requêtes fondées sur le *forum prorogatum* comme toute autre requête qui lui était adressée: le Greffe procédait aux notifications habituelles et l'« affaire » était inscrite au rôle général de la Cour. Elle ne pouvait en être rayée que si l'État défendeur refusait de manière explicite la compétence de la Cour pour en connaître. Cette dernière était par conséquent amenée à rendre des ordonnances à seule fin de rayer ces « affaires » du rôle.

Depuis 1946, 23 requêtes fondées sur le *forum prorogatum* ont été déposées. Dans deux cas seulement, l'État contre lequel la requête avait été formée a accepté la compétence de la Cour depuis l'introduction du paragraphe 5 de l'article 38 du Règlement. Cela s'est produit en avril 2003 en l'affaire relative à *Certaines procédures pénales engagées en France (République du Congo c. France)* et en août 2006 en l'affaire relative à *Certaines questions concernant l'entraide judiciaire en matière pénale (Djibouti c. France).*

L'annexe 8 du présent *Annuaire* (p. 254) offre de plus amples informations sur cette question.

*

Au 31 juillet 2023, la Cour avait été saisie de 161 affaires contentieuses, dont 19 lui ont été soumises par compromis et 11 sur le fondement d'une disposition particulière de son Statut ou d'un arrêt rendu par elle (la Cour a ainsi été saisie de 6 demandes en interprétation, de 4 demandes en révision et de 1 « demande d'examen de la situation au titre du paragraphe 63 de l'arrêt rendu par la Cour le 20 décembre 1974 dans l'affaire des *Essais nucléaires*

---

[6] Depuis 1951, 15 autres déclarations relatives à la compétence de la Cour internationale de Justice, soit faites expressément, soit relevant du paragraphe 5 de l'article 36 du Statut de la Cour, ont expiré, ont été retirées ou sont parvenues à échéance et n'ont pas été renouvelées. Elles émanaient des États suivants: Afrique du Sud, Bolivie, Brésil, Chine, Colombie, El Salvador, États-Unis d'Amérique, France, Guatemala, Iran, Israël, Nauru, Serbie-et-Monténégro, Thaïlande et Türkiye.

[7] Cette dernière publication n'a qu'une valeur illustrative.

As of 31 July 2023, 74 such declarations had been deposited (55 with reservations)[6]. The latest declaration deposited was by the Islamic Republic of Iran on 27 June 2023.

It should be noted that, in view of the provisions of Article 36, paragraph 5, of the Statute of the International Court of Justice, the texts of declarations made under the Statute of the Permanent Court of International Justice which have not lapsed or been withdrawn shall be deemed to be acceptances of the compulsory jurisdiction of the International Court of Justice for the period which they still have to run and in accordance with their terms. There are currently six such declarations, which can also be found on the Court's website[7].

(d) Forum prorogatum

In addition to the three ways set out above, a case may also be brought before the Court under the so-called *forum prorogatum* rule. Article 38, paragraph 5, of the Rules of Court makes provision for a State to file an Application against another State, in the knowledge that that State has not recognized the Court's jurisdiction at the time of the filing and inviting it to do so. The State against which the Application has been made then has the possibility of accepting that jurisdiction. Proceedings are only considered instituted as from the date of that acceptance, and the Application is not entered in the General List, nor is any action taken in the proceedings, unless and until the State against which such application is made consents to the Court's jurisdiction for the purposes of the case.

Prior to the introduction of Article 38, paragraph 5, of the Rules (on 1 July 1978), applications based on *forum prorogatum* were dealt with by the Court in the same way as any other application submitted to it: the Registry carried out the usual notifications and the "case" was entered in the Court's General List. It could only be removed from the List if the respondent State explicitly refused to consent to the Court's jurisdiction to entertain it; the Court was then required to make an order for the sole purpose of removing the "case" from the List.

Since 1946, 23 Applications based on *forum prorogatum* have been filed. In only two cases has the Court's jurisdiction been accepted by the respondent party since the introduction of Article 38, paragraph 5, of the Rules: in April 2003 in the case concerning *Certain Criminal Proceedings in France (Republic of the Congo* v. *France)*, and in August 2006 in the case concerning *Certain Questions of Mutual Assistance in Criminal Matters (Djibouti* v. *France)*.

Further details can be found in Annex 8 of the present *Yearbook* (p. 255).

*

As of 31 July 2023, the Court had been seised of 161 contentious cases, of which 19 were submitted by special agreement and 11 on the basis of a particular provision of the Statute or of a judgment of the Court; it has thus received 6 requests for interpretation, 4 applications for revision and 1 "request for an examination of the situation in accordance with paragraph 63 of the Court's Judgment of 20 December 1974 in the *Nuclear Tests (New Zea-*

[6] Since 1951, 15 other declarations relating to the jurisdiction of the International Court of Justice, either expressly or by virtue of Article 36, paragraph 5, of the Statute, have expired, been withdrawn or been terminated without being subsequently replaced. These were the declarations of the following States: Bolivia, Brazil, China, Colombia, El Salvador, France, Guatemala, Iran, Israel, Nauru, Serbia and Montenegro, South Africa, Thailand, Türkiye and the United States of America.

[7] These declarations are published on the Court's website for information purposes only.

(Nouvelle-Zélande c. France)»). Les 131 autres affaires lui ont été soumises par requête: 67 étaient exclusivement fondées sur une clause compromissoire, 28 exclusivement sur une déclaration d'acceptation de la juridiction obligatoire de la Cour, 25 sur les deux et 11 sur la règle dite du *forum prorogatum*.

Les modes de saisine de la Cour examinés ci-dessus se répartissent donc comme suit:

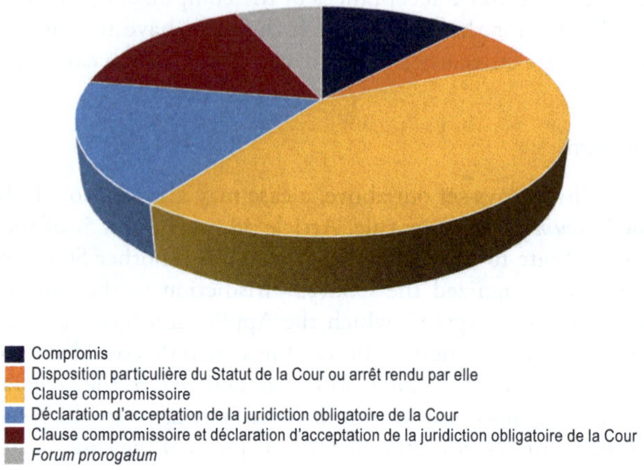

3. *Observations relatives à la compétence*

a) *La Cour se prononce sur sa propre compétence*

Il arrive que la compétence de la Cour soit contestée (voir p. 164). Le paragraphe 6 de l'article 36 du Statut dispose que, en pareil cas, la Cour décide.

b) *Compétence de la Cour après le prononcé d'un arrêt*

Les arrêts de la Cour sont obligatoires, définitifs et sans recours (Statut, art. 59-60). Il se peut toutefois qu'une contestation naisse entre les États concernés s'agissant du sens ou de la portée d'un arrêt rendu, entraînant la nécessité de l'interpréter. De même, la découverte, après le prononcé d'un arrêt, d'un fait décisif qui existait avant ce prononcé peut requérir que l'arrêt en cause soit révisé. La procédure suivie en la matière et les conditions posées sont présentées ci-après (voir p. 172).

B. *Compétence en matière consultative*

1. *Présentation générale*

Aux termes de l'article 65 du Statut, la Cour «peut donner un avis consultatif sur toute question juridique, à la demande de tout organe ou institution qui aura été autorisé par la Charte des Nations Unies ou conformément à ses dispositions à demander cet avis».

La Charte dispose, en son article 96, paragraphe 1, que l'Assemblée générale ou le Conseil de sécurité peuvent demander à la Cour un avis consultatif sur toute question juridique. Il est en outre précisé, dans le paragraphe 2 du même article, que:

land v. *France)* case". The other 131 were submitted by means of an application: 67 have relied solely on a compromissory clause, 28 solely on a declaration recognizing the Court's jurisdiction as compulsory, 25 on both a compromissory clause and a declaration, and 11 on the so-called *forum prorogatum* rule.

The ways in which the Court may be seised, as discussed above, can thus be broken down as follows:

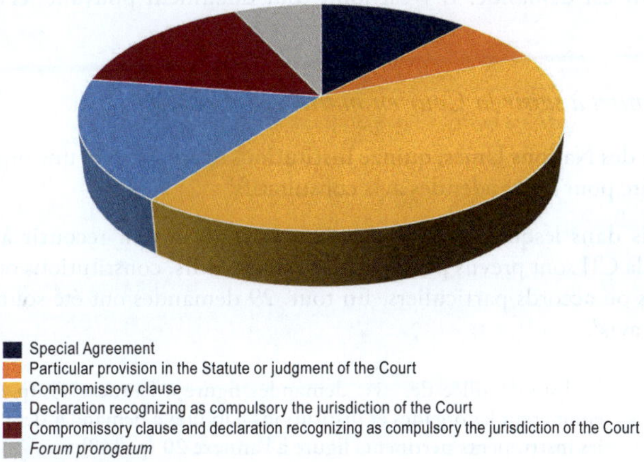

3. *Remarks concerning jurisdiction*

(a) *The Court itself decides any question as to its jurisdiction*

The Court's jurisdiction may be disputed (see p. 165). Article 36, paragraph 6, of the Statute provides that, in the event of such a dispute, the matter shall be settled by the decision of the Court.

(b) *Jurisdiction of the Court after delivery of a judgment*

The Court's judgments are binding, final and without appeal (Articles 59-60 of the Statute of the Court). However, a dispute may arise between the States concerned as to the meaning or scope of a judgment, requiring it to be interpreted. Similarly, the discovery, after the delivery of a judgment, of a decisive fact that existed before that delivery may call for the judgment in question to be revised. The procedure followed in such instances and the conditions to be fulfilled are described below (see p. 173).

B. Advisory Jurisdiction

1. *General overview*

By virtue of Article 65 of the Statute, the Court "may give an advisory opinion on any legal question at the request of whatever body may be authorized by or in accordance with the Charter of the United Nations to make such a request".

Article 96, paragraph 1, of the Charter provides that advisory opinions may be asked of the Court by the General Assembly or the Security Council on any legal question. Paragraph 2 of this Article adds:

« Tous autres organes de l'Organisation et institutions spécialisées qui peuvent, à un moment quelconque, recevoir de l'Assemblée générale une autorisation à cet effet ont également le droit de demander à la Cour des avis consultatifs sur des questions juridiques qui se poseraient dans le cadre de leur activité. »

Aux termes du paragraphe 2 de l'article 65 du Statut, une requête pour avis consultatif est présentée « par une requête écrite qui formule, en termes précis, la question sur laquelle l'avis de la Cour est demandé. Il y est joint tout document pouvant servir à élucider la question ».

2. *Entités admises à saisir la Cour en matière consultative*

Cinq organes des Nations Unies, quinze institutions spécialisées et une organisation apparentée ont qualité pour demander des avis consultatifs[8].

Les cas précis dans lesquels ces diverses institutions peuvent recourir à la compétence consultative de la CIJ sont prévus par leurs actes constitutifs, constitutions ou statuts, ou par des conventions ou accords particuliers. En tout, 29 demandes ont été soumises à la Cour, qui a donné 28 avis[9].

> La liste détaillée des avis demandés figure à l'annexe 19 (p. 314). Un tableau énumérant les organes et institutions habilités à demander des avis consultatifs et les instruments pertinents figure à l'annexe 20 (p. 348).

*

Afin d'être éclairée sur la question qui lui est soumise, la Cour a la faculté d'organiser une procédure écrite et/ou orale. Comme il est exposé de manière plus détaillée ci-après (voir p. 174), les demandes d'avis consultatif donnent généralement lieu à une procédure écrite puis orale à laquelle sont invités à participer les États et organisations internationales que la Cour estime à même de lui fournir des renseignements sur la question qui lui est posée[10]. La Cour les informe, par communication spéciale et directe, qu'elle est disposée à recevoir des exposés écrits (et, le cas échéant, des observations écrites sur ces exposés) dans un délai donné ou à entendre des exposés oraux au cours d'une audience publique tenue à cet effet.

---

[8] Il est rappelé à cet égard ce qui suit : i) l'Organisation internationale pour les réfugiés, qui avait été autorisée à demander à la Cour des avis consultatifs, a cessé ses fonctions en 1952 ; ii) la charte de La Havane instituant une organisation internationale du commerce, qui prévoit la compétence de la Cour en matière consultative, n'est pas entrée en vigueur ; iii) par sa résolution 957 (X) du 8 novembre 1955, l'Assemblée générale, amendant le statut du Tribunal administratif des Nations Unies (art. 11), avait autorisé le comité chargé des demandes de réformation de jugements du Tribunal administratif des Nations Unies à demander des avis consultatifs à la Cour ; par sa résolution 50/54 du 11 décembre 1995, l'Assemblée générale a décidé de modifier de nouveau le statut du Tribunal, notamment en supprimant l'article 11 en ce qui concerne les jugements rendus après le 31 décembre 1995.

[9] La liste chronologique des procédures consultatives figure à l'annexe 1 ci-après (p. 186). Dans le cadre de l'une de ces procédures, à savoir celle relative à la demande en *Interprétation des traités de paix conclus avec la Bulgarie, la Hongrie et la Roumanie*, la Cour a donné son avis en deux temps (le 30 mars 1950 (première phase) et le 18 juillet 1950 (seconde phase)).

[10] Dans les circonstances spéciales de la procédure consultative relative aux *Conséquences juridiques de l'édification d'un mur dans le territoire palestinien occupé*, la Cour a décidé que la Palestine pouvait également déposer un exposé écrit et participer à la procédure orale. De même, dans le cadre de la procédure consultative consacrée à la question de la *Conformité au droit international de la déclaration unilatérale d'indépendance relative au Kosovo*, la Cour a décidé que les auteurs de la déclaration unilatérale d'indépendance pouvaient déposer une contribution écrite, suivie d'une autre contribution écrite contenant leurs observations sur les exposés écrits reçus des États, et participer à la procédure orale.

> "[o]ther organs of the United Nations and specialized agencies, which may at any time be so authorized by the General Assembly, may also request advisory opinions of the Court on legal questions arising within the scope of their activities".

Pursuant to Article 65, paragraph 2, of the Court's Statute, a request for an advisory opinion is made "by means of a written request containing an exact statement of the question upon which an opinion is required, and accompanied by all documents likely to throw light upon the question".

2. *Entities entitled to seek an advisory opinion of the Court*

Five United Nations organs, fifteen specialized agencies and one related organization have been authorized to request advisory opinions[8].

The precise circumstances in which these various institutions may avail themselves of the ICJ's advisory jurisdiction are specified either in their constitutive acts, constitutions or statutes, or in specific conventions or agreements. In total, 29 requests have been submitted to the Court, which has given 28 advisory opinions[9].

> A detailed list of the advisory opinions requested can be found in Annex 19 (p. 315). A table listing the names of the organs and agencies entitled to ask for advisory opinions and the relevant instruments can be found in Annex 20 (p. 349).

*

In order to be as fully informed as possible on the question submitted to it, the Court is empowered to conduct written and/or oral proceedings. As is explained in more detail below (see p. 175), advisory opinions generally give rise to both written and oral proceedings, in which States and international organizations that the Court considers likely to be able to furnish information on the question submitted to it are invited to participate[10]. The Court notifies them by means of a special direct communication that it is prepared to receive, within a specified time-limit, written statements relating to the question (and, if necessary, written observations on those statements), or to hear oral statements at a public sitting held for the purpose.

[8] It is recalled in this respect that: (i) the International Refugee Organization, which had been authorized to request advisory opinions of the Court, ceased to exist in 1952; (ii) the Havana Charter for an International Trade Organization, which provides for the jurisdiction of the Court in proceedings in regard to advisory opinions, has not entered into force; (iii) by resolution 957 (X) of 8 November 1955 the General Assembly, amending the Statute of the United Nations Administrative Tribunal (Art. 11), authorized the Committee on Applications for Review of Judgements of the United Nations Administrative Tribunal to request advisory opinions of the International Court of Justice; by resolution 50/54 of 11 December 1995, the General Assembly amended the Tribunal's Statute again, *inter alia*, deleting Article 11 with respect to judgments rendered after 31 December 1995.

[9] A chronological list of advisory proceedings can be found in Annex 1 (p. 187). In the case concerning *Interpretation of Peace Treaties with Bulgaria, Hungary and Romania*, the Court gave its opinion in two phases (30 March 1950 (First Phase) and 18 July 1950 (Second Phase)).

[10] In the special circumstances of the case concerning the *Legal Consequences of the Construction of a Wall in the Occupied Palestinian Territory*, the Court decided that Palestine might also file a written statement and participate in the oral proceedings. Similarly, in the case concerning *Accordance with International Law of the Unilateral Declaration of Independence in respect of Kosovo*, the Court decided that the authors of the unilateral declaration of independence could file a written contribution, followed by a second written contribution containing their comments on the written statements received from States, and participate in the oral proceedings.

Au 31 juillet 2023, les dix organisations suivantes ont ainsi participé à des procédures consultatives :

FIDA	ONU
Ligue des États arabes	Organisation de la Coopération islamique[11]
OEA	UNESCO
OIT	Union africaine[12]
OMS	Union européenne[13]

En outre, 132 États, dont les noms figurent à la page 150, ont présenté des exposés écrits et/ou oraux dans le cadre de procédures consultatives (voir également l'annexe 19, p. 314).

C. Fonctions spéciales confiées au président de la Cour

Un certain nombre d'actes internationaux contiennent des dispositions permettant aux parties contractantes de demander au président de la Cour de désigner des arbitres, un surarbitre, des membres d'une commission de conciliation, etc.

De telles dispositions figurent notamment dans des accords bilatéraux concernant les transports aériens, la sécurité sociale, des réparations, des garanties, des prêts, la coopération technique et la protection des investissements, dans des traités multilatéraux, dans des conventions ou accords concernant la constitution, le statut ou les privilèges et immunités d'organisations internationales, et dans des accords ou contrats conclus par des organismes internationaux avec des États.

Le président de la Cour peut également se voir adresser des demandes de désignation d'arbitres aux termes de contrats passés entre un État et une personne morale de droit privé ou entre personnes morales de droit privé.

Le président est parfois sollicité par un État ou au nom d'organismes internationaux pour désigner des personnes chargées d'accomplir certaines tâches.

[11] Dénommée précédemment Organisation de la Conférence islamique.

[12] Dénommée précédemment Organisation de l'unité africaine (OUA).

[13] Un exposé écrit a été présenté par l'Irlande (exerçant la présidence) au nom de l'Union européenne dans la procédure relative aux *Conséquences juridiques de l'édification d'un mur dans le territoire palestinien occupé.*

As of 31 July 2023, the following ten organizations have participated in advisory proceedings:

African Union[11]	OAS
European Union[12]	Organisation of Islamic Cooperation[13]
IFAD	UNESCO
ILO	UNO
League of Arab States	WHO

In addition, 132 States, which are listed on page 151, have made written and/or oral statements as part of advisory proceedings before the Court (see also Annex 19, p. 315).

C. Special Functions Entrusted to the President of the Court

A number of international instruments contain provisions allowing parties to submit to the President of the Court a request for the appointment of arbitrators, umpires, members of conciliation commissions, etc.

Such provisions may be found, for instance, in bilateral agreements relating to air transport, social security, reparations or guarantees, loans, technical co-operation and the protection of investments; in multilateral treaties; in conventions or agreements concerning the constitution, status or privileges and immunities of international organizations; and in agreements or contracts concluded between States and international organs.

The President of the Court may also be requested to appoint arbitrators under the terms of contracts concluded between a State and a corporation or between corporations.

The President has also at times been requested by States or international organizations to appoint persons to fill some offices.

[11] Formerly known as the Organization of African Unity.

[12] A written statement was presented by the Irish Presidency on behalf of the European Union in the case concerning the *Legal Consequences of the Construction of a Wall in the Occupied Palestinian Territory.*

[13] Formerly known as the Organisation of the Islamic Conference.

ÉTATS PARTIES À DES AFFAIRES CONTENTIEUSES[14]

ÉTATS D'AFRIQUE

Afrique du Sud	Égypte	Libéria	Rép. démocratique du Congo
Bénin	Éthiopie	Libye	Rwanda
Botswana	Gabon	Mali	Sénégal
Burkina Faso	Gambie	Namibie	Somalie
Burundi	Guinée	Niger	Tchad
Cameroun	Guinée-Bissau	Nigéria	Tunisie
Congo	Guinée équatoriale	Ouganda	
Djibouti	Kenya		

ÉTATS D'AMÉRIQUE LATINE ET DES CARAÏBES

Argentine	Colombie	Guyana	Uruguay
Belize	Costa Rica	Honduras	Venezuela (Rép. bolivarienne du)
Bolivie (État plurinational de)	Dominique	Mexique	
Brésil	El Salvador	Nicaragua	
Chili	Équateur	Paraguay	
	Guatemala	Pérou	

ÉTATS D'ASIE ET DU PACIFIQUE

Arabie saoudite	Inde	Myanmar	Thaïlande
Bahreïn	Indonésie	Nauru	Timor-Leste
Cambodge	Iran (Rép. islamique d')	Pakistan	Türkiye[16]
Émirats arabes unis	Japon	Qatar	
État de Palestine[15]	Liban	Rép. arabe syrienne	
Îles Marshall	Malaisie	Singapour	

ÉTATS D'EUROPE OCCIDENTALE ET AUTRES ÉTATS

Allemagne	Finlande	Liechtenstein	Royaume-Uni de Grande-Bretagne et d'Irlande du Nord
Australie	France	Malte	Suède
Belgique	Grèce	Norvège	Suisse
Canada	Islande	Nouvelle-Zélande	Türkiye[16]
Danemark	Israël[18]	Pays-Bas	
Espagne	Italie	Portugal	
États-Unis d'Amérique[17]			

ÉTATS D'EUROPE ORIENTALE

Albanie	Bulgarie	Hongrie	Slovaquie
Arménie	Croatie	Macédoine du Nord	Ukraine
Azerbaïdjan	Fédération de Russie	Roumanie	
Bosnie-Herzégovine	Géorgie	Serbie	

[14] Les noms indiqués ici sont ceux correspondant à la dénomination actuelle des États ayant participé à des affaires contentieuses.

[15] L'État de Palestine, qui participe actuellement à une affaire contentieuse devant la Cour, est considéré par le Secrétariat de l'Organisation des Nations Unies comme un État non membre observateur, et n'appartient donc à aucun groupe régional.

[16] La Türkiye participe pleinement au Groupe des États d'Europe occidentale et autres États ainsi qu'au Groupe des États d'Asie et du Pacifique, mais, dans le cadre d'élections, elle est considérée comme faisant partie du premier groupe uniquement.

[17] Les États-Unis d'Amérique n'appartiennent à aucun groupe régional, mais assistent aux réunions du Groupe des États d'Europe occidentale et autres États en tant qu'observateur et sont rattachés à ce groupe dans le cadre d'élections.

[18] En mai 2000, Israël est devenu membre à part entière du Groupe des États d'Europe occidentale et autres États à titre provisoire. En 2004, ce statut lui a été conféré à titre permanent.

STATES PARTIES TO CONTENTIOUS CASES[14]

African States

Benin	Djibouti	Liberia	Somalia
Botswana	Egypt	Libya	South Africa
Burkina Faso	Equatorial Guinea	Mali	The Gambia
Burundi	Ethiopia	Namibia	Tunisia
Cameroon	Gabon	Niger	Uganda
Chad	Guinea	Nigeria	
Congo	Guinea-Bissau	Rwanda	
Democratic Rep. of the Congo	Kenya	Senegal	

Asia-Pacific States

Bahrain	Lebanon	Qatar	Timor-Leste
Cambodia	Malaysia	Saudi Arabia	Türkiye[16]
India	Marshall Islands	Singapore	United Arab Emirates
Indonesia	Myanmar	State of Palestine[15]	
Iran (Islamic Rep. of)	Nauru	Syrian Arab Rep.	
Japan	Pakistan	Thailand	

Eastern European States

Albania	Bulgaria	North Macedonia	Slovakia
Armenia	Croatia	Romania	Ukraine
Azerbaijan	Georgia	Russian Federation	
Bosnia and Herzegovina	Hungary	Serbia	

Latin American and Caribbean States

Argentina	Colombia	Guyana	Uruguay
Belize	Costa Rica	Honduras	Venezuela (Bolivarian Rep. of)
Bolivia (Plurinational State of)	Dominica	Mexico	
	Ecuador	Nicaragua	
Brazil	El Salvador	Paraguay	
Chile	Guatemala	Peru	

Western Europe and Other States

Australia	Greece	New Zealand	United Kingdom of Great Britain and Northern Ireland
Belgium	Iceland	Norway	
Canada	Israel[17]	Portugal	
Denmark	Italy	Spain	United States of America[18]
Finland	Liechtenstein	Sweden	
France	Malta	Switzerland	
Germany	Netherlands	Türkiye[16]	

[14] The names indicated here correspond to the current appellation of States having participated in contentious proceedings.

[15] The State of Palestine, currently participating in a contentious case before the Court, is treated as a non-member observer State by the United Nations Secretariat and is therefore not included in any regional group.

[16] Türkiye participates fully in both the Group of Western European and other States and the Group of Asia-Pacific States, but for electoral purposes is considered a member of the Group of Western European and other States only.

[17] In May 2000, Israel became a full member of the Group of Western European and other States on a temporary basis. In 2004, it obtained a permanent renewal to its membership.

[18] The United States of America is not a member of any regional group but attends meetings of the Group of Western European and other States as an observer and is considered to be a member of that group for electoral purposes.

ÉTATS AYANT PARTICIPÉ À DES PROCÉDURES CONSULTATIVES[19]

États d'Afrique

Afrique du Sud	Guinée	Namibie	Sierra Leone
Algérie	Kenya	Niger	Soudan
Botswana	Lesotho	Nigéria	Togo
Burkina Faso	Libéria	Ouganda	Tunisie
Burundi	Libye	Rép. démocratique	Zambie
Cameroun	Madagascar	du Congo	Zimbabwe
Djibouti	Maroc	Rwanda	
Égypte	Maurice	Sénégal	
Gambie	Mauritanie	Seychelles	

États d'Amérique latine et des Caraïbes

Argentine	Chili	Équateur	Nicaragua
Belize	Colombie	Guatemala	Panama
Bolivie	Costa Rica	Guyana	Rép. dominicaine
(État plurinational de)	Cuba	Honduras	Venezuela
Brésil	El Salvador	Mexique	(Rép. bolivarienne du

États d'Asie et du Pacifique

Arabie saoudite	Iran (Rép. islamique d')	Nauru	Rép. populaire démo-
Bangladesh	Iraq	Oman	cratique de Corée
Chine	Japon	Pakistan	Samoa
Chypre	Jordanie	Palaos	Sri Lanka
Émirats arabes unis	Kazakhstan	Papouasie-Nouvelle-	Thaïlande
État de Palestine[20]	Koweït	Guinée	Türkiye[21]
Fidji	Liban	Philippines	Vanuatu
Îles Marshall	Malaisie	Qatar	Viet Nam
Îles Salomon	Maldives	Rép. arabe syrienne	Yémen
Inde	Micronésie	Rép. de Corée	
Indonésie	(États fédérés de)		

États d'Europe occidentale et autres États

Allemagne	États-Unis d'Amérique[22]	Liechtenstein	Royaume-Uni
Australie	Finlande	Luxembourg	de Grande-Bretagne
Autriche	France	Malte	et d'Irlande du Nord
Belgique	Grèce	Norvège	Saint-Marin
Canada	Irlande	Nouvelle-Zélande	Suède
Danemark	Israël[23]	Pays-Bas	Suisse
Espagne	Italie	Portugal	Türkiye[21]

États d'Europe orientale

Albanie	Croatie	Lituanie	Slovaquie
Azerbaïdjan	Estonie	Pologne	Slovénie
Bélarus	Fédération de Russie	Rép. de Moldova	Tchéquie
Bosnie-Herzégovine	Hongrie	Roumanie	Ukraine
Bulgarie	Lettonie	Serbie	

---

[19] Les noms indiqués ici sont ceux correspondant à la dénomination actuelle des États ayant participé à des procédures consultatives. L'annexe 19 (p. 314) reprend, quant à elle, la dénomination de chaque État à la date de sa participation à une procédure.

[20] Voir la résolution de l'Assemblée générale A/RES/67/19, p. 3.

[21] La Türkiye participe pleinement au Groupe des États d'Europe occidentale et autres États ainsi qu'au Groupe des États d'Asie et du Pacifique, mais, dans le cadre d'élections, elle est considérée comme faisant partie du premier groupe uniquement.

[22] Les États-Unis d'Amérique n'appartiennent à aucun groupe régional, mais assistent aux réunions du Groupe des États d'Europe occidentale et autres États en tant qu'observateur et sont rattachés à ce groupe dans le cadre d'élections.

[23] En mai 2000, Israël est devenu membre à part entière du Groupe des États d'Europe occidentale et autres États à titre provisoire. En 2004, ce statut lui a été conféré à titre permanent.

STATES HAVING PARTICIPATED IN ADVISORY PROCEEDINGS[19]

African States

Algeria	Guinea	Namibia	The Gambia
Botswana	Kenya	Niger	Togo
Burkina Faso	Lesotho	Nigeria	Tunisia
Burundi	Liberia	Rwanda	Uganda
Cameroon	Libya	Senegal	Zambia
Democratic Rep. of the Congo	Madagascar	Seychelles	Zimbabwe
	Mauritania	Sierra Leone	
Djibouti	Mauritius	South Africa	
Egypt	Morocco	Sudan	

Asia-Pacific States

Bangladesh	Japan	Nauru	Solomon Islands
China	Jordan	Oman	Sri Lanka
Cyprus	Kazakhstan	Pakistan	State of Palestine[20]
Democratic People's Rep. of Korea	Kuwait	Palau	Syrian Arab Rep.
	Lebanon	Papua New Guinea	Thailand
Fiji	Malaysia	Philippines	Türkiye[21]
India	Maldives	Qatar	United Arab Emirates
Indonesia	Marshall Islands	Rep. of Korea	Vanuatu
Iran (Islamic Rep. of)	Micronesia (Fed. States of)	Samoa	Viet Nam
Iraq		Saudi Arabia	Yemen

Eastern European States

Albania	Croatia	Lithuania	Serbia
Azerbaijan	Czechia	Poland	Slovakia
Belarus	Estonia	Rep. of Moldova	Slovenia
Bosnia and Herzegovina	Hungary	Romania	Ukraine
Bulgaria	Latvia	Russian Federation	

Latin American and Caribbean States

Argentina	Chile	Ecuador	Mexico
Belize	Colombia	El Salvador	Nicaragua
Bolivia (Plurinational State of)	Costa Rica	Guatemala	Panama
	Cuba	Guyana	Venezuela (Bolivarian Rep. of)
Brazil	Dominican Rep.	Honduras	

Western European and Other States

Australia	Germany	Malta	Sweden
Austria	Greece	Netherlands	Switzerland
Belgium	Ireland	New Zealand	Türkiye[21]
Canada	Israel[22]	Norway	United Kingdom of Great Britain and Northern Ireland
Denmark	Italy	Portugal	
Finland	Liechtenstein	San Marino	
France	Luxembourg	Spain	United States of America[23]

[19] The names indicated here correspond to the current appellation of States having participated in advisory proceedings. In Annex 19 (p. 315), the appellation is that of the State on the date it participated to the corresponding proceedings.

[20] See General Assembly resolution A/RES/67/19, p. 3.

[21] Türkiye participates fully in both the Group of Western European and other States and the Group of Asia-Pacific States, but for electoral purposes is considered a member of the Group of Western European and other States only.

[22] In May 2000, Israel became a full member of the Group of Western European and other States on a temporary basis. In 2004, it obtained a permanent renewal to its membership.

[23] The United States of America is not a member of any regional group but attends meetings of the Group of Western European and other States as an observer and is considered to be a member of that group for electoral purposes.

II. Procédure suivie par la Cour

A. *Présentation générale*

1. *Langues officielles*

Les langues officielles de la Cour sont le français et l'anglais (Statut, art. 39; Règlement, art. 51, 70 et 71).

2. *Communications officielles*

Dans les affaires soumises à la Cour, les communications ou documents destinés à celle-ci sont remis au greffier, et les communications ou notifications émanant de la Cour sont faites par l'intermédiaire du greffier (Règlement, art. 26, par. 1, et art. 30; instructions pour le Greffe, art. 3, par. 2, et art. 9, 11 et 13).

Les communications destinées à une partie dans une affaire contentieuse sont adressées à son agent, au domicile élu au siège de la Cour (Règlement, art. 40, par. 1).

En ce qui concerne les autres États, la voie de communication habituelle est l'ambassade au siège de la Cour.

En ce qui concerne les organisations internationales publiques, le greffier adresse les communications de la Cour à leur directeur général ou à leur secrétaire général, selon le cas.

3. *Procès-verbaux*

Le greffier assiste aux audiences publiques et séances privées de la Cour et en fait établir les comptes rendus ou procès-verbaux; après avoir été signés par le président et le greffier, les procès-verbaux sont déposés aux archives (Statut, art. 47; Règlement, art. 21, art. 26, par. 1, al. *f)-i)*, et art. 71; instructions pour le Greffe, art. 17).

4. *Rôle général*

Le greffier dresse et tient à jour un rôle général des affaires soumises à la Cour (Règlement, art. 26, par. 1, al. *b)*, et art. 38, par. 5; instructions pour le Greffe, art. 5, par. 1, et art. 45, al. *j)*).

(Pour le rôle général de la Cour permanente de Justice internationale, voir *C.P.J.I. série E nº 16*, p. 67.)

B. *Procédure suivie en matière contentieuse*

1. *Généralités*

a) *Introduction de l'instance et désignation des agents*

Dès l'introduction de l'instance, le compromis, ou la requête, déposé dans l'une des deux langues officielles de la Cour, est transmis aux autres parties à l'affaire ainsi qu'au Secrétaire général des Nations Unies. Il est ensuite traduit et imprimé en édition bilingue par les soins du Greffe et communiqué à tous les États admis à ester devant la Cour (Statut, art. 40; Règlement, art. 38, par. 4 et 5, art. 39, par. 1, et art. 42). Voir page 140 pour la procédure

II. Procedure Followed by the Court

A. General Overview

1. Official languages

The official languages of the Court are French and English (Statute, Art. 39; Rules, Arts. 51, 70 and 71).

2. Official communications

In all cases submitted to the Court, communications and documents for the Court are delivered to the Registrar, who is the regular channel for communications or notifications from the Court (Rules, Art. 26, para. 1, and Art. 30; Instructions for the Registry, Art. 3, para. 2, and Arts. 9, 11 and 13).

Communications in a case which are intended for a State party thereto are sent to its agent at the address for service at the seat of the Court (Rules, Art. 40, para. 1).

For other States, the regular channel of communication is the embassy at the seat of the Court.

For public international organizations, the Registrar addresses the communications of the Court to the Director General or Secretary-General of the organization, as the case may be.

3. Minutes

The Registrar is present at all public sittings and private meetings of the Court and is responsible for drawing up the verbatim records and minutes. After being signed by the President and the Registrar, the minutes are filed in the archives (Statute, Art. 47; Rules, Art. 21, Art. 26, para. 1 *(f)-(i)*, and Art. 71; Instructions for the Registry, Art. 17).

4. General List

The Registrar prepares and keeps up to date a General List of cases submitted to the Court (Rules, Art. 26, para. 1 *(b)*, and Art. 38, para. 5; Instructions for the Registry, Art. 5, para. 1, and Art. 45 *(j)*).

(For the General List of the Permanent Court of International Justice, see *P.C.I.J., Series E, No. 16*, p. 67.)

B. Procedure Followed in Contentious Cases

1. General

(a) *Institution of proceedings and appointment of agents*

As soon as proceedings are instituted, the special agreement, or the application, filed in one of the two official languages of the Court, is transmitted to the other parties to the case and to the United Nations Secretary-General. It is then translated and printed in a bilingual edition by the Registry, and communicated to all States entitled to appear before the Court (Statute, Art. 40; Rules, Art. 38, paras. 4 and 5; Art. 39, para. 1, and Art. 42). See page 141 suivie par la Cour dans les affaires soumises par la voie du *forum prorogatum* (Règlement, art. 38, par. 5).

La partie qui dépose une pièce introductive d'instance fait connaître en même temps le nom de l'agent qui la représentera aux fins de la procédure et agira en son nom ; l'autre partie doit de son côté désigner un agent le plus tôt possible (Statut, art. 42 ; Règlement, art. 40, par. 1 et 2). Lorsqu'une instance est introduite par la notification d'un compromis, la partie procédant à la notification indique le nom de son agent. Toute autre partie au compromis fait connaître à la Cour le nom de son agent dès qu'elle reçoit du greffier copie de la notification ou le plus tôt possible après (Règlement, art. 40, par. 3).

Une partie peut également désigner un coagent, un agent adjoint ou un agent supplémentaire. Les parties peuvent aussi se faire assister devant la Cour par des conseils ou des avocats (Statut, art. 42, par. 2).

L'instruction de procédure VIII précise que les parties devraient s'abstenir de nommer comme agent, conseil ou avocat dans une affaire soumise à la Cour une personne ayant été, au cours des trois années précédant cette nomination, membre de la Cour, juge *ad hoc*, greffier, greffier adjoint ou fonctionnaire supérieur de la Cour.

Les agents, conseils et avocats des parties devant la Cour jouissent des privilèges et immunités nécessaires à l'exercice indépendant de leurs fonctions (Statut, art. 42, par. 3 ; *Actes et documents n° 7*, p. 210-214).

Le président, qui doit se renseigner auprès des parties sur les questions de procédure, convoque les agents des parties le plus tôt possible après leur désignation, puis chaque fois qu'il y a lieu (Règlement, art. 31).

b) *Procédure écrite*

La procédure écrite consiste en la communication de pièces à juge et à partie dans des délais fixés par des ordonnances rendues par la Cour ou, si elle ne siège pas, par le président. Ces pièces de procédure comprennent, dans l'ordre, un mémoire et un contre-mémoire, la Cour pouvant, si elle l'estime nécessaire, autoriser ou prescrire la présentation d'une réplique et d'une duplique (Statut, art. 43 ; Règlement, art. 44-46 et 48 ; instruction de procédure I).

Chaque pièce de procédure énonce les conclusions de la partie qui la dépose (Règlement, art. 49 ; instruction de procédure II).

L'agent de cette partie remet au Greffe (Statut, art. 43, par. 3 et 4 ; Règlement, art. 50-52 ; instructions de procédure III et IV) :

— un exemplaire original de la pièce signé par lui, auquel il joint en annexe la copie certifiée conforme de tout document pertinent à l'appui des thèses formulées ;
— la traduction en français ou en anglais, certifiée exacte par lui, de tout passage de la pièce ou des documents annexés produit dans une autre langue ;
— une copie, certifiée conforme par lui, de la pièce et des documents annexés pour transmission par le greffier à la partie adverse ;
— 60 autres exemplaires de la pièce et des documents annexés au format papier et 2 exemplaires sur clé USB (format PDF et format Word) ;
— une copie électronique de toute pièce ;
— pour tout document de référence qui ne serait pertinent qu'en partie et ne serait donc que partiellement annexé, mais qui serait difficilement accessible au public, une copie du document complet.

for the procedure followed by the Court in cases brought under the *forum prorogatum* rule (Rules, Art. 38, para 5).

The party which files a document instituting proceedings informs the Court at the same time of the name of the agent who will be its representative in the proceedings and take steps on its behalf; the other party then appoints its agent as soon as possible (Statute, Art. 42; Rules, Art. 40, paras. 1 and 2). When proceedings are brought by notification of a special agreement, the party making the notification states the name of its agent. Any other party to the special agreement informs the Court of the name of its agent upon receiving from the Registrar a certified copy of such notification, or as soon as possible thereafter (Rules, Art. 40, para. 3).

In addition, a party may appoint a co-agent, a deputy agent or an additional agent. Parties may also have the assistance of counsel or advocates before the Court (Statute, Art. 42, para. 2).

In accordance with Practice Direction VIII, parties should refrain from designating as agent, counsel or advocate in a case before the Court a person who in the three years preceding the date of the designation was a Member of the Court, judge *ad hoc*, Registrar, Deputy-Registrar or higher official of the Court.

Agents, counsel and advocates of parties before the Court enjoy the privileges and immunities necessary to the independent exercise of their duties (Statute, Art. 42, para. 3; *Acts and Documents No. 7*, pp. 211-215).

The President, who is required to ascertain the views of the parties on questions of procedure, summons the agents of the parties to meet them as soon as possible after their appointment and whenever necessary thereafter (Rules, Art. 31).

(b) *Written proceedings*

The written proceedings consist of the communication to the Court and to the parties of pleadings within time-limits fixed in orders made by the Court or, if it is not sitting, the President. The pleadings comprise, in the following order, a Memorial and a Counter-Memorial; the Court may, if it deems necessary, authorize or direct that there be a Reply and a Rejoinder (Statute, Art. 43; Rules, Arts. 44-46 and 48; Practice Direction I).

The party's submissions are set out in each pleading (Rules, Art. 49; Practice Direction II).

The agent of the party filing the pleading supplies the Registry (Statute, Art. 43, paras. 3 and 4; Rules, Arts. 50-52; Practice Directions III and IV) with the following:

- an original copy of the pleading, signed by the agent, to which is annexed a certified copy of any relevant document adduced in support of the contentions put forward;
- a French or English translation, certified by the agent to be accurate, of any part of a pleading or annexed document submitted in another language;
- a copy, certified by the agent, of the pleading and annexed documents, for communication to the other party;
- 60 further copies of the pleading and annexed documents on paper and 2 copies on USB stick (in PDF and Word format);
- an electronic copy of any pleading;
- in the case of any document of which only parts are relevant and only necessary extracts have been annexed to the pleading, and which is not readily available to the public, a copy of the whole document.

Le format des pièces de procédure et de leurs annexes est de 19 × 26 cm. Si elles sont produites par un imprimeur, ce qui n'est pas obligatoire, il est recommandé de suivre la marche typographique de la Cour (communiquée par le Greffe sur demande). Une « Note à l'intention des États concernant les affaires contentieuses devant la Cour » a été élaborée. Elle peut être consultée sur le site Internet de la Cour (onglet « Documents de base », sous-onglet « Autres textes »).

Le Greffe traduit habituellement chaque pièce de procédure dans la langue officielle autre que celle dans laquelle cette pièce a été déposée (Règlement, art. 26, par. 1, al. *g)*).

La Cour peut, après s'être renseignée auprès des parties, communiquer à tout moment les pièces de procédure à tout État admis à ester devant elle qui en fait la demande.

La Cour peut aussi, à l'ouverture de la procédure orale ou ultérieurement et après s'être renseignée auprès des parties, mettre ces pièces à la disposition du public et des médias (Règlement, art. 53), ce qui se fait généralement par publication sur le site Internet de la Cour et par dépôt dans un certain nombre de bibliothèques, y compris celle du Palais de la Paix.

c) *Procédure orale*

Après la clôture de la procédure écrite, l'affaire est en état d'être plaidée. Le dépôt de documents nouveaux ne peut avoir lieu qu'avec l'assentiment de l'autre partie ou l'autorisation de la Cour (instructions de procédure IX-IX*quater*) ; le cas échéant, le nombre d'exemplaires de ces documents qui doivent être déposés est le même que celui des pièces de procédure (voir ci-dessus) ; le greffier les transmet à la partie adverse en lui demandant ses vues. La teneur d'un document non produit conformément à ces dispositions ne saurait être mentionnée à l'audience, à moins que ce document ne fasse partie d'une publication facilement accessible (Statut, art. 52 ; Règlement, art. 56).

La date d'ouverture des audiences publiques est fixée par la Cour ou, si elle ne siège pas, par le président (Règlement, art. 54). Le greffier diffuse par voie de communiqués de presse toutes indications utiles sur la date des audiences (instructions pour le Greffe, art. 10, par. 2). Les membres du corps diplomatique, les représentants des médias et toute personne qui se présente au Palais de la Paix à l'occasion d'une audience sont autorisés à y assister, sous réserve de la procédure d'accréditation ou d'admission. Des photographies peuvent être prises à l'ouverture de chaque audience pendant quelques minutes et dans des conditions strictes (se reporter au site Internet de la Cour, onglet « Espace presse », puis « Services aux médias ») ; les prises de vues destinées à la télévision sont autorisées selon la même procédure.

En règle générale, les audiences sont retransmises en direct sur le site Internet de la Cour et sur le site des retransmissions vidéo de l'ONU (https://webtv.un.org/fr).

Les audiences se tiennent au siège de la Cour du lundi au vendredi. Elles sont consacrées aux plaidoiries des conseils et, s'il y a lieu, aux dépositions des témoins et experts[24] présentés par les parties ; la Cour peut également citer des témoins d'office, confier une expertise à toute personne ou à tout organe de son choix ou décider une enquête sur les lieux[25]

[24] Des témoins, experts et/ou témoins-experts ont été entendus dans 18 affaires dont la liste figure à l'annexe 17 (p. 306).

[25] Ainsi, la Cour a procédé à une enquête sur le site du projet de barrage hydroélectrique en l'affaire relative au *Projet Gabčíkovo-Nagymaros (Hongrie/Slovaquie)* (voir p. 26), et sur la côte entre le point situé sur la rive droite du fleuve San Juan à son embouchure et le point terrestre le plus proche de Punta de Castilla dans les affaires relatives à la *Délimitation maritime dans la mer des Caraïbes et l'océan Pacifique (Costa Rica c. Nicaragua)* et à la *Frontière terrestre dans la partie septentrionale d'Isla Portillos (Costa Rica c. Nicaragua)*, mais n'a pas donné suite aux demandes formulées en ce sens en l'affaire du

The format for the pleadings and annexes is 19 × 26 cm. If they are submitted in printed form, which is not compulsory, it is recommended that the Court's Typographical Rules (supplied by the Registry on request) be complied with. A "Note for States concerning contentious cases before the Court" has been drawn up and can be found on the Court's website (under "Basic Documents", subheading "Other Texts").

The Registry usually translates pleadings and annexed documents, filed in one of the official languages of the Court, into the other official language (Rules, Art. 26, para. 1 *(g)*).

The Court may, after ascertaining the views of the parties, communicate at any time the pleadings on request to any State entitled to appear before the Court.

The Court may also, after ascertaining the parties' views, make the pleadings available to the general public and the media on or after the opening of the oral proceedings (Rules, Art. 53); this is generally done by posting them on the Court's website and by depositing copies in a number of libraries, including the Peace Palace Library.

(c) *Oral proceedings*

Upon the closure of the written proceedings, a case is ready for hearing. The filing of new documents after the closure of the written proceedings is permissible only with the other party's consent or the authorization of the Court (Practice Directions IX-IX*quater*); such documents must be filed in the same number of copies as the pleadings (see above); the Registrar transmits them to the other party with a request for observations. No reference may be made at the hearings to the contents of any document which has not been duly produced, unless the document is part of a publication readily available (Statute, Art. 52; Rules, Art. 56).

The opening date of the oral proceedings is fixed by the Court or, if it is not sitting, the President (Rules, Art. 54). The Registrar issues press releases giving all necessary information as to the dates of the hearings (Instructions for the Registry, Art. 10, para. 2). Members of the diplomatic corps, representatives of the media and any person who comes to the Peace Palace on the occasion of a hearing are welcome to attend, subject to accreditation or admission procedures. Photographs may be taken by the press for a few minutes at the opening of hearings, under strict conditions (see the ICJ website, under "Press Room", and then "Media Services"). Filming by the press is permitted under the same rules.

Hearings are usually broadcast live on the Court's website and on the UN Web TV site (https://webtv.un.org/en).

Public sittings are held at the seat of the Court, on weekdays. They are devoted to hearing the arguments of counsel and such evidence of witnesses or experts[24] as the parties may call; the Court itself may also arrange for a witness to be heard, entrust any individual, body or organization with the task of giving an expert opinion, or decide on an inspection *in loco*[25]

[24] The Court has heard witnesses, experts and/or witness-experts in 18 cases, the list of which can be found in Annex 17 (p. 307).

[25] The Court conducted an inspection *in loco* at the site of the hydroelectric dam project in the case concerning the *Gabčíkovo-Nagymaros Project (Hungary/Slovakia)* (see p. 27), and on the coast between the point located on the right bank of the San Juan River at its mouth and the land point closest to Punta de Castilla in the cases concerning *Maritime Delimitation in the Caribbean Sea and the Pacific Ocean (Costa Rica* v. *Nicaragua)* and *Land Boundary in the Northern Part of Isla Portillos (Costa Rica* v. *Nicaragua)*. However, it did not accede to requests concerning an inspection *in loco* in either the

(Statut, art. 43-46 et 48-51 ; Règlement, art. 57-68 ; instructions pour le Greffe, art. 18 ; instruction de procédure VI).

La Cour fixe notamment l'ordre dans lequel les parties seront entendues ainsi que la méthode applicable à la présentation des moyens de preuve et à l'audition des témoins et experts (Règlement, art. 58, par. 2). Habituellement, les parties plaident suivant l'ordre du dépôt des pièces écrites ou, pour les affaires introduites par voie de compromis, dans l'ordre fixé par la Cour après consultation des agents des parties. Les plaidoiries et les déclarations sont normalement prononcées dans l'une des deux langues officielles de la Cour et toujours interprétées dans l'autre (interprétation simultanée) ; des dispositions peuvent être prises pour qu'une autre langue soit employée (Statut, art. 39 ; Règlement, art. 70 ; instructions pour le Greffe, art. 15, par. 3).

Lorsque la Cour ou l'un des juges pose des questions aux agents, conseils et avocats, ceux-ci peuvent répondre immédiatement ou dans un délai fixé par le président ; si la réponse est faite par écrit, elle est communiquée à la partie adverse, qui peut présenter des observations (Règlement, art. 61, par. 2-4, et art. 72).

Chaque audience publique fait l'objet d'un compte rendu provisoire établi par le Greffe dans la langue officielle utilisée et traduit dans l'autre ; le compte rendu est communiqué dans la langue originale aux parties et aux témoins et experts afin que ceux-ci puissent, sous le contrôle de la Cour, y corriger les erreurs matérielles que contiendraient leurs déclarations (Statut, art. 47 ; Règlement, art. 71). Il est habituellement accordé un délai de 24 heures pour la présentation des corrections par les parties ; une version non corrigée du compte rendu est publiée sur le site Internet de la Cour quelques heures après la clôture des audiences.

Au terme de ses plaidoiries, chaque partie donne lecture de ses conclusions finales, dont le texte écrit, dûment signé, est remis au greffier (Règlement, art. 60, par. 2).

d) *Délibéré*

Après la clôture de la procédure orale, la Cour se retire en chambre du conseil pour délibérer et préparer sa décision. Les délibérations de la Cour sont et restent secrètes. Cela vaut pour tous les aspects de son délibéré, y compris le calendrier de ses travaux (Statut, art. 54-55 ; Règlement, art. 19-21 ; instructions pour le Greffe, art. 10, par. 1, et art. 14).

La méthode suivant laquelle la Cour procède à son délibéré est régie par une résolution visant la pratique interne de la Cour en matière judiciaire, dont la version la plus récente a été adoptée le 12 avril 1976 (voir *Actes et documents nº 7*, p. 174-182).

e) *Arrêt*

L'arrêt est lu au cours d'une séance publique qui se déroule *mutatis mutandis* dans les mêmes conditions que les audiences consacrées aux débats oraux (Statut, art. 58 ; Règlement, art. 94, par. 2).

L'arrêt est rédigé dans les deux langues officielles de la Cour, l'une de celles-ci faisant foi (Statut, art. 39 ; Règlement, art. 96). Tout juge a le droit d'y joindre une opinion individuelle ou dissidente, ou bien une déclaration énonçant simplement sa position sans en donner les motifs. Les noms des juges ayant voté pour ou contre chaque point du dispositif y sont indiqués (Statut, art. 57 ; Règlement, art. 95).

Sud-Ouest africain (Éthiopie c. Afrique du Sud; Libéria c. Afrique du Sud) ni en celle du *Différend frontalier terrestre, insulaire et maritime (El Salvador/Honduras ; Nicaragua (intervenant))*.

(Statute, Arts. 43-46 and 48-51; Rules, Arts. 57-68; Instructions for the Registry, Art. 18; Practice Direction VI).

The Court fixes, *inter alia*, the order in which the parties will be heard and the method of handling the evidence and of examining any witnesses and experts (Rules, Art. 58, para. 2). It is customary for the parties to present their arguments in the order in which their pleadings have been deposited or, in the case of proceedings instituted by special agreement, in the order laid down by the Court after consultations with the agents of the parties. Speeches and statements are normally made in one of the Court's two official languages and are (simultaneously) interpreted into the other; arrangements may be made for some other language to be used (Statute, Art. 39; Rules, Art. 70; Instructions for the Registry, Art. 15, para. 3).

When the Court or a judge puts a question to the agents, counsel and advocates, the answer may be given either immediately or within a time-limit fixed by the President; if given in writing, it is communicated to the other party, which is given the opportunity of commenting upon it (Rules, Art. 61, paras. 2-4, and Art. 72).

A provisional verbatim record of each public sitting is drawn up by the Registry in the official language used, and translated into the other; copies in the original official language are then communicated to the parties and to the witnesses and experts so that any errors may be corrected under the supervision of the Court (Statute, Art. 47; Rules, Art. 71). A period of 24 hours is usually allowed for the submission of corrections by the parties; a non-corrected version is published on the Court's website within a few hours of the conclusion of the hearings.

At the end of its oral argument, each party reads out its final submissions and provides the Registrar with copies of the duly signed text (Rules, Art. 60, para. 2).

(d) *Deliberations*

After the close of the oral proceedings, the Court withdraws to deliberate in private and to prepare its decision. The deliberations of the Court are conducted *in camera* and remain confidential. This applies to all aspects of the deliberations, including the schedule of meetings (Statute, Arts. 54-55; Rules, Arts. 19-21; Instructions for the Registry, Arts. 10, para. 1, and 14).

The manner in which the Court conducts its deliberations is governed by a resolution concerning the internal judicial practice of the Court, the most recent version of which was adopted on 12 April 1976 (see *Acts and Documents No. 7*, pp. 175-183).

(e) *Judgment*

The judgment is read out at a public sitting for which similar arrangements are made as for a hearing in open court (Statute, Art. 58; Rules, Art. 94, para. 2).

The judgment is prepared in both official languages, one of which is indicated as authoritative (Statute, Art. 39; Rules, Art. 96). Any judge is entitled to attach a separate or dissenting opinion, or a declaration which records his or her position without stating his or her reasons. The judgment indicates the names of the judges who voted for or against each point of the operative clause (Statute, Art. 57; Rules, Art. 95).

---

case concerning *South West Africa (Ethiopia* v. *South Africa; Liberia* v. *South Africa)* or the case concerning the *Land, Island and Maritime Frontier Dispute (El Salvador/Honduras: Nicaragua intervening)*.

Trois exemplaires originaux de l'arrêt sont signés par le président et le greffier, puis scellés; l'un d'eux est déposé aux archives de la Cour et les deux autres sont remis aux parties (Règlement, art. 95, par. 3; instructions pour le Greffe, art. 19).

Immédiatement après le prononcé, des copies de l'arrêt sont mises à la disposition des représentants des parties.

Aussitôt que possible après le prononcé de l'arrêt, le texte imprimé de celui-ci paraît en un fascicule séparé de la série *Recueil des arrêts, avis consultatifs et ordonnances,* qui est communiqué aux États admis à ester devant la Cour et est mis en vente. Le dossier de l'affaire est ensuite publié en un ou plusieurs volumes imprimés dans la série *Mémoires, plaidoiries et documents.*

Les principales étapes de la procédure suivie en matière contentieuse

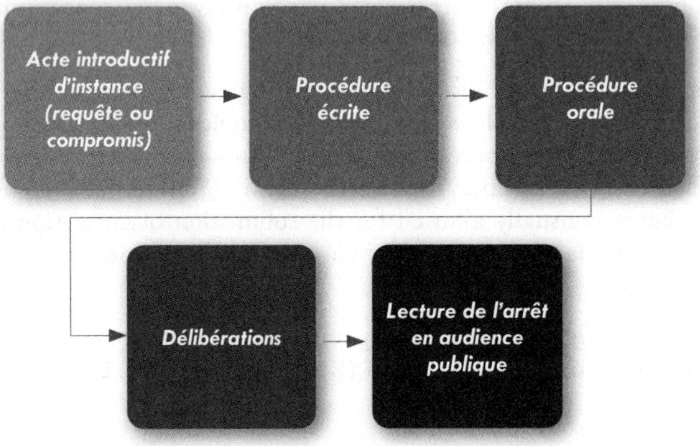

f) *Exécution de l'arrêt*

Aux termes du paragraphe 1 de l'article 94 de la Charte des Nations Unies, chaque Membre des Nations Unies s'engage à se conformer à la décision de la Cour internationale de Justice dans tout litige auquel il est partie. Le paragraphe 2 énonce que, si une partie à un litige ne satisfait pas aux obligations qui lui incombent en vertu d'un arrêt rendu par la Cour, l'autre partie peut recourir au Conseil de sécurité et celui-ci, s'il le juge nécessaire, peut faire des recommandations ou décider des mesures à prendre pour faire exécuter l'arrêt.

g) *Frais*

Les frais de la Cour, y compris les sommes à payer aux témoins ou experts cités sur l'initiative de la Cour (Règlement, art. 68; instructions pour le Greffe, art. 16), sont supportés par le budget des Nations Unies; si une partie en cause ne contribue pas au budget des Nations Unies, sa contribution aux frais de la Cour pour l'affaire dont il s'agit est fixée par la Cour elle-même.

Chaque partie supporte ses propres frais de procédure, à moins que la Cour ne prononce au profit de l'une d'elles une condamnation aux dépens (Statut, art. 64; Règlement, art. 95, par. 1, et art. 97). Il existe par ailleurs un fonds d'affectation spéciale du Secrétaire général destiné à aider les États à soumettre leurs différends à la Cour (voir Nations Unies, doc. A/44/PV.43, 1989).

Three original copies of the judgment are signed by the President and the Registrar and are then sealed; one is placed in the archives of the Court and the others are transmitted to the parties (Rules, Art. 95, para. 3; Instructions for the Registry, Art. 19).

Immediately after the public reading, copies of the judgment are placed at the disposal of the representatives of the parties.

As soon as possible after the judgment is issued, its printed text becomes available as a separate fascicle in the *Reports of Judgments, Advisory Opinions and Orders* series, which is sent to States entitled to appear before the Court and is placed on sale. Subsequently, the documentation of the case is published in one or more printed volumes of the series entitled *Pleadings, Oral Arguments, Documents.*

The principal steps of the procedure followed in contentious cases

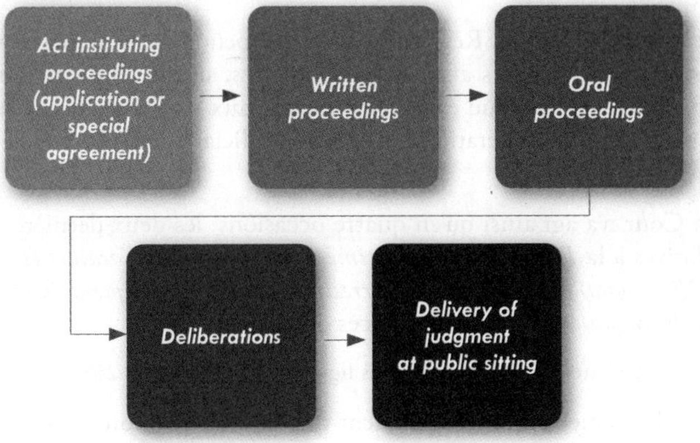

(f) *Implementation of the judgment*

Article 94, paragraph 1, of the Charter of the United Nations provides that each Member of the United Nations undertakes to comply with the decision of the International Court of Justice in any case to which it is a party. Paragraph 2 of the same provision states that if any party to a case fails to perform the obligations incumbent upon it under a judgment rendered by the Court, the other party may have recourse to the Security Council, which may, if it deems it necessary, make recommendations or decide upon measures to be taken to give effect to the judgment.

(g) *Expenses and costs*

The expenses of the Court, including amounts payable to witnesses or experts appearing at the instance of the Court (Rules, Art. 68; Instructions for the Registry, Art. 16), are borne out of the United Nations budget; if a party to a case does not contribute to the United Nations budget, the Court itself fixes the amount payable by that party as a contribution towards the expenses of the Court for the case.

Each party bears its own costs, unless the Court makes an order in favour of a party for the payment of the costs (Statute, Art. 64; Rules, Art. 95, para. 1, and Art. 97). In addition, there exists a Secretary-General's Trust Fund to Assist States in the Settlement of Disputes through the International Court of Justice (see United Nations doc. A/44/PV.43 (1989)).

Créé en 1989, ce fonds a été prévu pour encourager les États à rechercher une solution pacifique à leurs différends. Aux termes de son statut, tel que révisé en 2004, il a pour objet de fournir aux États une aide financière pour les aider à couvrir les dépenses engagées dans le cadre de l'exécution d'un arrêt de la Cour ou d'un différend soumis à la Cour en vertu du paragraphe 1 de l'article 40 du Statut de celle-ci, lorsque la compétence de la Cour (ou la recevabilité de la requête) ne fait pas ou plus l'objet du différend entre les parties. Peut demander une aide financière au fonds tout État Membre de l'Organisation des Nations Unies, tout autre État partie au Statut de la Cour ou tout État non partie au Statut de la Cour qui satisfait aux conditions prescrites par la résolution 9 (1946) du Conseil de sécurité en date du 15 octobre 1946.

2. *Procédures incidentes*

a) *Jonction d'instances*

En vertu de l'article 47 de son Règlement, la Cour peut à tout moment ordonner que les instances dans deux ou plusieurs affaires soient jointes, si une telle jonction apparaît, à la lumière des spécificités de chaque espèce, conforme aux exigences d'une bonne administration de la justice et aux impératifs d'économie judiciaire. Elle le fait normalement par voie d'ordonnance.

À ce jour, la Cour n'a agi ainsi qu'en quatre occasions, les deux dernières affaires jointes étant celles relatives à la *Délimitation maritime dans la mer des Caraïbes et l'océan Pacifique (Costa Rica c. Nicaragua)* et à la *Frontière terrestre dans la partie septentrionale d'Isla Portillos (Costa Rica c. Nicaragua)*, par des ordonnances du 2 février 2017.

La liste des instances jointes figure à l'annexe 10 (p. 268).

L'article 47 du Règlement prévoit également que la Cour peut ordonner aussi que les procédures écrites ou orales, y compris la présentation de témoins, aient un caractère commun ou, sans opérer de jonction formelle, ordonner une action commune dans deux ou plusieurs affaires au regard d'un ou plusieurs éléments de ces procédures. Ainsi, dans les affaires de la *Compétence en matière de pêcheries*, comme dans celles des *Essais nucléaires*, dans celles relatives à des *Questions d'interprétation et d'application de la convention de Montréal de 1971 résultant de l'incident aérien de Lockerbie*, dans celles relatives à la *Licéité de l'emploi de la force* ou dans celles de l'*Appel concernant la compétence du Conseil de l'OACI en vertu de l'article 84 de la convention relative à l'aviation civile internationale* et de l'*Appel concernant la compétence du Conseil de l'OACI en vertu de l'article II, section 2, de l'accord de 1944 relatif au transit des services aériens internationaux*, les procédures se sont déroulées parallèlement et des décisions analogues ont été rendues le même jour sans qu'il y ait eu jonction.

b) *Mesures conservatoires*

La Cour a le pouvoir d'indiquer des mesures conservatoires (Statut, art. 41), à la demande du demandeur ou du défendeur. Une telle demande peut être présentée à tout moment de la procédure et a priorité sur toutes autres affaires. La Cour statue par voie d'ordonnance, laquelle a force obligatoire pour les parties (voir Règlement, art. 73-78, et l'affaire *LaGrand (Allemagne c. États-Unis d'Amérique)*).

À la demande d'une partie ou d'office, la Cour peut, à tout moment avant l'arrêt définitif en l'affaire, rapporter ou modifier toute décision concernant des mesures conservatoires si un changement dans la situation lui paraît justifier que cette décision soit rapportée ou modifiée

The Fund, established in 1989, is designed to encourage States to settle their disputes peaceably by submitting them to the Court. Pursuant to its terms of reference, as revised in 2004, the purpose of the Fund is to provide financial assistance to States for expenses incurred in connection with either the execution of a judgment of the Court or a dispute submitted to the Court under Article 40, paragraph 1, of its Statute, where the jurisdiction of the Court (or the admissibility of the application) is not or is no longer the subject of dispute between the Parties. An application for financial assistance from the Fund may be submitted by any Member State of the United Nations, any other State party to the Statute of the Court or any State not party to the Statute of the Court having complied with the conditions stipulated in Security Council resolution 9 (1946) of 15 October 1946.

2. *Incidental proceedings*

(a) *Joinder of proceedings*

In accordance with Article 47 of its Rules, the Court may at any time direct that the proceedings in two or more cases be joined, where such a joinder appears, in the light of the specific circumstances of each case, to be consonant with the requirements of the sound administration of justice and the need for judicial economy. It usually does this by means of an order.

To date, the Court has joined only four sets of proceedings; the last two cases to be joined were those concerning *Maritime Delimitation in the Caribbean Sea and the Pacific Ocean (Costa Rica* v. *Nicaragua)* and *Land Boundary in the Northern Part of Isla Portillos (Costa Rica* v. *Nicaragua)* (Orders of 2 February 2017).

The list of joined cases can be found in Annex 10 (p. 269).

Article 47 of the Rules also provides that the Court may direct that written or oral proceedings, including the calling of witnesses, be in common, or, without effecting any formal joinder, direct common action in two or more cases in respect of one or several aspects of the written or oral proceedings. Thus, in the cases concerning *Fisheries Jurisdiction, Nuclear Tests, Questions of Interpretation and Application of the 1971 Montreal Convention arising from the Aerial Incident at Lockerbie, Legality of Use of Force, Appeal relating to the Jurisdiction of the ICAO Council under Article 84 of the Convention on International Civil Aviation* and *Appeal relating to the Jurisdiction of the ICAO Council under Article II, Section 2, of the 1944 International Air Services Transit Agreement*, the cases proceeded in parallel and similar judgments were delivered on the same day, although the proceedings had not been formally joined.

(b) *Provisional measures*

The Court has the power to indicate provisional measures (Statute, Art. 41) at the request of the applicant or the respondent. A request for the indication of such measures may be made by a party at any time during the course of the proceedings and has priority over all other cases. The Court's decision on a request for the indication of provisional measures is taken in the form of an order, which has a binding effect upon the parties (see Rules, Arts. 73-78 and the case concerning *LaGrand (Germany* v. *United States of America)*).

At the request of a party or *propio motu*, the Court may, at any time before the final judgment in the case, revoke or modify any decision concerning provisional measures if, in its opinion, some change in the situation justifies such revocation or modification

(Règlement, art. 76, par. 1). C'est ainsi que, en l'affaire relative à des *Questions concernant la saisie et la détention de certains documents et données (Timor-Leste c. Australie)*, la Cour a, à la demande de l'Australie, et après avoir recueilli les observations du Timor-Leste, rendu le 22 avril 2015 une ordonnance modifiant l'ordonnance en indication de mesures conservatoires rendue le 3 mars 2014 en la même affaire.

À ce jour, des demandes en indication de mesures conservatoires ont été présentées dans 56 affaires. La Cour a prescrit des mesures dans 31 cas. Des mesures conservatoires ont été sollicitées dans deux affaires introduites pendant la période considérée, à savoir : *Demande concernant la restitution de biens confisqués dans le cadre de procédures pénales (Guinée équatoriale c. France)* et *Application de la convention contre la torture et autres peines ou traitements cruels, inhumains ou dégradants (Canada et Pays-Bas c. République arabe syrienne)*.

En l'affaire relative à l'*Application de la convention internationale sur l'élimination de toutes les formes de discrimination raciale (Arménie c. Azerbaïdjan)*, l'Arménie a, le 28 décembre 2022, présenté une deuxième demande en indication de mesures conservatoires. Par ordonnance datée du 22 février 2023, la Cour a indiqué une mesure conservatoire. Le 15 mai 2023, l'Arménie a déposé une demande tendant à la modification de l'ordonnance rendue par la Cour le 22 février 2023. Par ordonnance datée du 6 juillet 2023, la Cour a réaffirmé la mesure conservatoire indiquée dans son ordonnance du 22 février 2023.

En l'affaire relative à l'*Application de la convention internationale sur l'élimination de toutes les formes de discrimination raciale (Azerbaïdjan c. Arménie)*, le 22 février 2023, la Cour a rendu son ordonnance sur la demande en indication de mesures conservatoires présentée par l'Azerbaïdjan le 4 janvier 2023. Dans son ordonnance, la Cour a, à l'unanimité, rejeté la demande de l'Azerbaïdjan.

La liste de ces demandes figure à l'annexe 11 (p. 270).

Nombre d'affaires dans lesquelles des mesures conservatoires ont été demandées

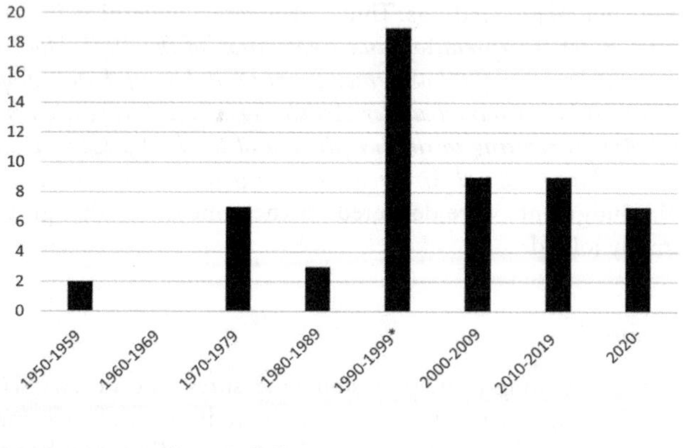

c) *Questions de compétence et de recevabilité*

i) Questions préliminaires

Après le dépôt de la requête dans une affaire et après consultation des parties au cours d'une réunion avec le président, la Cour peut décider qu'il sera statué séparément sur les

* Inclut les dix affaires relatives à la *Licéité de l'emploi de la force*, dans lesquelles le demandeur a présenté une demande en indication de mesures conservatoires dans chaque affaire.

(Rules, Art. 76, para. 1). Thus, in the case concerning *Questions relating to the Seizure and Detention of Certain Documents and Data (Timor-Leste* v. *Australia)*, at the request of Australia, and having received Timor-Leste's observations, the Court issued an Order on 22 April 2015 modifying the Order indicating provisional measures of 3 March 2014 in the same case.

To date, requests for the indication of provisional measures have been submitted in 56 cases. The Court has indicated measures on 31 occasions. Provisional measures were requested in two of the cases introduced during the period under review, namely *Request relating to the Return of Property Confiscated in Criminal Proceedings (Equatorial Guinea* v. *France)* and *Application of the Convention against Torture and Other Cruel, Inhuman or Degrading Treatment or Punishment (Canada and Netherlands* v. *Syrian Arab Republic)*.

On 28 December 2022, Armenia submitted a second request for the indication of provisional measures in the case concerning *Application of the International Convention on the Elimination of All Forms of Racial Discrimination (Armenia* v. *Azerbaijan)*. By an Order dated 22 February 2023, the Court indicated a provisional measure. On 15 May 2023, Armenia submitted a request for the modification of the Court's Order of 22 February 2023. By an Order dated 6 July 2023, the Court reaffirmed the provisional measure indicated in its Order of 22 February 2023.

On 22 February 2023, the Court issued an Order on the request for the indication of provisional measures submitted by Azerbaijan on 4 January 2023 in the case concerning *Application of the International Convention on the Elimination of All Forms of Racial Discrimination (Azerbaijan* v. *Armenia)*. In its Order, the Court unanimously rejected Azerbaijan's request.

The list of these requests can be found in Annex 11 (p. 271).

Number of cases in which provisional measures were requested

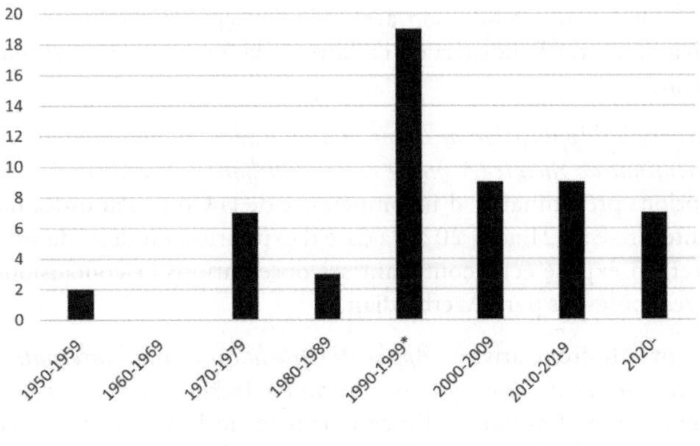

(c) *Issues of jurisdiction and admissibility*

(i) Preliminary questions

Following the submission of the application in a case and after the President has met and consulted with the parties, the Court may decide that questions concerning its juris-

* Includes the ten cases on the *Legality of Use of Force*, in which the applicant submitted requests for the indication of provisional measures in each case.

questions concernant sa compétence ou la recevabilité de la requête (Règlement, art. 79, par. 1).

Lorsque la Cour en décide ainsi, les parties déposent toutes pièces de procédure relatives à la compétence ou à la recevabilité dans les délais fixés par la Cour et dans l'ordre déterminé par celle-ci.

ii) Exceptions préliminaires

Le paragraphe 1 de l'article 79*bis* du Règlement dispose que, lorsque la Cour n'a pas pris de décision en application de l'article 79, toute exception à la compétence de la Cour ou à la recevabilité de la requête ou toute autre exception sur laquelle le défendeur demande une décision avant que la procédure sur le fond se poursuive doit être présentée par écrit dès que possible, et au plus tard trois mois après le dépôt du mémoire. Il précise en outre que toute exception soulevée par une partie autre que le défendeur doit être déposée dans le délai fixé pour le dépôt de la première pièce de procédure émanant de cette partie.

Les exceptions préliminaires suspendent la procédure sur le fond. La Cour, ou, si elle ne siège pas, le président, fixe le délai dans lequel l'autre partie peut présenter un exposé écrit contenant ses observations et conclusions sur ces exceptions. Conformément à l'instruction de procédure V, ce délai ne doit en général pas excéder quatre mois à compter de la date de présentation des exceptions préliminaires.

En l'affaire relative à des *Allégations de génocide au titre de la convention pour la prévention et la répression du crime de génocide (Ukraine c. Fédération de Russie; 32 États intervenants)*, la Fédération de Russie a, le 3 octobre 2022, soulevé des exceptions préliminaires d'incompétence de la Cour et d'irrecevabilité de la requête. Par ordonnance en date du 7 octobre 2022, la Cour a fixé au 3 février 2023 la date d'expiration du délai dans lequel l'Ukraine pourrait présenter un exposé écrit contenant ses observations et conclusions sur les exceptions préliminaires soulevées par la Fédération de Russie. L'Ukraine a déposé son exposé écrit dans le délai ainsi fixé.

Le 6 avril 2023, la Cour a rendu son arrêt sur l'exception préliminaire soulevée par la République bolivarienne du Venezuela en l'affaire de la *Sentence arbitrale du 3 octobre 1899 (Guyana c. Venezuela)*.

En l'affaire relative à l'*Application de la convention internationale sur l'élimination de toutes les formes de discrimination raciale (Arménie c. Azerbaïdjan)*, l'Azerbaïdjan a, le 21 avril 2023, déposé des exceptions préliminaires d'incompétence de la Cour. Par ordonnance du 25 avril 2023, la présidente a fixé au 21 août 2023 la date d'expiration du délai dans lequel l'Arménie pourrait présenter un exposé écrit contenant ses observations et conclusions sur les exceptions préliminaires soulevées par l'Azerbaïdjan.

Le même jour, en l'affaire relative à l'*Application de la convention internationale sur l'élimination de toutes les formes de discrimination raciale (Azerbaïdjan c. Arménie)*, l'Arménie a soulevé des exceptions préliminaires d'incompétence de la Cour et d'irrecevabilité de la requête. Par ordonnance du 25 avril 2023, la présidente de la Cour a fixé au 21 août 2023 la date d'expiration du délai dans lequel l'Azerbaïdjan pourrait présenter un exposé écrit contenant ses observations et conclusions sur ces exceptions préliminaires.

iii) Questions de procédure

Les questions de compétence et de recevabilité peuvent aussi, dans certains cas, être examinées en même temps que le fond de l'affaire. Il peut arriver que le défendeur soulève dans diction or the admissibility of the application shall be determined separately (Rules, Art. 79, para. 1).

Where the Court so decides, the parties shall submit any pleadings relating to jurisdiction or admissibility within the time-limits fixed by the Court and in the order determined by it.

(ii) Preliminary objections

Article 79*bis*, paragraph 1, of the Rules provides that, when the Court has not taken any decision under Article 79, any objection by the respondent to the jurisdiction of the Court or to the admissibility of the application, or other objection the decision upon which is requested before any further proceedings on the merits, will be made in writing as soon as possible, and not later than three months after the delivery of the Memorial. It further states that any such objection made by a party other than the respondent shall be filed within the time-limit fixed for the delivery of that party's first pleading.

Preliminary objections suspend the proceedings on the merits. The Court, or the President if the Court is not sitting, fixes the time-limit for the presentation by the other party of a written statement of its observations and submissions on the preliminary objections. In accordance with Practice Direction V, this time-limit should generally not exceed four months from the date of the filing of the preliminary objections.

On 3 October 2022, the Russian Federation raised preliminary objections to the jurisdiction of the Court and the admissibility of the Application in the case concerning *Allegations of Genocide under the Convention on the Prevention and Punishment of the Crime of Genocide (Ukraine* v. *Russian Federation: 32 States intervening)*. By an Order dated 7 October 2022, the Court fixed 3 February 2023 as the time-limit within which Ukraine might present a written statement of its observations and submissions on the preliminary objections raised by the Russian Federation. Ukraine filed its statement within the time-limit thus fixed.

On 6 April 2023, the Court rendered its Judgment on the preliminary objection raised by the Bolivarian Republic of Venezuela in the case concerning the *Arbitral Award of 3 October 1899 (Guyana* v. *Venezuela)*.

On 21 April 2023, Azerbaijan filed preliminary objections to the jurisdiction of the Court in the case concerning *Application of the International Convention on the Elimination of All Forms of Racial Discrimination (Armenia* v. *Azerbaijan)*. By an Order of 25 April 2023, the President of the Court fixed 21 August 2023 as the time-limit within which Armenia might present a written statement of its observations and submissions on the preliminary objections raised by Azerbaijan.

On the same date, Armenia raised preliminary objections to the jurisdiction of the Court and the admissibility of the Application in the case concerning *Application of the International Convention on the Elimination of All Forms of Racial Discrimination (Azerbaijan* v. *Armenia)*. By an Order of 25 April 2023, the President fixed 21 August 2023 as the time-limit within which Azerbaijan might present a written statement of its observations and submissions on those preliminary objections.

(iii) Procedural questions

Questions of jurisdiction and admissibility can also, in some instances, be examined at the same time as the merits of the case. A respondent may contest the jurisdiction of the Court or ses pièces de procédure ou plaidoiries une objection à la compétence ou à la recevabilité sans la présenter sous forme d'exception préliminaire (voir, par exemple, l'affaire *LaGrand (Allemagne c. États-Unis d'Amérique)*). Il est également possible que la Cour examine d'elle-même un point préliminaire n'ayant pas fait l'objet d'une exception formelle (voir, par exemple, les affaires des *Essais nucléaires (Australie c. France) (Nouvelle-Zélande c. France)*). En outre, les parties peuvent s'entendre pour que les exceptions préliminaires soient jointes au fond, ce que la Cour est tenue d'accepter.

Le dépôt des pièces de procédure concernant les questions ou exceptions préliminaires est suivi d'une procédure orale. La décision rendue par la Cour sur ces questions ou exceptions relatives à la compétence et/ou à la recevabilité prend la forme d'un arrêt. Si elle conclut qu'elle a compétence et que la requête est recevable, la Cour examine l'affaire au fond.

Une liste des affaires dans lesquelles la Cour s'est prononcée à titre préliminaire sur des exceptions ou questions de compétence et/ou de recevabilité figure à l'annexe 12 (p. 284).

d) *Demandes reconventionnelles*

En vertu de l'article 80 du Règlement, le défendeur peut présenter une ou plusieurs demandes reconventionnelles dans les conclusions de son contre-mémoire. La Cour ne pourra connaître d'une telle demande que si celle-ci relève de sa compétence et est en connexité directe avec l'objet de la demande (principale) de la partie adverse. En cas d'objection relative à la recevabilité d'une demande reconventionnelle ou à tout moment lorsqu'elle le considère nécessaire, la Cour prend sa décision à cet égard après avoir entendu les parties (Règlement, art. 80, par. 3).

Le 21 avril 2022, la Cour a rendu son arrêt sur le fond en l'affaire relative à des *Violations alléguées de droits souverains et d'espaces maritimes dans la mer des Caraïbes (Nicaragua c. Colombie)*, rejetant la troisième demande reconventionnelle de la Colombie concernant la violation alléguée, par le Nicaragua, des droits de pêche artisanale des habitants de l'archipel de San Andrés les autorisant à accéder aux bancs de pêche traditionnels et à les exploiter. S'agissant de la quatrième demande reconventionnelle de la Colombie, la Cour a conclu que les lignes de base droites que le Nicaragua avait établies par décret n'étaient pas conformes au droit international coutumier. À ce jour, de telles demandes ont été présentées par des défendeurs dans 11 affaires.

La liste de ces affaires figure à l'annexe 13 (p. 294).

e) *Interventions*

L'article 62 du Statut de la Cour ouvre à un État la possibilité d'intervenir dans un litige opposant d'autres États quand il estime qu'un intérêt d'ordre juridique est pour lui en cause dans le différend entre ces États (voir également Règlement, art. 81 et 83-85). Un État qui souhaite intervenir au titre de l'article 62 du Statut doit déposer une requête à fin d'intervention le plus tôt possible avant la clôture de la procédure écrite en l'affaire. Comme le précise le paragraphe 2 de l'article 62 du Statut, c'est à la Cour qu'il revient de décider si elle autorise l'État à intervenir. Des demandes d'intervention ont été présentées dans dix affaires. Seules trois ont été accueillies.

La liste des affaires pertinentes figure à l'annexe 9 (p. 260).

L'article 63 du Statut (voir également Règlement, art. 43, 82-84 et 86) prévoit que, lorsque l'interprétation d'une convention à laquelle ont participé d'autres États que les parties en litige est en cause dans une affaire, ces États sont avertis par le greffier sans délai et chacun d'eux a le droit d'intervenir au procès. En application du paragraphe 2 de l'article 63, si un the admissibility of a claim in its written pleadings or in oral argument, without submitting a formal preliminary objection (see, for example, the case concerning *LaGrand (Germany* v. *United States of America)*). Further, the Court may on its own initiative consider a preliminary issue that has not been the subject of a formal objection (see, for example, the cases concerning *Nuclear Tests (Australia* v. *France) (New Zealand* v. *France)*). Finally, the parties may, by agreement, ask the Court to rule on the preliminary objections at the same time as the merits, which the Court is then bound to do.

Following the submission of pleadings on the preliminary questions or objections, oral proceedings ensue. The Court's ruling on those objections or questions relating to jurisdiction and/or admissibility takes the form of a judgment. If the Court finds that it has jurisdiction and that the application is admissible, it considers the merits of the case.

A list of cases in which the Court has given a preliminary ruling on objections or questions of jurisdiction and/or admissibility can be found in Annex 12 (p. 285).

(d) *Counter-claims*

Pursuant to Article 80 of the Rules, the respondent may present one or more counter-claims as part of the submissions contained in its Counter-Memorial. The Court may entertain a counter-claim only if it falls within its jurisdiction and is directly connected with the subject-matter of the (principal) claim of the other party. Where an objection is raised concerning the admissibility of a counter-claim, or whenever the Court deems it necessary, the Court decides thereon after hearing the parties (Rules, Art. 80, paragraph 3).

On 21 April 2022, the Court rendered its judgment on the merits in the case relating to *Alleged Violations of Sovereign Rights and Maritime Spaces in the Caribbean Sea (Nicaragua* v. *Colombia)*, in which it dismissed Colombia's third counter-claim concerning Nicaragua's alleged infringement of the artisanal fishing rights of the inhabitants of the San Andrés Archipelago to access and exploit the traditional banks. With respect to Colombia's fourth counter-claim, the Court concluded that Nicaragua's straight baselines established by decree were not in conformity with customary international law. To date, counter-claims have been presented by respondents in 11 cases.

A list of these cases is given in Annex 13 (p. 295).

(e) *Interventions*

Article 62 of the Statute of the Court makes it possible for a State to intervene in a dispute between other States, when it considers that it has an interest of a legal nature which may be affected by the decision in the dispute between those States (see also Rules, Arts. 81 and 83-85). A State seeking to intervene under Article 62 of the Statute must file an application for permission to intervene as soon as possible, and not later than the closure of the written proceedings in the case. As stated in Article 62, paragraph 2, of the Statute, it is for the Court to decide upon this request. Requests to intervene have been made in ten cases. Only three such requests have been granted.

A list of these relevant cases is given in Annex 9 (p. 261).

Article 63 of the Statute (see also Rules, Arts. 43, 82-84 and 86) stipulates that, whenever the construction of a convention to which States other than those concerned in the case are parties is in question, the Registrar shall notify all such States forthwith and that every State so notified has the right to intervene in the proceedings. Pursuant to Article 63, paragraph 2,

État exerce cette faculté, l'interprétation contenue dans l'arrêt est également obligatoire à son égard. Des déclarations d'intervention ont été présentées dans cinq affaires. Au cours de la période considérée, en l'affaire relative à des *Allégations de génocide au titre de la convention pour la prévention et la répression du crime de génocide (Ukraine c. Fédération de Russie ; 32 États intervenants)*, par ordonnance en date du 5 juin 2023, la Cour a décidé que les déclarations d'intervention présentées par 32 États étaient recevables au stade des exceptions préliminaires. Par la même ordonnance, elle a fixé au 5 juillet 2023 la date d'expiration du délai pour le dépôt, par ces États, d'observations écrites sur l'objet des interventions. Trente et un États intervenants ont présenté des observations écrites dans ce délai.

La liste de ces affaires figure à l'annexe 9 (p. 260).

En vertu de l'article 43 du Règlement, lorsque l'interprétation d'une convention à laquelle a participé une organisation internationale publique peut être en cause dans une affaire soumise à la Cour, celle-ci détermine si le greffier doit en aviser cette organisation. Toute organisation internationale publique ainsi avisée peut alors présenter ses observations sur les dispositions particulières de la convention dont l'interprétation est en cause dans ladite affaire.

Lorsque l'interprétation de l'acte constitutif d'une organisation internationale publique ou celle d'une convention internationale adoptée en vertu de cet acte est mise en question dans une affaire soumise à la Cour, le greffier en avise cette organisation et lui communique toute la procédure écrite (Statut, art. 34, par. 2-3 ; Règlement, art. 69).

Enfin, la Cour peut demander aux organisations internationales publiques des renseignements relatifs aux affaires portées devant elle, et reçoit également lesdits renseignements qui lui seraient présentés par ces organisations de leur propre initiative.

f) *Renvoi spécial devant la Cour*

En application de l'article 87 du Règlement, lorsque, conformément à un traité ou à une convention en vigueur, une affaire contentieuse est portée devant la Cour au sujet d'une question qui a fait l'objet d'une procédure devant un autre organe international, les dispositions du Statut et du Règlement en matière contentieuse s'appliquent.

La Cour a été saisie à trois reprises au titre de cette disposition : en 1971, en l'affaire de l'*Appel concernant la compétence de l'OACI (Inde c. Pakistan)*, et en 2018, en l'affaire de l'*Appel concernant la compétence du Conseil de l'OACI en vertu de l'article II, section 2, de l'accord de 1944 relatif au transit des services aériens internationaux (Bahreïn, Égypte et Émirats arabes unis c. Qatar)* et en l'affaire de l'*Appel concernant la compétence du Conseil de l'OACI en vertu de l'article 84 de la convention relative à l'aviation civile internationale (Arabie saoudite, Bahreïn, Égypte et Émirats arabes unis c. Qatar)*.

g) *Défaut*

Le Statut prévoit le cas où l'une des parties ne se présente pas devant la Cour (art. 53).

Le défaut d'une partie n'empêche pas la procédure dans une affaire de suivre son cours. Si l'une des parties ne se présente pas ou s'abstient de faire valoir ses moyens, l'autre partie peut demander à la Cour de lui adjuger ses conclusions (art. 53). Des arrêts ou ordonnances ont été rendus en l'absence de l'une des parties dans 14 affaires.

La liste de ces affaires figure à l'annexe 18 (p. 310).

if a State uses this right, the construction given by the judgment will be equally binding upon it. Declarations of intervention have been filed in five cases. During the period under review, in the case concerning *Allegations of Genocide under the Convention on the Prevention and Punishment of the Crime of Genocide (Ukraine* v. *Russian Federation: 32 States intervening)*, by an Order dated 5 June 2023, the Court decided that the Declarations of intervention filed by 32 States were admissible at the preliminary objections stage. By the same Order, it fixed 5 July 2023 as the time-limit for the filing, by those States, of written observations on the subject-matter of their interventions. Thirty-one intervening States submitted written observations within that time-limit.

For the list of these cases, see Annex 9 (p. 261).

In accordance with Article 43 of the Rules, whenever the construction of the convention to which a public international organization is a party may be in question in a case before the Court, the Court considers whether the Registrar should notify the public international organization concerned. Every public international organization so notified may then submit its observations on the particular provisions of the convention the construction of which is in question in the case.

Whenever the construction of the constituent instrument of a public international organization or of an international convention adopted thereunder is in question in a case before the Court, the Registrar notifies the public international organization concerned and communicates to it copies of all the written proceedings (Statute, Art. 34, paras. 2-3; Rules, Art. 69).

Finally, the Court may request information from public international organizations relevant to cases before it, and receives such information presented by such organizations on their own initiative.

(f) *Special reference to the Court*

Pursuant to Article 87 of the Rules, when, in accordance with a treaty or convention in force, a contentious case is brought before the Court concerning a matter which has been the subject of proceedings before some other international body, the provisions of the Statute and of the Rules governing contentious cases shall apply.

The Court has been seised in accordance with this provision on three occasions: in 1971, in the case concerning the *Appeal Relating to the Jurisdiction of the ICAO Council (India* v. *Pakistan)*, in 2018, in the case concerning *Appeal relating to the Jurisdiction of the ICAO Council under Article II, Section 2, of the 1944 International Air Services Transit Agreement (Bahrain, Egypt and United Arab Emirates* v. *Qatar)*, and in the case concerning *Appeal relating to the Jurisdiction of the ICAO Council under Article 84 of the Convention on International Civil Aviation (Bahrain, Egypt, Saudi Arabia and United Arab Emirates* v. *Qatar)*.

(g) *Non-appearance*

The Statute makes provision for cases where one of the parties does not appear before the Court (Art. 53).

Hence, failure by one party to appear does not prevent proceedings in a case from taking their course. If one of the parties does not appear before the Court or fails to defend its case, the other party may call upon the Court to decide in favour of its claim (Art. 53). In 14 cases, judgments and orders have been delivered in the absence of one of the parties.

For the list of these cases, see Annex 18 (p. 311).

h) *Arrangement amiable et désistement*

En application de l'article 88 du Règlement, si, à un moment quelconque avant l'arrêt définitif sur le fond, les parties, conjointement ou séparément, notifient à la Cour par écrit qu'elles sont convenues de se désister de l'instance, la Cour, ou, si elle ne siège pas, le président, rend une ordonnance prenant acte du désistement et prescrivant que l'affaire soit rayée du rôle.

Le demandeur peut aussi informer unilatéralement la Cour de sa décision de se désister de la procédure ; si, à la date de la réception de ce désistement, le défendeur n'a pas encore fait acte de procédure, la Cour rend alors de même une ordonnance prenant acte du désistement et prescrivant la radiation du rôle de l'affaire. Si le défendeur a déjà fait acte de procédure, il peut s'opposer au désistement et l'instance se poursuit (Règlement, art. 89).

Vingt-six affaires se sont terminées par un désistement. Dans deux d'entre elles, le désistement a résulté de la résolution de certaines questions de réparations qui n'avaient pas été tranchées dans l'arrêt rendu préalablement. Les dernières affaires à s'être achevées par un désistement sont celles de la *Demande en revision de l'arrêt du 23 mai 2008 en l'affaire relative à la* Souveraineté sur Pedra Branca/Pulau Batu Puteh, Middle Rocks et South Ledge (Malaisie/Singapour) *(Malaisie c. Singapour)* et de la *Demande en interprétation de l'arrêt du 23 mai 2008 en l'affaire relative à la* Souveraineté sur Pedra Branca/Pulau Batu Puteh, Middle Rocks et South Ledge (Malaisie/Singapour) *(Malaisie c. Singapour)*, qui ont été rayées du rôle de la Cour par ordonnances du 29 mai 2018.

La liste de ces affaires figure à l'annexe 14 (p. 298).

i) *Interprétation et révision d'un arrêt*

Comme indiqué ci-dessus (p. 142), les arrêts de la Cour sont obligatoires, définitifs et sans recours (Charte, art. 94, par. 1 ; Statut, art. 59-60 ; Règlement, art. 94, par. 2). Toutefois les parties peuvent introduire une demande en interprétation ou, dans certaines conditions, une demande en révision. La Cour statue à leur sujet par un arrêt (Statut, art. 60-61 ; Règlement, art. 98-100).

— Interprétation d'un arrêt

L'article 60 du Statut dispose que, en cas de contestation sur le sens et la portée d'un arrêt, il appartient à la Cour de l'interpréter à la demande de toute partie. Une demande en interprétation peut être introduite soit par une requête, soit par la notification d'un compromis conclu à cet effet entre les parties (Règlement, art. 98).

À ce jour, la Cour a été saisie de demandes en interprétation de ses arrêts en six occasions. La dernière demande en interprétation déposée l'a été le 30 juin 2017 par la Malaisie concernant l'arrêt rendu par la Cour le 23 mai 2008 en l'affaire relative à la *Souveraineté sur Pedra Branca/Pulau Batu Puteh, Middle Rocks et South Ledge (Malaisie/Singapour).*

La liste des demandes en interprétation figure à l'annexe 15 (p. 302).

— Révision d'un arrêt

Le paragraphe 1 de l'article 61 du Statut énonce que la révision d'un arrêt ne peut être demandée à la Cour qu'en raison de la découverte d'un fait de nature à exercer une influence décisive et qui, avant le prononcé de l'arrêt, était inconnu de la Cour et de la partie qui

(h) *Settlement and discontinuance*

In accordance with Article 88 of the Rules, if at any time before the final judgment on the merits has been delivered the parties, either jointly or separately, notify the Court in writing that they have agreed to discontinue the proceedings, the Court, or the President if the Court is not sitting, issues an order recording the discontinuance of the proceedings and directing the case to be removed from the List.

The Applicant may also unilaterally notify the Court of its decision to discontinue the proceedings; the Court then also issues an order recording the discontinuance of the proceedings and directing the removal of the case from the List, provided that the respondent has not already taken some step in the proceedings when the notice is received. If any such step has been taken, the respondent may oppose the discontinuance and the proceedings will continue (Art. 89 of Statute).

Twenty-six cases have ended in discontinuance. Two of these ended in discontinuance following the resolution of certain questions of reparation which the judgment had left to be settled. The last cases to end in discontinuance were those concerning *Application for Revision of the Judgment of 23 May 2008 in the Case concerning* Sovereignty over Pedra Branca/Pulau Batu Puteh, Middle Rocks and South Ledge (Malaysia/Singapore) *(Malaysia* v. *Singapore)* and *Request for Interpretation of the Judgment of 23 May 2008 in the Case concerning* Sovereignty over Pedra Branca/Pulau Batu Puteh, Middle Rocks and South Ledge (Malaysia/Singapore) *(Malaysia* v. *Singapore)*, which were removed from the Court's General List by Orders dated 29 May 2018.

For the list of these cases, see Annex 14 (p. 299).

(i) *Interpretation and revision of judgments*

As indicated above (p. 143), the judgments of the Court are binding, final and without appeal (Charter, Art. 94, para. 1; Statute, Arts. 59-60; Rules, Art. 94, para. 2). The parties may, however, make a request for interpretation or, in certain circumstances, for revision of a judgment. The decision of the Court on such requests is given in the form of a judgment (Statute, Arts. 60-61; Rules, Arts. 98-100).

— Interpretation of a judgment

Article 60 of the Statute provides that, in the event of dispute as to the meaning or scope of the judgment, the Court shall construe it upon the request of any party. A request for interpretation may be made either by an application or by the notification of a special agreement to that effect between the parties (Rules, Art. 98).

To date, the Court has received six requests for interpretation of its judgments. The most recent request for interpretation was filed on 30 June 2017 by Malaysia, relating to the Judgment rendered by the Court on 23 May 2008 in the case concerning *Sovereignty over Pedra Branca/Pulau Batu Puteh, Middle Rocks and South Ledge (Malaysia/Singapore)*.

For the list of requests for interpretation, see Annex 15 (p. 303).

— Revision of a judgment

Article 61, paragraph 1, of the Statute states that an application for revision of a judgment may be made only when it is based upon the discovery of some fact of such a nature as to be a decisive factor, which fact was, when the judgment was given, unknown to the Court demande la révision, sans qu'il y ait de la part de celle-ci faute à l'ignorer. La demande en révision est introduite par requête (Règlement, art. 99).

Depuis 1946, la Cour a statué sur quatre demandes en révision. Elle n'a jugé aucune de ces demandes recevable et, en conséquence, n'a révisé aucun des arrêts en cause. La dernière demande en révision déposée l'a été le 2 février 2017 par la Malaisie concernant l'arrêt rendu par la Cour le 23 mai 2008 en l'affaire relative à la *Souveraineté sur Pedra Branca/Pulau Batu Puteh, Middle Rocks et South Ledge (Malaisie/Singapour).*

La liste des demandes en révision figure à l'annexe 16 (p. 304).

C. *Procédure suivie en matière consultative*

En dehors des règles de procédure explicitement applicables en matière consultative, la Cour s'inspire des dispositions qui régissent les affaires contentieuses (Statut, art. 68 ; Règlement, art. 102).

1. *Requête*

La requête pour avis consultatif est adressée à la Cour par le Secrétaire général de l'Organisation des Nations Unies ou par le plus haut fonctionnaire de l'organe ou de l'institution qui a été autorisé à demander l'avis ; tout document pouvant servir à élucider la question est transmis en même temps que la requête ou le plus tôt possible après celle-ci (Statut, art. 65, par. 2 ; Règlement, art. 104).

Cette requête est notifiée à tous les États admis à ester devant la Cour (Statut, art. 66, par. 1).

2. *Procédure écrite et orale*

En général, la demande d'avis consultatif donne lieu à une procédure écrite puis orale (Statut, art. 66 ; Règlement, art. 105-106).

Le greffier notifie la requête pour avis consultatif à tous les États admis à ester devant la Cour et informe ceux de ces États et les organisations internationales jugés par la Cour susceptibles de fournir des renseignements sur la question qui lui est posée que la Cour est disposée à recevoir des exposés écrits ou à entendre des exposés oraux au cours d'une audience publique tenue à cet effet. L'un des États admis à ester devant la Cour peut, s'il n'a pas été informé par le greffier, exprimer le désir de soumettre un exposé écrit ou d'être entendu ; la Cour décidera alors s'il peut participer à la procédure.

En application de l'instruction de procédure XII, lorsqu'une organisation non gouvernementale (ONG) présente, de sa propre initiative, un exposé écrit et/ou un document dans le cadre d'une procédure consultative, cet exposé et/ou ce document ne sont pas considérés comme faisant partie du dossier de l'affaire, mais comme des publications facilement accessibles auxquelles les États et les organisations intergouvernementales participant à la procédure concernée peuvent se référer.

Les procédures consultatives peuvent donner lieu à l'intervention d'un grand nombre de participants.

and also to the party claiming revision, always provided that such ignorance was not due to negligence. An application for the revision of a judgment is made by an application (Rules, Art. 99).

Since 1946, the Court has ruled on four applications for revision. It found all of those applications to be inadmissible and thus did not revise any of the judgments in question. The most recent application for revision was filed on 2 February 2017 by Malaysia, relating to the Judgment rendered by the Court on 23 May 2008 in the case concerning *Sovereignty over Pedra Branca/Pulau Batu Puteh, Middle Rocks and South Ledge (Malaysia/Singapore).*

The list of applications for revision can be found in Annex 16 (p. 305).

C. Procedure Followed in Advisory Proceedings

In addition to those procedural rules which are expressly applicable to proceedings in regard to advisory opinions, the Court is guided by the provisions which apply in contentious proceedings (Statute, Art. 68; Rules, Art. 102).

1. Request

A request for an advisory opinion is addressed to the Court by the Secretary-General of the United Nations or the chief administrative officer of the organization authorized to make the request; all documents likely to throw light upon the question are to be transmitted at the same time as the request or as soon as possible thereafter (Statute, Art. 65, para. 2; Rules, Art. 104).

Notice of such a request is given to all States entitled to appear before the Court (Statute, Art. 66, para. 1).

2. Written and oral proceedings

A request for an advisory opinion usually gives rise to written proceedings followed by oral proceedings (Statute, Art. 66; Rules, Arts. 105-106).

The Registrar gives notice of the request for an advisory opinion to all States entitled to appear before the Court and also notifies any State entitled to appear before the Court or international organization considered by the Court as likely to be able to furnish information on the question, that the Court will be prepared to receive written statements, or to hear, at a public sitting to be held for the purpose, oral statements relating to the question. If any such State entitled to appear before the Court has failed to receive the notification from the Registrar, such State may express a desire to submit a written statement or to be heard; and the Court will decide if it may participate.

In accordance with Practice Direction XII, where an international non-governmental organization ("NGO") submits a written statement and/or document in advisory proceedings on its own initiative, such statement and/or document is not considered as forming part of the case file but is treated as a publication readily available, and may be referred to by the States and intergovernmental organizations participating in the proceedings.

Advisory proceedings may involve a large number of participants.

À titre d'exemple, dans la demande d'avis consultatif sur les *Conséquences juridiques découlant des politiques et pratiques d'Israël dans le Territoire palestinien occupé, y compris Jérusalem-Est*, par son ordonnance du 3 février 2023, la Cour a décidé que l'Organisation des Nations Unies et ses États Membres, ainsi que l'État observateur de Palestine, étaient « susceptibles de fournir des renseignements sur les questions soumises à la Cour pour avis consultatif ». La Cour a fixé au 25 juillet 2023 la date d'expiration du délai pour le dépôt des exposés écrits sur lesdites questions. Cinquante-sept exposés écrits ont été déposés au Greffe dans ce délai.

Dans la demande d'avis consultatif sur les *Obligations des États en matière de changement climatique*, la présidente a, dans son ordonnance du 20 avril 2023, décidé que l'Organisation des Nations Unies et ses États Membres étaient « susceptibles de fournir des renseignements sur les questions soumises à la Cour pour avis consultatif ». Elle a fixé au 20 octobre 2023 la date d'expiration du délai pour le dépôt des exposés écrits sur lesdites questions.

L'annexe 19 (p. 314) donne, pour chaque procédure consultative, le nom des entités ayant pris part aux phases écrite et/ou orale.

3. Délibéré

Le délibéré est conduit de la même manière que pour les affaires contentieuses (Règlement, art. 19-21 et 107 ; résolution visant la pratique interne de la Cour en matière judiciaire, art. 10).

4. Avis consultatif

L'avis consultatif est lu en séance publique (Statut, art. 67 ; Règlement, art. 107). Tout juge a le droit d'y joindre une opinion individuelle ou dissidente, ou bien une déclaration énonçant simplement sa position sans en donner les motifs. Les noms des juges ayant voté pour ou contre chaque point du dispositif y sont indiqués (Statut, art. 57 ; Règlement, art. 107).

L'un des exemplaires originaux de l'avis est remis au Secrétaire général de l'Organisation des Nations Unies et, le cas échéant, au plus haut fonctionnaire de l'organe ou de l'institution qui a demandé l'avis à la Cour (Règlement, art. 109). Les autres sont déposés aux archives de la Cour. Le texte de l'avis, un résumé non officiel et un communiqué de presse sont distribués à l'assistance. Ces documents sont également publiés sur le site Internet de la Cour et communiqués par courrier électronique à tous les destinataires enregistrés sur la liste de diffusion des communiqués de presse.

L'avis a un caractère purement consultatif. Toutefois, dans certains cas, l'acte en vertu duquel la Cour est saisie prévoit que l'avis aura force obligatoire ; par ailleurs, un État et une organisation internationale peuvent convenir, par voie de traité, que l'avis aura entre eux un effet décisif.

For instance, in the proceedings concerning the *Legal Consequences arising from the Policies and Practices of Israel in the Occupied Palestinian Territory, including East Jerusalem*, the Court decided, by its Order of 3 February 2023, that the United Nations and its Member States, as well as the observer State of Palestine, were "likely to be able to furnish information on the questions submitted to the Court for an advisory opinion". The Court fixed 25 July 2023 as the time-limit for the filing of written statements on those questions. Fifty-seven written statements were filed in the Registry within that time-limit.

In the proceedings concerning the request for an advisory opinion on the *Obligations of States in respect of Climate Change*, the President of the Court decided, in an Order dated 20 April 2023, that the United Nations and its Member States were "likely to be able to furnish information on the questions submitted to the Court for an advisory opinion". She fixed 20 October 2023 as the time-limit for the filing of written statements on those questions.

Annex 19 (p. 315) lists the names of those bodies that have participated in the written and/or oral phases of advisory proceedings.

3. *Deliberations*

The deliberations are conducted in the same manner as in contentious cases (Rules, Arts. 19-21 and 107; Resolution concerning the Internal Judicial Practice of the Court, Art. 10).

4. *Advisory opinion*

The advisory opinion is read in open court (Statute, Art. 67; Rules, Art. 107). Any judge is entitled to attach a separate or dissenting opinion, or a declaration which records his or her position without stating his or her reasons. The advisory opinion indicates the names of the judges who voted for and against each point of the operative clause (cf. Statute, Art. 57; Rules, Art. 107).

One of the original copies of the advisory opinion is transmitted to the Secretary-General of the United Nations and one, where appropriate, to the chief administrative officer of the body which requested the opinion of the Court (Rules, Art. 109). The others are filed in the Court's archives. The text of the advisory opinion, an unofficial summary and a press release are distributed to the public. These documents are also published on the Court's website and sent by email to all those registered on the press release mailing list.

The opinions given by the Court are purely advisory in character. However, in certain cases, the instrument by which the Court is seised provides that the advisory opinion has binding force. Moreover, a State and an international organization may agree, by means of a treaty, that the opinion will be binding upon them.

Les principales étapes de la procédure suivie en matière consultative

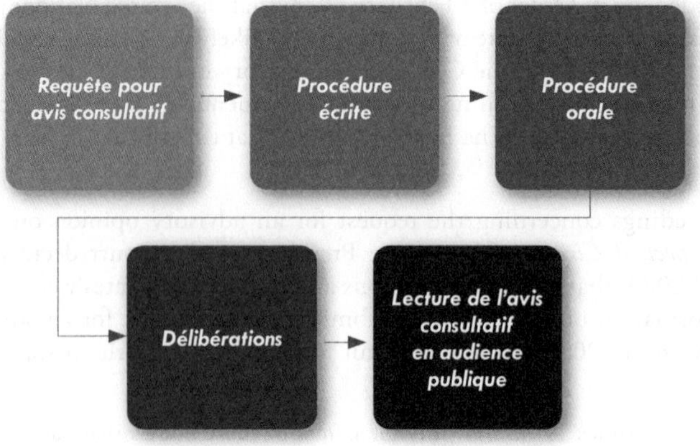

* *

*

The principal steps of the procedure followed in advisory proceedings

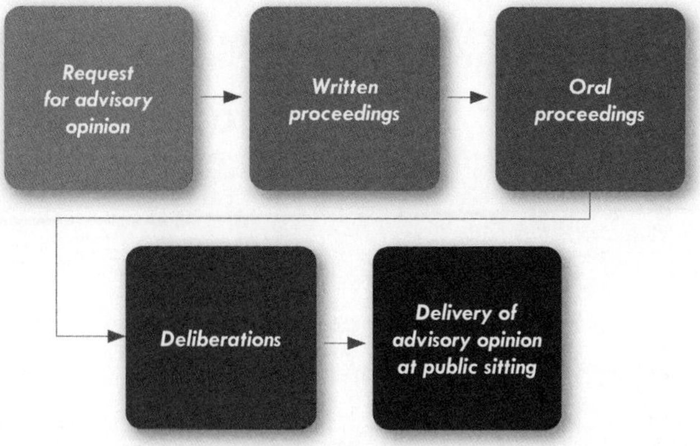

* *

*

Annexes

Les annexes ci-après présentent, pour chaque sujet abordé, l'ensemble des éléments pertinents, de la création de la Cour au 31 juillet 2023.

Each of the following annexes gives a complete record of the topic dealt with, from the establishment of the Court up to 31 July 2023.

Annexes

*

Annexes

*

ANNEXE 1

LISTE CHRONOLOGIQUE DES PROCÉDURES PORTÉES DEVANT LA COUR DEPUIS 1947

La liste suivante présente les 190 procédures qui ont été soumises à la Cour depuis 1947 (161 étant des affaires contentieuses et 29 des procédures consultatives).

Pour les affaires introduites en vertu d'un compromis, les noms des parties sont séparés par une barre oblique.

Les chiffres placés devant les titres des affaires contentieuses dans la liste ci-après signifient :

[1] Affaire terminée par un arrêt sur le fond ou sur la réparation.
[2] Affaire terminée par un arrêt sur une exception ou un point préliminaire.
[3] Affaire terminée par une ordonnance constatant l'absence de compétence de la Cour.
[4] Affaire terminée par un désistement avant l'arrêt au fond.
[5] Affaire pendante au 31 juillet 2023.

Titre	Dates
1. Affaires contentieuses	
[1] *Détroit de Corfou (Royaume-Uni c. Albanie)*	1947-1949
[1] *Pêcheries (Royaume-Uni c. Norvège)*	1949-1951
[4] *Protection de ressortissants et protégés français en Égypte (France c. Égypte)*	1949-1950
[1] *Droit d'asile (Colombie/Pérou)*	1949-1950
[1] *Droit des ressortissants des États-Unis d'Amérique au Maroc (France c. États-Unis d'Amérique)*	1950-1952
[1] *Demande d'interprétation de l'arrêt du 20 novembre 1950 en l'affaire du droit d'asile (Colombie c. Pérou)*	1950
[1] *Haya de la Torre (Colombie c. Pérou)*	1950-1951
[1] *Ambatielos (Grèce c. Royaume-Uni)*	1951-1953
[2] *Anglo-Iranian Oil Co. (Royaume-Uni c. Iran)*	1951-1952
[1] *Minquiers et Écréhous (France/Royaume-Uni)*	1951-1953
[2] *Nottebohm (Liechtenstein c. Guatemala)*	1951-1955
[2] *Or monétaire pris à Rome en 1943 (Italie c. France, Royaume-Uni et États-Unis d'Amérique)*	1953-1954
[4] *Société Électricité de Beyrouth (France c. Liban)*	1953-1954
[3] *Traitement en Hongrie d'un avion des États-Unis d'Amérique et de son équipage (États-Unis d'Amérique c. Hongrie)*	1954
[3] *Traitement en Hongrie d'un avion des États-Unis d'Amérique et de son équipage (États-Unis d'Amérique c. Union des Républiques socialistes soviétiques)*	1954

ANNEX 1

CHRONOLOGICAL LIST OF PROCEEDINGS BEFORE THE COURT SINCE 1947

All 190 proceedings brought before the Court since 1947 are listed below (161 contentious cases and 29 advisory proceedings).

In the case of proceedings instituted by means of a special agreement, the names of the parties are separated by an oblique stroke.

The figures preceding the titles of contentious cases in the following list are explained as follows:

[1] Case concluded by a judgment on the merits or on reparation.
[2] Case concluded by a judgment on an objection or a preliminary point.
[3] Case concluded by an order finding that the Court does not have jurisdiction.
[4] Case concluded by discontinuance before a judgment on the merits.
[5] Pending case as at 31 July 2023.

Title	Dates
1. Contentious Cases	
[1] *Corfu Channel (United Kingdom* v. *Albania)*	1947-1949
[1] *Fisheries (United Kingdom* v. *Norway)*	1949-1951
[4] *Protection of French Nationals and Protected Persons in Egypt (France* v. *Egypt)*	1949-1950
[1] *Asylum (Colombia/Peru)*	1949-1950
[1] *Rights of Nationals of the United States of America in Morocco (France* v. *United States of America)*	1950-1952
[1] *Request for Interpretation of the Judgment of 20 November 1950 in the Asylum Case (Colombia* v. *Peru)*	1950
[1] *Haya de la Torre (Colombia* v. *Peru)*	1950-1951
[1] *Ambatielos (Greece* v. *United Kingdom)*	1951-1953
[2] *Anglo-Iranian Oil Co. (United Kingdom* v. *Iran)*	1951-1952
[1] *Minquiers and Ecrehos (France/United Kingdom)*	1951-1953
[2] *Nottebohm (Liechtenstein* v. *Guatemala)*	1951-1955
[2] *Monetary Gold Removed from Rome in 1943 (Italy* v. *France, United Kingdom and United States of America)*	1953-1954
[4] *Électricité de Beyrouth Company (France* v. *Lebanon)*	1953-1954
[3] *Treatment in Hungary of Aircraft and Crew of United States of America (United States of America* v. *Hungary)*	1954
[3] *Treatment in Hungary of Aircraft and Crew of United States of America (United States of America* v. *Union of Soviet Socialist Republics)*	1954

Titre	Dates
[3] *Incident aérien du 10 mars 1953 (États-Unis d'Amérique c. Tchécoslovaquie)*	1955-1956
[3] *Antarctique (Royaume-Uni c. Argentine)*	1955-1956
[3] *Antarctique (Royaume-Uni c. Chili)*	1955-1956
[3] *Incident aérien du 7 octobre 1952 (États-Unis d'Amérique c. Union des Républiques socialistes soviétiques)*	1955-1956
[2] *Certains emprunts norvégiens (France c. Norvège)*	1955-1957
[1] *Droit de passage sur territoire indien (Portugal c. Inde)*	1955-1960
[1] *Application de la convention de 1902 pour régler la tutelle des mineurs (Pays-Bas c. Suède)*	1957-1958
[2] *Interhandel (Suisse c. États-Unis d'Amérique)*	1957-1959
[2] *Incident aérien du 27 juillet 1955 (Israël c. Bulgarie)*	1957-1959
[4] *Incident aérien du 27 juillet 1955 (États-Unis d'Amérique c. Bulgarie)*	1957-1960
[4] *Incident aérien du 27 juillet 1955 (Royaume-Uni c. Bulgarie)*	1957-1959
[1] *Souveraineté sur certaines parcelles frontalières (Belgique/Pays-Bas)*	1957-1959
[1] *Sentence arbitrale rendue par le roi d'Espagne le 23 décembre 1906 (Honduras c. Nicaragua)*	1958-1960
[3] *Incident aérien du 4 septembre 1954 (États-Unis d'Amérique c. Union des Républiques socialistes soviétiques)*	1958
[4] *Barcelona Traction, Light and Power Company, Limited (Belgique c. Espagne)*	1958-1961
[4] *Compagnie du port, des quais et des entrepôts de Beyrouth et Société Radio-Orient (France c. Liban)*	1959-1960
[3] *Incident aérien du 7 novembre 1954 (États-Unis d'Amérique c. Union des Républiques socialistes soviétiques)*	1959
[1] *Temple de Préah Vihéar (Cambodge c. Thaïlande)*	1959-1962
[2] *Sud-Ouest Africain (Éthiopie c. Afrique du Sud)**	1960-1966
[2] *Sud-Ouest Africain (Libéria c. Afrique du Sud)**	1960-1966
[2] *Cameroun septentrional (Cameroun c. Royaume-Uni)*	1961-1963
[2] *Barcelona Traction, Light and Power Company, Limited (nouvelle requête : 1962) (Belgique c. Espagne)*	1962-1970
[1] *Plateau continental de la mer du Nord (République fédérale d'Allemagne/Danemark)***	1967-1969
[1] *Plateau continental de la mer du Nord (République fédérale d'Allemagne/Pays-Bas)***	1967-1969
[1] *Appel concernant la compétence du Conseil de l'OACI (Inde c. Pakistan)*	1971-1972
[1] *Compétence en matière de pêcheries (Royaume-Uni c. Islande)*	1972-1974

* La Cour a joint les instances dans ces deux affaires par ordonnance du 20 mai 1961.

** La Cour a joint les instances dans ces deux affaires par ordonnance du 26 avril 1968, le Danemark et les Pays-Bas ayant décidé de faire cause commune.

Title	Dates
[3] *Aerial Incident of 10 March 1953 (United States of America* v. *Czechoslovakia)*	1955-1956
[3] *Antarctica (United Kingdom* v. *Argentina)*	1955-1956
[3] *Antarctica (United Kingdom* v. *Chile)*	1955-1956
[3] *Aerial Incident of 7 October 1952 (United States of America* v. *Union of Soviet Socialist Republics)*	1955-1956
[2] *Certain Norwegian Loans (France* v. *Norway)*	1955-1957
[1] *Right of Passage over Indian Territory (Portugal* v. *India)*	1955-1960
[1] *Application of the Convention of 1902 Governing the Guardianship of Infants (Netherlands* v. *Sweden)*	1957-1958
[2] *Interhandel (Switzerland* v. *United States of America)*	1957-1959
[2] *Aerial Incident of 27 July 1955 (Israel* v. *Bulgaria)*	1957-1959
[4] *Aerial Incident of 27 July 1955 (United States of America* v. *Bulgaria)*	1957-1960
[4] *Aerial Incident of 27 July 1955 (United Kingdom* v. *Bulgaria)*	1957-1959
[1] *Sovereignty over Certain Frontier Land (Belgium/Netherlands)*	1957-1959
[1] *Arbitral Award Made by the King of Spain on 23 December 1906 (Honduras* v. *Nicaragua)*	1958-1960
[3] *Aerial Incident of 4 September 1954 (United States of America* v. *Union of Soviet Socialist Republics)*	1958
[4] *Barcelona Traction, Light and Power Company, Limited (Belgium* v. *Spain)*	1958-1961
[4] *Compagnie du Port, des Quais et des Entrepôts de Beyrouth and Société Radio-Orient (France* v. *Lebanon)*	1959-1960
[3] *Aerial Incident of 7 November 1954 (United States of America* v. *Union of Soviet Socialist Republics)*	1959
[1] *Temple of Preah Vihear (Cambodia* v. *Thailand)*	1959-1962
[2] *South West Africa (Ethiopia* v. *South Africa)**	1960-1966
[2] *South West Africa (Liberia* v. *South Africa)**	1960-1966
[2] *Northern Cameroons (Cameroon* v. *United Kingdom)*	1961-1963
[2] *Barcelona Traction, Light and Power Company, Limited (New Application: 1962) (Belgium* v. *Spain)*	1962-1970
[1] *North Sea Continental Shelf (Federal Republic of Germany/Denmark)***	1967-1969
[1] *North Sea Continental Shelf (Federal Republic of Germany/Netherlands)***	1967-1969
[1] *Appeal Relating to the Jurisdiction of the ICAO Council (India* v. *Pakistan)*	1971-1972
[1] *Fisheries Jurisdiction (United Kingdom* v. *Iceland)*	1972-1974

* The Court joined the proceedings in these two cases by an Order of 20 May 1961.

** The Court joined the proceedings in these two cases by an Order of 26 April 1968, Denmark and the Netherlands having decided that they were in the same interest.

Titre	Dates
[1] *Compétence en matière de pêcheries (République fédérale d'Allemagne c. Islande)*	1972-1974
[2] *Essais nucléaires (Australie c. France)*	1973-1974
[2] *Essais nucléaires (Nouvelle-Zélande c. France)*	1973-1974
[4] *Procès de prisonniers de guerre pakistanais (Pakistan c. Inde)*	1973
[2] *Plateau continental de la mer Égée (Grèce c. Turquie)*	1976-1978
[1] *Plateau continental (Tunisie/Jamahiriya arabe libyenne)*	1978-1982
[1] *Personnel diplomatique et consulaire des États-Unis à Téhéran (États-Unis d'Amérique c. Iran)*	1979-1981
[1] *Délimitation de la frontière maritime dans la région du golfe du Maine (Canada/États-Unis d'Amérique)*	1981-1984
[1] *Plateau continental (Jamahiriya arabe libyenne/Malte)*	1982-1985
[1] *Différend frontalier (Burkina Faso/République du Mali)*	1983-1986
[1] *Activités militaires et paramilitaires au Nicaragua et contre celui-ci (Nicaragua c. États-Unis d'Amérique)*	1984-1991
[1] *Demande en revision et en interprétation de l'arrêt du 24 février 1982 en l'affaire du* Plateau continental (Tunisie/Jamahiriya arabe libyenne) *(Tunisie c. Jamahiriya arabe libyenne)*	1984-1985
[4] *Actions armées frontalières et transfrontalières (Nicaragua c. Costa Rica)*	1986-1987
[4] *Actions armées frontalières et transfrontalières (Nicaragua c. Honduras)*	1986-1992
[1] *Différend frontalier terrestre, insulaire et maritime (El Salvador/Honduras; Nicaragua (intervenant))*	1986-1992
[1] *Elettronica Sicula S.p.A. (ELSI) (États-Unis d'Amérique c. Italie)*	1987-1989
[1] *Délimitation maritime dans la région située entre le Groenland et Jan Mayen (Danemark c. Norvège)*	1988-1993
[4] *Incident aérien du 3 juillet 1988 (République islamique d'Iran c. États-Unis d'Amérique)*	1989-1996
[4] *Certaines terres à phosphates à Nauru (Nauru c. Australie)*	1989-1993
[1] *Sentence arbitrale du 31 juillet 1989 (Guinée-Bissau c. Sénégal)*	1989-1991
[1] *Différend territorial (Jamahiriya arabe libyenne/Tchad)*	1990-1994
[2] *Timor oriental (Portugal c. Australie)*	1991-1995
[4] *Délimitation maritime entre la Guinée-Bissau et le Sénégal (Guinée-Bissau c. Sénégal)*	1991-1995
[4] *Passage par le Grand-Belt (Finlande c. Danemark)*	1991-1992
[1] *Délimitation maritime et questions territoriales entre Qatar et Bahreïn (Qatar c. Bahreïn)*	1991-2001
[4] *Questions d'interprétation et d'application de la convention de Montréal de 1971 résultant de l'incident aérien de Lockerbie (Jamahiriya arabe libyenne c. Royaume-Uni)*	1992-2003

Title	Dates
[1] *Fisheries Jurisdiction (Federal Republic of Germany* v. *Iceland)*	1972-1974
[2] *Nuclear Tests (Australia* v. *France)*	1973-1974
[2] *Nuclear Tests (New Zealand* v. *France)*	1973-1974
[4] *Trial of Pakistani Prisoners of War (Pakistan* v. *India)*	1973
[2] *Aegean Sea Continental Shelf (Greece* v. *Turkey)*	1976-1978
[1] *Continental Shelf (Tunisia/Libyan Arab Jamahiriya)*	1978-1982
[1] *United States Diplomatic and Consular Staff in Tehran (United States of America* v. *Iran)*	1979-1981
[1] *Delimitation of the Maritime Boundary in the Gulf of Maine Area (Canada/ United States of America)*	1981-1984
[1] *Continental Shelf (Libyan Arab Jamahiriya/Malta)*	1982-1985
[1] *Frontier Dispute (Burkina Faso/Republic of Mali)*	1983-1986
[1] *Military and Paramilitary Activities in and against Nicaragua (Nicaragua* v. *United States of America)*	1984-1991
[1] *Application for Revision and Interpretation of the Judgment of 24 February 1982 in the Case concerning the* Continental Shelf (Tunisia/Libyan Arab Jamahiriya) *(Tunisia* v. *Libyan Arab Jamahiriya)*	1984-1985
[4] *Border and Transborder Armed Actions (Nicaragua* v. *Costa Rica)*	1986-1987
[4] *Border and Transborder Armed Actions (Nicaragua* v. *Honduras)*	1986-1992
[1] *Land, Island and Maritime Frontier Dispute (El Salvador/Honduras: Nicaragua intervening)*	1986-1992
[1] *Elettronica Sicula S.p.A. (ELSI) (United States of America* v. *Italy)*	1987-1989
[1] *Maritime Delimitation in the Area between Greenland and Jan Mayen (Denmark* v. *Norway)*	1988-1993
[4] *Aerial Incident of 3 July 1988 (Islamic Republic of Iran* v. *United States of America)*	1989-1996
[4] *Certain Phosphate Lands in Nauru (Nauru* v. *Australia)*	1989-1993
[1] *Arbitral Award of 31 July 1989 (Guinea-Bissau* v. *Senegal)*	1989-1991
[1] *Territorial Dispute (Libyan Arab Jamahiriya/Chad)*	1990-1994
[2] *East Timor (Portugal* v. *Australia)*	1991-1995
[4] *Maritime Delimitation between Guinea-Bissau and Senegal (Guinea-Bissau* v. *Senegal)*	1991-1995
[4] *Passage through the Great Belt (Finland* v. *Denmark)*	1991-1992
[1] *Maritime Delimitation and Territorial Questions between Qatar and Bahrain (Qatar* v. *Bahrain)*	1991-2001
[4] *Questions of Interpretation and Application of the 1971 Montreal Convention arising from the Aerial Incident at Lockerbie (Libyan Arab Jamahiriya* v. *United Kingdom)*	1992-2003

Titre	Dates
[4] *Questions d'interprétation et d'application de la convention de Montréal de 1971 résultant de l'incident aérien de Lockerbie (Jamahiriya arabe libyenne c. États-Unis d'Amérique)*	1992-2003
[1] *Plates-formes pétrolières (République islamique d'Iran c. États-Unis d'Amérique)*	1992-2003
[1] *Application de la convention pour la prévention et la répression du crime de génocide (Bosnie-Herzégovine c. Serbie-et-Monténégro)*	1993-2007
[5] *Projet Gabčíkovo-Nagymaros (Hongrie/Slovaquie)**	1993-
[1] *Frontière terrestre et maritime entre le Cameroun et le Nigéria (Cameroun c. Nigéria; Guinée équatoriale (intervenant))*	1994-2002
[2] *Compétence en matière de pêcheries (Espagne c. Canada)*	1995-1998
[2] *Demande d'examen de la situation au titre du paragraphe 63 de l'arrêt rendu par la Cour le 20 décembre 1974 dans l'affaire des* Essais nucléaires (Nouvelle-Zélande c. France) *(Nouvelle-Zélande c. France)*	1995
[1] *Île de Kasikili/Sedudu (Botswana/Namibie)*	1996-1999
[4] *Convention de Vienne sur les relations consulaires (Paraguay c. États-Unis d'Amérique)*	1998
[2] *Demande en interprétation de l'arrêt du 11 juin 1998 en l'affaire de la* Frontière terrestre et maritime entre le Cameroun et le Nigéria (Cameroun c. Nigéria), *exceptions préliminaires (Nigéria c. Cameroun)*	1998-1999
[1] *Souveraineté sur Pulau Ligitan et Pulau Sipadan (Indonésie/Malaisie)*	1998-2002
[1] *Ahmadou Sadio Diallo (République de Guinée c. République démocratique du Congo)*	1998-2012
[1] *LaGrand (Allemagne c. États-Unis d'Amérique)*	1999-2001
[2] *Licéité de l'emploi de la force (Serbie-et-Monténégro c. Belgique)*	1999-2004
[2] *Licéité de l'emploi de la force (Serbie-et-Monténégro c. Canada)*	1999-2004
[2] *Licéité de l'emploi de la force (Serbie-et-Monténégro c. France)*	1999-2004
[2] *Licéité de l'emploi de la force (Serbie-et-Monténégro c. Allemagne)*	1999-2004
[2] *Licéité de l'emploi de la force (Serbie-et-Monténégro c. Italie)*	1999-2004
[2] *Licéité de l'emploi de la force (Serbie-et-Monténégro c. Pays-Bas)*	1999-2004
[2] *Licéité de l'emploi de la force (Serbie-et-Monténégro c. Portugal)*	1999-2004
[2] *Licéité de l'emploi de la force (Serbie-et-Monténégro c. Royaume-Uni)*	1999-2004
[3] *Licéité de l'emploi de la force (Yougoslavie c. Espagne)*	1999
[3] *Licéité de l'emploi de la force (Yougoslavie c. États-Unis d'Amérique)*	1999
[4] *Activités armées sur le territoire du Congo (République démocratique du Congo c. Burundi)*	1999-2001
[1] *Activités armées sur le territoire du Congo (République démocratique du Congo c. Ouganda)*	1999-2022

* La Cour a rendu son arrêt le 25 septembre 1997. En mars 2018, la Cour a décidé que l'affaire était toujours pendante, ayant pris note que les deux Parties avaient chacune réservé leur droit de se prévaloir, au titre du compromis, de la possibilité de prier la Cour de rendre un arrêt supplémentaire pour déterminer les modalités d'exécution de son arrêt du 25 septembre 1997. Voir p. 26.

Title	Dates
4 *Questions of Interpretation and Application of the 1971 Montreal Convention arising from the Aerial Incident at Lockerbie (Libyan Arab Jamahiriya* v. *United States of America)*	1992-2003
1 *Oil Platforms (Islamic Republic of Iran* v. *United States of America)*	1992-2003
1 *Application of the Convention on the Prevention and Punishment of the Crime of Genocide (Bosnia and Herzegovina* v. *Serbia and Montenegro)*	1993-2007
5 *Gabčíkovo-Nagymaros Project (Hungary/Slovakia)**	1993-
1 *Land and Maritime Boundary between Cameroon and Nigeria (Cameroon* v. *Nigeria: Equatorial Guinea intervening)*	1994-2002
2 *Fisheries Jurisdiction (Spain* v. *Canada)*	1995-1998
2 *Request for an Examination of the Situation in Accordance with Paragraph 63 of the Court's Judgment of 20 December 1974 in the* Nuclear Tests (New Zealand *v.* France) *Case (New Zealand* v. *France)*	1995
1 *Kasikili/Sedudu Island (Botswana/Namibia)*	1996-1999
4 *Vienna Convention on Consular Relations (Paraguay* v. *United States of America)*	1998
2 *Request for Interpretation of the Judgment of 11 June 1998 in the Case concerning the* Land and Maritime Boundary between Cameroon and Nigeria (Cameroon *v.* Nigeria), *Preliminary Objections (Nigeria* v. *Cameroon)*	1998-1999
1 *Sovereignty over Pulau Ligitan and Pulau Sipadan (Indonesia/Malaysia)*	1998-2002
1 *Ahmadou Sadio Diallo (Republic of Guinea* v. *Democratic Republic of the Congo)*	1998-2012
1 *LaGrand (Germany* v. *United States of America)*	1999-2001
2 *Legality of Use of Force (Serbia and Montenegro* v. *Belgium)*	1999-2004
2 *Legality of Use of Force (Serbia and Montenegro* v. *Canada)*	1999-2004
2 *Legality of Use of Force (Serbia and Montenegro* v. *France)*	1999-2004
2 *Legality of Use of Force (Serbia and Montenegro* v. *Germany)*	1999-2004
2 *Legality of Use of Force (Serbia and Montenegro* v. *Italy)*	1999-2004
2 *Legality of Use of Force (Serbia and Montenegro* v. *Netherlands)*	1999-2004
2 *Legality of Use of Force (Serbia and Montenegro* v. *Portugal)*	1999-2004
2 *Legality of Use of Force (Serbia and Montenegro* v. *United Kingdom)*	1999-2004
3 *Legality of Use of Force (Yugoslavia* v. *Spain)*	1999
3 *Legality of Use of Force (Yugoslavia* v. *United States of America)*	1999
4 *Armed Activities on the Territory of the Congo (Democratic Republic of the Congo* v. *Burundi)*	1999-2001
1 *Armed Activities on the Territory of the Congo (Democratic Republic of the Congo* v. *Uganda)*	1999-2022

* The Court rendered its Judgment on 25 September 1997. In March 2018, the Court decided that the case remained pending, having noted that both Parties had reserved their right under the Special Agreement to request the Court to render an additional judgment to determine the modalities for executing its Judgment of 25 September 1997. See p. 27.

Titre	Dates
[4] *Activités armées sur le territoire du Congo (République démocratique du Congo c. Rwanda)*	1999-2001
[1] *Application de la convention pour la prévention et la répression du crime de génocide (Croatie c. Serbie)*	1999-2015
[2] *Incident aérien du 10 août 1999 (Pakistan c. Inde)*	1999-2000
[1] *Différend territorial et maritime entre le Nicaragua et le Honduras dans la mer des Caraïbes (Nicaragua c. Honduras)*	1999-2007
[1] *Mandat d'arrêt du 11 avril 2000 (République démocratique du Congo c. Belgique)*	2000-2002
[1] *Demande en revision de l'arrêt du 11 juillet 1996 en l'affaire relative à l'*Application de la convention pour la prévention et la répression du crime de génocide (Bosnie-Herzégovine c. Yougoslavie), *exceptions préliminaires (Yougoslavie c. Bosnie-Herzégovine)*	2001-2003
[2] *Certains biens (Liechtenstein c. Allemagne)*	2001-2005
[1] *Différend territorial et maritime (Nicaragua c. Colombie)*	2001-2012
[1] *Différend frontalier (Bénin/Niger)*	2002-2005
[2] *Activités armées sur le territoire du Congo (nouvelle requête : 2002) (République démocratique du Congo c. Rwanda)*	2002-2006
[2] *Demande en revision de l'arrêt du 11 septembre 1992 en l'affaire du* Différend frontalier terrestre, insulaire et maritime (El Salvador/Honduras ; Nicaragua (intervenant)) *(El Salvador c. Honduras)*	2002-2003
[1] *Avena et autres ressortissants mexicains (Mexique c. États-Unis d'Amérique)*	2003-2004
[4] *Certaines procédures pénales engagées en France (République du Congo c. France)*	2003-2010
[1] *Souveraineté sur Pedra Branca/Pulau Batu Puteh, Middle Rocks et South Ledge (Malaisie/Singapour)*	2003-2008
[1] *Délimitation maritime en mer Noire (Roumanie c. Ukraine)*	2004-2009
[1] *Différend relatif à des droits de navigation et des droits connexes (Costa Rica c. Nicaragua)*	2005-2009
[4] *Statut vis-à-vis de l'État hôte d'un envoyé diplomatique auprès de l'Organisation des Nations Unies (Commonwealth de Dominique c. Suisse)*	2006
[1] *Usines de pâte à papier sur le fleuve Uruguay (Argentine c. Uruguay)*	2006-2010
[1] *Certaines questions concernant l'entraide judiciaire en matière pénale (Djibouti c. France)*	2006-2008
[1] *Différend maritime (Pérou c. Chili)*	2008-2014
[4] *Épandages aériens d'herbicides (Équateur c. Colombie)*	2008-2013
[1] *Demande en interprétation de l'arrêt du 31 mars 2004 en l'affaire* Avena et autres ressortissants mexicains (Mexique c. États-Unis d'Amérique) *(Mexique c. États-Unis d'Amérique)*	2008-2009
[2] *Application de la convention internationale sur l'élimination de toutes les formes de discrimination raciale (Géorgie c. Fédération de Russie)*	2008-2011
[1] *Application de l'accord intérimaire du 13 septembre 1995 (ex-République yougoslave de Macédoine c. Grèce)*	2008-2011

Title	Dates
[4] *Armed Activities on the Territory of the Congo (Democratic Republic of the Congo* v. *Rwanda)*	1999-2001
[1] *Application of the Convention on the Prevention and Punishment of the Crime of Genocide (Croatia* v. *Serbia)*	1999-2015
[2] *Aerial Incident of 10 August 1999 (Pakistan* v. *India)*	1999-2000
[1] *Territorial and Maritime Dispute between Nicaragua and Honduras in the Caribbean Sea (Nicaragua* v. *Honduras)*	1999-2007
[1] *Arrest Warrant of 11 April 2000 (Democratic Republic of the Congo* v. *Belgium)*	2000-2002
[1] *Application for Revision of the Judgment of 11 July 1996 in the Case concerning* Application of the Convention on the Prevention and Punishment of the Crime of Genocide (Bosnia and Herzegovina *v.* Yugoslavia), *Preliminary Objections (Yugoslavia* v. *Bosnia and Herzegovina)*	2001-2003
[2] *Certain Property (Liechtenstein* v. *Germany)*	2001-2005
[1] *Territorial and Maritime Dispute (Nicaragua* v. *Colombia)*	2001-2012
[1] *Frontier Dispute (Benin/Niger)*	2002-2005
[2] *Armed Activities on the Territory of the Congo (New Application: 2002) (Democratic Republic of the Congo* v. *Rwanda)*	2002-2006
[2] *Application for Revision of the Judgment of 11 September 1992 in the Case concerning the* Land, Island and Maritime Frontier Dispute (El Salvador/Honduras: Nicaragua intervening) *(El Salvador* v. *Honduras)*	2002-2003
[1] *Avena and Other Mexican Nationals (Mexico* v. *United States of America)*	2003-2004
[4] *Certain Criminal Proceedings in France (Republic of the Congo* v. *France)*	2003-2010
[1] *Sovereignty over Pedra Branca/Pulau Batu Puteh, Middle Rocks and South Ledge (Malaysia/Singapore)*	2003-2008
[1] *Maritime Delimitation in the Black Sea (Romania* v. *Ukraine)*	2004-2009
[1] *Dispute regarding Navigational and Related Rights (Costa Rica* v. *Nicaragua)*	2005-2009
[4] *Status vis-à-vis the Host State of a Diplomatic Envoy to the United Nations (Commonwealth of Dominica* v. *Switzerland)*	2006
[1] *Pulp Mills on the River Uruguay (Argentina* v. *Uruguay)*	2006-2010
[1] *Certain Questions of Mutual Assistance in Criminal Matters (Djibouti* v. *France)*	2006-2008
[1] *Maritime Dispute (Peru* v. *Chile)*	2008-2014
[4] *Aerial Herbicide Spraying (Ecuador* v. *Colombia)*	2008-2013
[1] *Request for Interpretation of the Judgment of 31 March 2004 in the Case concerning* Avena and Other Mexican Nationals (Mexico *v.* United States of America) *(Mexico* v. *United States of America)*	2008-2009
[2] *Application of the International Convention on the Elimination of All Forms of Racial Discrimination (Georgia* v. *Russian Federation)*	2008-2011
[1] *Application of the Interim Accord of 13 September 1995 (the former Yugoslav Republic of Macedonia* v. *Greece)*	2008-2011

Titre	Dates
[1] *Immunités juridictionnelles de l'État (Allemagne c. Italie; Grèce (intervenant))*	2008-2012
[1] *Questions concernant l'obligation de poursuivre ou d'extrader (Belgique c. Sénégal)*	2009-2012
[4] *Certaines questions en matière de relations diplomatiques (Honduras c. Brésil)*	2009-2010
[4] *Compétence judiciaire et exécution des décisions en matière civile et commerciale (Belgique c. Suisse)*	2009-2011
[1] *Chasse à la baleine dans l'Antarctique (Australie c. Japon; Nouvelle-Zélande (intervenant))*	2010-2014
[1] *Différend frontalier (Burkina Faso/Niger)*	2010-2013
[1] *Certaines activités menées par le Nicaragua dans la région frontalière (Costa Rica c. Nicaragua)**	2010-2018
[1] *Demande en interprétation de l'arrêt du 15 juin 1962 en l'affaire du* Temple de Préah Vihéar (Cambodge c. Thaïlande) *(Cambodge c. Thaïlande)*	2011-2013
[1] *Construction d'une route au Costa Rica le long du fleuve San Juan (Nicaragua c. Costa Rica)**	2011-2015
[1] *Obligation de négocier un accès à l'océan Pacifique (Bolivie c. Chili)*	2013-2018
[1] *Question de la délimitation du plateau continental entre le Nicaragua et la Colombie au-delà de 200 milles marins de la côte nicaraguayenne (Nicaragua c. Colombie)*	2013-2023
[1] *Violations alléguées de droits souverains et d'espaces maritimes dans la mer des Caraïbes (Nicaragua c. Colombie)*	2013-2022
[4] *Questions concernant la saisie et la détention de certains documents et données (Timor-Leste c. Australie)*	2013-2015
[1] *Délimitation maritime dans la mer des Caraïbes et l'océan Pacifique (Costa Rica c. Nicaragua)***	2014-2018
[2] *Obligations relatives à des négociations concernant la cessation de la course aux armes nucléaires et le désarmement nucléaire (Îles Marshall c. Inde)*	2014-2016
[2] *Obligations relatives à des négociations concernant la cessation de la course aux armes nucléaires et le désarmement nucléaire (Îles Marshall c. Pakistan)*	2014-2016
[2] *Obligations relatives à des négociations concernant la cessation de la course aux armes nucléaires et le désarmement nucléaire (Îles Marshall c. Royaume-Uni)*	2014-2016
[1] *Délimitation maritime dans l'océan Indien (Somalie c. Kenya)*	2014-2021
[1] *Différend concernant le statut et l'utilisation des eaux du Silala (Chili c. Bolivie)*	2016-2022
[1] *Immunités et procédures pénales (Guinée équatoriale c. France)*	2016-2020

* La Cour a joint les instances dans ces deux affaires par une ordonnance du 17 avril 2013.

** La Cour a joint les instances dans cette affaire et celle de la *Frontière terrestre dans la partie septentrionale d'Isla Portillos (Costa Rica c. Nicaragua)* par une ordonnance du 2 février 2017.

Title	Dates
[1] *Jurisdictional Immunities of the State (Germany* v. *Italy: Greece intervening)*	2008-2012
[1] *Questions relating to the Obligation to Prosecute or Extradite (Belgium* v. *Senegal)*	2009-2012
[4] *Certain Questions concerning Diplomatic Relations (Honduras* v. *Brazil)*	2009-2010
[4] *Jurisdiction and Enforcement of Judgments in Civil and Commercial Matters (Belgium* v. *Switzerland)*	2009-2011
[1] *Whaling in the Antarctic (Australia* v. *Japan: New Zealand intervening)*	2010-2014
[1] *Frontier Dispute (Burkina Faso/Niger)*	2010-2013
[1] *Certain Activities Carried Out by Nicaragua in the Border Area (Costa Rica* v. *Nicaragua)**	2010-2018
[1] *Request for Interpretation of the Judgment of 15 June 1962 in the Case concerning the* Temple of Preah Vihear (Cambodia *v.* Thailand) *(Cambodia* v. *Thailand)*	2011-2013
[1] *Construction of a Road in Costa Rica along the San Juan River (Nicaragua* v. *Costa Rica)**	2011-2015
[1] *Obligation to Negotiate Access to the Pacific Ocean (Bolivia* v. *Chile)*	2013-2018
[1] *Question of the Delimitation of the Continental Shelf between Nicaragua and Colombia beyond 200 Nautical Miles from the Nicaraguan Coast (Nicaragua* v. *Colombia)*	2013-2023
[1] *Alleged Violations of Sovereign Rights and Maritime Spaces in the Caribbean Sea (Nicaragua* v. *Colombia)*	2013-2022
[4] *Questions relating to the Seizure and Detention of Certain Documents and Data (Timor-Leste* v. *Australia)*	2013-2015
[1] *Maritime Delimitation in the Caribbean Sea and the Pacific Ocean (Costa Rica* v. *Nicaragua)***	2014-2018
[2] *Obligations concerning Negotiations relating to Cessation of the Nuclear Arms Race and to Nuclear Disarmament (Marshall Islands* v. *India)*	2014-2016
[2] *Obligations concerning Negotiations relating to Cessation of the Nuclear Arms Race and to Nuclear Disarmament (Marshall Islands* v. *Pakistan)*	2014-2016
[2] *Obligations concerning Negotiations relating to Cessation of the Nuclear Arms Race and to Nuclear Disarmament (Marshall Islands* v. *United Kingdom)*	2014-2016
[1] *Maritime Delimitation in the Indian Ocean (Somalia* v. *Kenya)*	2014-2021
[1] *Dispute over the Status and Use of the Waters of the Silala (Chile* v. *Bolivia)*	2016-2022
[1] *Immunities and Criminal Proceedings (Equatorial Guinea* v. *France)*	2016-2020

* The Court joined the proceedings in these two cases by an Order of 17 April 2013.

** The Court joined the proceedings in this case and in *Land Boundary in the Northern Part of Isla Portillos (Costa Rica* v. *Nicaragua)* by an Order of 2 February 2017.

Titre	Dates
5 *Certains actifs iraniens (République islamique d'Iran c. États-Unis d'Amérique)*	2016-
1 *Frontière terrestre dans la partie septentrionale d'Isla Portillos (Costa Rica c. Nicaragua)**	2017-2018
5 *Application de la convention internationale pour la répression du financement du terrorisme et de la convention internationale sur l'élimination de toutes les formes de discrimination raciale (Ukraine c. Fédération de Russie)*	2017-
4 *Demande en revision de l'arrêt du 23 mai 2008 en l'affaire relative à la* Souveraineté sur Pedra Branca/Pulau Batu Puteh, Middle Rocks et South Ledge (Malaisie/Singapour) *(Malaisie c. Singapour)*	2017-2018
1 *Jadhav (Inde c. Pakistan)*	2017-2019
4 *Demande en interprétation de l'arrêt du 23 mai 2008 en l'affaire relative à la* Souveraineté sur Pedra Branca/Pulau Batu Puteh, Middle Rocks et South Ledge (Malaisie/Singapour) *(Malaisie c. Singapour)*	2017-2018
5 *Sentence arbitrale du 3 octobre 1899 (Guyana c. Venezuela)*	2018-
2 *Application de la convention internationale sur l'élimination de toutes les formes de discrimination raciale (Qatar c. Émirats arabes unis)*	2018-2021
1 *Appel concernant la compétence du Conseil de l'OACI en vertu de l'article 84 de la convention relative à l'aviation civile internationale (Arabie saoudite, Bahreïn, Égypte et Émirats arabes unis c. Qatar)*	2018-2020
1 *Appel concernant la compétence du Conseil de l'OACI en vertu de l'article II, section 2, de l'accord de 1944 relatif au transit des services aériens internationaux (Bahreïn, Égypte et Émirats arabes unis c. Qatar)*	2018-2020
5 *Violations alléguées du traité d'amitié, de commerce et de droits consulaires de 1955 (République islamique d'Iran c. États-Unis d'Amérique)*	2018-
5 *Transfert de l'ambassade des États-Unis à Jérusalem (Palestine c. États-Unis d'Amérique)*	2018-
5 *Revendication territoriale, insulaire et maritime du Guatemala (Guatemala/Belize)*	2019-
5 *Application de la convention pour la prévention et la répression du crime de génocide (Gambie c. Myanmar)*	2019-
5 *Délimitation terrestre et maritime et souveraineté sur des îles (Gabon/Guinée équatoriale)*	2021-
5 *Application de la convention internationale sur l'élimination de toutes les formes de discrimination raciale (Arménie c. Azerbaïdjan)*	2021-
5 *Application de la convention internationale sur l'élimination de toutes les formes de discrimination raciale (Azerbaïdjan c. Arménie)*	2021-
5 *Allégations de génocide au titre de la convention pour la prévention et la répression du crime de génocide (Ukraine c. Fédération de Russie)*	2022-
5 *Questions relatives aux immunités juridictionnelles de l'État et aux mesures de contrainte contre des biens appartenant à l'État (Allemagne c. Italie)*	2022-

* La Cour a joint les instances dans cette affaire et celle de la *Délimitation maritime dans la mer des Caraïbes et l'océan Pacifique (Costa Rica c. Nicaragua)* par une ordonnance du 2 février 2017.

Title	Dates
5 *Certain Iranian Assets (Islamic Republic of Iran* v. *United States of America)*	2016-
1 *Land Boundary in the Northern Part of Isla Portillos (Costa Rica* v. *Nicaragua)**	2017-2018
5 *Application of the International Convention for the Suppression of the Financing of Terrorism and of the International Convention on the Elimination of All Forms of Racial Discrimination (Ukraine* v. *Russian Federation)*	2017-
4 *Application for Revision of the Judgment of 23 May 2008 in the Case concerning* Sovereignty over Pedra Branca/Pulau Batu Puteh, Middle Rocks and South Ledge (Malaysia/Singapore) *(Malaysia* v. *Singapore)*	2017-2018
1 *Jadhav (India* v. *Pakistan)*	2017-2019
4 *Request for Interpretation of the Judgment of 23 May 2008 in the Case concerning* Sovereignty over Pedra Branca/Pulau Batu Puteh, Middle Rocks and South Ledge (Malaysia/Singapore) *(Malaysia* v. *Singapore)*	2017-2018
5 *Arbitral Award of 3 October 1899 (Guyana* v. *Venezuela)*	2018-
2 *Application of the International Convention on the Elimination of All Forms of Racial Discrimination (Qatar* v. *United Arab Emirates)*	2018-2021
1 *Appeal relating to the Jurisdiction of the ICAO Council under Article 84 of the Convention on International Civil Aviation (Bahrain, Egypt, Saudi Arabia and United Arab Emirates* v. *Qatar)*	2018-2020
1 *Appeal relating to the Jurisdiction of the ICAO Council under Article II, Section 2, of the 1944 International Air Services Transit Agreement (Bahrain, Egypt and United Arab Emirates* v. *Qatar)*	2018-2020
5 *Alleged Violations of the 1955 Treaty of Amity, Economic Relations, and Consular Rights (Islamic Republic of Iran* v. *United States of America)*	2018-
5 *Relocation of the United States Embassy to Jerusalem (Palestine* v. *United States of America)*	2018-
5 *Guatemala's Territorial, Insular and Maritime Claim (Guatemala/Belize)*	2019-
5 *Application of the Convention on the Prevention and Punishment of the Crime of Genocide (The Gambia* v. *Myanmar)*	2019-
5 *Land and Maritime Delimitation and Sovereignty over Islands (Gabon/Equatorial Guinea)*	2021-
5 *Application of the International Convention on the Elimination of All Forms of Racial Discrimination (Armenia* v. *Azerbaijan)*	2021-
5 *Application of the International Convention on the Elimination of All Forms of Racial Discrimination (Azerbaijan* v. *Armenia)*	2021-
5 *Allegations of Genocide under the Convention on the Prevention and Punishment of the Crime of Genocide (Ukraine* v. *Russian Federation)*	2022-
5 *Questions of Jurisdictional Immunities of the State and Measures of Constraint against State-Owned Property (Germany* v. *Italy)*	2022-

* The Court joined the proceedings in this case and in *Maritime Delimitation in the Caribbean Sea and the Pacific Ocean (Costa Rica* v. *Nicaragua)* by an Order of 2 February 2017.

Titre	Dates
[5] *Demande concernant la restitution de biens confisqués dans le cadre de procédures pénales (Guinée équatoriale c. France)*	2022-
[5] *Souveraineté sur les cayes de Sapodilla/cayes Zapotillos (Belize c. Honduras)*	2022-
[5] *Application de la convention contre la torture et autres peines ou traitements cruels, inhumains ou dégradants (Canada et Pays-Bas c. République arabe syrienne)*	2023-
[5] *Violations alléguées des immunités de l'État (République islamique d'Iran c. Canada)*	2023-
[5] *Incident aérien du 8 janvier 2020 (Canada, Royaume-Uni, Suède et Ukraine c. République islamique d'Iran)*	2023-
2. Procédures consultatives	
Conditions de l'admission d'un État comme Membre des Nations Unies (article 4 de la Charte)	1947-1948
Réparation des dommages subis au service des Nations Unies	1948-1949
*Interprétation des traités de paix conclus avec la Bulgarie, la Hongrie et la Roumanie**	1949-1950
Compétence de l'Assemblée générale pour l'admission d'un État aux Nations Unies	1949-1950
Statut international du Sud-Ouest africain	1949-1950
Réserves à la convention pour la prévention et la répression du crime de génocide	1950-1951
Effet de jugements du Tribunal administratif des Nations Unies accordant indemnité	1953-1954
Procédure de vote applicable aux questions touchant les rapports et pétitions relatifs au Territoire du Sud-Ouest africain	1954-1955
Jugements du Tribunal administratif de l'OIT sur requêtes contre l'UNESCO	1955-1956
Admissibilité de l'audition de pétitionnaires par le Comité du Sud-Ouest africain	1955-1956
Composition du Comité de la sécurité maritime de l'Organisation intergouvernementale consultative de la navigation maritime	1959-1960
Certaines dépenses des Nations Unies (article 17, paragraphe 2, de la Charte)	1961-1962
Conséquences juridiques pour les États de la présence continue de l'Afrique du Sud en Namibie (Sud-Ouest africain) nonobstant la résolution 276 (1970) du Conseil de sécurité	1970-1971
Demande de réformation du jugement nº 158 du Tribunal administratif des Nations Unies	1972-1973
Sahara occidental	1974-1975
Interprétation de l'accord du 25 mars 1951 entre l'OMS et l'Égypte	1980

* La Cour a, dans cette procédure, rendu deux avis consultatifs en date des 30 mars 1950 et 18 juillet 1950, respectivement.

Title	Dates
[5] *Request relating to the Return of Property Confiscated in Criminal Proceedings (Equatorial Guinea* v. *France)*	2022-
[5] *Sovereignty over the Sapodilla Cayes/Cayos Zapotillos (Belize* v. *Honduras)*	2022-
[5] *Application of the Convention against Torture and Other Cruel, Inhuman or Degrading Treatment or Punishment (Canada and Netherlands* v. *Syrian Arab Republic)*	2023-
[5] *Alleged Violations of State Immunities (Islamic Republic of Iran* v. *Canada)*	2023-
[5] *Aerial Incident of 8 January 2020 (Canada, Sweden, Ukraine and United Kingdom* v. *Islamic Republic of Iran)*	2023-
2. Advisory Proceedings	
Conditions of Admission of a State to Membership in the United Nations (Article 4 of the Charter)	1947-1948
Reparation for Injuries Suffered in the Service of the United Nations	1948-1949
*Interpretation of Peace Treaties with Bulgaria, Hungary and Romania**	1949-1950
Competence of the General Assembly for the Admission of a State to the United Nations	1949-1950
International Status of South West Africa	1949-1950
Reservations to the Convention on the Prevention and Punishment of the Crime of Genocide	1950-1951
Effect of Awards of Compensation Made by the United Nations Administrative Tribunal	1953-1954
Voting Procedure on Questions relating to Reports and Petitions concerning the Territory of South West Africa	1954-1955
Judgments of the Administrative Tribunal of the ILO upon Complaints Made against UNESCO	1955-1956
Admissibility of Hearings of Petitioners by the Committee on South West Africa	1955-1956
Constitution of the Maritime Safety Committee of the Inter-Governmental Maritime Consultative Organization	1959-1960
Certain Expenses of the United Nations (Article 17, paragraph 2, of the Charter)	1961-1962
Legal Consequences for States of the Continued Presence of South Africa in Namibia (South West Africa) notwithstanding Security Council Resolution 276 (1970)	1970-1971
Application for Review of Judgement No. 158 of the United Nations Administrative Tribunal	1972-1973
Western Sahara	1974-1975
Interpretation of the Agreement of 25 March 1951 between the WHO and Egypt	1980

* The Court rendered two Advisory Opinions in these proceedings, on 30 March 1950 and 18 July 1950 respectively.

Titre	Dates
Demande de réformation du jugement n° 273 du Tribunal administratif des Nations Unies	1981-1982
Demande de réformation du jugement n° 333 du Tribunal administratif des Nations Unies	1984-1987
Applicabilité de l'obligation d'arbitrage en vertu de la section 21 de l'accord du 26 juin 1947 relatif au siège de l'Organisation des Nations Unies	1988
Applicabilité de la section 22 de l'article VI de la convention sur les privilèges et immunités des Nations Unies	1989
*Licéité de l'utilisation des armes nucléaires par un État dans un conflit armé**	1993-1996
Licéité de la menace ou de l'emploi d'armes nucléaires	1995-1996
Différend relatif à l'immunité de juridiction d'un rapporteur spécial de la Commission des droits de l'homme	1998-1999
Conséquences juridiques de l'édification d'un mur dans le territoire palestinien occupé	2003-2004
Conformité au droit international de la déclaration unilatérale d'indépendance relative au Kosovo	2008-2010
Jugement n° 2867 du Tribunal administratif de l'Organisation internationale du Travail sur requête contre le Fonds international de développement agricole	2010-2012
Effets juridiques de la séparation de l'archipel des Chagos de Maurice en 1965	2017-2019
Conséquences juridiques découlant des politiques et pratiques d'Israël dans le Territoire palestinien occupé, y compris Jérusalem-Est	2023-
Obligations des États en matière de changement climatique	2023-

* La Cour a, dans le cadre de cette procédure, estimé qu'elle ne pouvait donner l'avis qui lui avait été demandé.

Title	Dates
Application for Review of Judgement No. 273 of the United Nations Administrative Tribunal	1981-1982
Application for Review of Judgement No. 333 of the United Nations Administrative Tribunal	1984-1987
Applicability of the Obligation to Arbitrate under Section 21 of the United Nations Headquarters Agreement of 26 June 1947	1988
Applicability of Article VI, Section 22, of the Convention on the Privileges and Immunities of the United Nations	1989
*Legality of the Use by a State of Nuclear Weapons in Armed Conflict**	1993-1996
Legality of the Threat or Use of Nuclear Weapons	1995-1996
Difference Relating to Immunity from Legal Process of a Special Rapporteur of the Commission on Human Rights	1998-1999
Legal Consequences of the Construction of a Wall in the Occupied Palestinian Territory	2003-2004
Accordance with International Law of the Unilateral Declaration of Independence in respect of Kosovo	2008-2010
Judgment No. 2867 of the Administrative Tribunal of the International Labour Organization upon a Complaint Filed against the International Fund for Agricultural Development	2010-2012
Legal Consequences of the Separation of the Chagos Archipelago from Mauritius in 1965	2017-2019
Legal Consequences arising from the Policies and Practices of Israel in the Occupied Palestinian Territory, including East Jerusalem	2023-
Obligations of States in respect of Climate Change	2023-

* In these proceedings, the Court took the view that it could not give the opinion which had been requested.

ANNEXE 2

ANCIENS MEMBRES DE LA COUR

Les personnes suivantes ont exercé les fonctions de membre de la Cour.

Nom	Pays	Durée des fonctions
R. Ago	Italie	1979-1995
A. Aguilar-Mawdsley	Venezuela	1991-1995
B. A. Ajibola	Nigéria	1991-1994
R. J. Alfaro	Panama	1959-1964
A. S. Al-Khasawneh	Jordanie	2000-2011
A. Alvarez	Chili	1946-1955
F. Ammoun	Liban	1965-1976
E. C. Armand-Ugon	Uruguay	1952-1961
P. Azevedo	Brésil	1946-1951
A. H. Badawi	Égypte	1946-1965
J. Basdevant	France	1946-1964
R. R. Baxter	États-Unis d'Amérique	1979-1980
M. Bedjaoui	Algérie	1982-2001
C. Bengzon	Philippines	1967-1976
T. Buergenthal	États-Unis d'Amérique	2000-2010
J. L. Bustamante y Rivero	Pérou	1961-1970
A. A. Cançado Trindade	Brésil	2009-2022
L. F. Carneiro	Brésil	1951-1955
F. de Castro	Espagne	1970-1979
R. Córdova	Mexique	1955-1964
J. R. Crawford	Australie	2015-2021
C. De Visscher	Belgique	1946-1952
H. C. Dillard	États-Unis d'Amérique	1970-1979
N. Elaraby	Égypte	2001-2006
A. El-Erian	Égypte	1979-1981
T. O. Elias	Nigéria	1976-1991
A. El-Khani	Syrie	1981-1985
J. Evensen	Norvège	1985-1994
I. Fabela	Mexique	1946-1952

ANNEX 2

FORMER MEMBERS OF THE COURT

The following persons have served as Members of the Court.

Name	Country	Period of Office
R. Ago	Italy	1979-1995
A. Aguilar-Mawdsley	Venezuela	1991-1995
B. A. Ajibola	Nigeria	1991-1994
R. J. Alfaro	Panama	1959-1964
A. S. Al-Khasawneh	Jordan	2000-2011
A. Alvarez	Chile	1946-1955
F. Ammoun	Lebanon	1965-1976
E. C. Armand-Ugon	Uruguay	1952-1961
P. Azevedo	Brazil	1946-1951
A. H. Badawi	Egypt	1946-1965
J. Basdevant	France	1946-1964
R. R. Baxter	United States of America	1979-1980
M. Bedjaoui	Algeria	1982-2001
C. Bengzon	Philippines	1967-1976
T. Buergenthal	United States of America	2000-2010
J. L. Bustamante y Rivero	Peru	1961-1970
A. A. Cançado Trindade	Brazil	2009-2022
L. F. Carneiro	Brazil	1951-1955
F. de Castro	Spain	1970-1979
R. Córdova	Mexico	1955-1964
J. R. Crawford	Australia	2015-2021
C. De Visscher	Belgium	1946-1952
H. C. Dillard	United States of America	1970-1979
N. Elaraby	Egypt	2001-2006
A. El-Erian	Egypt	1979-1981
T. O. Elias	Nigeria	1976-1991
A. El-Khani	Syria	1981-1985
J. Evensen	Norway	1985-1994
I. Fabela	Mexico	1946-1952

Nom	Pays	Durée des fonctions
L. Ferrari Bravo	Italie	1995-1997
Sir Gerald Fitzmaurice	Royaume-Uni	1960-1973
C.-A. Fleischhauer	Allemagne	1994-2003
I. Forster	Sénégal	1964-1982
G. Gaja	Italie	2012-2021
S. A. Golunsky	URSS	1952-1953
Sir Christopher Greenwood	Royaume-Uni	2009-2018
A. Gros	France	1964-1984
J. G. Guerrero	El Salvador	1946-1958
G. Guillaume	France	1987-2005
G. H. Hackworth	États-Unis d'Amérique	1946-1961
G. Herczegh	Hongrie	1993-2003
Dame Rosalyn Higgins	Royaume-Uni	1995-2009
Hsu Mo	Chine	1946-1956
L. Ignacio-Pinto	Bénin	1970-1979
Sir Robert Jennings	Royaume-Uni	1982-1995
P. C. Jessup	États-Unis d'Amérique	1961-1970
E. Jiménez de Aréchaga	Uruguay	1970-1979
K. Keith	Nouvelle-Zélande	2006-2015
H. Klaestad	Norvège	1946-1961
F. I. Kojevnikov	URSS	1953-1961
P. H. Kooijmans	Pays-Bas	1997-2006
V. M. Koretsky	URSS	1961-1970
A. G. Koroma	Sierra Leone	1994-2012
S. B. Krylov	URSS	1946-1952
M. Lachs	Pologne	1967-1993
G. Ladreit de Lacharrière	France	1982-1987
Sir Hersch Lauterpacht	Royaume-Uni	1955-1960
K. Mbaye	Sénégal	1982-1991
Sir Arnold Duncan McNair	Royaume-Uni	1946-1955
G. Morelli	Italie	1961-1970
L. M. Moreno Quintana	Argentine	1955-1964
P. D. Morozov	URSS	1970-1985
H. Mosler	Rép. féd. d'Allemagne	1976-1985
Nagendra Singh	Inde	1973-1988
Ni Zhengyu	Chine	1985-1994

Name	Country	Period of Office
L. Ferrari Bravo	Italy	1995-1997
Sir Gerald Fitzmaurice	United Kingdom	1960-1973
C.-A. Fleischhauer	Germany	1994-2003
I. Forster	Senegal	1964-1982
G. Gaja	Italy	2012-2021
S. A. Golunsky	USSR	1952-1953
Sir Christopher Greenwood	United Kingdom	2009-2018
A. Gros	France	1964-1984
J. G. Guerrero	El Salvador	1946-1958
G. Guillaume	France	1987-2005
G. H. Hackworth	United States of America	1946-1961
G. Herczegh	Hungary	1993-2003
Dame Rosalyn Higgins	United Kingdom	1995-2009
Hsu Mo	China	1946-1956
L. Ignacio-Pinto	Benin	1970-1979
Sir Robert Jennings	United Kingdom	1982-1995
P. C. Jessup	United States of America	1961-1970
E. Jiménez de Aréchaga	Uruguay	1970-1979
K. Keith	New Zealand	2006-2015
H. Klaestad	Norway	1946-1961
F. I. Kojevnikov	USSR	1953-1961
P. H. Kooijmans	Netherlands	1997-2006
V. M. Koretsky	USSR	1961-1970
A. G. Koroma	Sierra Leone	1994-2012
S. B. Krylov	USSR	1946-1952
M. Lachs	Poland	1967-1993
G. Ladreit de Lacharrière	France	1982-1987
Sir Hersch Lauterpacht	United Kingdom	1955-1960
K. Mbaye	Senegal	1982-1991
Sir Arnold Duncan McNair	United Kingdom	1946-1955
G. Morelli	Italy	1961-1970
L. M. Moreno Quintana	Argentina	1955-1964
P. D. Morozov	USSR	1970-1985
H. Mosler	Fed. Rep. of Germany	1976-1985
Nagendra Singh	India	1973-1988
Ni Zhengyu	China	1985-1994

Nom	Pays	Durée des fonctions
S. Oda	Japon	1976-2003
C. D. Onyeama	Nigéria	1967-1976
Owada Hisashi	Japon	2003-2018
L. Padilla Nervo	Mexique	1964-1973
G. Parra-Aranguren	Venezuela	1996-2009
R. S. Pathak	Inde	1989-1991
S. Petrén	Suède	1967-1976
R. Ranjeva	Madagascar	1991-2009
Sir Benegal Rau	Inde	1952-1953
J. E. Read	Canada	1946-1958
F. Rezek	Brésil	1997-2006
J. M. Ruda	Argentine	1973-1991
S. M. Schwebel	États-Unis d'Amérique	1981-2000
B. Sepúlveda-Amor	Mexique	2006-2015
J. Sette-Camara	Brésil	1979-1988
M. Shahabuddeen	Guyana	1988-1997
Shi Jiuyong	Chine	1994-2010
B. Simma	Allemagne	2003-2012
L. Skotnikov	Fédération de Russie	2006-2015
Sir Percy Claude Spender	Australie	1958-1967
J. Spiropoulos	Grèce	1958-1967
K. Tanaka	Japon	1961-1970
N. K. Tarassov	Fédération de Russie	1985-1995
S. E. D. Tarazi	Syrie	1976-1980
V. S. Vereshchetin	Fédération de Russie	1995-2006
Sir Humphrey Waldock	Royaume-Uni	1973-1981
C. G. Weeramantry	Sri Lanka	1991-2000
V. K. Wellington Koo	Chine	1957-1967
B. Winiarski	Pologne	1946-1967
Sir Muhammad Zafrulla Khan	Pakistan	1954-1961 ; 1964-1973
M. Zoričič	Yougoslavie	1946-1958

Name	Country	Period of Office
S. Oda	Japan	1976-2003
C. D. Onyeama	Nigeria	1967-1976
Owada Hisashi	Japan	2003-2018
L. Padilla Nervo	Mexico	1964-1973
G. Parra-Aranguren	Venezuela	1996-2009
R. S. Pathak	India	1989-1991
S. Petrén	Sweden	1967-1976
R. Ranjeva	Madagascar	1991-2009
Sir Benegal Rau	India	1952-1953
J. E. Read	Canada	1946-1958
F. Rezek	Brazil	1997-2006
J. M. Ruda	Argentina	1973-1991
S. M. Schwebel	United States of America	1981-2000
B. Sepúlveda-Amor	Mexico	2006-2015
J. Sette-Camara	Brazil	1979-1988
M. Shahabuddeen	Guyana	1988-1997
Shi Jiuyong	China	1994-2010
B. Simma	Germany	2003-2012
L. Skotnikov	Russian Federation	2006-2015
Sir Percy Claude Spender	Australia	1958-1967
J. Spiropoulos	Greece	1958-1967
K. Tanaka	Japan	1961-1970
N. K. Tarassov	Russian Federation	1985-1995
S. E. D. Tarazi	Syria	1976-1980
V. S. Vereshchetin	Russian Federation	1995-2006
Sir Humphrey Waldock	United Kingdom	1973-1981
C. G. Weeramantry	Sri Lanka	1991-2000
V. K. Wellington Koo	China	1957-1967
B. Winiarski	Poland	1946-1967
Sir Muhammad Zafrulla Khan	Pakistan	1954-1961; 1964-1973
M. Zoričič	Yugoslavia	1946-1958

ANNEXE 3

ANCIENS PRÉSIDENTS ET VICE-PRÉSIDENTS DE LA COUR

La liste suivante présente les noms des juges qui ont respectivement exercé les fonctions de président et de vice-président avant les titulaires actuels.

J. G. Guerrero et J. Basdevant	1946-1949
J. Basdevant et J. G. Guerrero[1]	1949-1952
Sir Arnold Duncan McNair et J. G. Guerrero[1]	1952-1955
G. H. Hackworth et A. H. Badawi[2]	1955-1958
H. Klaestad et sir Muhammad Zafrulla Khan	1958-1961
B. Winiarski et R. J. Alfaro	1961-1964
Sir Percy Claude Spender et V. K. Wellington Koo	1964-1967
J. L. Bustamante y Rivero et V. M. Koretsky	1967-1970
Sir Muhammad Zafrulla Khan et F. Ammoun[3]	1970-1973
M. Lachs et F. Ammoun[3]	1973-1976
E. Jiménez de Aréchaga et Nagendra Singh	1976-1979
Sir Humphrey Waldock[4] et T. O. Elias[5]	1979-1982
T. O. Elias[6] et J. Sette-Camara	1982-1985

[1] Alors qu'il était vice-président de la Cour, M. Guerrero a fait fonction de président, en application de l'article 13, paragraphes 1 et 2, du Règlement de 1946, dans les affaires suivantes : *Détroit de Corfou (Royaume-Uni c. Albanie)*; *Protection de ressortissants et protégés français en Égypte (France c. Égypte)*; *Droits des ressortissants des États-Unis d'Amérique au Maroc (France c. États-Unis d'Amérique)*; *Ambatielos (Grèce c. Royaume-Uni)*; *Anglo-Iranian Oil Co. (Royaume-Uni c. Iran)*; *Minquiers et Écréhous (France/Royaume-Uni)*; *Or monétaire pris à Rome en 1943 (Italie c. France, Royaume-Uni et États-Unis d'Amérique)*.

[2] Alors qu'il était vice-président de la Cour, M. Badawi a fait fonction de président, en application de l'article 13, paragraphe 1, du Règlement de 1946, dans les affaires de l'*Interhandel (Suisse c. États-Unis d'Amérique), mesures conservatoires*, et de l'*Incident aérien du 27 juillet 1955 (États-Unis d'Amérique c. Bulgarie)*.

[3] Alors qu'il était vice-président de la Cour, M. Ammoun a fait fonction de président, en application des articles 11 et 13, paragraphe 1, des Règlements de 1946 et de 1972, dans les affaires de l'*Appel concernant la compétence du Conseil de l'OACI (Inde c. Pakistan)*, des *Essais nucléaires (Australie c. France), mesures conservatoires*, et des *Essais nucléaires (Nouvelle-Zélande c. France), mesures conservatoires*.

[4] Sir Humphrey Waldock est décédé le 15 août 1981. La présidence a été assumée par le vice-président, M. Elias, en application de l'article 13, paragraphe 1, et de l'article 14 du Règlement de 1978.

[5] M. Elias a été président en exercice dans l'affaire du *Plateau continental (Tunisie/Jamahiriya arabe libyenne)* et pour les ordonnances des 20 janvier et 1er février 1982 dans l'affaire de la *Délimitation de la frontière maritime dans la région du golfe du Maine (Canada/États-Unis d'Amérique)*.

[6] M. Elias a continué à assumer la présidence dans l'affaire du *Plateau continental (Jamahiriya arabe libyenne/Malte)* au-delà du 5 février 1985, en application de l'article 32, paragraphe 2, du Règlement de 1978.

ANNEX 3

FORMER PRESIDENTS AND VICE-PRESIDENTS OF THE COURT

The following list contains the names of all judges who have served as President or Vice-President prior to the present holders of those offices.

J. G. Guerrero and J. Basdevant	1946-1949
J. Basdevant and J. G. Guerrero[1]	1949-1952
Sir Arnold Duncan McNair and J. G. Guerrero[1]	1952-1955
G. H. Hackworth and A. H. Badawi[2]	1955-1958
H. Klaestad and Sir Muhammad Zafrulla Khan	1958-1961
B. Winiarski and R. J. Alfaro	1961-1964
Sir Percy Claude Spender and V. K. Wellington Koo	1964-1967
J. L. Bustamante y Rivero and V. M. Koretsky	1967-1970
Sir Muhammad Zafrulla Khan and F. Ammoun[3]	1970-1973
M. Lachs and F. Ammoun[3]	1973-1976
E. Jiménez de Aréchaga and Nagendra Singh	1976-1979
Sir Humphrey Waldock[4] and T. O. Elias[5]	1979-1982
T. O. Elias[6] and J. Sette-Camara	1982-1985

[1] While he was Vice-President of the Court, Judge Guerrero acted as President, by virtue of Article 13, paragraphs 1 and 2, of the 1946 Rules, in the following cases: *Corfu Channel (United Kingdom* v. *Albania)*; *Protection of French Nationals and Protected Persons in Egypt (France* v. *Egypt)*; *Rights of Nationals of the United States of America in Morocco (France* v. *United States of America)*; *Ambatielos (Greece* v. *United Kingdom)*; *Anglo-Iranian Oil Co. (United Kingdom* v. *Iran)*; *Minquiers and Ecrehos (France/United Kingdom)*; *Monetary Gold Removed from Rome in 1943 (Italy* v. *France, United Kingdom and United States of America)*.

[2] While he was Vice-President of the Court, Judge Badawi acted as President, by virtue of Article 13, paragraph 1, of the 1946 Rules, in the cases concerning *Interhandel (Switzerland* v. *United States of America), Interim Protection*, and *Aerial Incident of 27 July 1955 (United States of America* v. *Bulgaria)*.

[3] While he was Vice-President of the Court, Judge Ammoun acted as President, by virtue of Article 11 and Article 13, paragraph 1, of the 1946 and 1972 Rules of Court, in *Appeal Relating to the Jurisdiction of the ICAO Council (India* v. *Pakistan), Nuclear Tests (Australia* v. *France), Interim Protection*, and *Nuclear Tests (New Zealand* v. *France), Interim Protection*.

[4] Sir Humphrey Waldock passed away on 15 August 1981. The functions of the Presidency were thereafter exercised by the Vice-President, T. O. Elias, by virtue of Article 13, paragraph 1, and Article 14 of the 1978 Rules of Court.

[5] Vice-President Elias was Acting President in *Continental Shelf (Tunisia/Libyan Arab Jamahiriya)* and in the proceedings relating to the Orders made on 20 January and 1 February 1982 in *Delimitation of the Maritime Boundary in the Gulf of Maine Area (Canada/United States of America)*.

[6] Judge Elias continued to act as President in *Continental Shelf (Libyan Arab Jamahiriya/Malta)* after 5 February 1985, by virtue of Article 32, paragraph 2, of the 1978 Rules of Court.

Nagendra Singh et G. Ladreit de Lacharrière[7]	1985-1988
J. M. Ruda et K. Mbaye	1988-1991
Sir Robert Jennings[8] et S. Oda[8]	1991-1994
M. Bedjaoui et S. M. Schwebel	1994-1997
S. M. Schwebel[9] et C. G. Weeramantry[9]	1997-2000
G. Guillaume et Shi Jiuyong	2000-2003
Shi Jiuyong et R. Ranjeva	2003-2006
Dame Rosalyn Higgins[10] et A. S. Al-Khasawneh[10]	2006-2009
Owada Hisashi et P. Tomka[11]	2009-2012
P. Tomka et B. Sepúlveda-Amor	2012-2015
R. Abraham[12] et A. A. Yusuf[12]	2015-2018
A. A. Yusuf et Xue H.	2018-2021

[7] M. Ladreit de Lacharrière est décédé le 10 mars 1987. Le 6 mai 1987, la Cour a élu M. Mbaye vice-président pour la période restant à courir du mandat de son prédécesseur.

[8] Alors qu'il était président de la Cour, sir Robert Jennings, ressortissant de l'une des Parties, n'a pas exercé la présidence, conformément aux dispositions de l'article 32 du Règlement de la Cour, en l'affaire relative à des *Questions d'interprétation et d'application de la convention de Montréal de 1971 résultant de l'incident aérien de Lockerbie (Jamahiriya arabe libyenne c. Royaume-Uni).* C'est M. Oda, vice-président, qui a fait fonction de président en cette affaire, ainsi que dans l'affaire relative à des *Questions d'interprétation et d'application de la convention de Montréal de 1971 résultant de l'incident aérien de Lockerbie (Jamahiriya arabe libyenne c. États-Unis d'Amérique).*

[9] Alors qu'il était président de la Cour, M. Schwebel, ressortissant de l'une des Parties, n'a pas exercé la présidence, conformément aux dispositions de l'article 32 du Règlement de la Cour, dans les affaires suivantes: *Questions d'interprétation et d'application de la convention de Montréal de 1971 résultant de l'incident aérien de Lockerbie (Jamahiriya arabe libyenne c. États-Unis d'Amérique)*; *Plates-formes pétrolières (République islamique d'Iran c. États-Unis d'Amérique)*; *Convention de Vienne sur les relations consulaires (Paraguay c. États-Unis d'Amérique)*; *LaGrand (Allemagne c. États-Unis d'Amérique)* et *Licéité de l'emploi de la force (Yougoslavie c. États-Unis d'Amérique).* Bien que l'article 32 ne trouvait pas à s'appliquer dans les affaires relatives à des *Questions d'interprétation et d'application de la convention de Montréal de 1971 résultant de l'incident aérien de Lockerbie (Jamahiriya arabe libyenne c. Royaume-Uni)* et à la *Licéité de l'emploi de la force (Serbie-et-Monténégro c. Allemagne) (Serbie-et-Monténégro c. Belgique) (Serbie-et-Monténégro c. Canada) (Serbie-et-Monténégro c. France) (Serbie-et-Monténégro c. Italie) (Serbie-et-Monténégro c. Pays-Bas) (Serbie-et-Monténégro c. Portugal) (Serbie-et-Monténégro c. Royaume-Uni) (Yougoslavie c. Espagne) (Yougoslavie c. États-Unis d'Amérique),* M. Schwebel a estimé approprié de ne pas non plus exercer la présidence dans ces affaires. La présidence a donc été assumée par le vice-président, M. Weeramantry, en application de l'article 13, paragraphe 1, du Règlement de la Cour.

[10] Avant son élection à la présidence de la Cour, Mme la juge Higgins, invoquant le paragraphe 2 de l'article 17 du Statut de la Cour, s'est récusée en l'affaire relative à la *Souveraineté sur Pedra Branca/Pulau Batu Puteh, Middle Rocks et South Ledge (Malaisie/Singapour).* Le vice-président de la Cour, M. Al-Khasawneh, a fait fonction de président aux fins de cette affaire à compter du 6 février 2006, conformément aux paragraphes 1 et 2 de l'article 13 du Règlement de la Cour.

[11] Alors qu'il était vice-président de la Cour, M. Tomka a été appelé à faire fonction de président, en application de l'article 13 du Règlement de la Cour, en l'affaire relative à des *Usines de pâte à papier sur le fleuve Uruguay (Argentine c. Uruguay)* ainsi qu'en l'affaire relative à la *Chasse à la baleine dans l'Antarctique (Australie c. Japon).*

[12] Alors qu'il était président de la Cour, M. le juge Abraham, ressortissant de l'une des Parties, n'a pas exercé la présidence, conformément aux dispositions de l'article 32 du Règlement de la Cour, en l'affaire relative aux *Immunités et procédures pénales (Guinée équatoriale c. France).* C'est M. le juge Yusuf, vice-président, qui a fait fonction de président en cette affaire.

Nagendra Singh and G. Ladreit de Lacharrière[7]	1985-1988
J. M. Ruda and K. Mbaye	1988-1991
Sir Robert Jennings[8] and S. Oda[8]	1991-1994
M. Bedjaoui and S. M. Schwebel	1994-1997
S. M. Schwebel[9] and C. G. Weeramantry[9]	1997-2000
G. Guillaume and Shi Jiuyong	2000-2003
Shi Jiuyong and R. Ranjeva	2003-2006
Dame Rosalyn Higgins[10] and A. S. Al-Khasawneh[10]	2006-2009
Owada Hisashi and P. Tomka[11]	2009-2012
P. Tomka and B. Sepúlveda-Amor	2012-2015
R. Abraham[12] and A. A. Yusuf[12]	2015-2018
A. A. Yusuf and Xue H.	2018-2021

[7] Judge Ladreit de Lacharrière passed away on 10 March 1987. On 6 May 1987 the Court elected Judge Mbaye to be its Vice-President for the remainder of his predecessor's term.

[8] While he was President of the Court, Sir Robert Jennings, being a national of one of the Parties, did not, in accordance with Article 32 of the Rules of Court, preside in the case concerning *Questions of Interpretation and Application of the 1971 Montreal Convention arising from the Aerial Incident at Lockerbie (Libyan Arab Jamahiriya* v. *United Kingdom).* Vice-President Oda exercised the functions of the Presidency in that case, as well as in the case concerning *Questions of Interpretation and Application of the 1971 Montreal Convention arising from the Aerial Incident at Lockerbie (Libyan Arab Jamahiriya* v. *United States of America).*

[9] While he was President of the Court, Judge Schwebel, being a national of one of the Parties, did not, in accordance with Article 32 of the Rules of Court, preside in the cases concerning *Questions of Interpretation and Application of the 1971 Montreal Convention arising from the Aerial Incident at Lockerbie (Libyan Arab Jamahiriya* v. *United States of America); Oil Platforms (Islamic Republic of Iran* v. *United States of America); Vienna Convention on Consular Relations (Paraguay* v. *United States of America); LaGrand (Germany* v. *United States of America)* and *Legality of Use of Force (Yugoslavia* v. *United States of America).* Although Article 32 was not applicable in the cases concerning *Questions of Interpretation and Application of the 1971 Montreal Convention arising from the Aerial Incident at Lockerbie (Libyan Arab Jamahiriya* v. *United Kingdom)* and *Legality of Use of Force (Serbia and Montenegro* v. *Belgium) (Serbia and Montenegro* v. *Canada) (Serbia and Montenegro* v. *France) (Serbia and Montenegro* v. *Germany) (Serbia and Montenegro* v. *Italy) (Serbia and Montenegro* v. *Netherlands) (Serbia and Montenegro* v. *Portugal) (Serbia and Montenegro* v. *United Kingdom) (Yugoslavia* v. *Spain) (Yugoslavia* v. *United States of America),* Judge Schwebel did not think it appropriate to exercise the functions of the Presidency in those cases either. It was therefore the Vice-President, Judge Weeramantry, who, in accordance with Article 13, paragraph 1, of the Rules, exercised those functions.

[10] Prior to her election as President of the Court, Dame Higgins, referring to Article 17, paragraph 2, of the Statute, recused herself from participating in the case concerning *Sovereignty over Pedra Branca/ Pulau Batu Puteh, Middle Rocks and South Ledge (Malaysia/Singapore).* It therefore fell upon the Vice-President, Judge Al-Khasawneh, to exercise from 6 February 2006 onwards the functions of the Presidency for the purposes of the case, in accordance with Article 13, paragraphs 1 and 2, of the Rules of Court.

[11] During his term as Vice-President of the Court, Judge Tomka was called upon to act as President, by virtue of Article 13 of the Rules of Court, in the case concerning *Pulp Mills on the River Uruguay (Argentina* v. *Uruguay),* as well as in the case concerning *Whaling in the Antarctic (Australia* v. *Japan).*

[12] While he was President of the Court, Judge Abraham, being a national of one of the Parties, did not, in accordance with Article 32 of the Rules of Court, preside in the case concerning *Immunities and Criminal Proceedings (Equatorial Guinea* v. *France).* Vice-President Yusuf exercised the functions of the Presidency in that case.

ANNEXE 4

ANCIENS GREFFIERS ET GREFFIERS ADJOINTS DE LA COUR

La liste suivante présente les noms des anciens greffiers de la Cour.

E. Hambro	Norvège	1946-1953
J. López-Oliván	Espagne	1953-1960
J. Garnier-Coignet	France	1960-1966
S. Aquarone	Australie	1966-1980
S. Torres Bernárdez	Espagne	1980-1986
E. Valencia-Ospina	Colombie	1987-2000
Ph. Couvreur	Belgique	2000-2019

*

La liste suivante présente les noms des anciens greffiers adjoints de la Cour.

J. Garnier-Coignet	France	1946-1960
S. Aquarone	Australie	1960-1966
W. Tait	Royaume-Uni	1966-1976
A. Pillepich	France	1977-1984
E. Valencia-Ospina	Colombie	1984-1987
B. Noble	Royaume-Uni	1987-1994
J.-J. Arnaldez	France	1994-2008
Th. de Saint Phalle	États-Unis d'Amérique/ France	2008-2013

ANNEX 4

FORMER REGISTRARS AND DEPUTY-REGISTRARS OF THE COURT

The following list presents the former Registrars of the Court.

E. Hambro	Norway	1946-1953
J. López-Oliván	Spain	1953-1960
J. Garnier-Coignet	France	1960-1966
S. Aquarone	Australia	1966-1980
S. Torres Bernárdez	Spain	1980-1986
E. Valencia-Ospina	Colombia	1987-2000
Ph. Couvreur	Belgium	2000-2019

*

The following list presents the former Deputy-Registrars of the Court.

J. Garnier-Coignet	France	1946-1960
S. Aquarone	Australia	1960-1966
W. Tait	United Kingdom	1966-1976
A. Pillepich	France	1977-1984
E. Valencia-Ospina	Colombia	1984-1987
B. Noble	United Kingdom	1987-1994
J.-J. Arnaldez	France	1994-2008
Th. de Saint Phalle	United States of America/ France	2008-2013

ANNEXE 5

CHAMBRES CONSTITUÉES EN VERTU DE L'ARTICLE 26, PARAGRAPHE 2, DU STATUT

Le Statut prévoit en son article 26, paragraphe 2, que la Cour peut constituer une chambre pour connaître d'une affaire déterminée, le nombre des juges de cette chambre étant fixé par la Cour avec l'assentiment des parties. Dans la liste suivante figurent les six affaires pour lesquelles de telles chambres ont été constituées à la demande conjointe des parties.

Affaire	Date de constitution de la chambre	Composition de la chambre	Date de dissolution de la chambre
Délimitation de la frontière maritime dans la région du golfe du Maine (Canada/États-Unis d'Amérique)	20 I 1982	M. Ago, *président de la chambre*; MM. Gros, Mosler et Schwebel, *juges*; M. Cohen, *juge* ad hoc	12 X 1984 (date de l'arrêt sur le fond)
Différend frontalier (Burkina Faso/République du Mali)	3 IV 1985	M. Bedjaoui, *président de la chambre*; MM. Lachs et Ruda, *juges*; MM. Luchaire et Abi Saab, *juges* ad hoc	22 XII 1986 (date de l'arrêt sur le fond)
Elettronica Sicula S.p.A. (ELSI) (États-Unis d'Amérique c. Italie)	2 III 1987	M. Nagendra Singh, *président de la chambre*; MM. Oda, Ago, Schwebel et sir Robert Jennings, *juges* À la suite du décès de M. Nagendra Singh, la Cour a élu le 20 décembre 1988 M. Ruda, son président, pour lui succéder en qualité de membre et de président (d'office) de la chambre	20 VII 1989 (date de l'arrêt sur le fond)
Différend frontalier terrestre, insulaire et maritime (El Salvador/Honduras; Nicaragua (intervenant))	8 V 1987	M. Sette-Camara, *président de la chambre*; M. Oda et sir Robert Jennings, *juges*; MM. Valticos et Virally, *juges* ad hoc	11 IX 1992 (date de l'arrêt sur le fond)

ANNEX 5

CHAMBERS FORMED UNDER ARTICLE 26, PARAGRAPH 2, OF THE STATUTE

Article 26, paragraph 2, of the Statute provides that the Court may form a chamber to deal with a particular case, the number of judges constituting such a chamber being determined by the Court with the approval of the parties. The six cases in which chambers of this kind have been formed at the joint request of the parties are listed below.

Case	Date chamber was formed	Composition of chamber	Date chamber was dissolved
Delimitation of the Maritime Boundary in the Gulf of Maine Area (Canada/United States of America)	20 I 1982	*Judge* Ago (*President of the Chamber*); *Judges* Gros, Mosler and Schwebel; *Judge* ad hoc Cohen	12 X 1984 (date of the Judgment on the merits)
Frontier Dispute (Burkina Faso/Republic of Mali)	3 IV 1985	*Judge* Bedjaoui (*President of the Chamber*); *Judges* Lachs and Ruda; *Judges* ad hoc Luchaire and Abi Saab	22 XII 1986 (date of the Judgment on the merits)
Elettronica Sicula S.p.A. (ELSI) (United States of America v. *Italy)*	2 III 1987	*Judge* Nagendra Singh (*President of the Chamber*); *Judges* Oda, Ago, Schwebel and Sir Robert Jennings Following the death of Judge Nagendra Singh, the Court, on 20 December 1988, elected President Ruda to succeed him as member and (*ex officio*) President of the Chamber	20 VII 1989 (date of the Judgment on the merits)
Land, Island and Maritime Frontier Dispute (El Salvador/Honduras: Nicaragua intervening)	8 V 1987	*Judge* Sette-Camara (*President of the Chamber*); *Judges* Oda and Sir Robert Jennings; *Judges* ad hoc Valticos and Virally	11 IX 1992 (date of the Judgment on the merits)

Affaire	Date de constitution de la chambre	Composition de la chambre	Date de dissolution de la chambre
		À la suite du décès de M. Virally, M. Torres Bernárdez a été désigné pour siéger à sa place en qualité de juge *ad hoc* et, le 13 décembre 1989, la Cour a déclaré que la chambre était composée comme suit : M. Sette-Camara, *président de la chambre*; M. Oda et sir Robert Jennings, *juges*; MM. Valticos et Torres Bernárdez, *juges* ad hoc Le 7 février 1991, sir Robert Jennings et M. Oda ont changé de place dans l'ordre des préséances au sein de la chambre, en raison de leur élection respectivement comme président et vice-président de la Cour	
Différend frontalier (Bénin/Niger)	27 XI 2002	M. Guillaume, *président de la chambre*; MM. Ranjeva et Kooijmans, *juges*; MM. Bedjaoui et Bennouna, *juges* ad hoc À la suite d'une élection tenue le 16 février 2005 pour pourvoir le poste devenu vacant après la démission de M. Guillaume, la composition de la chambre a été modifiée comme suit : M. Ranjeva, *président de la chambre*; MM. Kooijmans et Abraham, *juges*; MM. Bedjaoui et Bennouna, *juges* ad hoc	12 VII 2005 (date de l'arrêt sur le fond)
Demande en revision de l'arrêt du 11 septembre 1992 en l'affaire du Différend frontalier terrestre, insulaire et maritime (El Salvador/Honduras ; Nicaragua (intervenant)) *(El Salvador c. Honduras)*	27 XI 2002	M. Guillaume, *président de la chambre*; MM. Rezek et Buergenthal, *juges*; MM. Torres Bernárdez et Paolillo, *juges* ad hoc	18 XII 2003 (date de l'arrêt sur la recevabilité de la demande d'El Salvador)

Case	Date chamber was formed	Composition of chamber	Date chamber was dissolved
		After the death of Judge Virally, Mr Torres Bernárdez was chosen to sit as judge *ad hoc* in his place and, on 13 December 1989, the Court declared the Chamber to be composed as follows: *Judge* Sette-Camara (*President of the Chamber*); *Judges* Oda and Sir Robert Jennings; *Judges* ad hoc Valticos and Torres Bernárdez On 7 February 1991, Judges Sir Robert Jennings and Oda exchanged places in the order of precedence within the Chamber owing to their election to be, respectively, the Court's President and Vice-President	
Frontier Dispute (Benin/Niger)	27 XI 2002	*Judge* Guillaume (*President of the Chamber*); *Judges* Ranjeva and Kooijmans; *Judges* ad hoc Bedjaoui and Bennouna Following an election held on 16 February 2005 to fill the vacancy left by the resignation of Judge Guillaume, the composition of the Chamber was as follows: *Judge* Ranjeva (*President of the Chamber*); *Judges* Kooijmans and Abraham; *Judges* ad hoc Bedjaoui and Bennouna	12 VII 2005 (date of the Judgment on the merits)
Application for Revision of the Judgment of 11 September 1992 in the Case concerning the Land, Island and Maritime Frontier Dispute (El Salvador/Honduras: Nicaragua intervening) *(El Salvador* v. *Honduras)*	27 XI 2002	*Judge* Guillaume (*President of the Chamber*); *Judges* Rezek and Buergenthal; *Judges* ad hoc Torres Bernárdez and Paolillo	18 XII 2003 (date of the Judgment on the admissibility of El Salvador's Application)

ANNEXE 6

AFFAIRES INTRODUITES PAR COMPROMIS

En application du paragraphe 1 de l'article 40 du Statut, les affaires peuvent être portées devant la Cour par compromis. Dans la liste suivante figurent les 19 affaires ainsi introduites.

Affaire	Parties	Date du compromis	Date d'enregistrement
Droit d'asile	Colombie/Pérou	31 VIII 1949	15 X 1949
Minquiers et Écréhous	France/Royaume-Uni	29 XII 1950	6 XII 1951
Souveraineté sur certaines parcelles frontalières	Belgique/Pays-Bas	7 III 1957	27 XI 1957
Plateau continental de la mer du Nord	République fédérale d'Allemagne/Danemark	2 II 1967	20 II 1967
Plateau continental de la mer du Nord	République fédérale d'Allemagne/Pays-Bas	2 II 1967	20 II 1967
Plateau continental	Tunisie/Jamahiriya arabe libyenne	10 VI 1977	1er XII 1978 et 19 II 1979[1]
Délimitation de la frontière maritime dans la région du golfe du Maine	Canada/États-Unis d'Amérique	29 III 1979	25 XI 1981
Plateau continental	Jamahiriya arabe libyenne/Malte	23 V 1976	26 VII 1982
Différend frontalier	Burkina Faso/République du Mali	16 IX 1983	20 X 1983
Différend frontalier terrestre, insulaire et maritime	El Salvador/Honduras	24 V 1986	11 XII 1986

[1] La première date concerne la notification faite par la Tunisie et la seconde la notification faite par la Jamahiriya arabe libyenne.

ANNEX 6

CASES INSTITUTED BY SPECIAL AGREEMENT

Pursuant to Article 40, paragraph 1, of the Statute, cases may be brought before the Court by Special Agreement. All 19 cases instituted by such means are listed below.

Case	Parties	Date of Special Agreement	Date of filing
Asylum	Colombia/Peru	31 VIII 1949	15 X 1949
Minquiers and Ecrehos	France/United Kingdom	29 XII 1950	6 XII 1951
Sovereignty over Certain Frontier Land	Belgium/Netherlands	7 III 1957	27 XI 1957
North Sea Continental Shelf	Federal Republic of Germany/Denmark	2 II 1967	20 II 1967
North Sea Continental Shelf	Federal Republic of Germany/Netherlands	2 II 1967	20 II 1967
Continental Shelf	Tunisia/Libyan Arab Jamahiriya	10 VI 1977	1 XII 1978 and 19 II 1979[1]
Delimitation of the Maritime Boundary in the Gulf of Maine Area	Canada/United States of America	29 III 1979	25 XI 1981
Continental Shelf	Libyan Arab Jamahiriya/Malta	23 V 1976	26 VII 1982
Frontier Dispute	Burkina Faso/Republic of Mali	16 IX 1983	20 X 1983
Land, Island and Maritime Frontier Dispute	El Salvador/Honduras	24 V 1986	11 XII 1986

[1] The first date relates to the notification by Tunisia and the second to the notification by the Libyan Arab Jamahiriya.

Affaire	Parties	Date du compromis	Date d'enregistrement
Différend territorial	Jamahiriya arabe libyenne/Tchad	31 VIII 1989	31 VIII 1990 et 3 IX 1990[2]
Projet Gabčíkovo-Nagymaros	Hongrie/Slovaquie	7 IV 1993	2 VII 1993
Île de Kasikili/Sedudu	Botswana/Namibie	15 II 1996	29 V 1996
Souveraineté sur Pulau Ligitan et Pulau Sipadan	Indonésie/Malaisie	31 V 1997	2 XI 1998
Différend frontalier	Bénin/Niger	15 VI 2001	3 V 2002
Souveraineté sur Pedra Branca/Pulau Batu Puteh, Middle Rocks et South Ledge	Malaisie/Singapour	6 II 2003	24 VII 2003
Différend frontalier	Burkina Faso/Niger	24 II 2009	20 VII 2010
Revendication territoriale, insulaire et maritime du Guatemala	Guatemala/Belize	8 XII 2008	7 VI 2019
Délimitation terrestre et maritime et souveraineté sur des îles (Gabon/Guinée équatoriale)	Gabon/Guinée équatoriale	15 XI 2016	5 III 2021

[2] La première date concerne la notification faite par la Jamahiriya arabe libyenne et la seconde le dépôt d'une requête introductive d'instance par le Tchad contre la Jamahiriya arabe libyenne. Les Parties sont ensuite convenues qu'en l'espèce l'instance avait en réalité été introduite par deux notifications d'un même compromis.

Case	Parties	Date of Special Agreement	Date of filing
Territorial Dispute	Libyan Arab Jamahiriya/Chad	31 VIII 1989	31 VIII 1990 and 3 IX 1990[2]
Gabčíkovo-Nagymaros Project	Hungary/Slovakia	7 IV 1993	2 VII 1993
Kasikili/Sedudu Island	Botswana/Namibia	15 II 1996	29 V 1996
Sovereignty over Pulau Ligitan and Pulau Sipadan	Indonesia/Malaysia	31 V 1997	2 XI 1998
Frontier Dispute	Benin/Niger	15 VI 2001	3 V 2002
Sovereignty over Pedra Branca/Pulau Batu Puteh, Middle Rocks and South Ledge	Malaysia/Singapore	6 II 2003	24 VII 2003
Frontier Dispute	Burkina Faso/Niger	24 II 2009	20 VII 2010
Guatemala's Territorial, Insular and Maritime Claim	Guatemala/Belize	8 XII 2008	7 VI 2019
Land and Maritime Delimitation and Sovereignty over Islands (Gabon/Equatorial Guinea)	Gabon/Equatorial Guinea	15 XI 2016	5 III 2021

[2] The first date relates to the notification by the Libyan Arab Jamahiriya and the second to the filing by Chad of an Application instituting proceedings against the Libyan Arab Jamahiriya. The Parties subsequently agreed that the proceedings in the case had in effect been instituted by two separate notifications of the same Special Agreement.

ANNEXE 7

AFFAIRES INTRODUITES PAR VOIE DE REQUÊTE

(sur le fondement d'une clause compromissoire et/ou d'une déclaration effectuée en vertu de l'article 36, paragraphe 2, du Statut)[1]

Le paragraphe 1 de l'article 40 du Statut dispose que les affaires peuvent être portées devant la Cour par notification d'une requête.

En vertu du paragraphe 1 de l'article 36 du Statut, la compétence de la Cour « s'étend à toutes les affaires que les parties lui soumettront, ainsi qu'à tous les cas spécialement prévus dans la Charte des Nations Unies ou dans les traités et conventions en vigueur ».

L'article 37 dispose :

« Lorsqu'un traité ou une convention en vigueur prévoit le renvoi à une juridiction que devait instituer la Société des Nations ou à la Cour permanente de Justice internationale, la Cour internationale de Justice constituera cette juridiction entre les parties au présent Statut. »

Par ailleurs, le paragraphe 2 de l'article 36 du Statut prévoit ce qui suit :

« Les États parties au présent Statut pourront, à n'importe quel moment, déclarer reconnaître comme obligatoire de plein droit et sans convention spéciale, à l'égard de tout autre État acceptant la même obligation, la juridiction de la Cour sur tous les différends d'ordre juridique ayant pour objet :

a) l'interprétation d'un traité ;

b) tout point de droit international ;

c) la réalité de tout fait qui, s'il était établi, constituerait la violation d'un engagement international ;

d) la nature ou l'étendue de la réparation due pour la rupture d'un engagement international. »

---

[1] Ce tableau précise le ou les textes invoqués dans la requête par l'État demandeur pour fonder la compétence de la Cour. Le signe « — » signifie, selon la colonne dans laquelle il apparaît, qu'aucune clause compromissoire ou aucune déclaration n'a été invoquée (ou que le demandeur a invoqué sa propre déclaration en l'absence de déclaration du défendeur) ; la mention « ✓ » signifie que le demandeur et le défendeur ont fait des déclarations, et que celles-ci ont été invoquées dans la requête introductive d'instance.

Pour les requêtes introduisant une instance dans laquelle il est demandé à la Cour d'interpréter un arrêt, par référence à l'article 60 du Statut, ou de réviser un arrêt, par référence à l'article 61 du Statut, il convient de se reporter aux annexes 15 et 16, respectivement. Pour les affaires présentées par voie de compromis, il convient de se reporter à l'annexe 6 (p. 220) et, pour celles introduites sur la base du *forum prorogatum*, à l'annexe 8 (p. 254).

ANNEX 7

CASES INSTITUTED BY APPLICATION

(On the basis of a compromissory clause and/or
a declaration made under Article 36, paragraph 2,
of the Statute)[1]

Article 40, paragraph 1, of the Statute provides that cases may be brought before the Court by notification of an application.

Under Article 36, paragraph 1, of the Statute, the jurisdiction of the Court "comprises all cases which the parties refer to it and all matters specially provided for in the Charter of the United Nations or in treaties and conventions in force".

Article 37 provides that:

"Whenever a treaty or convention in force provides for reference of a matter to a tribunal to have been instituted by the League of Nations, or to the Permanent Court of International Justice, the matter shall, as between the parties to the present Statute, be referred to the International Court of Justice."

Furthermore, Article 36, paragraph 2, of the Statute provides as follows:

"The States parties to the present Statute may at any time declare that they recognize as compulsory *ipso facto* and without special agreement, in relation to any other State accepting the same obligation, the jurisdiction of the Court in all legal disputes concerning:

(a) the interpretation of a treaty;

(b) any question of international law;

(c) the existence of any fact which, if established, would constitute a breach of an international obligation;

(d) the nature or extent of the reparation to be made for the breach of an international obligation."

---

[1] This table lists the text(s) invoked in the Application by the applicant State to found the jurisdiction of the Court. The sign "—", depending on the column in which it appears, indicates that no compromissory clause or declaration was invoked (or that the Applicant invoked its own declaration in the absence of a declaration by the Respondent); the sign "✓" indicates that the Applicant and the Respondent made declarations and that these were invoked in the Application instituting proceedings.

For applications instituting proceedings in which the Court is requested to construe a judgment, by reference to Article 60 of the Statute, or to revise a judgment, by reference to Article 61 of the Statute, see Annexes 15 and 16 respectively. For cases submitted by special agreement, see Annex 6 (p. 221), and for cases brought on the basis of *forum prorogatum*, see Annex 8 (p. 255).

Enfin, au titre du paragraphe 5 de l'article 36 du Statut :

« Les déclarations faites en application de l'article 36 du Statut de la Cour permanente de Justice internationale pour une durée qui n'est pas encore expirée seront considérées, dans les rapports entre parties au présent Statut, comme comportant acceptation de la juridiction obligatoire de la Cour internationale de Justice pour la durée restant à courir d'après ces déclarations et conformément à leurs termes. »

La compétence de la Cour peut donc être fondée sur une clause compromissoire et/ou sur une déclaration d'acceptation de la juridiction obligatoire de la Cour.

Affaire	Invocation d'une clause compromissoire	Invocation d'une déclaration d'acceptation de la juridiction obligatoire de la Cour
Pêcheries (Royaume-Uni c. Norvège)	—	✓
Protection de ressortissants et protégés français en Égypte (France c. Égypte)	Convention de Montreux concernant l'abolition des capitulations en Égypte (art. 13)	—
Droits des ressortissants des États-Unis d'Amérique au Maroc (France c. États-Unis d'Amérique)	Accord de coopération économique entre les États-Unis d'Amérique et la France du 28 juin 1948 (art. 10)	✓
Haya de la Torre (Colombie c. Pérou)	Protocole d'amitié et de coopération entre la République de Colombie et la République du Pérou du 24 mai 1934 (art. 7)	—
Ambatielos (Grèce c. Royaume-Uni)	Traité de commerce et de navigation entre la Grèce et la Grande-Bretagne du 16 juillet 1926 (art. 29)	—
Anglo-Iranian Oil Co. (Royaume-Uni c. Iran)	—	✓
Nottebohm (Liechtenstein c. Guatemala)	—	✓
Or monétaire pris à Rome en 1943 (Italie c. France, Royaume-Uni et États-Unis d'Amérique)	Déclaration signée par la France, le Royaume-Uni et les États-Unis d'Amérique le 25 avril 1951	—
Société Électricité de Beyrouth (France c. Liban)	Accord entre le Gouvernement de la République française et le Gouvernement de la République libanaise du 24 janvier 1948 (art. 23)	—
Certains emprunts norvégiens (France c. Norvège)	—	✓

Finally, pursuant to Article 36, paragraph 5, of the Statute:

"Declarations made under Article 36 of the Statute of the Permanent Court of International Justice and which are still in force shall be deemed, as between the parties to the present Statute, to be acceptances of the compulsory jurisdiction of the International Court of Justice for the period which they still have to run and in accordance with their terms."

The Court's jurisdiction can thus be founded on a compromissory clause and/or on a declaration recognizing its compulsory jurisdiction.

Case	Invocation of a compromissory clause	Invocation of a declaration recognizing the compulsory jurisdiction of the Court
Fisheries (United Kingdom v. *Norway)*	—	✓
Protection of French Nationals and Protected Persons in Egypt (France v. *Egypt)*	Montreux Convention regarding the Abolition of the Capitulations in Egypt (Art. 13)	—
Rights of Nationals of the United States of America in Morocco (France v. *United States of America)*	Economic Co-operation Agreement between the United States of America and France, of 28 June 1948 (Art. 10)	✓
Haya de la Torre (Colombia v. *Peru)*	Protocol of Friendship and Co-operation between the Republic of Colombia and the Republic of Peru, of 24 May 1934 (Art. 7)	—
Ambatielos (Greece v. *United Kingdom)*	Treaty of Commerce and Navigation between Greece and Great Britain, of 16 July 1926 (Art. 29)	—
Anglo-Iranian Oil Co. (United Kingdom v. *Iran)*	—	✓
Nottebohm (Liechtenstein v. *Guatemala)*	—	✓
Monetary Gold Removed from Rome in 1943 (Italy v. *France, United Kingdom and United States of America)*	Statement between the Governments of the French Republic, the United Kingdom and the United States of America, of 25 April 1951	—
Électricité de Beyrouth Company (France v. *Lebanon)*	Agreement between the Government of the French Republic and the Government of the Lebanese Republic, of 24 January 1948 (Art. 23)	—
Certain Norwegian Loans (France v. *Norway)*	—	✓

Affaire	Invocation d'une clause compromissoire	Invocation d'une déclaration d'acceptation de la juridiction obligatoire de la Cour
Droit de passage sur territoire indien (Portugal c. Inde)	—	✓
Application de la convention de 1902 pour régler la tutelle des mineurs (Pays-Bas c. Suède)	—	✓
Interhandel (Suisse c. États-Unis d'Amérique)	—	✓
Incident aérien du 27 juillet 1955 (Israël c. Bulgarie)	—	✓
Incident aérien du 27 juillet 1955 (États-Unis d'Amérique c. Bulgarie)	—	Les États-Unis d'Amérique ont déclaré accepter la juridiction de la Cour aux fins de l'espèce et ont invoqué la déclaration d'acceptation de la juridiction obligatoire de la Cour de la Bulgarie
Incident aérien du 27 juillet 1955 (Royaume-Uni c. Bulgarie)	—	✓
Sentence arbitrale rendue par le roi d'Espagne le 23 décembre 1906 (Honduras c. Nicaragua)	Accord intervenu entre le Honduras et le Nicaragua à Washington le 21 juillet 1957	✓
Barcelona Traction, Light and Power Company, Limited (Belgique c. Espagne)	Traité de conciliation, de règlement judiciaire et d'arbitrage entre la Belgique et l'Espagne du 19 juillet 1927 (art. 2 et 17)	—
Compagnie du port, des quais et des entrepôts de Beyrouth et Société Radio-Orient (France c. Liban)	Accord entre le Gouvernement de la République française et le Gouvernement de la République libanaise du 24 janvier 1948 (art. 23)	—
Temple de Préah Vihéar (Cambodge c. Thaïlande)	Acte général pour le règlement pacifique des différends internationaux du 26 septembre 1928	✓

Case	Invocation of a compromissory clause	Invocation of a declaration recognizing the compulsory jurisdiction of the Court
Right of Passage over Indian Territory (Portugal v. *India)*	—	✓
Application of the Convention of 1902 Governing the Guardianship of Infants (Netherlands v. *Sweden)*	—	✓
Interhandel (Switzerland v. *United States of America)*	—	✓
Aerial Incident of 27 July 1955 (Israel v. *Bulgaria)*	—	✓
Aerial Incident of 27 July 1955 (United States of America v. *Bulgaria)*	—	The United States of America declared that it accepted the Court's jurisdiction for the purposes of this case and invoked Bulgaria's declaration accepting the compulsory jurisdiction of the Court
Aerial Incident of 27 July 1955 (United Kingdom v. *Bulgaria)*	—	✓
Arbitral Award Made by the King of Spain on 23 December 1906 (Honduras v. *Nicaragua)*	Washington Agreement between Honduras and Nicaragua, of 21 July 1957	✓
Barcelona Traction, Light and Power Company, Limited (Belgium v. *Spain)*	Treaty of Conciliation, Judicial Settlement and Arbitration between Belgium and Spain, of 19 July 1927 (Arts. 2 and 17)	—
Compagnie du Port, des Quais et des Entrepôts de Beyrouth and Société Radio-Orient (France v. *Lebanon)*	Agreement between the Government of the French Republic and the Government of the Lebanese Republic, of 24 January 1948 (Art. 23)	—
Temple of Preah Vihear (Cambodia v. *Thailand)*	General Act for the Pacific Settlement of International Disputes, of 26 September 1928	✓

Affaire	Invocation d'une clause compromissoire	Invocation d'une déclaration d'acceptation de la juridiction obligatoire de la Cour
Sud-Ouest africain (Éthiopie c. Afrique du Sud)[2]	Mandat pour le Sud-Ouest africain allemand du 17 décembre 1920 (art. 7)	—
Sud-Ouest africain (Libéria c. Afrique du Sud)[2]	Mandat pour le Sud-Ouest africain allemand du 17 décembre 1920 (art. 7)	—
Cameroun septentrional (Cameroun c. Royaume-Uni)	Accord de tutelle pour le territoire du Cameroun sous administration britannique (art. 19)	—
Barcelona Traction, Light and Power Company, Limited (nouvelle requête : 1962) (Belgique c. Espagne)	Traité de conciliation, de règlement judiciaire et d'arbitrage entre la Belgique et l'Espagne du 19 juillet 1927 (art. 17)	—
Appel concernant la compétence du Conseil de l'OACI (Inde c. Pakistan)	Convention de Chicago relative à l'aviation civile internationale (art. 84) Accord relatif au transit des services aériens internationaux (art. II)	—
Compétence en matière de pêcheries (Royaume-Uni c. Islande)	Échange de notes entre le Gouvernement du Royaume-Uni et le Gouvernement islandais en date du 11 mars 1961	—
Compétence en matière de pêcheries (République fédérale d'Allemagne c. Islande)	Échange de notes entre le Gouvernement de la République fédérale d'Allemagne et le Gouvernement islandais en date du 19 juillet 1961	—
Essais nucléaires (Australie c. France)	Acte général pour le règlement pacifique des différends internationaux du 26 septembre 1928 (art. 17)	✓
Essais nucléaires (Nouvelle-Zélande c. France)	Acte général pour le règlement pacifique des différends internationaux du 26 septembre 1928 (art. 17)	✓
Procès de prisonniers de guerre pakistanais (Pakistan c. Inde)	Convention pour la prévention et la répression du crime de génocide (art. IX)	—
Plateau continental de la mer Égée (Grèce c. Turquie)	Acte général pour le règlement pacifique des différends internationaux du 26 septembre 1928 (art. 17) Communiqué conjoint de Bruxelles (31 mai 1975) à l'issue d'un échange de vues entre les premiers ministres de Grèce et de Turquie	—

[2] La Cour a joint les instances dans ces deux affaires par ordonnance du 20 mai 1961.

Case	Invocation of a compromissory clause	Invocation of a declaration recognizing the compulsory jurisdiction of the Court
South West Africa (Ethiopia v. *South Africa)*[2]	Mandate for German South West Africa, of 17 December 1920 (Art. 7)	—
South West Africa (Liberia v. *South Africa)*[2]	Mandate for German South West Africa, of 17 December 1920 (Art. 7)	—
Northern Cameroons (Cameroon v. *United Kingdom)*	Trusteeship Agreement for the Territory of the Cameroons under British Administration (Art. 19)	—
Barcelona Traction, Light and Power Company, Limited (New Application: 1962) (Belgium v. *Spain)*	Treaty of Conciliation, Judicial Settlement and Arbitration between Belgium and Spain, of 19 July 1927 (Art. 17)	—
Appeal Relating to the Jurisdiction of the ICAO Council (India v. *Pakistan)*	Chicago Convention on International Civil Aviation (Art. 84) International Air Services Transit Agreement (Art. II)	—
Fisheries Jurisdiction (United Kingdom v. *Iceland)*	Exchange of Notes between the Government of the United Kingdom and the Government of Iceland, dated 11 March 1961	—
Fisheries Jurisdiction (Federal Republic of Germany v. *Iceland)*	Exchange of Notes between the Government of the Federal Republic of Germany and the Government of Iceland, dated 19 July 1961	—
Nuclear Tests (Australia v. *France)*	General Act for the Pacific Settlement of International Disputes, of 26 September 1928 (Art. 17)	✓
Nuclear Tests (New Zealand v. *France)*	General Act for the Pacific Settlement of International Disputes, of 26 September 1928 (Art. 17)	✓
Trial of Pakistani Prisoners of War (Pakistan v. *India)*	Convention on the Prevention and Punishment of the Crime of Genocide (Art. IX)	—
Aegean Sea Continental Shelf (Greece v. *Turkey)*	General Act for the Pacific Settlement of International Disputes, of 26 September 1928 (Art. 17) Joint Communiqué of Brussels (31 May 1975) Agreed between the Prime Ministers of Greece and Turkey	—

[2] The Court joined the proceedings in the two cases by Order of 20 May 1961.

Affaire	Invocation d'une clause compromissoire	Invocation d'une déclaration d'acceptation de la juridiction obligatoire de la Cour
Personnel diplomatique et consulaire des États-Unis à Téhéran (États-Unis d'Amérique c. Iran)	Protocole de signature facultative à la convention de Vienne sur les relations diplomatiques, concernant le règlement obligatoire des différends (art. I)	—
	Protocole de signature facultative à la convention de Vienne sur les relations consulaires, concernant le règlement obligatoire des différends (art. I)	
	Traité d'amitié, de commerce et de droits consulaires entre les États-Unis d'Amérique et l'Iran du 15 août 1955 (art. XXI, par. 2)	
Activités militaires et paramilitaires au Nicaragua et contre celui-ci (Nicaragua c. États-Unis d'Amérique)	Convention sur la prévention et la répression des infractions contre les personnes jouissant d'une protection internationale, y compris les agents diplomatiques (art. 13, par. 1)	✓
Actions armées frontalières et transfrontalières (Nicaragua c. Costa-Rica)	Pacte de Bogotá (art. XXXI)	✓
Actions armées frontalières et transfrontalières (Nicaragua c. Honduras)	Pacte de Bogotá (art. XXXI)	✓
Elettronica Sicula S.p.A. (ELSI) (États-Unis d'Amérique c. Italie)	Traité d'amitié, de commerce et de navigation du 2 février 1948 entre les États-Unis d'Amérique et la République italienne (art. XXVI)	—
Délimitation maritime dans la région située entre le Groenland et Jan Mayen (Danemark c. Norvège)	—	✓
Incident aérien du 3 juillet 1988 (République islamique d'Iran c. États-Unis d'Amérique)	Convention de Chicago relative à l'aviation civile internationale, telle qu'amendée (art. 84)	—
	Convention de Montréal pour la répression d'actes illicites dirigés contre la sécurité de l'aviation civile du 23 septembre 1971 (art. 14)	
Certaines terres à phosphates à Nauru (Nauru c. Australie)	—	✓
Sentence arbitrale du 31 juillet 1989 (Guinée-Bissau c. Sénégal)	—	✓

Case	Invocation of a compromissory clause	Invocation of a declaration recognizing the compulsory jurisdiction of the Court
United States Diplomatic and Consular Staff in Tehran (United States of America v. *Iran)*	Optional Protocol to the Vienna Convention on Diplomatic Relations, concerning the Compulsory Settlement of Disputes (Art. I) Optional Protocol to the Vienna Convention on Consular Relations, concerning the Compulsory Settlement of Disputes (Art. I) Treaty of Amity, Economic Relations, and Consular Rights between the United States of America and Iran, of 15 August 1955 (Art. XXI, para. 2)	—
Military and Paramilitary Activities in and against Nicaragua (Nicaragua v. *United States of America)*	Convention on the Prevention and Punishment of Crimes against Internationally Protected Persons, including Diplomatic Agents (Art. 13, para. 1)	✓
Border and Transborder Armed Actions (Nicaragua v. *Costa Rica)*	Pact of Bogotá (Art. XXXI)	✓
Border and Transborder Armed Actions (Nicaragua v. *Honduras)*	Pact of Bogotá (Art. XXXI)	✓
Elettronica Sicula S.p.A. (ELSI) (United States of America v. *Italy)*	Treaty of Friendship, Commerce and Navigation of 2 February 1948 between the United States of America and the Italian Republic (Art. XXVI)	—
Maritime Delimitation in the Area between Greenland and Jan Mayen (Denmark v. *Norway)*	—	✓
Aerial Incident of 3 July 1988 (Islamic Republic of Iran v. *United States of America)*	Chicago Convention on International Civil Aviation as amended (Art. 84) Montreal Convention for the Suppression of Unlawful Acts against the Safety of Civil Aviation, of 23 September 1971 (Art. 14)	—
Certain Phosphate Lands in Nauru (Nauru v. *Australia)*	—	✓
Arbitral Award of 31 July 1989 (Guinea-Bissau v. *Senegal)*	—	✓

Affaire	Invocation d'une clause compromissoire	Invocation d'une déclaration d'acceptation de la juridiction obligatoire de la Cour
Timor oriental (Portugal c. Australie)	—	✓
Délimitation maritime entre la Guinée-Bissau et le Sénégal (Guinée-Bissau c. Sénégal)	—	✓
Passage par le Grand-Belt (Finlande c. Danemark)	Protocole de signature facultative concernant le règlement obligatoire des différends, adopté à Genève par la première conférence des Nations Unies sur le droit de la mer le 29 avril 1958 (art. 1)	✓
Délimitation maritime et questions territoriales entre Qatar et Bahreïn (Qatar c. Bahreïn)	Échanges de lettres entre le roi d'Arabie saoudite et l'émir de Qatar, datées des 19 et 21 décembre 1987, et entre le roi d'Arabie saoudite et l'émir de Bahreïn, datées des 19 et 26 décembre 1987, ainsi que le « procès-verbal », signé à Doha le 25 décembre 1990 par les ministres des affaires étrangères de Qatar, de Bahreïn et d'Arabie saoudite	—
Questions d'interprétation et d'application de la convention de Montréal de 1971 résultant de l'incident aérien de Lockerbie (Jamahiriya arabe libyenne c. Royaume-Uni)	Convention de Montréal pour la répression d'actes illicites dirigés contre la sécurité de l'aviation civile du 23 septembre 1971 (art. 14, par. 1)	—
Questions d'interprétation et d'application de la convention de Montréal de 1971 résultant de l'incident aérien de Lockerbie (Jamahiriya arabe libyenne c. États-Unis d'Amérique)	Convention de Montréal pour la répression d'actes illicites dirigés contre la sécurité de l'aviation civile du 23 septembre 1971 (art. 14, par. 1)	—
Plates-formes pétrolières (République islamique d'Iran c. États-Unis d'Amérique)	Traité d'amitié, de commerce et de droits consulaires entre les États-Unis d'Amérique et l'Iran du 15 août 1955 (art. XXI, par. 2)	—
Application de la convention pour la prévention et la répression du crime de génocide (Bosnie-Herzégovine c. Serbie-et-Monténégro)	Convention pour la prévention et la répression du crime de génocide (art. IX)	—

Case	Invocation of a compromissory clause	Invocation of a declaration recognizing the compulsory jurisdiction of the Court
East Timor (Portugal v. *Australia)*	—	✓
Maritime Delimitation between Guinea-Bissau and Senegal (Guinea-Bissau v. *Senegal)*	—	✓
Passage through the Great Belt (Finland v. *Denmark)*	Optional Protocol of Signature concerning the Compulsory Settlement of Disputes adopted in Geneva by the First United Nations Conference on the Law of the Sea on 29 April 1958 (Art. 1)	✓
Maritime Delimitation and Territorial Questions between Qatar and Bahrain (Qatar v. *Bahrain)*	Exchange of Letters between the King of Saudi Arabia and the Amir of Qatar, dated 19 and 21 December 1987, and between the King of Saudi Arabia and the Amir of Bahrain, dated 19 and 26 December 1987, and the "Minutes" signed in Doha on 25 December 1990 by the Foreign Ministers of Qatar, Bahrain and Saudi Arabia	—
Questions of Interpretation and Application of the 1971 Montreal Convention arising from the Aerial Incident at Lockerbie (Libyan Arab Jamahiriya v. *United Kingdom)*	Montreal Convention for the Suppression of Unlawful Acts against the Safety of Civil Aviation, of 23 September 1971 (Art. 14, para. 1)	—
Questions of Interpretation and Application of the 1971 Montreal Convention arising from the Aerial Incident at Lockerbie (Libyan Arab Jamahiriya v. *United States of America)*	Montreal Convention for the Suppression of Unlawful Acts against the Safety of Civil Aviation, of 23 September 1971 (Art. 14, para. 1)	—
Oil Platforms (Islamic Republic of Iran v. *United States of America)*	Treaty of Amity, Economic Relations, and Consular Rights between the United States of America and Iran, of 15 August 1955 (Art. XXI, para. 2)	—
Application of the Convention on the Prevention and Punishment of the Crime of Genocide (Bosnia and Herzegovina v. *Serbia and Montenegro)*	Convention on the Prevention and Punishment of the Crime of Genocide (Art. IX)	—

Affaire	Invocation d'une clause compromissoire	Invocation d'une déclaration d'acceptation de la juridiction obligatoire de la Cour
Frontière terrestre et maritime entre le Cameroun et le Nigéria (Cameroun c. Nigéria; Guinée équatoriale (intervenant))	—	✓
Compétence en matière de pêcheries (Espagne c. Canada)	—	✓
Convention de Vienne sur les relations consulaires (Paraguay c. États-Unis d'Amérique)	Protocole de signature facultative à la convention de Vienne sur les relations consulaires, concernant le règlement obligatoire des différends (art. I)	—
Ahmadou Sadio Diallo (République de Guinée c. République démocratique du Congo)	—	✓
LaGrand (Allemagne c. États-Unis d'Amérique)	Protocole de signature facultative à la convention de Vienne sur les relations consulaires, concernant le règlement obligatoire des différends (art. I)	—
Licéité de l'emploi de la force (Serbie-et-Monténégro c. Belgique)	Convention pour la prévention et la répression du crime de génocide (art. IX)	✓
Licéité de l'emploi de la force (Serbie-et-Monténégro c. Canada)	Convention pour la prévention et la répression du crime de génocide (art. IX)	✓
Licéité de l'emploi de la force (Serbie-et-Monténégro c. France)	Convention pour la prévention et la répression du crime de génocide (art. IX)	—
Licéité de l'emploi de la force (Serbie-et-Monténégro c. Allemagne)	Convention pour la prévention et la répression du crime de génocide (art. IX)	—
Licéité de l'emploi de la force (Serbie-et-Monténégro c. Italie)	Convention pour la prévention et la répression du crime de génocide (art. IX)	—
Licéité de l'emploi de la force (Serbie-et-Monténégro c. Pays-Bas)	Convention pour la prévention et la répression du crime de génocide (art. IX)	✓
Licéité de l'emploi de la force (Serbie-et-Monténégro c. Portugal)	Convention pour la prévention et la répression du crime de génocide (art. IX)	✓

Case	Invocation of a compromissory clause	Invocation of a declaration recognizing the compulsory jurisdiction of the Court
Land and Maritime Boundary between Cameroon and Nigeria (Cameroon v. *Nigeria: Equatorial Guinea intervening)*	—	✓
Fisheries Jurisdiction (Spain v. *Canada)*	—	✓
Vienna Convention on Consular Relations (Paraguay v. *United States of America)*	Optional Protocol to the Vienna Convention on Consular Relations, concerning the Compulsory Settlement of Disputes (Art. I)	—
Ahmadou Sadio Diallo (Republic of Guinea v. *Democratic Republic of the Congo)*	—	✓
LaGrand (Germany v. *United States of America)*	Optional Protocol to the Vienna Convention on Consular Relations, concerning the Compulsory Settlement of Disputes (Art. I)	—
Legality of Use of Force (Serbia and Montenegro v. *Belgium)*	Convention on the Prevention and Punishment of the Crime of Genocide (Art. IX)	✓
Legality of Use of Force (Serbia and Montenegro v. *Canada)*	Convention on the Prevention and Punishment of the Crime of Genocide (Art. IX)	✓
Legality of Use of Force (Serbia and Montenegro v. *France)*	Convention on the Prevention and Punishment of the Crime of Genocide (Art. IX)	—
Legality of Use of Force (Serbia and Montenegro v. *Germany)*	Convention on the Prevention and Punishment of the Crime of Genocide (Art. IX)	—
Legality of Use of Force (Serbia and Montenegro v. *Italy)*	Convention on the Prevention and Punishment of the Crime of Genocide (Art. IX)	—
Legality of Use of Force (Serbia and Montenegro v. *Netherlands)*	Convention on the Prevention and Punishment of the Crime of Genocide (Art. IX)	✓
Legality of Use of Force (Serbia and Montenegro v. *Portugal)*	Convention on the Prevention and Punishment of the Crime of Genocide (Art. IX)	✓

Affaire	Invocation d'une clause compromissoire	Invocation d'une déclaration d'acceptation de la juridiction obligatoire de la Cour
Licéité de l'emploi de la force (Serbie-et-Monténégro c. Royaume-Uni)	Convention pour la prévention et la répression du crime de génocide (art. IX)	✓
Licéité de l'emploi de la force (Yougoslavie c. Espagne)	Convention pour la prévention et la répression du crime de génocide (art. IX)	✓
Licéité de l'emploi de la force (Yougoslavie c. États-Unis d'Amérique)	Convention pour la prévention et la répression du crime de génocide (art. IX)	—
Activités armées sur le territoire du Congo (République démocratique du Congo c. Burundi)	Convention contre la torture et autres peines ou traitements cruels, inhumains ou dégradants du 10 décembre 1984 (art. 30, par. 1) Convention de Montréal pour la répression d'actes illicites dirigés contre la sécurité de l'aviation civile du 23 septembre 1971 (art. 14, par. 1)	—
Activités armées sur le territoire du Congo (République démocratique du Congo c. Ouganda)	—	✓
Activités armées sur le territoire du Congo (République démocratique du Congo c. Rwanda)	Convention contre la torture et autres peines ou traitements cruels, inhumains ou dégradants du 10 décembre 1984 (art. 30, par. 1) Convention de Montréal pour la répression d'actes illicites dirigés contre la sécurité de l'aviation civile du 23 septembre 1971 (art. 14, par. 1)	—
Application de la convention pour la prévention et la répression du crime de génocide (Croatie c. Serbie)	Convention pour la prévention et la répression du crime de génocide (art. IX)	—
Incident aérien du 10 août 1999 (Pakistan c. Inde)	Accord entre l'Inde et le Pakistan relatif aux relations bilatérales du 2 juillet 1972 (art. I)[3]	✓

[3] La requête renvoie simplement à l'article 36, paragraphe 1, du Statut. Ce n'est que dans son mémoire que le Pakistan a précisé le nom de l'instrument contenant une clause compromissoire susceptible de fonder la compétence de la Cour.

Case	Invocation of a compromissory clause	Invocation of a declaration recognizing the compulsory jurisdiction of the Court
Legality of Use of Force (Serbia and Montenegro v. *United Kingdom)*	Convention on the Prevention and Punishment of the Crime of Genocide (Art. IX)	✓
Legality of Use of Force (Yugoslavia v. *Spain)*	Convention on the Prevention and Punishment of the Crime of Genocide (Art. IX)	✓
Legality of Use of Force (Yugoslavia v. *United States of America)*	Convention on the Prevention and Punishment of the Crime of Genocide (Art. IX)	—
Armed Activities on the Territory of the Congo (Democratic Republic of the Congo v. *Burundi)*	Convention against Torture and Other Cruel, Inhuman or Degrading Treatment or Punishment, of 10 December 1984 (Art. 30, para. 1) Montreal Convention for the Suppression of Unlawful Acts against the Safety of Civil Aviation, of 23 September 1971 (Art. 14, para. 1)	—
Armed Activities on the Territory of the Congo (Democratic Republic of the Congo v. *Uganda)*	—	✓
Armed Activities on the Territory of the Congo (Democratic Republic of the Congo v. *Rwanda)*	Convention against Torture and Other Cruel, Inhuman or Degrading Treatment or Punishment, of 10 December 1984 (Art. 30, para. 1) Montreal Convention for the Suppression of Unlawful Acts against the Safety of Civil Aviation, of 23 September 1971 (Art. 14, para. 1)	—
Application of the Convention on the Prevention and Punishment of the Crime of Genocide (Croatia v. *Serbia)*	Convention on the Prevention and Punishment of the Crime of Genocide (Art. IX)	—
Aerial Incident of 10 August 1999 (Pakistan v. *India)*	Agreement on Bilateral Relations between India and Pakistan, of 2 July 1972 (Art. I)[3]	✓

[3] The Application simply refers to Article 36, paragraph 1, of the Statute of the Court. Only in its Memorial has Pakistan specified the name of the instrument which contains a special agreement which may found the jurisdiction of the Court.

Affaire	Invocation d'une clause compromissoire	Invocation d'une déclaration d'acceptation de la juridiction obligatoire de la Cour
Différend territorial et maritime entre le Nicaragua et le Honduras dans la mer des Caraïbes (Nicaragua c. Honduras)	Pacte de Bogotá (art. XXXI)	✓
Mandat d'arrêt du 11 avril 2000 (République démocratique du Congo c. Belgique)	—	Dans sa requête, le Congo a déclaré accepter la juridiction obligatoire de la Cour et a invoqué la déclaration d'acceptation de la juridiction obligatoire de la Cour de la Belgique
Certains biens (Liechtenstein c. Allemagne)	Convention européenne pour le règlement pacifique des différends (art. 1)	—
Différend territorial et maritime (Nicaragua c. Colombie)	Pacte de Bogotá (art. XXXI)	✓
Activités armées sur le territoire du Congo (nouvelle requête : 2002) (République démocratique du Congo c. Rwanda)	Convention sur l'élimination de toutes les formes de discrimination à l'égard des femmes (art. 29, par. 1) Convention internationale sur l'élimination de toutes les formes de discrimination raciale (art. 22) Convention contre la torture et autres peines ou traitements cruels, inhumains ou dégradants du 10 décembre 1984 (art. 30, par. 1) Constitution de l'OMS (art. 75) Acte constitutif de l'UNESCO (art. XIV) Convention pour la prévention et la répression du crime de génocide (art. IX)	—

Case	Invocation of a compromissory clause	Invocation of a declaration recognizing the compulsory jurisdiction of the Court
Territorial and Maritime Dispute between Nicaragua and Honduras in the Caribbean Sea (Nicaragua v. *Honduras)*	Pact of Bogotá (Art. XXXI)	✓
Arrest Warrant of 11 April 2000 (Democratic Republic of the Congo v. *Belgium)*	—	In its Application, Congo declared that it accepted the compulsory jurisdiction of the Court and invoked Belgium's declaration accepting the compulsory jurisdiction of the Court
Certain Property (Liechtenstein v. *Germany)*	European Convention for the Peaceful Settlement of Disputes (Art. 1)	—
Territorial and Maritime Dispute (Nicaragua v. *Colombia)*	Pact of Bogotá (Art. XXXI)	✓
Armed Activities on the Territory of the Congo (New Application: 2002) (Democratic Republic of the Congo v. *Rwanda)*	Convention on the Elimination of All Forms of Discrimination against Women (Art. 29, para. 1) International Convention on the Elimination of All Forms of Racial Discrimination (Art. 22) Convention against Torture and Other Cruel, Inhuman or Degrading Treatment or Punishment, of 10 December 1984 (Art. 30, para. 1) Constitution of the WHO (Art. 75) Constitution of UNESCO (Art. XIV) Convention on the Prevention and Punishment of the Crime of Genocide (Art. IX)	—

Affaire	Invocation d'une clause compromissoire	Invocation d'une déclaration d'acceptation de la juridiction obligatoire de la Cour
	Convention de Montréal pour la répression d'actes illicites dirigés contre la sécurité de l'aviation civile du 23 septembre 1971 (art. 14, par. 1)[4]	
Avena et autres ressortissants mexicains (Mexique c. États-Unis d'Amérique)	Protocole de signature facultative à la convention de Vienne sur les relations consulaires, concernant le règlement obligatoire des différends (art. I)	—
Délimitation maritime en mer Noire (Roumanie c. Ukraine)	Accord additionnel au traité de bon voisinage et de coopération entre la Roumanie et l'Ukraine (1997) (art. 4, al. *h*))	—
Différend relatif à des droits de navigation et des droits connexes (Costa Rica c. Nicaragua)	Pacte de Bogotá (art. XXXI) Accord Tovar-Caldera signé par les Parties le 26 septembre 2002	✓
Statut vis-à-vis de l'État hôte d'un envoyé diplomatique auprès de l'Organisation des Nations Unies (Commonwealth de Dominique c. Suisse)	Protocole de signature facultative à la convention de Vienne sur les relations consulaires, concernant le règlement obligatoire des différends (art. I)	✓
Usines de pâte à papier sur le fleuve Uruguay (Argentine c. Uruguay)	Statut du fleuve Uruguay entre l'Argentine et l'Uruguay (art. 60, par. 1)	—
Différend maritime (Pérou c. Chili)	Pacte de Bogotá (art. XXXI)	—
Épandages aériens d'herbicides (Équateur c. Colombie)	Pacte de Bogotá (art. XXXI) Convention des Nations Unies de 1988 contre le trafic illicite de stupéfiants et de substances psychotropes (art. 32)	—

[4] Sur la base de l'article 66 de la convention de Vienne sur le droit des traités, la République démocratique du Congo a également invoqué des normes de *jus cogens* comme base légale de la compétence de la Cour contenues dans: la Déclaration universelle des droits de l'homme (art. 3, 4, 5, 13, 17, 18), ainsi que ses deux pactes internationaux de 1966 sur les droits civils et politiques, économiques, sociaux et culturels; la convention relative au statut des réfugiés (1951) et son protocole (1967); la charte africaine des droits de l'homme et des peuples (1981) et la charte africaine des droits et du bien-être de l'enfant; la convention relative aux droits de l'enfant (1989); le protocole facultatif à la convention relative aux droits de l'enfant, concernant l'implication d'enfants dans les conflits armés; le protocole facultatif à la convention relative aux droits de l'enfant concernant la vente d'enfants, la prostitution des enfants et la pornographie mettant en scène des enfants; les conventions de Genève de 1949 et leurs protocoles additionnels de 1977.

Case	Invocation of a compromissory clause	Invocation of a declaration recognizing the compulsory jurisdiction of the Court
	Montreal Convention for the Suppression of Unlawful Acts against the Safety of Civil Aviation, of 23 September 1971 (Art. 14, para. 1)[4]	
Avena and Other Mexican Nationals (Mexico v. *United States of America)*	Optional Protocol to the Vienna Convention on Consular Relations concerning the Compulsory Settlement of Disputes (Art. I)	—
Maritime Delimitation in the Black Sea (Romania v. *Ukraine)*	Additional Agreement to the Treaty on Relations of Co-operation and Good Neighbourliness between Romania and Ukraine (1997) (Art. 4 *(h)*)	—
Dispute regarding Navigational and Related Rights (Costa Rica v. *Nicaragua)*	Pact of Bogotá (Art. XXXI)	✓
	Tovar-Caldera Agreement signed between the Parties on 26 September 2002	
Status vis-à-vis the Host State of a Diplomatic Envoy to the United Nations (Commonwealth of Dominica v. *Switzerland)*	Optional Protocol to the Vienna Convention on Consular Relations concerning the Compulsory Settlement of Disputes (Art. I)	✓
Pulp Mills on the River Uruguay (Argentina v. *Uruguay)*	Statute of the River Uruguay, signed by Argentina and Uruguay (Art. 60, para. 1)	—
Maritime Dispute (Peru v. *Chile)*	Pact of Bogotá (Art. XXXI)	—
Aerial Herbicide Spraying (Ecuador v. *Colombia)*	Pact of Bogotá (Art. XXXI)	—
	United Nations Convention of 1988 against Illicit Traffic in Narcotic Drugs and Psychotropic Substances (Art. 32)	

[4] On the basis of Article 66 of the Vienna Convention on the Law of Treaties, the Democratic Republic of the Congo also invoked, as a legal basis for the Court's jurisdiction, the norms of *jus cogens* contained in: the Universal Declaration of Human Rights (Arts. 3, 4, 5, 13, 17, 18), as well as the two International Covenants of 1966 on Civil and Political, Economic, Social and Cultural Rights; Convention relating to the Status of Refugees (1951) and its Protocol (1967); the African Charter on Human and Peoples' Rights (1981) and the African Charter on the Rights and Welfare of the Child; the Convention on the Rights of the Child (1989); the Optional Protocol to the Convention on the Rights of the Child on the Involvement of Children in Armed Conflict; the Optional Protocol to the Convention on the Rights of the Child on the Sale of Children, Child Prostitution and Child Pornography; the Geneva Conventions of 1949 and Additional Protocols of 1977.

Affaire	Invocation d'une clause compromissoire	Invocation d'une déclaration d'acceptation de la juridiction obligatoire de la Cour
Application de la convention internationale sur l'élimination de toutes les formes de discrimination raciale (Géorgie c. Fédération de Russie)	Convention internationale sur l'élimination de toutes les formes de discrimination raciale (art. 22)	—
Application de l'accord intérimaire du 13 septembre 1995 (ex-République yougoslave de Macédoine c. Grèce)	Accord intérimaire signé par les Parties le 13 septembre 1995 (art. 21, par. 2)	—
Immunités juridictionnelles de l'État (Allemagne c. Italie ; Grèce (intervenant))	Convention européenne pour le règlement pacifique des différends (art. 1)	—
Questions concernant l'obligation de poursuivre ou d'extrader (Belgique c. Sénégal)	Convention contre la torture et autres peines ou traitements cruels, inhumains ou dégradants du 10 décembre 1984 (art. 30, par. 1)	✓
Certaines questions en matière de relations diplomatiques (Honduras c. Brésil)	Pacte de Bogotá (art. XXXI)	—
Compétence judiciaire et exécution des décisions en matière civile et commerciale (Belgique c. Suisse)	—	✓
Chasse à la baleine dans l'Antarctique (Australie c. Japon ; Nouvelle-Zélande (intervenant))	—	✓
Certaines activités menées par le Nicaragua dans la région frontalière (Costa Rica c. Nicaragua)	Pacte de Bogotá (art. XXXI)	✓
Construction d'une route au Costa Rica le long du fleuve San Juan (Nicaragua c. Costa Rica)	Pacte de Bogotá (art. XXXI)	✓
Obligation de négocier un accès à l'océan Pacifique (Bolivie c. Chili)	Pacte de Bogotá (art. XXXI)	—

Case	Invocation of a compromissory clause	Invocation of a declaration recognizing the compulsory jurisdiction of the Court
Application of the International Convention on the Elimination of All Forms of Racial Discrimination (Georgia v. *Russian Federation)*	International Convention on the Elimination of All Forms of Racial Discrimination (Art. 22)	—
Application of the Interim Accord of 13 September 1995 (the former Yugoslav Republic of Macedonia v. *Greece)*	Interim Accord of 13 September 1995 between the Applicant and the Respondent (Art. 21, para. 2)	—
Jurisdictional Immunities of the State (Germany v. *Italy: Greece intervening)*	European Convention for the Peaceful Settlement of Disputes (Art. 1)	—
Questions relating to the Obligation to Prosecute or Extradite (Belgium v. *Senegal)*	Convention against Torture and Other Cruel, Inhuman or Degrading Treatment or Punishment, of 10 December 1984 (Art. 30, para. 1)	✓
Certain Questions concerning Diplomatic Relations (Honduras v. *Brazil)*	Pact of Bogotá (Art. XXXI)	—
Jurisdiction and Enforcement of Judgments in Civil and Commercial Matters (Belgium v. *Switzerland)*	—	✓
Whaling in the Antarctic (Australia v. *Japan: New Zealand intervening)*	—	✓
Certain Activities Carried Out by Nicaragua in the Border Area (Costa Rica v. *Nicaragua)*	Pact of Bogotá (Art. XXXI)	✓
Construction of a Road in Costa Rica along the San Juan River (Nicaragua v. *Costa Rica)*	Pact of Bogotá (Art. XXXI)	✓
Obligation to Negotiate Access to the Pacific Ocean (Bolivia v. *Chile)*	Pact of Bogotá (Art. XXXI)	—

Affaire	Invocation d'une clause compromissoire	Invocation d'une déclaration d'acceptation de la juridiction obligatoire de la Cour
Question de la délimitation du plateau continental entre le Nicaragua et la Colombie au-delà de 200 milles marins de la côte nicaraguayenne (Nicaragua c. Colombie)	Pacte de Bogotá (art. XXXI)	—
Violations alléguées de droits souverains et d'espaces maritimes dans la mer des Caraïbes (Nicaragua c. Colombie)	Pacte de Bogotá (art. XXXI)	—
Questions concernant la saisie et la détention de certains documents et données (Timor-Leste c. Australie)	—	✓
Délimitation maritime dans la mer des Caraïbes et l'océan Pacifique (Costa Rica c. Nicaragua)	Pacte de Bogotá (art. XXXI)	✓
Obligations relatives à des négociations concernant la cessation de la course aux armes nucléaires et le désarmement nucléaire (Îles Marshall c. Inde)	—	✓
Obligations relatives à des négociations concernant la cessation de la course aux armes nucléaires et le désarmement nucléaire (Îles Marshall c. Pakistan)	—	✓
Obligations relatives à des négociations concernant la cessation de la course aux armes nucléaires et le désarmement nucléaire (Îles Marshall c. Royaume-Uni)	—	✓
Délimitation maritime dans l'océan Indien (Somalie c. Kenya)	—	✓[5]
Différend concernant le statut et l'utilisation des eaux du Silala (Chili c. Bolivie)	Pacte de Bogotá (art. XXXI)	—

[5] La Somalie indique à cet égard que la compétence de la Cour est confirmée par l'article 282 de la convention des Nations Unies sur le droit de la mer du 10 décembre 1982.

Case	Invocation of a compromissory clause	Invocation of a declaration recognizing the compulsory jurisdiction of the Court
Question of the Delimitation of the Continental Shelf between Nicaragua and Colombia beyond 200 Nautical Miles from the Nicaraguan Coast (Nicaragua v. *Colombia)*	Pact of Bogotá (Art. XXXI)	—
Alleged Violations of Sovereign Rights and Maritime Spaces in the Caribbean Sea (Nicaragua v. *Colombia)*	Pact of Bogotá (Art. XXXI)	—
Questions relating to the Seizure and Detention of Certain Documents and Data (Timor-Leste v. *Australia)*	—	✓
Maritime Delimitation in the Caribbean Sea and the Pacific Ocean (Costa Rica v. *Nicaragua)*	Pact of Bogotá (Art. XXXI)	✓
Obligations concerning Negotiations relating to Cessation of the Nuclear Arms Race and to Nuclear Disarmament (Marshall Islands v. *India)*	—	✓
Obligations concerning Negotiations relating to Cessation of the Nuclear Arms Race and to Nuclear Disarmament (Marshall Islands v. *Pakistan)*	—	✓
Obligations concerning Negotiations relating to Cessation of the Nuclear Arms Race and to Nuclear Disarmament (Marshall Islands v. *United Kingdom)*	—	✓
Maritime Delimitation in the Indian Ocean (Somalia v. *Kenya)*	—	✓[5]
Dispute over the Status and Use of the Waters of the Silala (Chile v. *Bolivia)*	Pact of Bogotá (Art. XXXI)	—

[5] Somalia states in this regard that the Court's jurisdiction is underscored by Article 282 of the United Nations Convention on the Law of the Sea of 10 December 1982.

Affaire	Invocation d'une clause compromissoire	Invocation d'une déclaration d'acceptation de la juridiction obligatoire de la Cour
Immunités et procédures pénales (Guinée équatoriale c. France)	Protocole de signature facultative à la convention de Vienne sur les relations consulaires, concernant le règlement obligatoire des différends (art. I) Convention des Nations Unies contre la criminalité transnationale organisée (art. 35)	—
Certains actifs iraniens (République islamique d'Iran c. États-Unis d'Amérique)	Traité d'amitié, de commerce et de droits consulaires entre les États-Unis d'Amérique et l'Iran du 15 août 1955 (art. XXI, par. 2)	—
Frontière terrestre dans la partie septentrionale d'Isla Portillos (Costa Rica c. Nicaragua)	Pacte de Bogotá (art. XXXI)	✓
Application de la convention internationale pour la répression du financement du terrorisme et de la convention internationale sur l'élimination de toutes les formes de discrimination raciale (Ukraine c. Fédération de Russie)	Convention internationale pour la répression du financement du terrorisme (art. XXIV) Convention internationale sur l'élimination de toutes les formes de discrimination raciale (art. 22)	—
Jadhav (Inde c. Pakistan)	Protocole de signature facultative à la convention de Vienne sur les relations consulaires, concernant le règlement obligatoire des différends (art. I)	—
Sentence arbitrale du 3 octobre 1899 (Guyana c. Venezuela)	Accord tendant à régler le différend relatif à la frontière entre le Venezuela et la Guyane britannique conclu entre le Venezuela et le Royaume-Uni de Grande-Bretagne et d'Irlande du Nord le 17 février 1966 à Genève[6]	—

[6] Le Guyana soutient dans sa requête que l'accord tendant à régler le différend relatif à la frontière entre le Venezuela et la Guyane britannique conclu entre le Venezuela et le Royaume-Uni de Grande-Bretagne et d'Irlande du Nord le 17 février 1966 à Genève (l'« accord de Genève ») prévoyait le « recours à une série de mécanismes en vue de résoudre définitivement le différend » et habilitait le Secrétaire général de l'Organisation des Nations Unies à choisir celui des mécanismes prévus à l'article 33 de la Charte des Nations Unies pour régler pacifiquement le différend en cause.

En outre, le demandeur affirme ce qui suit :

> « Le 30 janvier 2018, le Secrétaire général [S. Exc.] António Guterres a déterminé que la procédure des bons offices n'avait pas permis d'aboutir à un règlement pacifique du différend. Il a alors pris, en vertu du paragraphe 2 de l'article IV de l'accord, la décision officielle, et contraignante, de choisir un autre des moyens de règlement prévus par l'article 33 de la Charte. Il en a communiqué la teneur par lettres identiques aux deux Parties, indiquant que, en vertu des pouvoirs que lui conférait l'accord de Genève, le règlement du différend serait confié à la Cour internationale de Justice. »

Case	Invocation of a compromissory clause	Invocation of a declaration recognizing the compulsory jurisdiction of the Court
Immunities and Criminal Proceedings (Equatorial Guinea v. *France)*	Optional Protocol to the Vienna Convention on Consular Relations, concerning the Compulsory Settlement of Disputes (Art. I) United Nations Convention against Transnational Organized Crime (Art. 35)	—
Certain Iranian Assets (Islamic Republic of Iran v. *United States of America)*	Treaty of Amity, Economic Relations, and Consular Rights between the United States of America and Iran (Art. XXI, para. 2)	—
Land Boundary in the Northern Part of Isla Portillos (Costa Rica v. *Nicaragua)*	Pact of Bogotá (Art. XXXI)	✓
Application of the International Convention for the Suppression of the Financing of Terrorism and of the International Convention on the Elimination of All Forms of Racial Discrimination (Ukraine v. *Russian Federation)*	International Convention for the Suppression of the Financing of Terrorism (Art. XXIV) International Convention on the Elimination of All Forms of Racial Discrimination (Art. 22)	—
Jadhav (India v. *Pakistan)*	Optional Protocol to the Vienna Convention on Consular Relations, concerning the Compulsory Settlement of Disputes (Art. I)	—
Arbitral Award of 3 October 1899 (Guyana v. *Venezuela)*	Agreement to resolve the controversy over the frontier between Venezuela and British Guiana signed between Venezuela and the United Kingdom of Great Britain and Northern Ireland at Geneva on 17 February 1966[6]	—

[6] In its Application, Guyana argues that the Agreement to resolve the controversy over the frontier between Venezuela and British Guiana signed between Venezuela and the United Kingdom of Great Britain and Northern Ireland at Geneva on 17 February 1966 ("Geneva Agreement") provided for "recourse to a series of dispute settlement mechanisms to finally resolve the controversy", and that authorized the United Nations Secretary-General to decide which appropriate dispute resolution mechanism to adopt for the peaceful settlement of the dispute, in accordance with Article 33 of the United Nations Charter.

The Applicant further argues that:

> "On 30 January 2018, . . . Secretary-General [HE] António Guterres determined that the Good Offices Process had failed to achieve a peaceful settlement of the controversy. He then took a formal and binding decision, under Article IV, paragraph 2, of the Agreement, to choose a different means of settlement under Article 33 of the Charter. In identical letters to both Parties, he communicated the terms of his decision that, pursuant to the authority vested in him by the Geneva Agreement, the controversy shall be settled by recourse to the International Court of Justice."

Affaire	Invocation d'une clause compromissoire	Invocation d'une déclaration d'acceptation de la juridiction obligatoire de la Cour
Application de la convention internationale sur l'élimination de toutes les formes de discrimination raciale (Qatar c. Émirats arabes unis)	Convention internationale sur l'élimination de toutes les formes de discrimination raciale (art. 22)	—
Appel concernant la compétence du Conseil de l'OACI en vertu de l'article 84 de la convention relative à l'aviation civile internationale (Arabie saoudite, Bahreïn, Égypte et Émirats arabes unis c. Qatar)	Convention relative à l'aviation civile internationale (art. 84)	—
Appel concernant la compétence du Conseil de l'OACI en vertu de l'article II, section 2, de l'accord de 1944 relatif au transit des services aériens internationaux (Bahreïn, Égypte et Émirats arabes unis c. Qatar)	Accord relatif au transit des services aériens internationaux (art. II, section 2)	—
Violations alléguées du traité d'amitié, de commerce et de droits consulaires de 1955 (République islamique d'Iran c. États-Unis d'Amérique)	Traité d'amitié, de commerce et de droits consulaires de 1955 (art. XXI, par. 2)	—
Transfert de l'ambassade des États-Unis à Jérusalem (Palestine c. États-Unis d'Amérique)	Protocole de signature facultative à la convention de Vienne sur les relations diplomatiques, concernant le règlement obligatoire des différends (art. I)	—
Application de la convention pour la prévention et la répression du crime de génocide (Gambie c. Myanmar)	Convention pour la prévention et la répression du crime de génocide (art. IX)	—
Application de la convention internationale sur l'élimination de toutes les formes de discrimination raciale (Arménie c. Azerbaïdjan)	Convention internationale sur l'élimination de toutes les formes de discrimination raciale (art. 22)	—
Application de la convention internationale sur l'élimination de toutes les formes de discrimination raciale (Azerbaïdjan c. Arménie)	Convention internationale sur l'élimination de toutes les formes de discrimination raciale (art. 22)	—

Case	Invocation of a compromissory clause	Invocation of a declaration recognizing the compulsory jurisdiction of the Court
Application of the International Convention on the Elimination of All Forms of Racial Discrimination (Qatar v. *United Arab Emirates)*	International Convention on the Elimination of All Forms of Racial Discrimination (Art. 22)	—
Appeal relating to the Jurisdiction of the ICAO Council under Article 84 of the Convention on International Civil Aviation (Bahrain, Egypt, Saudi Arabia and United Arab Emirates v. *Qatar)*	Convention on International Civil Aviation (Art. 84)	—
Appeal relating to the Jurisdiction of the ICAO Council under Article II, Section 2, of the 1944 International Air Services Transit Agreement (Bahrain, Egypt and United Arab Emirates v. *Qatar)*	International Air Services Transit Agreement (Art. II, Section 2)	—
Alleged Violations of the 1955 Treaty of Amity, Economic Relations, and Consular Rights (Islamic Republic of Iran v. *United States of America)*	Treaty of Amity, Economic Relations, and Consular Rights (Art. XXI, para. 2)	—
Relocation of the United States Embassy to Jerusalem (Palestine v. *United States of America)*	Optional Protocol to the Vienna Convention on Diplomatic Relations, concerning the Compulsory Settlement of Disputes (Art. I)	—
Application of the Convention on the Prevention and Punishment of the Crime of Genocide (The Gambia v. *Myanmar)*	Convention on the Prevention and Punishment of the Crime of Genocide (Art. IX)	—
Application of the International Convention on the Elimination of All Forms of Racial Discrimination (Armenia v. *Azerbaijan)*	International Convention on the Elimination of All Forms of Racial Discrimination (Art. 22)	—
Application of the International Convention on the Elimination of All Forms of Racial Discrimination (Azerbaijan v. *Armenia)*	International Convention on the Elimination of All Forms of Racial Discrimination (Art. 22)	—

Affaire	Invocation d'une clause compromissoire	Invocation d'une déclaration d'acceptation de la juridiction obligatoire de la Cour
Allégations de génocide au titre de la convention pour la prévention et la répression du crime de génocide (Ukraine c. Fédération de Russie)	Convention pour la prévention et la répression du crime de génocide (art. IX)	—
Questions relatives aux immunités juridictionnelles de l'État et aux mesures de contrainte contre des biens appartenant à l'État (Allemagne c. Italie)	Convention européenne pour le règlement pacifique des différends (art. 1)	—
Demande concernant la restitution de biens confisqués dans le cadre de procédures pénales (Guinée équatoriale c. France)	Convention des Nations Unies contre la corruption du 31 octobre 2003 (art. 66)	—
Souveraineté sur les cayes de Sapodilla/cayes Zapotillos (Belize c. Honduras)	Pacte de Bogotá (art. XXXI)	—
Application de la convention contre la torture et autres peines ou traitements cruels, inhumains ou dégradants (Canada et Pays-Bas c. République arabe syrienne)	Convention contre la torture et autres peines ou traitements cruels, inhumains ou dégradants du 10 décembre 1984 (art. 30, par. 1)	—
Violations alléguées des immunités de l'État (République islamique d'Iran c. Canada)	—	✓
Incident aérien du 8 janvier 2020 (Canada, Royaume-Uni, Suède et Ukraine c. République islamique d'Iran)	Convention de Montréal pour la répression d'actes illicites dirigés contre la sécurité de l'aviation civile du 23 septembre 1971 (art. 14, par. 1)	—

Case	Invocation of a compromissory clause	Invocation of a declaration recognizing the compulsory jurisdiction of the Court
Allegations of Genocide under the Convention on the Prevention and Punishment of the Crime of Genocide (Ukraine v. *Russian Federation)*	Convention on the Prevention and Punishment of the Crime of Genocide (Art. IX)	—
Questions of Jurisdictional Immunities of the State and Measures of Constraint against State-Owned Property (Germany v. *Italy)*	European Convention for the Peaceful Settlement of Disputes (Art. 1)	—
Request relating to the Return of Property Confiscated in Criminal Proceedings (Equatorial Guinea v. *France)*	United Nations Convention against Corruption of 31 October 2003 (Art. 66)	—
Sovereignty over the Sapodilla Cayes/Cayos Zapotillos (Belize v. *Honduras)*	Pact of Bogotá (Art. XXXI)	—
Application of the Convention against Torture and Other Cruel, Inhuman or Degrading Treatment or Punishment (Canada and Netherlands v. *Syrian Arab Republic)*	Convention against Torture and Other Cruel, Inhuman or Degrading Treatment or Punishment, of 10 December 1984 (Art. 30, para. 1)	—
Alleged Violations of State Immunities (Islamic Republic of Iran v. *Canada)*	—	✓
Aerial Incident of 8 January 2020 (Canada, Sweden, Ukraine and United Kingdom v. *Islamic Republic of Iran)*	Montreal Convention for the Suppression of Unlawful Acts against the Safety of Civil Aviation, of 23 September 1971 (Art. 14, para. 1)	—

ANNEXE 8

REQUÊTES PRÉSENTÉES SUR LE FONDEMENT D'UN *FORUM PROROGATUM*

1. Application du paragraphe 5 de l'article 38 du Règlement de la Cour

Le paragraphe 5 de l'article 38 du Règlement dispose ce qui suit:

> «Lorsque le demandeur entend fonder la compétence de la Cour sur un consentement non encore donné ou manifesté par l'État contre lequel la requête est formée, la requête est transmise à cet État. Toutefois, elle n'est pas inscrite au rôle général de la Cour et aucun acte de procédure n'est effectué tant que l'État contre lequel la requête est formée n'a pas accepté la compétence de la Cour aux fins de l'affaire.»

À ce jour, la compétence de la Cour a été reconnue, en application de cette disposition, dans les deux cas suivants:

- une requête présentée par la République du Congo le 9 décembre 2002 contre la France. Le défendeur a accepté la compétence de la Cour le 11 avril 2003, ce qui a entraîné l'inscription de l'affaire au rôle général, à compter de la date de réception de ladite acceptation, sous le titre *Certaines procédures pénales engagées en France (République du Congo c. France)*;

- une requête présentée par la République de Djibouti le 10 janvier 2006 contre la France. Le défendeur a accepté la compétence de la Cour le 9 août 2006, ce qui a entraîné l'inscription de l'affaire au rôle général, à compter de la date de réception de ladite acceptation, sous le titre *Certaines questions concernant l'entraide judiciaire en matière pénale (Djibouti c. France).*

* *

Aucune suite n'a en revanche été donnée et la requête n'a pas été inscrite au rôle général de la Cour dans les cas ci-après:

- une requête a été déposée par la République de Hongrie le 23 octobre 1992 contre la République fédérative tchèque et slovaque, mais aucun acte de procédure n'a été effectué, l'État contre lequel ladite requête était formée n'ayant pas accepté la juridiction de la Cour en l'espèce;
- une requête a été présentée par la République fédérative de Yougoslavie le 16 mars 1994 contre les États membres de l'Organisation du traité de l'Atlantique Nord (OTAN), mais aucun acte de procédure n'a été effectué, les États contre lesquels ladite requête était formée n'ayant pas accepté la juridiction de la Cour en l'espèce;
- une requête a été présentée par l'Érythrée le 16 février 1999 contre l'Éthiopie, mais aucun acte de procédure n'a été effectué, l'État contre lequel ladite requête était formée n'ayant pas accepté la juridiction de la Cour en l'espèce;
- une requête a été présentée par le Libéria le 4 août 2003 contre la Sierra Leone, mais aucun acte de procédure n'a été effectué, l'État contre lequel ladite requête était formée n'ayant pas accepté la juridiction de la Cour en l'espèce;
- une requête a été déposée par la République du Rwanda contre la France le 18 avril 2007, à laquelle était annexée une «demande en indication de mesures conservatoires». Aucun acte de procédure n'a cependant été effectué, l'État contre lequel ladite requête était formée n'ayant pas accepté la juridiction de la Cour en l'espèce;

ANNEX 8

APPLICATIONS BASED ON *FORUM PROROGATUM*

1. *Application of Article 38, paragraph 5, of the Rules of Court*

Article 38, paragraph 5, of the Rules of Court provides as follows:

> "When the applicant State proposes to found the jurisdiction of the Court upon a consent thereto yet to be given or manifested by the State against which such application is made, the application shall be transmitted to that State. It shall not however be entered in the General List, nor any action be taken in the proceedings, unless and until the State against which such application is made consents to the Court's jurisdiction for the purposes of the case."

To date, consent has been given to the Court's jurisdiction by virtue of the above provision on two occasions:

- an Application was submitted by the Republic of the Congo on 9 December 2002, seeking to institute proceedings against France. The Respondent consented to the Court's jurisdiction on 11 April 2003; that consent led to the case being entered into the General List with effect from the date of receipt of the consent as *Certain Criminal Proceedings in France (Republic of the Congo* v. *France)*; and
- an Application was submitted by the Republic of Djibouti on 10 January 2006, seeking to institute proceedings against France. The Respondent consented to the Court's jurisdiction on 9 August 2006; that consent led to the case being entered into the General List with effect from the date of receipt of the consent as *Certain Questions of Mutual Assistance in Criminal Matters (Djibouti* v. *France)*.

* *

On the other hand, no action was taken in the proceedings and the Applications were not entered in the General List in the following instances:

- an Application was submitted by the Republic of Hungary on 23 October 1992, seeking to institute proceedings against the Czech and Slovak Federal Republic, but no action was taken, the State against which the Application was submitted having not consented to the Court's jurisdiction;
- an Application was submitted by the Federal Republic of Yugoslavia on 16 March 1994, seeking to institute proceedings against the member States of the North Atlantic Treaty Organization (NATO), but no action was taken, the States against which the Application was submitted having not consented to the Court's jurisdiction;
- an Application was submitted by Eritrea on 16 February 1999, seeking to institute proceedings against Ethiopia, but no action was taken, the State against which the Application was submitted having not consented to the Court's jurisdiction;
- an Application was submitted by Liberia on 4 August 2003, seeking to institute proceedings against Sierra Leone, but no action was taken, the State against which the Application was submitted having not consented to the Court's jurisdiction;
- an Application was submitted by the Republic of Rwanda on 18 April 2007, seeking to institute proceedings against France, to which was appended a "request for the indication of provisional measures". However, no action was taken in the proceedings, France having not consented to the Court's jurisdiction;

- une requête à laquelle était annexée une « demande en indication de mesures conservatoires » a été présentée par la République de Guinée équatoriale contre la France le 25 septembre 2012. Mais aucun acte de procédure n'a été effectué, l'État contre lequel ladite requête était formée n'ayant pas accepté la juridiction de la Cour en l'espèce ;
- six requêtes ont été déposées par les Îles Marshall le 24 avril 2014 contre, par ordre alphabétique, la Chine, les États-Unis d'Amérique, la Fédération de Russie, la France, Israël et la République populaire démocratique de Corée. Aucun acte de procédure n'a cependant été effectué, les pays concernés n'ayant pas accepté la juridiction de la Cour en l'espèce ;
- une requête a été déposée par la République argentine le 7 août 2014 contre les États-Unis d'Amérique, mais aucun acte de procédure n'a été effectué, l'État contre lequel ladite requête était formée n'ayant pas accepté la juridiction de la Cour en l'espèce.

Le dépôt des requêtes ci-dessus a simplement fait l'objet d'un communiqué de presse du Greffe. Ces communiqués, classés par date de diffusion, figurent sur le site Internet de la Cour, sous l'onglet « Espace Presse ».

2. *Pratique de la Cour avant l'introduction du paragraphe 5 de l'article 38 du Règlement de la Cour*

Avant l'introduction dans le Règlement de la Cour du paragraphe 5 de l'article 38, le 1er juillet 1978, la Cour traitait les requêtes par lesquelles un État qui entendait fonder la compétence de la Cour pour connaître d'une affaire sur un consentement non encore donné, ou manifesté par un autre État, exposait ses demandes et invitait ce dernier à consentir à ce que la Cour les examine, comme toute autre requête qui lui était adressée : le Greffe procédait aux notifications habituelles et l'« affaire » était inscrite au rôle général de la Cour. Elle ne pouvait être rayée du rôle que si l'État défendeur refusait de manière explicite la compétence de la Cour pour en connaître ; la Cour était par conséquent amenée à rendre des ordonnances à seule fin de rayer l'« affaire » du rôle.

Tel a été le cas dans les « affaires » suivantes :

- *Traitement en Hongrie d'un avion des États-Unis d'Amérique et de son équipage (États-Unis d'Amérique c. Hongrie)*, ordonnance du 12 juillet 1954 ;
- *Traitement en Hongrie d'un avion des États-Unis d'Amérique et de son équipage (États-Unis d'Amérique c. Union des Républiques socialistes soviétiques)*, ordonnance du 12 juillet 1954 ;
- *Incident aérien du 10 mars 1953 (États-Unis d'Amérique c. Tchécoslovaquie)*, ordonnance du 14 mars 1956 ;
- *Incident aérien du 7 octobre 1952 (États-Unis d'Amérique c. Union des Républiques socialistes soviétiques)*, ordonnance du 14 mars 1956 ;
- *Antarctique (Royaume-Uni c. Argentine)*, ordonnance du 16 mars 1956 ;
- *Antarctique (Royaume-Uni c. Chili)*, ordonnance du 16 mars 1956 ;
- *Incident aérien du 4 septembre 1954 (États-Unis d'Amérique c. Union des Républiques socialistes soviétiques)*, ordonnance du 9 décembre 1958 ;
- *Incident aérien du 7 novembre 1954 (États-Unis d'Amérique c. Union des Républiques socialistes soviétiques)*, ordonnance du 7 octobre 1959.

- an Application including "a request for provisional measures" was submitted by the Republic of Equatorial Guinea on 25 September 2012, seeking to institute proceedings against France, but no action was taken, the State against which the Application was submitted having not consented to the Court's jurisdiction;
- on 24 April 2014, the Marshall Islands submitted six Applications, seeking to institute proceedings against, in alphabetical order, China, the Democratic People's Republic of Korea, France, Israel, the Russian Federation and the United States of America. However, no action was taken, the States against which the Applications were submitted having not consented to the Court's jurisdiction;
- an Application was submitted by the Argentine Republic on 7 August 2014, seeking to institute proceedings against the United States of America, but no action was taken, the State against which the Application was submitted having not consented to the Court's jurisdiction.

The filing of each of the above Applications was simply the subject of a Registry press release. Those press releases can be found on the Court's website, in order of publication, under "Press Room".

2. *Practice of the Court prior to the introduction of Article 38, paragraph 5, of the Rules of Court*

Prior to the introduction of Article 38, paragraph 5, of the Rules of Court on 1 July 1978, Applications in which a State that proposed to found the Court's jurisdiction to entertain a case upon a consent thereto yet to be given or manifested by another State set out its claims, and invited the State against which it wished to institute proceedings to consent to the Court's consideration of those claims, were dealt with by the Court in the same way as any other Application submitted to it: the Registry carried out the usual notifications and the "case" was entered in the Court's General List. It could only be removed from the List if the respondent State explicitly refused to consent to the Court's jurisdiction to entertain the "case"; the Court was then required to make an order for the sole purpose of removing the "case" from the List.

Such orders were made in the following "cases":

- *Treatment in Hungary of Aircraft and Crew of United States of America (United States of America* v. *Hungary)*, Order of 12 July 1954;
- *Treatment in Hungary of Aircraft and Crew of United States of America (United States of America* v. *Union of Soviet Socialist Republics)*, Order of 12 July 1954;
- *Aerial Incident of 10 March 1953 (United States of America* v. *Czechoslovakia)*, Order of 14 March 1956;
- *Aerial Incident of 7 October 1952 (United States of America* v. *Union of Soviet Socialist Republics)*, Order of 14 March 1956;
- *Antarctica (United Kingdom* v. *Argentina)*, Order of 16 March 1956;
- *Antarctica (United Kingdom* v. *Chile)*, Order of 16 March 1956;
- *Aerial Incident of 4 September 1954 (United States of America* v. *Union of Soviet Socialist Republics)*, Order of 9 December 1958;
- *Aerial Incident of 7 November 1954 (United States of America* v. *Union of Soviet Socialist Republics)*, Order of 7 October 1959.

En l'affaire du *Détroit de Corfou (Royaume-Uni c. Albanie)*, la Cour a estimé, suite au dépôt de la requête du Royaume-Uni, qu'elle avait compétence sur la base de l'acceptation, par l'Albanie, de la recommandation du Conseil de sécurité tendant à ce que les deux pays soumettent leur différend à la Cour (arrêt sur l'exception préliminaire du 25 mars 1948). Immédiatement après le prononcé de l'arrêt sur l'exception préliminaire, les Parties ont notifié à la Cour un compromis.

In the *Corfu Channel* case *(United Kingdom* v. *Albania)*, following the filing of an Application by the United Kingdom, the Court found that it had jurisdiction on the basis of Albania's acceptance of the Security Council's recommendation that the two States should refer their dispute to the Court (Judgment on the preliminary objection, 25 March 1948). Immediately after the delivery of the Judgment on the preliminary objection, the Parties notified to the Court a Special Agreement.

ANNEXE 9

INTERVENTIONS (STATUT, ART. 62 ET 63)

1. *Demandes d'intervention (Statut, art. 62)*

L'article 62 du Statut de la Cour dispose, en son paragraphe 1, que, « [l]orsqu'un État estime que, dans un différend, un intérêt d'ordre juridique est pour lui en cause, il peut adresser à la Cour une requête, à fin d'intervention » avant de préciser, en son paragraphe 2, que « [l]a Cour décide ».

Dans le tableau ci-après figurent les 11 affaires en lesquelles de telles demandes ont été présentées.

Affaire	Date d'enregistrement de la demande d'intervention	État entendant intervenir	Date de la décision de la Cour	Demande d'intervention acceptée ?
Essais nucléaires (Australie c. France)	16 V 1973	Fidji	12 VII 1973 (ord.) (sursis à statuer) 20 XII 1974 (ord.)	Non
Essais nucléaires (Nouvelle-Zélande c. France)	12 VII 1973	Fidji	12 VII 1973 (ord.) (sursis à statuer) 20 XII 1974 (ord.)	Non
Plateau continental (Tunisie/Jamahiriya arabe libyenne)	30 I 1981	Malte	14 IV 1981 (arrêt)	Non
Plateau continental (Jamahiriya arabe libyenne/Malte)	24 X 1983	Italie	21 III 1984 (arrêt)	Non
Différend frontalier terrestre, insulaire et maritime (El Salvador/Honduras)	17 XI 1989	Nicaragua	13 IX 1990 (arrêt)	Oui

ANNEX 9

INTERVENTIONS (ARTS. 62 AND 63 OF THE STATUTE)

1. *Applications for Permission to Intervene (Art. 62 of the Statute)*

Article 62, paragraph 1, of the Statute of the Court provides that "[s]hould a State consider that it has an interest of a legal nature which may be affected by the decision in the case, it may submit a request to the Court to be permitted to intervene". Paragraph 2 of the same provision states that "[i]t shall be for the Court to decide upon this request".

The table below shows the 11 cases in which such requests have been made.

Case	Date of filing of the Application to intervene	State seeking to intervene	Date of the Court's decision	Application to intervene granted?
Nuclear Tests (Australia v. *France)*	16 V 1973	Fiji	12 VII 1973 (Ord.) (stay of proceedings) 20 XII 1974 (Ord.)	No
Nuclear Tests (New Zealand v. *France)*	12 VII 1973	Fiji	12 VII 1973 (Ord.) (stay of proceedings) 20 XII 1974 (Ord.)	No
Continental Shelf (Tunisia/Libyan Arab Jamahiriya)	30 I 1981	Malta	14 IV 1981 (Judgment)	No
Continental Shelf (Libyan Arab Jamahiriya/Malta)	24 X 1983	Italy	21 III 1984 (Judgment)	No
Land, Island and Maritime Frontier Dispute (El Salvador/Honduras)	17 XI 1989	Nicaragua	13 IX 1990 (Judgment)	Yes

Affaire	Date d'enregistrement de la demande d'intervention	État entendant intervenir	Date de la décision de la Cour	Demande d'intervention acceptée?
Demande d'examen de la situation au titre du paragraphe 63 de l'arrêt rendu par la Cour le 20 décembre 1974 dans l'affaire des Essais nucléaires (Nouvelle-Zélande c. France) *(Nouvelle-Zélande c. France)*	23 VIII 1995	Australie	22 IX 1995 (ord.)	Non
	24 VIII 1995	Îles Samoa		
	24 VIII 1995	Îles Salomon		
	25 VIII 1995	Îles Marshall		
	25 VIII 1995	États fédérés de Micronésie		
Frontière terrestre et maritime entre le Cameroun et le Nigéria (Cameroun c. Nigéria)	30 VI 1999	Guinée équatoriale	21 X 1999 (ord.)	Oui
Souveraineté sur Pulau Ligitan et Pulau Sipadan (Indonésie/Malaisie)	13 III 2001	Philippines	23 X 2001 (arrêt)	Non
Différend territorial et maritime (Nicaragua c. Colombie)	25 II 2010	Costa Rica	4 V 2011 (arrêt)	Non
	10 VI 2010	Honduras	4 V 2011 (arrêt)	Non
Immunités juridictionnelles de l'État (Allemagne c. Italie)	13 I 2011	Grèce	4 VII 2011 (ord.)	Oui
Allégations de génocide au titre de la convention pour la prévention et la répression du crime de génocide (Ukraine c. Fédération de Russie)	5 VIII 2022	Royaume-Uni	5 VI 2023 (ord.)	Oui
	5 IX 2022	Allemagne	5 VI 2023 (ord.)	Oui
	7 IX 2022	États-Unis d'Amérique	5 VI 2023 (ord.)	Non
	9 IX 2022	Suède	5 VI 2023 (ord.)	Oui
	13 IX 2022	France	5 VI 2023 (ord.)	Oui
	13 IX 2022	Roumanie	5 VI 2023 (ord.)	Oui
	15 IX 2022	Italie	5 VI 2023 (ord.)	Oui
	15 IX 2022	Pologne	5 VI 2023 (ord.)	Oui
	16 IX 2022	Danemark	5 VI 2023 (ord.)	Oui
	19 IX 2022	Irlande	5 VI 2023 (ord.)	Oui
	21 IX 2022	Finlande	5 VI 2023 (ord.)	Oui
	22 IX 2022	Estonie	5 VI 2023 (ord.)	Oui

Case	Date of filing of the Application to intervene	State seeking to intervene	Date of the Court's decision	Application to intervene granted?
Request for an Examination of the Situation in Accordance with Paragraph 63 of the Court's Judgment of 20 December 1974 in the Nuclear Tests (New Zealand *v.* France) *Case (New Zealand* v. *France)*	23 VIII 1995	Australia	22 IX 1995 (Ord.)	No
	24 VIII 1995	Samoa Islands		
	24 VIII 1995	Solomon Islands		
	25 VIII 1995	Marshall Islands		
	25 VIII 1995	Federated States of Micronesia		
Land and Maritime Boundary between Cameroon and Nigeria (Cameroon v. *Nigeria)*	30 VI 1999	Equatorial Guinea	21 X 1999 (Ord.)	Yes
Sovereignty over Pulau Ligitan and Pulau Sipadan (Indonesia/Malaysia)	13 III 2001	Philippines	23 X 2001 (Judgment)	No
Territorial and Maritime Dispute (Nicaragua v. *Colombia)*	25 II 2010	Costa Rica	4 V 2011 (Judgment)	No
	10 VI 2010	Honduras	4 V 2011 (Judgment)	No
Jurisdictional Immunities of the State (Germany v. *Italy)*	13 I 2011	Greece	4 VII 2011 (Ord.)	Yes
Allegations of Genocide under the Convention on the Prevention and Punishment of the Crime of Genocide (Ukraine v. *Russian Federation)*	5 VIII 2022	United Kingdom	5 VI 2023 (Ord.)	Yes
	5 IX 2022	Germany	5 VI 2023 (Ord.)	Yes
	7 IX 2022	United States of America	5 VI 2023 (Ord.)	No
	9 IX 2022	Sweden	5 VI 2023 (Ord.)	Yes
	13 IX 2022	France	5 VI 2023 (Ord.)	Yes
	13 IX 2022	Romania	5 VI 2023 (Ord.)	Yes
	15 IX 2022	Italy	5 VI 2023 (Ord.)	Yes
	15 IX 2022	Poland	5 VI 2023 (Ord.)	Yes
	16 IX 2022	Denmark	5 VI 2023 (Ord.)	Yes
	19 IX 2022	Ireland	5 VI 2023 (Ord.)	Yes
	21 IX 2022	Finland	5 VI 2023 (Ord.)	Yes
	22 IX 2022	Estonia	5 VI 2023 (Ord.)	Yes

Affaire	Date d'enregistrement de la demande d'intervention	État entendant intervenir	Date de la décision de la Cour	Demande d'intervention acceptée ?
	29 IX 2022	Espagne	5 VI 2023 (ord.)	Oui
	30 IX 2022	Australie	5 VI 2023 (ord.)	Oui
	7 X 2022	Portugal	5 VI 2023 (ord.)	Oui
	12 X 2022	Autriche	5 VI 2023 (ord.)	Oui
	13 X 2022	Luxembourg	5 VI 2023 (ord.)	Oui
	13 X 2022	Grèce	5 VI 2023 (ord.)	Oui
	19 X 2022	Croatie	5 VI 2023 (ord.)	Oui
	1 XI 2022	Tchéquie	5 VI 2023 (ord.)	Oui
	18 XI 2022	Bulgarie	5 VI 2023 (ord.)	Oui
	24 XI 2022	Malte	5 VI 2023 (ord.)	Oui
	24 XI 2022	Norvège	5 VI 2023 (ord.)	Oui
	6 XII 2022	Belgique	5 VI 2023 (ord.)	Oui
	7 XII 2022	Canada et Pays-Bas (déclaration conjointe)	5 VI 2023 (ord.)	Oui
	7 XII 2022	Slovaquie	5 VI 2023 (ord.)	Oui
	7 XII 2022	Slovénie	5 VI 2023 (ord.)	Oui
	13 XII 2022	Chypre	5 VI 2023 (ord.)	Oui
	15 XII 2022	Liechtenstein	5 VI 2023 (ord.)	Oui

*

Case	Date of filing of the Application to intervene	State seeking to intervene	Date of the Court's decision	Application to intervene granted?
	29 IX 2022	Spain	5 VI 2023 (Ord.)	Yes
	30 IX 2022	Australia	5 VI 2023 (Ord.)	Yes
	7 X 2022	Portugal	5 VI 2023 (Ord.)	Yes
	12 X 2022	Austria	5 VI 2023 (Ord.)	Yes
	13 X 2022	Luxembourg	5 VI 2023 (Ord.)	Yes
	13 X 2022	Greece	5 VI 2023 (Ord.)	Yes
	19 X 2022	Croatia	5 VI 2023 (Ord.)	Yes
	1 XI 2022	Czechia	5 VI 2023 (Ord.)	Yes
	18 XI 2022	Bulgaria	5 VI 2023 (Ord.)	Yes
	24 XI 2022	Malta	5 VI 2023 (Ord.)	Yes
	24 XI 2022	Norway	5 VI 2023 (Ord.)	Yes
	6 XII 2022	Belgium	5 VI 2023 (Ord.)	Yes
	7 XII 2022	Canada and Netherlands (joint declaration)	5 VI 2023 (Ord.)	Yes
	7 XII 2022	Slovakia	5 VI 2023 (Ord.)	Yes
	7 XII 2022	Slovenia	5 VI 2023 (Ord.)	Yes
	13 XII 2022	Cyprus	5 VI 2023 (Ord.)	Yes
	15 XII 2022	Liechtenstein	5 VI 2023 (Ord.)	Yes

*

2. *Déclarations d'intervention (Statut, article 63)*

Aux termes de l'article 63 du Statut de la Cour, lorsqu'il s'agit de l'interprétation d'une convention à laquelle ont participé d'autres États que les parties en litige, « [c]hacun d'eux a le droit d'intervenir au procès ».

Dans le tableau ci-après figurent les cinq affaires en lesquelles de telles déclarations ont été présentées.

Affaire	Date d'enregistrement de la déclaration	État auteur de la déclaration	Date de la décision de la Cour	Déclaration jugée recevable ?
Haya de la Torre (Colombie c. Pérou)	13 III 1951	Cuba	16 V 1951 (décision rendue par la Cour en audience publique)	Oui
Activités militaires et paramilitaires au Nicaragua et contre celui-ci (Nicaragua c. États-Unis d'Amérique)	15 VIII 1984	El Salvador	4 X 1984 (ord.)	Non
Demande d'examen de la situation au titre du paragraphe 63 de l'arrêt rendu par la Cour le 20 décembre 1974 dans l'affaire des Essais nucléaires (Nouvelle-Zélande c. France) *(Nouvelle-Zélande c. France)*	24 VIII 1995 24 VIII 1995 25 VIII 1995 25 VIII 1995	Îles Samoa Îles Salomon Îles Marshall États fédérés de Micronésie	22 IX 1995 (ord.)	Non
Chasse à la baleine dans l'Antarctique (Australie c. Japon)	20 XI 2012	Nouvelle-Zélande	6 II 2013 (ord.)	Oui
Allégations de génocide au titre de la convention pour la prévention et la répression du crime de génocide (Ukraine c. Fédération de Russie)	21 VII 2022 22 VII 2022 28 VII 2022	Lettonie Lituanie Nouvelle-Zélande	—	—

2. *Declarations of Intervention (Article 63 of the Statute)*

Under the terms of Article 63 of the Statute of the Court, whenever the construction of a convention to which States other than those concerned in the case are parties is in question, each of those States "has the right to intervene in the proceedings".

Declarations of intervention have been made in the following five cases.

Case	Date of filing of the declaration	State author of the declaration	Date of the Court's decision	Declaration found admissible?
Haya de la Torre (Colombia v. *Peru)*	13 III 1951	Cuba	16 V 1951 (decision rendered by the Court at a public sitting)	Yes
Military and Paramilitary Activities in and against Nicaragua (Nicaragua v. *United States of America)*	15 VIII 1984	El Salvador	4 X 1984 (Ord.)	No
Request for an Examination of the Situation in Accordance with Paragraph 63 of the Court's Judgment of 20 December 1974 in the Nuclear Tests (New Zealand *v.* France) *Case (New Zealand* v. *France)*	24 VIII 1995 24 VIII 1995 25 VIII 1995 25 VIII 1995	Samoa Islands Solomon Islands Marshall Islands Federated States of Micronesia	22 IX 1995 (Ord.)	No
Whaling in the Antarctic (Australia v. *Japan)*	20 XI 2012	New Zealand	6 II 2013 (Ord.)	Yes
Allegations of Genocide under the Convention on the Prevention and Punishment of the Crime of Genocide (Ukraine v. *Russian Federation)*	21 VII 2022 22 VII 2022 28 VII 2022	Latvia Lithuania New Zealand	—	—

ANNEXE 10

JONCTIONS D'INSTANCES

L'article 47 du Règlement dispose que la Cour « peut à tout moment ordonner que les instances dans deux ou plusieurs affaires soient jointes ». Il en est allé ainsi dans les affaires suivantes.

Affaires en lesquelles les instances ont été jointes	Date de la décision de la Cour
Sud-Ouest africain (Éthiopie c. Afrique du Sud) et *Sud-Ouest africain (Libéria c. Afrique du Sud)*	20 V 1961 (ord.)
Plateau continental de la mer du Nord (République fédérale d'Allemagne/Danemark) et *Plateau continental de la mer du Nord (République fédérale d'Allemagne/Pays-Bas)*	26 IV 1968 (ord.)
Certaines activités menées par le Nicaragua dans la région frontalière (Costa Rica c. Nicaragua) et *Construction d'une route au Costa Rica le long du fleuve San Juan (Nicaragua c. Costa Rica)*	17 IV 2013 (ord.)
Délimitation maritime dans la mer des Caraïbes et l'océan Pacifique (Costa Rica c. Nicaragua) et *Frontière terrestre dans la partie septentrionale d'Isla Portillos (Costa Rica c. Nicaragua)*	2 II 2017 (ord.)

ANNEX 10

JOINDERS OF PROCEEDINGS

Article 47 of the Rules provides that "[t]he Court may at any time direct that the proceedings in two or more cases be joined". The Court joined the proceedings in the following cases.

Cases in which the proceedings were joined	Date of the Court's decision
South West Africa (Ethiopia v. *South Africa)* and *South West Africa (Liberia* v. *South Africa)*	20 V 1961 (Ord.)
North Sea Continental Shelf (Federal Republic of Germany/Denmark) and *North Sea Continental Shelf (Federal Republic of Germany/Netherlands)*	26 IV 1968 (Ord.)
Certain Activities Carried Out by Nicaragua in the Border Area (Costa Rica v. *Nicaragua)* and *Construction of a Road in Costa Rica along the San Juan River (Nicaragua* v. *Costa Rica)*	17 IV 2013 (Ord.)
Maritime Delimitation in the Caribbean Sea and the Pacific Ocean (Costa Rica v. *Nicaragua)* and *Land Boundary in the Northern Part of Isla Portillos (Costa Rica* v. *Nicaragua)*	2 II 2017 (Ord.)

ANNEXE 11

MESURES CONSERVATOIRES

Des mesures conservatoires ont été demandées dans les 56 affaires ci-après.

Affaire	Date d'enregistrement de la demande	État auteur de la demande	Date de la décision de la Cour	Indication de mesures conservatoires ?
Anglo-Iranian Oil Co. (Royaume-Uni c. Iran)	22 VI 1951	Royaume-Uni	5 VII 1951	Oui
Interhandel (Suisse c. États-Unis d'Amérique)	3 X 1957	Suisse	24 X 1957	Non
Compétence en matière de pêcheries (Royaume-Uni c. Islande)	19 VII 1972	Royaume-Uni	17 VIII 1972	Oui[1]
Compétence en matière de pêcheries (République fédérale d'Allemagne c. Islande)	21 VII 1972	Rép. fédérale d'Allemagne	17 VIII 1972	Oui[2]
Essais nucléaires (Australie c. France)	9 V 1973	Australie	22 VI 1973	Oui
Essais nucléaires (Nouvelle-Zélande c. France)	14 V 1973	Nouvelle-Zélande	22 VI 1973	Oui
Procès de prisonniers de guerre pakistanais (Pakistan c. Inde)	11 V 1973	Pakistan	13 VII 1973	Non[3]
Plateau continental de la mer Égée (Grèce c. Turquie)	10 VIII 1976	Grèce	11 IX 1976	Non
Personnel diplomatique et consulaire des États-Unis à Téhéran (États-Unis d'Amérique c. Iran)	29 XI 1979	États-Unis d'Amérique	15 XII 1979	Oui

[1] Le 22 juin 1973, le Royaume-Uni, se référant au paragraphe 2 du dispositif de l'ordonnance du 17 août 1972, a demandé à la Cour de confirmer que les mesures indiquées dans cette ordonnance resteraient en vigueur jusqu'à ce qu'elle ait rendu son arrêt définitif en l'affaire ou une nouvelle ordonnance. La Cour a confirmé que tel était bien le cas dans une ordonnance du 12 juillet 1973.

[2] Le 22 juin 1973, la République fédérale d'Allemagne, se référant au paragraphe 2 du dispositif de l'ordonnance du 17 août 1972, a prié la Cour de confirmer que ladite ordonnance resterait en vigueur après le 15 août 1973. Par ordonnance du 12 juillet 1973, la Cour a confirmé que les mesures resteraient en vigueur jusqu'à ce qu'elle ait rendu son arrêt définitif en l'affaire.

[3] Le Pakistan a fait savoir à la Cour qu'il escomptait que des négociations se déroulent avec l'Inde dans un avenir proche ; il l'a donc priée, par une lettre en date du 11 juillet 1973, de différer la suite de l'examen de la demande en indication de mesures conservatoires.

ANNEX 11

PROVISIONAL MEASURES

Provisional measures were requested in the following 56 cases.

Case	Date of filing of the request	Requesting State	Date of the Court's decision	Indication of provisional measures?
Anglo-Iranian Oil Co. (United Kingdom v. *Iran)*	22 VI 1951	United Kingdom	5 VII 1951	Yes
Interhandel (Switzerland v. *United States of America)*	3 X 1957	Switzerland	24 X 1957	No
Fisheries Jurisdiction (United Kingdom v. *Iceland)*	19 VII 1972	United Kingdom	17 VIII 1972	Yes[1]
Fisheries Jurisdiction (Federal Republic of Germany v. *Iceland)*	21 VII 1972	Federal Rep. of Germany	17 VIII 1972	Yes[2]
Nuclear Tests (Australia v. *France)*	9 V 1973	Australia	22 VI 1973	Yes
Nuclear Tests (New Zealand v. *France)*	14 V 1973	New Zealand	22 VI 1973	Yes
Trial of Pakistani Prisoners of War (Pakistan v. *India)*	11 V 1973	Pakistan	13 VII 1973	No[3]
Aegean Sea Continental Shelf (Greece v. *Turkey)*	10 VIII 1976	Greece	11 IX 1976	No
United States Diplomatic and Consular Staff in Tehran (United States of America v. *Iran)*	29 XI 1979	United States of America	15 XII 1979	Yes

[1] On 22 June 1973, the United Kingdom, referring to operative paragraph 2 of the Order dated 17 August 1972, requested the Court to confirm that the interim measures of protection indicated in that Order would continue until it had given final judgment in the case or until further order. The Court confirmed that such was the case by an Order of 12 July 1973.

[2] On 22 June 1973, the Federal Republic of Germany, referring to operative paragraph 2 of the Order of 17 August 1972, asked the Court to confirm that the said Order would continue to be operative after 15 August 1973. By an Order dated 12 July 1973, the Court confirmed that the measures would remain operative until it had given its final judgment in the case.

[3] Pakistan informed the Court that it expected negotiations to take place with India in the near future; it therefore asked the Court, by letter of 11 July 1973, to postpone further consideration of its request for provisional measures.

Affaire	Date d'enregistrement de la demande	État auteur de la demande	Date de la décision de la Cour	Indication de mesures conservatoires ?
Activités militaires et paramilitaires au Nicaragua et contre celui-ci (Nicaragua c. États-Unis d'Amérique)	9 IV 1984	Nicaragua	10 V 1984	Oui
Différend frontalier (Burkina Faso/République du Mali)	30 XII 1985 7 I 1986	Burkina Faso Mali	10 I 1986	Oui
Actions armées frontalières et transfrontalières (Nicaragua c. Honduras)	21 III 1988	Nicaragua	31 III 1988	Non[4]
Sentence arbitrale du 31 juillet 1989 (Guinée-Bissau c. Sénégal)	18 I 1990	Guinée-Bissau	2 III 1990	Non
Passage par le Grand-Belt (Finlande c. Danemark)	23 V 1991	Finlande	29 VII 1991	Non
Questions d'interprétation et d'application de la convention de Montréal de 1971 résultant de l'incident aérien de Lockerbie (Jamahiriya arabe libyenne c. Royaume-Uni)	3 III 1992	Libye	14 IV 1992	Non
Questions d'interprétation et d'application de la convention de Montréal de 1971 résultant de l'incident aérien de Lockerbie (Jamahiriya arabe libyenne c. États-Unis d'Amérique)	3 III 1992	Libye	14 IV 1992	Non
Application de la convention pour la prévention et la répression du crime de génocide (Bosnie-Herzégovine c. Serbie-et-Monténégro)	20 III 1993	Bosnie-Herzégovine	8 IV 1993	Oui
	27 VII 1993	Bosnie-Herzégovine	13 IX 1993	Non (mais réaffirmation des mesures indiquées le 8 IV 1993)
Frontière terrestre et maritime entre le Cameroun et le Nigéria (Cameroun c. Nigéria)	12 II 1996	Cameroun	15 III 1996	Oui

[4] Le Nicaragua a fait savoir à la Cour, par une lettre en date du 31 mars 1988, qu'il retirait sa demande en indication de mesures conservatoires. En l'espèce, c'est le président qui, par ladite ordonnance, a pris acte de ce retrait.

Case	Date of filing of the request	Requesting State	Date of the Court's decision	Indication of provisional measures?
Military and Paramilitary Activities in and against Nicaragua (Nicaragua v. *United States of America)*	9 IV 1984	Nicaragua	10 V 1984	Yes
Frontier Dispute (Burkina Faso/Republic of Mali)	30 XII 1985 7 I 1986	Burkina Faso Mali	10 I 1986	Yes
Border and Transborder Armed Actions (Nicaragua v. *Honduras)*	21 III 1988	Nicaragua	31 III 1988	No[4]
Arbitral Award of 31 July 1989 (Guinea-Bissau v. *Senegal)*	18 I 1990	Guinea-Bissau	2 III 1990	No
Passage through the Great Belt (Finland v. *Denmark)*	23 V 1991	Finland	29 VII 1991	No
Questions of Interpretation and Application of the 1971 Montreal Convention arising from the Aerial Incident at Lockerbie (Libyan Arab Jamahiriya v. *United Kingdom)*	3 III 1992	Libya	14 IV 1992	No
Questions of Interpretation and Application of the 1971 Montreal Convention arising from the Aerial Incident at Lockerbie (Libyan Arab Jamahiriya v. *United States of America)*	3 III 1992	Libya	14 IV 1992	No
Application of the Convention on the Prevention and Punishment of the Crime of Genocide (Bosnia and Herzegovina v. *Serbia and Montenegro)*	20 III 1993	Bosnia and Herzegovina	8 IV 1993	Yes
	27 VII 1993	Bosnia and Herzegovina	13 IX 1993	No (but the Court did reaffirm the provisional measures indicated on 8 IV 1993
Land and Maritime Boundary between Cameroon and Nigeria (Cameroon v. *Nigeria)*	12 II 1996	Cameroon	15 III 1996	Yes

[4] Nicaragua informed the Court, by letter dated 31 March 1988, that it was withdrawing its request for the indication of provisional measures. In this instance, it was the President who placed that withdrawal on record, by means of the above Order.

Affaire	Date d'enregistrement de la demande	État auteur de la demande	Date de la décision de la Cour	Indication de mesures conservatoires ?
Demande d'examen de la situation au titre du paragraphe 63 de l'arrêt rendu par la Cour le 20 décembre 1974 dans l'affaire des Essais nucléaires (Nouvelle-Zélande c. France) *(Nouvelle-Zélande c. France)*	21 VIII 1995	Nouvelle-Zélande	22 IX 1995	Non
Convention de Vienne sur les relations consulaires (Paraguay c. États-Unis d'Amérique)	3 IV 1998	Paraguay	9 IV 1998	Oui
LaGrand (Allemagne c. États-Unis d'Amérique)	2 III 1999	Allemagne	3 III 1999	Oui
Licéité de l'emploi de la force (Serbie-et-Monténégro c. Belgique)	29 IV 1999	Yougoslavie	2 VI 1999	Non
Licéité de l'emploi de la force (Serbie-et-Monténégro c. Canada)	29 IV 1999	Yougoslavie	2 VI 1999	Non
Licéité de l'emploi de la force (Serbie-et-Monténégro c. France)	29 IV 1999	Yougoslavie	2 VI 1999	Non
Licéité de l'emploi de la force (Serbie-et-Monténégro c. Allemagne)	29 IV 1999	Yougoslavie	2 VI 1999	Non
Licéité de l'emploi de la force (Serbie-et-Monténégro c. Italie)	29 IV 1999	Yougoslavie	2 VI 1999	Non
Licéité de l'emploi de la force (Serbie-et-Monténégro c. Pays-Bas)	29 IV 1999	Yougoslavie	2 VI 1999	Non
Licéité de l'emploi de la force (Serbie-et-Monténégro c. Portugal)	29 IV 1999	Yougoslavie	2 VI 1999	Non
Licéité de l'emploi de la force (Serbie-et-Monténégro c. Royaume-Uni)	29 IV 1999	Yougoslavie	2 VI 1999	Non
Licéité de l'emploi de la force (Yougoslavie c. Espagne)	29 IV 1999	Yougoslavie	2 VI 1999	Non
Licéité de l'emploi de la force (Yougoslavie c. États-Unis d'Amérique)	29 IV 1999	Yougoslavie	2 VI 1999	Non
Activités armées sur le territoire du Congo (République démocratique du Congo c. Ouganda)	19 VI 2000	Rép. démocratique du Congo	1er VII 2000	Oui
Mandat d'arrêt du 11 avril 2000 (République démocratique du Congo c. Belgique)	17 X 2000	Rép. démocratique du Congo	8 XII 2000	Non

Case	Date of filing of the request	Requesting State	Date of the Court's decision	Indication of provisional measures?
Request for an Examination of the Situation in Accordance with Paragraph 63 of the Court's Judgment of 20 December 1974 in the Nuclear Tests (New Zealand *v.* France) *Case (New Zealand* v. *France)*	21 VIII 1995	New Zealand	22 IX 1995	No
Vienna Convention on Consular Relations (Paraguay v. *United States of America)*	3 IV 1998	Paraguay	9 IV 1998	Yes
LaGrand (Germany v. *United States of America)*	2 III 1999	Germany	3 III 1999	Yes
Legality of Use of Force (Serbia and Montenegro v. *Belgium)*	29 IV 1999	Yugoslavia	2 VI 1999	No
Legality of Use of Force (Serbia and Montenegro v. *Canada)*	29 IV 1999	Yugoslavia	2 VI 1999	No
Legality of Use of Force (Serbia and Montenegro v. *France)*	29 IV 1999	Yugoslavia	2 VI 1999	No
Legality of Use of Force (Serbia and Montenegro v. *Germany)*	29 IV 1999	Yugoslavia	2 VI 1999	No
Legality of Use of Force (Serbia and Montenegro v. *Italy)*	29 IV 1999	Yugoslavia	2 VI 1999	No
Legality of Use of Force (Serbia and Montenegro v. *Netherlands)*	29 IV 1999	Yugoslavia	2 VI 1999	No
Legality of Use of Force (Serbia and Montenegro v. *Portugal)*	29 IV 1999	Yugoslavia	2 VI 1999	No
Legality of Use of Force (Serbia and Montenegro v. *United Kingdom)*	29 IV 1999	Yugoslavia	2 VI 1999	No
Legality of Use of Force (Yugoslavia v. *Spain)*	29 IV 1999	Yugoslavia	2 VI 1999	No
Legality of Use of Force (Yugoslavia v. *United States of America)*	29 IV 1999	Yugoslavia	2 VI 1999	No
Armed Activities on the Territory of the Congo (Democratic Republic of the Congo v. *Uganda)*	19 VI 2000	Democratic Rep. of the Congo	1 VII 2000	Yes
Arrest Warrant of 11 April 2000 (Democratic Republic of the Congo v. *Belgium)*	17 X 2000	Democratic Rep. of the Congo	8 XII 2000	No

Affaire	Date d'enregistrement de la demande	État auteur de la demande	Date de la décision de la Cour	Indication de mesures conservatoires ?
Activités armées sur le territoire du Congo (nouvelle requête : 2002) (République démocratique du Congo c. Rwanda)	28 V 2002	Rép. démocratique du Congo	10 VII 2002	Non
Avena et autres ressortissants mexicains (Mexique c. États-Unis d'Amérique)	9 I 2003	Mexique	5 II 2003	Oui
Certaines procédures pénales engagées en France (République du Congo c. France)	9 XII 2002	Rép. du Congo	17 VI 2003	Non
Usines de pâte à papier sur le fleuve Uruguay (Argentine c. Uruguay)	4 V 2006 29 XI 2006	Argentine Uruguay	13 VII 2006 23 I 2007	Non Non
Demande en interprétation de l'arrêt du 31 mars 2004 en l'affaire Avena et autres ressortissants mexicains (Mexique c. États-Unis d'Amérique) *(Mexique c. États-Unis d'Amérique)*	5 VI 2008	Mexique	16 VII 2008	Oui
Application de la convention internationale sur l'élimination de toutes les formes de discrimination raciale (Géorgie c. Fédération de Russie)	14 VIII 2008	Géorgie	15 X 2008	Oui
Questions concernant l'obligation de poursuivre ou d'extrader (Belgique c. Sénégal)	19 II 2009	Belgique	28 V 2009	Non
Certaines activités menées par le Nicaragua dans la région frontalière (Costa Rica c. Nicaragua)	18 XI 2010	Costa Rica	8 III 2011	Oui
	23 V 2013 (demandes tendant à la modification de l'ordonnance en indication de mesures conservatoires du 8 III 2011)	Costa Rica	16 VII 2013	Non (pas de modification des mesures indiquées le 8 III 2011)
	24 IX 2013 (demande en indication de nouvelles mesures conservatoires)	Costa Rica	22 XI 2013	Oui

Case	Date of filing of the request	Requesting State	Date of the Court's decision	Indication of provisional measures?
Armed Activities on the Territory of the Congo (New Application: 2002) (Democratic Republic of the Congo v. *Rwanda)*	28 V 2002	Democratic Rep. of the Congo	10 VII 2002	No
Avena and Other Mexican Nationals (Mexico v. *United States of America)*	9 I 2003	Mexico	5 II 2003	Yes
Certain Criminal Proceedings in France (Republic of the Congo v. *France)*	9 XII 2002	Rep. of the Congo	17 VI 2003	No
Pulp Mills on the River Uruguay (Argentina v. *Uruguay)*	4 V 2006 29 XI 2006	Argentina Uruguay	13 VII 2006 23 I 2007	No No
Request for Interpretation of the Judgment of 31 March 2004 in the Case concerning Avena and Other Mexican Nationals (Mexico *v.* United States of America) *(Mexico* v. *United States of America)*	5 VI 2008	Mexico	16 VII 2008	Yes
Application of the International Convention on the Elimination of All Forms of Racial Discrimination (Georgia v. *Russian Federation)*	14 VIII 2008	Georgia	15 X 2008	Yes
Questions relating to the Obligation to Prosecute or Extradite (Belgium v. *Senegal)*	19 II 2009	Belgium	28 V 2009	No
Certain Activities Carried Out by Nicaragua in the Border Area (Costa Rica v. *Nicaragua)*	18 XI 2010	Costa Rica	8 III 2011	Yes
	23 V 2013 (requests for the modification of the Order indicating provisional measures of 8 III 2011)	Costa Rica	16 VII 2013	No (no modification to the provisional measures indicated on 8 III 2011)
	24 IX 2013 (request for the indication of new provisional measures)	Costa Rica	22 XI 2013	Yes

Affaire	Date d'enregistrement de la demande	État auteur de la demande	Date de la décision de la Cour	Indication de mesures conservatoires ?
Demande en interprétation de l'arrêt du 15 juin 1962 en l'affaire du Temple de Préah Vihéar (Cambodge c. Thaïlande) *(Cambodge c. Thaïlande)*	28 IV 2011	Cambodge	18 VII 2011	Oui
Construction d'une route au Costa Rica le long du fleuve San Juan (Nicaragua c. Costa Rica)	11 X 2013	Nicaragua	13 XII 2013	Non
Questions concernant la saisie et la détention de certains documents et données (Timor-Leste c. Australie)	17 XII 2013	Timor-Leste	3 III 2014	Oui
	25 III 2015 (demande tendant à la modification de l'ordonnance en indication de mesures conservatoires du 3 III 2014)	Australie	22 IV 2015	Oui (modifications des mesures indiquées le 3 III 2014)
Immunités et procédures pénales (Guinée équatoriale c. France)	29 IX 2016	Guinée équatoriale	7 XII 2016	Oui
Application de la convention internationale pour la répression du financement du terrorisme et de la convention internationale sur l'élimination de toutes les formes de discrimination raciale (Ukraine c. Fédération de Russie)	16 I 2017	Ukraine	19 IV 2017	Oui
Jadhav (Inde c. Pakistan)	8 V 2017	Inde	18 V 2017	Oui
Application de la convention internationale sur l'élimination de toutes les formes de discrimination raciale (Qatar c. Émirats arabes unis)	11 VI 2018	Qatar	23 VII 2018	Oui
	22 III 2019 (demande en indication de nouvelles mesures conservatoires)	Émirats arabes unis	14 VI 2019	Non

Case	Date of filing of the request	Requesting State	Date of the Court's decision	Indication of provisional measures?
Request for Interpretation of the Judgment of 15 June 1962 in the Case concerning the Temple of Preah Vihear (Cambodia *v.* Thailand) *(Cambodia* v. *Thailand)*	28 IV 2011	Cambodia	18 VII 2011	Yes
Construction of a Road in Costa Rica along the San Juan River (Nicaragua v. *Costa Rica)*	11 X 2013	Nicaragua	13 XII 2013	No
Questions relating to the Seizure and Detention of Certain Documents and Data (Timor-Leste v. *Australia)*	17 XII 2013	Timor-Leste	3 III 2014	Yes
	25 III 2015 (request for the modification of the Order indicating provisional measures of 3 III 2014)	Australia	22 IV 2015	Yes (modification of the measures indicated on 3 III 2014)
Immunities and Criminal Proceedings (Equatorial Guinea v. *France)*	29 IX 2016	Equatorial Guinea	7 XII 2016	Yes
Application of the International Convention for the Suppression of the Financing of Terrorism and of the International Convention on the Elimination of All Forms of Racial Discrimination (Ukraine v. *Russian Federation)*	16 I 2017	Ukraine	19 IV 2017	Yes
Jadhav (India v. *Pakistan)*	8 V 2017	India	18 V 2017	Yes
Application of the International Convention on the Elimination of All Forms of Racial Discrimination (Qatar v. *United Arab Emirates)*	11 VI 2018	Qatar	23 VII 2018	Yes
	22 III 2019 (request for the indication of new provisional measures)	United Arab Emirates	14 VI 2019	No

Affaire	Date d'enregistrement de la demande	État auteur de la demande	Date de la décision de la Cour	Indication de mesures conservatoires ?
Violations alléguées du traité d'amitié, de commerce et de droits consulaires de 1955 (République islamique d'Iran c. États-Unis d'Amérique)	16 VII 2018	Rép. islamique d'Iran	3 X 2018	Oui
Application de la convention pour la prévention et la répression du crime de génocide (Gambie c. Myanmar)	11 XI 2019	Gambie	23 I 2020	Oui
Application de la convention internationale sur l'élimination de toutes les formes de discrimination raciale (Arménie c. Azerbaïdjan)	16 IX 2021	Arménie	7 XII 2021	Oui
	16 IX 2022 (demande tendant à la modification de l'ordonnance en indication de mesures conservatoires du 7 décembre 2021)	Arménie	12 X 2022	Non
	28 XII 2022 (demande en indication de nouvelles mesures conservatoires)	Arménie	22 II 2023	Oui
	15 V 2023 (demande tendant à la modification de l'ordonnance du 22 février 2023 indiquant une mesure conservatoire)	Arménie	6 VII 2023	Non

Case	Date of filing of the request	Requesting State	Date of the Court's decision	Indication of provisional measures?
Alleged Violations of the 1955 Treaty of Amity, Economic Relations, and Consular Rights (Islamic Republic of Iran v. *United States of America)*	16 VII 2018	Islamic Rep. of Iran	3 X 2018	Yes
Application of the Convention on the Prevention and Punishment of the Crime of Genocide (The Gambia v. *Myanmar)*	11 XI 2019	The Gambia	23 I 2020	Yes
Application of the International Convention on the Elimination of All Forms of Racial Discrimination (Armenia v. *Azerbaijan)*	16 IX 2021	Armenia	7 XII 2021	Yes
	16 IX 2022 (request for the modification of the Order of 7 December 2021 indicating provisional measures)	Armenia	12 X 2022	No
	28 XII 2022 (request for the indication of new provisional measures)	Armenia	22 II 2023	Yes
	15 V 2023 (request for the modification of the Order of 22 February 2023 indicating a provisional measure)	Armenia	6 VII 2023	No

Affaire	Date d'enregistrement de la demande	État auteur de la demande	Date de la décision de la Cour	Indication de mesures conservatoires ?
Application de la convention internationale sur l'élimination de toutes les formes de discrimination raciale (Azerbaïdjan c. Arménie)	23 IX 2021	Azerbaïdjan	7 XII 2021	Oui
	4 I 2023	Azerbaïdjan	22 II 2023	Non
Allégations de génocide au titre de la convention pour la prévention et la répression du crime de génocide (Ukraine c. Fédération de Russie)	26 II 2022	Ukraine	7 III 2022	Oui
Questions relatives aux immunités juridictionnelles de l'État et aux mesures de contrainte contre des biens appartenant à l'État (Allemagne c. Italie)[5]	29 IV 2022	Allemagne	—	—
Demande concernant la restitution de biens confisqués dans le cadre de procédures pénales (Guinée équatoriale c. France)[6]	29 IX 2022	Guinée équatoriale	—	—
Application de la convention contre la torture et autres peines ou traitements cruels, inhumains ou dégradants (Canada et Pays-Bas c. République arabe syrienne)	8 VI 2023	Canada et Pays-Bas		

[5] Par lettre du 4 mai 2022, l'Allemagne a informé la Cour que, par suite de récentes décisions des juridictions italiennes et des discussions tenues par les représentants des deux Parties, elle retirait sa demande en indication de mesures conservatoires. Par une ordonnance en date du 10 mai 2022, la présidente de la Cour a donné acte à l'Allemagne du retrait de sa demande en indication de mesures conservatoires.

[6] Par une lettre datée du 19 octobre 2022, la Guinée équatoriale a informé la Cour qu'elle avait « décidé de retirer sa demande en indication de mesures conservatoires afin de se concentrer sur la procédure au fond pour permettre à la Cour de trancher le différend le plus tôt possible ». Par une ordonnance en date du 21 octobre 2022, la présidente de la Cour a donné acte à la Guinée équatoriale du retrait de sa demande en indication de mesures conservatoires.

Case	Date of filing of the request	Requesting State	Date of the Court's decision	Indication of provisional measures?
Application of the International Convention on the Elimination of All Forms of Racial Discrimination (Azerbaijan v. *Armenia)*	23 IX 2021	Azerbaijan	7 XII 2021	Yes
	4 I 2023	Azerbaijan	22 II 2023	No
Allegations of Genocide under the Convention on the Prevention and Punishment of the Crime of Genocide (Ukraine v. *Russian Federation)*	26 II 2022	Ukraine	7 III 2022	Yes
Questions of Jurisdictional Immunities of the State and Measures of Constraint against State-Owned Property (Germany v. *Italy)*[5]	29 IV 2022	Germany	—	—
Request relating to the Return of Property Confiscated in Criminal Proceedings (Equatorial Guinea v. *France)*[6]	29 IX 2022	Equatorial Guinea	—	—
Application of the Convention against Torture and Other Cruel, Inhuman or Degrading Treatment or Punishment (Canada and Netherlands v. *Syrian Arab Republic)*	8 VI 2023	Canada and Netherlands		

[5] By a letter dated 4 May 2022, Germany informed the Court that, following recent judicial developments in Italy and discussions between the representatives of the two Parties, Germany was withdrawing its Request for the indication of provisional measures. By an Order dated 10 May 2022, the President of the Court placed on record the withdrawal by Germany of its Request for the indication of provisional measures.

[6] By a letter dated 19 October 2022, Equatorial Guinea informed the Court that it had "decided to withdraw its Request for the indication of provisional measures in order to focus on the proceedings on the merits, so that the Court may settle the dispute at the earliest opportunity". By an Order dated 21 October 2022, the President of the Court placed on record the withdrawal by Equatorial Guinea of its Request for the indication of provisional measures.

ANNEXE 12

AFFAIRES DANS LESQUELLES LA COUR S'EST PRONONCÉE À TITRE PRÉLIMINAIRE SUR DES EXCEPTIONS OU QUESTIONS DE COMPÉTENCE ET/OU DE RECEVABILITÉ

La Cour s'est prononcée à titre préliminaire sur des questions de compétence et/ou de recevabilité dans les 55 affaires ci-après[1].

Affaire	Décision de la Cour	Poursuite de la procédure ?
Détroit de Corfou (Royaume-Uni c. Albanie)	25 III 1948 (arrêt sur l'exception préliminaire)	Oui
Ambatielos (Grèce c. Royaume-Uni)	1er VII 1952 (arrêt sur l'exception préliminaire)	Oui
Anglo-Iranian Oil Co. (Royaume-Uni c. Iran)	22 VII 1952 (arrêt sur l'exception préliminaire)	Non
Nottebohm (Liechtenstein c. Guatemala)	18 XI 1953 (arrêt sur l'exception préliminaire)	Oui
Or monétaire pris à Rome en 1943 (Italie c. France, Royaume-Uni et États-Unis d'Amérique)	15 VI 1954 (arrêt sur la question préliminaire)	Non
Droit de passage sur territoire indien (Portugal c. Inde)	26 XI 1957 (arrêt sur les exceptions préliminaires)	Oui
Interhandel (Suisse c. États-Unis d'Amérique)	21 III 1959 (arrêt sur les exceptions préliminaires)	Non
Incident aérien du 27 juillet 1955 (Israël c. Bulgarie)	26 V 1959 (arrêt sur les exceptions préliminaires)	Non
Temple de Préah Vihéar (Cambodge c. Thaïlande)	26 V 1961 (arrêt sur les exceptions préliminaires)	Oui
Sud-Ouest africain (Éthiopie c. Afrique du Sud; Libéria c. Afrique du Sud)	21 XII 1962 (arrêt sur les exceptions préliminaires)	Oui
Cameroun septentrional (Cameroun c. Royaume-Uni)	2 XII 1963 (arrêt sur les exceptions préliminaires)	Non
Barcelona Traction, Light and Power Company, Limited (nouvelle requête : 1962) (Belgique c. Espagne)	24 VII 1964 (arrêt sur les exceptions préliminaires)	Oui

[1] Dans l'affaire du *Mandat d'arrêt du 11 avril 2000 (République démocratique du Congo c. Belgique)*, la Cour a rejeté la demande de la Belgique tendant à autoriser la présentation par celle-ci, en dérogation des ordonnances du président de la Cour en date des 13 décembre 2000 et 12 avril 2001, d'exceptions préliminaires entraînant la suspension de la procédure sur le fond (ordonnance du 27 juin 2001).

ANNEX 12

CASES IN WHICH THE COURT HAS GIVEN A PRELIMINARY RULING ON OBJECTIONS OR QUESTIONS OF JURISDICTION AND/OR ADMISSIBILITY

The Court has given a preliminary ruling on questions of jurisdiction and/or admissibility in the following 55 cases[1].

Case	Decision of the Court	Continuance of proceedings?
Corfu Channel (United Kingdom v. *Albania)*	25 III 1948 (Judgment on preliminary objection)	Yes
Ambatielos (Greece v. *United Kingdom)*	1 VII 1952 (Judgment on preliminary objection)	Yes
Anglo-Iranian Oil Co. (United Kingdom v. *Iran)*	22 VII 1952 (Judgment on preliminary objection)	No
Nottebohm (Liechtenstein v. *Guatemala)*	18 XI 1953 (Judgment on preliminary objection)	Yes
Monetary Gold Removed from Rome in 1943 (Italy v. *France, United Kingdom and United States of America)*	15 VI 1954 (Judgment on preliminary question)	No
Right of Passage over Indian Territory (Portugal v. *India)*	26 XI 1957 (Judgment on preliminary objections)	Yes
Interhandel (Switzerland v. *United States of America)*	21 III 1959 (Judgment on preliminary objections)	No
Aerial Incident of 27 July 1955 (Israel v. *Bulgaria)*	26 V 1959 (Judgment on preliminary objections)	No
Temple of Preah Vihear (Cambodia v. *Thailand)*	26 V 1961 (Judgment on preliminary objections)	Yes
South West Africa (Ethiopia v. *South Africa; Liberia* v. *South Africa)*	21 XII 1962 (Judgment on preliminary objections)	Yes
Northern Cameroons (Cameroon v. *United Kingdom)*	2 XII 1963 (Judgment on preliminary objections)	No
Barcelona Traction, Light and Power Company, Limited (New Application: 1962) (Belgium v. *Spain)*	24 VII 1964 (Judgment on preliminary objections)	Yes

[1] In the case concerning the *Arrest Warrant of 11 April 2000 (Democratic Republic of the Congo* v. *Belgium)*, the Court rejected Belgium's request for authorization, in derogation from the Orders of the President of the Court dated 13 December 2000 and 12 April 2001, to submit preliminary objections involving suspension of the proceedings on the merits (Order of 27 June 2001).

Affaire	Décision de la Cour	Poursuite de la procédure?
Compétence en matière de pêcheries (Royaume-Uni c. Islande)	2 II 1973 (arrêt sur la compétence)	Oui
Compétence en matière de pêcheries (République fédérale d'Allemagne c. Islande)	2 II 1973 (arrêt sur la compétence)	Oui
Plateau continental de la mer Égée (Grèce c. Turquie)	19 XII 1978 (arrêt sur la compétence)	Non
Activités militaires et paramilitaires au Nicaragua et contre celui-ci (Nicaragua c. États-Unis d'Amérique)	26 XI 1984 (arrêt sur la compétence et la recevabilité)	Oui
Actions armées frontalières et transfrontalières (Nicaragua c. Honduras)	20 XII 1988 (arrêt sur la compétence et la recevabilité)	Oui
Certaines terres à phosphates à Nauru (Nauru c. Australie)	26 VI 1992 (arrêt sur les exceptions préliminaires)	Oui
Délimitation maritime et questions territoriales entre Qatar et Bahreïn (Qatar c. Bahreïn)	1er VII 1994 (arrêt sur la compétence et la recevabilité) 15 II 1995 (arrêt sur la compétence et la recevabilité)	Oui Oui
Questions d'interprétation et d'application de la convention de Montréal de 1971 résultant de l'incident aérien de Lockerbie (Jamahiriya arabe libyenne c. Royaume-Uni)	27 II 1998 (arrêt sur les exceptions préliminaires)	Oui
Questions d'interprétation et d'application de la convention de Montréal de 1971 résultant de l'incident aérien de Lockerbie (Jamahiriya arabe libyenne c. États-Unis d'Amérique)	27 II 1998 (arrêt sur les exceptions préliminaires)	Oui
Plates-formes pétrolières (République islamique d'Iran c. États-Unis d'Amérique)	12 XII 1996 (arrêt sur l'exception préliminaire)	Oui
Application de la convention pour la prévention et la répression du crime de génocide (Bosnie-Herzégovine c. Serbie-et-Monténégro)	11 VII 1996 (arrêt sur les exceptions préliminaires)	Oui
Frontière terrestre et maritime entre le Cameroun et le Nigéria (Cameroun c. Nigéria)	11 VI 1998 (arrêt sur les exceptions préliminaires)	Oui

Case	Decision of the Court	Continuance of proceedings?
Fisheries Jurisdiction (United Kingdom v. *Iceland)*	2 II 1973 (Judgment on jurisdiction)	Yes
Fisheries Jurisdiction (Federal Republic of Germany v. *Iceland)*	2 II 1973 (Judgment on jurisdiction)	Yes
Aegean Sea Continental Shelf (Greece v. *Turkey)*	19 XII 1978 (Judgment on jurisdiction)	No
Military and Paramilitary Activities in and against Nicaragua (Nicaragua v. *United States of America)*	26 XI 1984 (Judgment on jurisdiction and admissibility)	Yes
Border and Transborder Armed Actions (Nicaragua v. *Honduras)*	20 XII 1988 (Judgment on jurisdiction and admissibility)	Yes
Certain Phosphate Lands in Nauru (Nauru v. *Australia)*	26 VI 1992 (Judgment on preliminary objections)	Yes
Maritime Delimitation and Territorial Questions between Qatar and Bahrain (Qatar v. *Bahrain)*	1 VII 1994 (Judgment on jurisdiction and admissibility) 15 II 1995 (Judgment on jurisdiction and admissibility)	Yes Yes
Questions of Interpretation and Application of the 1971 Montreal Convention arising from the Aerial Incident at Lockerbie (Libyan Arab Jamahiriya v. *United Kingdom)*	27 II 1998 (Judgment on preliminary objections)	Yes
Questions of Interpretation and Application of the 1971 Montreal Convention arising from the Aerial Incident at Lockerbie (Libyan Arab Jamahiriya v. *United States of America)*	27 II 1998 (Judgment on preliminary objections)	Yes
Oil Platforms (Islamic Republic of Iran v. *United States of America)*	12 XII 1996 (Judgment on preliminary objection)	Yes
Application of the Convention on the Prevention and Punishment of the Crime of Genocide (Bosnia and Herzegovina v. *Serbia and Montenegro)*	11 VII 1996 (Judgment on preliminary objections)	Yes
Land and Maritime Boundary between Cameroon and Nigeria (Cameroon v. *Nigeria)*	11 VI 1998 (Judgment on preliminary objections)	Yes

Affaire	Décision de la Cour	Poursuite de la procédure?
Compétence en matière de pêcheries (Espagne c. Canada)	4 XII 1998 (arrêt sur la compétence)	Non
Ahmadou Sadio Diallo (République de Guinée c. République démocratique du Congo)	24 V 2007 (arrêt sur les exceptions préliminaires)	Oui
Licéité de l'emploi de la force (Serbie-et-Monténégro c. Belgique)	15 XII 2004 (arrêt sur les exceptions préliminaires)	Non
Licéité de l'emploi de la force (Serbie-et-Monténégro c. Canada)	15 XII 2004 (arrêt sur les exceptions préliminaires)	Non
Licéité de l'emploi de la force (Serbie-et-Monténégro c. France)	15 XII 2004 (arrêt sur les exceptions préliminaires)	Non
Licéité de l'emploi de la force (Serbie-et-Monténégro c. Allemagne)	15 XII 2004 (arrêt sur les exceptions préliminaires)	Non
Licéité de l'emploi de la force (Serbie-et-Monténégro c. Italie)	15 XII 2004 (arrêt sur les exceptions préliminaires)	Non
Licéité de l'emploi de la force (Serbie-et-Monténégro c. Pays-Bas)	15 XII 2004 (arrêt sur les exceptions préliminaires)	Non
Licéité de l'emploi de la force (Serbie-et-Monténégro c. Portugal)	15 XII 2004 (arrêt sur les exceptions préliminaires)	Non
Licéité de l'emploi de la force (Serbie-et-Monténégro c. Royaume-Uni)	15 XII 2004 (arrêt sur les exceptions préliminaires)	Non
Activités armées sur le territoire du Congo (nouvelle requête: 2002) (République démocratique du Congo c. Rwanda)	3 II 2006 (arrêt sur la compétence et la recevabilité)	Non
Application de la convention pour la prévention et la répression du crime de génocide (Croatie c. Serbie)	18 XI 2008 (arrêt sur les exceptions préliminaires)	Oui
Incident aérien du 10 août 1999 (Pakistan c. Inde)	21 VI 2000 (arrêt sur la compétence)	Non
Certains biens (Liechtenstein c. Allemagne)	10 II 2005 (arrêt sur les exceptions préliminaires)	Non
Différend territorial et maritime (Nicaragua c. Colombie)	13 XII 2007 (arrêt sur les exceptions préliminaires)	Oui
Demande en revision de l'arrêt du 11 septembre 1992 en l'affaire du Différend frontalier terrestre, insulaire et maritime (El Salvador/Honduras; Nicaragua (intervenant)) *(El Salvador c. Honduras)*	18 XII 2003 (arrêt sur la recevabilité)	Non

Case	Decision of the Court	Continuance of proceedings?
Fisheries Jurisdiction (Spain v. *Canada)*	4 XII 1998 (Judgment on jurisdiction)	No
Ahmadou Sadio Diallo (Republic of Guinea v. *Democratic Republic of the Congo)*	24 V 2007 (Judgment on preliminary objections)	Yes
Legality of Use of Force (Serbia and Montenegro v. *Belgium)*	15 XII 2004 (Judgment on preliminary objections)	No
Legality of Use of Force (Serbia and Montenegro v. *Canada)*	15 XII 2004 (Judgment on preliminary objections)	No
Legality of Use of Force (Serbia and Montenegro v. *France)*	15 XII 2004 (Judgment on preliminary objections)	No
Legality of Use of Force (Serbia and Montenegro v. *Germany)*	15 XII 2004 (Judgment on preliminary objections)	No
Legality of Use of Force (Serbia and Montenegro v. *Italy)*	15 XII 2004 (Judgment on preliminary objections)	No
Legality of Use of Force (Serbia and Montenegro v. *Netherlands)*	15 XII 2004 (Judgment on preliminary objections)	No
Legality of Use of Force (Serbia and Montenegro v. *Portugal)*	15 XII 2004 (Judgment on preliminary objections)	No
Legality of Use of Force (Serbia and Montenegro v. *United Kingdom)*	15 XII 2004 (Judgment on preliminary objections)	No
Armed Activities on the Territory of the Congo (New Application: 2002) (Democratic Republic of the Congo v. *Rwanda)*	3 II 2006 (Judgment on jurisdiction and admissibility)	No
Application of the Convention on the Prevention and Punishment of the Crime of Genocide (Croatia v. *Serbia)*	18 XI 2008 (Judgment on preliminary objections)	Yes
Aerial Incident of 10 August 1999 (Pakistan v. *India)*	21 VI 2000 (Judgment on jurisdiction)	No
Certain Property (Liechtenstein v. *Germany)*	10 II 2005 (Judgment on preliminary objections)	No
Territorial and Maritime Dispute (Nicaragua v. *Colombia)*	13 XII 2007 (Judgment on preliminary objections)	Yes
Application for Revision of the Judgment of 11 September 1992 in the Case concerning the Land, Island and Maritime Frontier Dispute (El Salvador/Honduras: Nicaragua intervening) *(El Salvador* v. *Honduras)*	18 XII 2003 (Judgment on admissibility)	No

Affaire	Décision de la Cour	Poursuite de la procédure?
Application de la convention internationale sur l'élimination de toutes les formes de discrimination raciale (Géorgie c. Fédération de Russie)	1er IV 2011 (arrêt sur les exceptions préliminaires)	Non
Obligation de négocier un accès à l'océan Pacifique (Bolivie c. Chili)	24 IX 2015 (arrêt sur l'exception préliminaire)	Oui
Question de la délimitation du plateau continental entre le Nicaragua et la Colombie au-delà de 200 milles marins de la côte nicaraguayenne (Nicaragua c. Colombie)	17 III 2016 (arrêt sur les exceptions préliminaires)	Oui
Violations alléguées de droits souverains et d'espaces maritimes dans la mer des Caraïbes (Nicaragua c. Colombie)	17 III 2016 (arrêt sur les exceptions préliminaires)	Oui
Obligations relatives à des négociations concernant la cessation de la course aux armes nucléaires et le désarmement nucléaire (Îles Marshall c. Inde)	5 X 2016 (arrêt sur la compétence et sur la recevabilité)	Non
Obligations relatives à des négociations concernant la cessation de la course aux armes nucléaires et le désarmement nucléaire (Îles Marshall c. Pakistan)	5 X 2016 (arrêt sur la compétence et sur la recevabilité)	Non
Obligations relatives à des négociations concernant la cessation de la course aux armes nucléaires et le désarmement nucléaire (Îles Marshall c. Royaume-Uni)	5 X 2016 (arrêt sur les exceptions préliminaires)	Non
Délimitation maritime dans l'océan Indien (Somalie c. Kenya)	2 II 2017 (arrêt sur les exceptions préliminaires)	Oui
Immunités et procédures pénales (Guinée équatoriale c. France)	6 VI 2018 (arrêt sur les exceptions préliminaires)	Oui
Certains actifs iraniens (République islamique d'Iran c. États-Unis d'Amérique)	13 II 2019 (arrêt sur les exceptions préliminaires)	Oui
Application de la convention internationale pour la répression du financement du terrorisme et de la convention internationale sur l'élimination de toutes les formes de discrimination raciale (Ukraine c. Fédération de Russie)	8 XI 2019 (arrêt sur les exceptions préliminaires)	Oui

Case	Decision of the Court	Continuance of proceedings?
Application of the International Convention on the Elimination of All Forms of Racial Discrimination (Georgia v. *Russian Federation)*	1 IV 2011 (Judgment on preliminary objections)	No
Obligation to Negotiate Access to the Pacific Ocean (Bolivia v. *Chile)*	24 IX 2015 (Judgment on preliminary objection)	Yes
Question of the Delimitation of the Continental Shelf between Nicaragua and Colombia beyond 200 Nautical Miles from the Nicaraguan Coast (Nicaragua v. *Colombia)*	17 III 2016 (Judgment on preliminary objections)	Yes
Alleged Violations of Sovereign Rights and Maritime Spaces in the Caribbean Sea (Nicaragua v. *Colombia)*	17 III 2016 (Judgment on preliminary objections)	Yes
Obligations concerning Negotiations relating to Cessation of the Nuclear Arms Race and to Nuclear Disarmament (Marshall Islands v. *India)*	5 X 2016 (Judgment on jurisdiction and admissibility)	No
Obligations concerning Negotiations relating to Cessation of the Nuclear Arms Race and to Nuclear Disarmament (Marshall Islands v. *Pakistan)*	5 X 2016 (Judgment on jurisdiction and admissibility)	No
Obligations concerning Negotiations relating to Cessation of the Nuclear Arms Race and to Nuclear Disarmament (Marshall Islands v. *United Kingdom)*	5 X 2016 (Judgment on preliminary objections)	No
Maritime Delimitation in the Indian Ocean (Somalia v. *Kenya)*	2 II 2017 (Judgment on preliminary objections)	Yes
Immunities and Criminal Proceedings (Equatorial Guinea v. *France)*	6 VI 2018 (Judgment on preliminary objections)	Yes
Certain Iranian Assets (Islamic Republic of Iran v. *United States of America)*	13 II 2019 (Judgment on preliminary objections)	Yes
Application of the International Convention for the Suppression of the Financing of Terrorism and of the International Convention on the Elimination of All Forms of Racial Discrimination (Ukraine v. *Russian Federation)*	8 XI 2019 (Judgment on preliminary objections)	Yes

Affaire	Décision de la Cour	Poursuite de la procédure?
Sentence arbitrale du 3 octobre 1899 (Guyana c. Venezuela)	18 XII 2020 (arrêt sur la compétence)	Oui
Violations alléguées du traité d'amitié, de commerce et de droits consulaires de 1955 (République islamique d'Iran c. États-Unis d'Amérique)	3 II 2021 (arrêt sur les exceptions préliminaires)	Oui
Application de la convention internationale sur l'élimination de toutes les formes de discrimination raciale (Qatar c. Émirats arabes unis)	4 II 2021 (arrêt sur les exceptions préliminaires)	Non
Application de la convention pour la prévention et la répression du crime de génocide (Gambie c. Myanmar)	22 VII 2022 (arrêt sur les exceptions préliminaires)	Oui
Sentence arbitrale du 3 octobre 1899 (Guyana c. Venezuela)	6 IV 2023 (arrêt sur l'exception préliminaire)	Oui

Bien que saisie de questions de compétence et/ou de recevabilité, la Cour n'a pas eu à se prononcer à leur égard, soit en raison du retrait des demandes en ce sens dans une affaire (*Droits des ressortissants des États-Unis d'Amérique au Maroc (France c. États-Unis d'Amérique)*), soit en raison d'un désistement d'instance, dans les cinq affaires ci-après :

- *Incident aérien du 27 juillet 1955 (États-Unis d'Amérique c. Bulgarie)*
- *Compagnie du port, des quais et des entrepôts de Beyrouth et Société Radio-Orient (France c. Liban)*
- *Incident aérien du 3 juillet 1988 (République islamique d'Iran c. États-Unis d'Amérique)*
- *Activités armées sur le territoire du Congo (République démocratique du Congo c. Burundi)*
- *Activités armées sur le territoire du Congo (République démocratique du Congo c. Rwanda).*

Case	Decision of the Court	Continuance of proceedings?
Arbitral Award of 3 October 1899 (Guyana v. *Venezuela)*	18 XII 2020 (Judgment on jurisdiction)	Yes
Alleged Violations of the 1955 Treaty of Amity, Economic Relations, and Consular Rights (Islamic Republic of Iran v. *United States of America)*	3 II 2021 (Judgment on preliminary objections)	Yes
Application of the International Convention on the Elimination of All Forms of Racial Discrimination (Qatar v. *United Arab Emirates)*	4 II 2021 (Judgment on preliminary objections)	No
Application of the Convention on the Prevention and Punishment of the Crime of Genocide (The Gambia v. *Myanmar)*	22 VII 2022 (Judgment on preliminary objections)	Yes
Arbitral Award of 3 October 1899 (Guyana v. *Venezuela)*	6 IV 2023 (Judgment on preliminary objection)	Yes

Although seised of questions of jurisdiction and/or admissibility, the Court was not required to rule on them in one case because the requests were withdrawn (*Rights of Nationals of the United States of America in Morocco (France* v. *United States of America)*), nor in the following five cases, because the proceedings were discontinued:

- *Aerial Incident of 27 July 1955 (United States of America* v. *Bulgaria)*
- *Compagnie du Port, des Quais et des Entrepôts de Beyrouth and Société Radio-Orient (France* v. *Lebanon)*
- *Aerial Incident of 3 July 1988 (Islamic Republic of Iran* v. *United States of America)*
- *Armed Activities on the Territory of the Congo (Democratic Republic of the Congo* v. *Burundi)*
- *Armed Activities on the Territory of the Congo (Democratic Republic of the Congo* v. *Rwanda).*

ANNEXE 13

DEMANDES RECONVENTIONNELLES

Dans les 11 affaires suivantes, des demandes reconventionnelles ont été présentées dans le cadre du contre-mémoire.

Affaire	Date des demandes reconventionnelles	Demandes reconventionnelles jugées recevables ?	Demandes jugées recevables accueillies ?
Droit d'asile (Colombie/Pérou)	21 III 1950	Oui (arrêt du 20 XI 1950)[1]	Partiellement (arrêt du 20 XI 1950)
Droits des ressortissants des États-Unis d'Amérique au Maroc (France c. États-Unis d'Amérique)	20 XII 1951	Ni la France ni la Cour elle-même n'ont soulevé de question de compétence au regard de la demande reconventionnelle des États-Unis. La Cour a donc d'emblée procédé à l'examen au fond des conclusions constituant ladite demande[1]	Partiellement (arrêt du 27 VIII 1952)
Plates-formes pétrolières (République islamique d'Iran c. États-Unis d'Amérique)	23 VI 1997	Oui (ord. du 10 III 1998)	Non (arrêt du 6 XI 2003)
Application de la convention pour la prévention et la répression du crime de génocide (Bosnie-Herzégovine c. Serbie-et-Monténégro)	22 VII 1997	Oui (ord. du 17 XII 1997)	La Cour a pris acte du retrait des demandes reconventionnelles par la RFY (ord. du 10 IX 2001)
Frontière terrestre et maritime entre le Cameroun et le Nigéria (Cameroun c. Nigéria; Guinée équatoriale (intervenant))	31 V 1999	Oui (ord. du 30 VI 1999)	Non (arrêt du 10 X 2002)

[1] L'affaire s'est déroulée sous l'empire du Règlement de la Cour de 1946, dont l'article consacré aux demandes reconventionnelles (art. 63) était ainsi libellé :

« Lorsque l'instance a été introduite par requête, une demande reconventionnelle peut être présentée dans les conclusions du contre-mémoire, pourvu que cette demande soit en connexité directe avec l'objet de la requête et qu'elle rentre dans la compétence de la Cour. Si le rapport de connexité entre la demande présentée comme demande reconventionnelle et l'objet de la requête n'est pas apparent, la Cour, après examen, décide s'il y a lieu ou non de joindre cette demande à l'instance plénière. »

ANNEX 13

COUNTER-CLAIMS

In the following 11 cases, counter-claims were made in relation to the Counter-Memorial.

Case	Date of counter-claims	Counter-claims found admissible?	Admissible counter-claims granted?
Asylum (Colombia/Peru)	21 III 1950	Yes (Judgment of 20 XI 1950)[1]	Partially (Judgment of 20 XI 1950)
Rights of Nationals of the United States of America in Morocco (France v. *United States of America)*	20 XII 1951	Neither France nor the Court raised the question of jurisdiction in relation to the United States' counter-claim. Thus, the Court proceeded straight to an examination of the merits of the submissions constituting the claim[1]	Partially (Judgment of 27 VIII 1952)
Oil Platforms (Islamic Republic of Iran v. *United States of America)*	23 VI 1997	Yes (Order of 10 III 1998)	No (Judgment of 6 XI 2003)
Application of the Convention on the Prevention and Punishment of the Crime of Genocide (Bosnia and Herzegovina v. *Serbia and Montenegro)*	22 VII 1997	Yes (Order of 17 XII 1997)	The Court recorded the withdrawal of the counter-claims by the FRY (Order of 10 IX 2001)
Land and Maritime Boundary between Cameroon and Nigeria (Cameroon v. *Nigeria: Equatorial Guinea intervening)*	31 V 1999	Yes (Order of 30 VI 1999)	No (Judgment of 10 X 2002)

[1] This case was entertained while the 1946 Rules of Court were in force. Article 63 of those Rules concerned counter-claims and read as follows:

"When proceedings have been instituted by means of an application, a counter-claim may be presented in the submissions of the Counter-Memorial, provided that such counter-claim is directly connected with the subject-matter of the application and that it comes within the jurisdiction of the Court. In the event of doubt as to the connection between the question presented by way of counter-claim and the subject-matter of the application the Court shall, after due examination, direct whether or not the question thus presented shall be joined to the original proceedings."

Affaire	Date des demandes reconventionnelles	Demandes reconventionnelles jugées recevables ?	Demandes jugées recevables accueillies ?
Activités armées sur le territoire du Congo (République démocratique du Congo c. Ouganda)	20 IV 2001	Partiellement (ord. du 29 XI 2001)	Partiellement (arrêt du 19 XII 2005)
Application de la convention pour la prévention et la répression du crime de génocide (Croatie c. Serbie)	4 I 2010	Compte tenu de l'absence d'objections de la Croatie à la recevabilité des demandes reconventionnelles, la Cour n'a pas estimé devoir se prononcer définitivement sur la question de savoir si lesdites demandes satisfaisaient aux conditions énoncées au paragraphe 1 de l'article 80 du Règlement	Non (arrêt du 3 II 2015)
Immunités juridictionnelles de l'État (Allemagne c. Italie ; Grèce (intervenant))	23 XII 2009	Non (ord. du 6 VII 2010)	—
Certaines activités menées par le Nicaragua dans la région frontalière (Costa Rica c. Nicaragua)	6 VIII 2012	Non (ord. du 18 IV 2013)	—
Violations alléguées de droits souverains et d'espaces maritimes dans la mer des Caraïbes (Nicaragua c. Colombie)	17 XI 2016	Partiellement (ord. du 15 XI 2017)	Partiellement (arrêt du 21 IV 2022)
Différend concernant le statut et l'utilisation des eaux du Silala (Chili c. Bolivie)	3 IX 2018	Compte tenu de l'absence d'objections du Chili à la recevabilité des demandes reconventionnelles, la Cour n'a pas estimé devoir se prononcer définitivement sur la question de savoir si ces demandes satisfaisaient aux conditions énoncées au paragraphe 1 de l'article 80 de son Règlement	

Case	Date of counter-claims	Counter-claims found admissible?	Admissible counter-claims granted?
Armed Activities on the Territory of the Congo (Democratic Republic of the Congo v. *Uganda)*	20 IV 2001	Partially (Order of 29 XI 2001)	Partially (Judgment of 19 XII 2005)
Application of the Convention on the Prevention and Punishment of the Crime of Genocide (Croatia v. *Serbia)*	4 I 2010	In view of the fact that Croatia did not object to the admissibility of the counter-claims, the Court considered that it need not rule definitively on the issue of whether those claims satisfied the conditions set forth in Article 80, paragraph 1, of the Rules of Court	No (Judgment of 3 II 2015)
Jurisdictional Immunities of the State (Germany v. *Italy: Greece intervening)*	23 XII 2009	No (Order of 6 VII 2010)	—
Certain Activities Carried Out by Nicaragua in the Border Area (Costa Rica v. *Nicaragua)*	6 VIII 2012	No (Order of 18 IV 2013)	—
Alleged Violations of Sovereign Rules and Maritime Space in the Caribbean Sea (Nicaragua v. *Colombia)*	17 XI 2016	Partially (Order of 15 XI 2017)	Partially (Judgment of 21 IV 2022)
Dispute over the Status and Use of the Waters of the Silala (Chile v. *Bolivia)*	3 IX 2018	In view of the fact that Chile did not object to the admissibility of the counter-claims, the Court considered that it need not rule definitively on the issue of whether those claims satisfied the conditions set forth in Article 80, paragraph 1, of the Rules of Court	

ANNEXE 14

DÉSISTEMENTS

Les 26 affaires suivantes se sont terminées par un désistement :

- *Protection de ressortissants et protégés français en Égypte (France c. Égypte)*
- *Société Électricité de Beyrouth (France c. Liban)*
- *Incident aérien du 27 juillet 1955 (États-Unis d'Amérique c. Bulgarie)*
- *Incident aérien du 27 juillet 1955 (Royaume-Uni c. Bulgarie)*
- *Barcelona Traction, Light and Power Company, Limited (Belgique c. Espagne)* (première requête)
- *Compagnie du port, des quais et des entrepôts de Beyrouth et Société Radio-Orient (France c. Liban)*
- *Procès de prisonniers de guerre pakistanais (Pakistan c. Inde)*
- *Actions armées frontalières et transfrontalières (Nicaragua c. Costa Rica)*
- *Actions armées frontalières et transfrontalières (Nicaragua c. Honduras)*
- *Passage par le Grand-Belt (Finlande c. Danemark)*
- *Certaines terres à phosphates à Nauru (Nauru c. Australie)*
- *Délimitation maritime entre la Guinée-Bissau et le Sénégal (Guinée-Bissau c. Sénégal)*
- *Incident aérien du 3 juillet 1988 (République islamique d'Iran c. États-Unis d'Amérique)*
- *Convention de Vienne sur les relations consulaires (Paraguay c. États-Unis d'Amérique)*
- *Activités armées sur le territoire du Congo (République démocratique du Congo c. Burundi)*
- *Activités armées sur le territoire du Congo (République démocratique du Congo c. Rwanda)*
- *Questions d'interprétation et d'application de la convention de Montréal de 1971 résultant de l'incident aérien de Lockerbie (Jamahiriya arabe libyenne c. Royaume-Uni)*
- *Questions d'interprétation et d'application de la convention de Montréal de 1971 résultant de l'incident aérien de Lockerbie (Jamahiriya arabe libyenne c. États-Unis d'Amérique)*
- *Statut vis-à-vis de l'État hôte d'un envoyé diplomatique auprès de l'Organisation des Nations Unies (Commonwealth de Dominique c. Suisse)*
- *Certaines questions en matière de relations diplomatiques (Honduras c. Brésil)*
- *Certaines procédures pénales engagées en France (République du Congo c. France)*
- *Compétence judiciaire et exécution des décisions en matière civile et commerciale (Belgique c. Suisse)*
- *Épandages aériens d'herbicides (Équateur c. Colombie).*
- *Questions concernant la saisie et la détention de certains documents et données (Timor-Leste c. Australie)*
- *Demande en revision de l'arrêt du 23 mai 2008 en l'affaire relative à la* Souveraineté sur Pedra Branca/Pulau Batu Puteh, Middle Rocks et South Ledge (Malaisie/Singapour) *(Malaisie c. Singapour)*
- *Demande en interprétation de l'arrêt du 23 mai 2008 en l'affaire relative à la* Souveraineté sur Pedra Branca/Pulau Batu Puteh, Middle Rocks et South Ledge (Malaisie/Singapour) *(Malaisie c. Singapour).*

*

ANNEX 14

DISCONTINUANCES

The following 26 cases were discontinued:

- *Protection of French Nationals and Protected Persons in Egypt (France* v. *Egypt)*
- *Électricité de Beyrouth Company (France* v. *Lebanon)*
- *Aerial Incident of 27 July 1955 (United States of America* v. *Bulgaria)*
- *Aerial Incident of 27 July 1955 (United Kingdom* v. *Bulgaria)*
- *Barcelona Traction, Light and Power Company, Limited (Belgium* v. *Spain)* (first application)
- *Compagnie du Port, des Quais et des Entrepôts de Beyrouth and Société Radio-Orient (France* v. *Lebanon)*
- *Trial of Pakistani Prisoners of War (Pakistan* v. *India)*
- *Border and Transborder Armed Actions (Nicaragua* v. *Costa Rica)*
- *Border and Transborder Armed Actions (Nicaragua* v. *Honduras)*
- *Passage through the Great Belt (Finland* v. *Denmark)*
- *Certain Phosphate Lands in Nauru (Nauru* v. *Australia)*
- *Maritime Delimitation between Guinea-Bissau and Senegal (Guinea-Bissau* v. *Senegal)*
- *Aerial Incident of 3 July 1988 (Islamic Republic of Iran* v. *United States of America)*
- *Vienna Convention on Consular Relations (Paraguay* v. *United States of America)*
- *Armed Activities on the Territory of the Congo (Democratic Republic of the Congo* v. *Burundi)*
- *Armed Activities on the Territory of the Congo (Democratic Republic of the Congo* v. *Rwanda)*
- *Questions of Interpretation and Application of the 1971 Montreal Convention arising from the Aerial Incident at Lockerbie (Libyan Arab Jamahiriya* v. *United Kingdom)*
- *Questions of Interpretation and Application of the 1971 Montreal Convention arising from the Aerial Incident at Lockerbie (Libyan Arab Jamahiriya* v. *United States of America)*
- *Status vis-à-vis the Host State of a Diplomatic Envoy to the United Nations (Commonwealth of Dominica* v. *Switzerland)*
- *Certain Questions concerning Diplomatic Relations (Honduras* v. *Brazil)*
- *Certain Criminal Proceedings in France (Republic of the Congo* v. *France)*
- *Jurisdiction and Enforcement of Judgments in Civil and Commercial Matters (Belgium* v. *Switzerland)*
- *Aerial Herbicide Spraying (Ecuador* v. *Colombia).*
- *Questions relating to the Seizure and Detention of Certain Documents and Data (Timor-Leste* v. *Australia)*
- *Application for Revision of the Judgment of 23 May 2008 in the Case concerning* Sovereignty over Pedra Branca/Pulau Batu Puteh, Middle Rocks and South Ledge (Malaysia/Singapore) *(Malaysia* v. *Singapore)*
- *Request for Interpretation of the Judgment of 23 May 2008 in the Case concerning* Sovereignty over Pedra Branca/Pulau Batu Puteh, Middle Rocks and South Ledge (Malaysia/Singapore) *(Malaysia* v. *Singapore).*

*

Les deux affaires suivantes se sont terminées par un désistement à l'égard des questions de réparations qui n'avaient pas été tranchées dans l'arrêt rendu préalablement :

- *Personnel diplomatique et consulaire des États-Unis à Téhéran (États-Unis d'Amérique c. Iran)*
- *Activités militaires et paramilitaires au Nicaragua et contre celui-ci (Nicaragua c. États-Unis d'Amérique).*

The following two cases ended in discontinuance with respect to the question of reparation, which the Judgment had left to be settled:

- *United States Diplomatic and Consular Staff in Tehran (United States of America* v. *Iran)*
- *Military and Paramilitary Activities in and against Nicaragua (Nicaragua* v. *United States of America).*

ANNEXE 15

DEMANDES EN INTERPRÉTATION

Des demandes en interprétation d'arrêt ont été présentées dans six affaires (les deux demandes ayant été accueillies par la Cour, en tout ou en partie, sont signalées par un astérisque) :

- par la Colombie au sujet de l'arrêt rendu par la Cour le 20 novembre 1950 en l'affaire du *Droit d'asile (Colombie/Pérou)* ;
- par la Tunisie (conjointement à une demande en révision) au sujet de l'arrêt rendu par la Cour le 24 février 1982 en l'affaire du *Plateau continental (Tunisie/Jamahiriya arabe libyenne)** ;
- par le Nigéria au sujet de l'arrêt rendu par la Cour le 11 juin 1998 sur des exceptions préliminaires en l'affaire de la *Frontière terrestre et maritime entre le Cameroun et le Nigéria (Cameroun c. Nigéria)* ;
- par le Mexique au sujet de l'arrêt rendu par la Cour le 31 mars 2004 en l'affaire *Avena et autres ressortissants mexicains (Mexique c. États-Unis d'Amérique)* ;
- par le Cambodge au sujet de l'arrêt rendu par la Cour le 15 juin 1962 en l'affaire du *Temple de Préah Vihéar (Cambodge c. Thaïlande)** ; et
- par la Malaisie au sujet de l'arrêt du 23 mai 2008 en l'affaire relative à la *Souveraineté sur Pedra Branca/Pulau Batu Puteh, Middle Rocks et South Ledge (Malaisie/Singapour)*[1].

---

[1] Cependant, par lettre datée du 28 mai 2018, la Malaisie a notifié à la Cour que les Parties étaient convenues d'un désistement de l'instance en l'affaire. Copie de cette lettre a été communiquée à l'agent de Singapour, qui, par lettre en date du 29 mai 2018, a confirmé l'accord de son gouvernement concernant ce désistement. En conséquence, le 29 mai 2018, la Cour a rendu une ordonnance prenant acte du désistement de l'instance et prescrivant que l'affaire soit rayée du rôle.

ANNEX 15

REQUESTS FOR INTERPRETATION

Requests for interpretation of judgments of the Court have been made in six cases (the two requests granted by the Court, in whole or in part, are shown with an asterisk):

- by Colombia in respect of the Judgment delivered by the Court on 20 November 1950 in the *Asylum (Colombia/Peru)* case;
- by Tunisia (along with an Application for revision) in respect of the Judgment delivered by the Court on 24 February 1982 in the case concerning the *Continental Shelf (Tunisia/Libyan Arab Jamahiriya)**;
- by Nigeria in respect of the Court's Judgment on preliminary objections of 11 June 1998 in the case concerning the *Land and Maritime Boundary between Cameroon and Nigeria (Cameroon* v. *Nigeria)*;
- by Mexico in respect of the Judgment delivered by the Court on 31 March 2004 in the case concerning *Avena and Other Mexican Nationals (Mexico* v. *United States of America)*;
- by Cambodia in respect of the Judgment delivered by the Court on 15 June 1962 in the case concerning *Temple of Preah Vihear (Cambodia* v. *Thailand)**;
- by Malaysia in respect of the Judgment of 23 May 2008 in the case concerning *Sovereignty over Pedra Branca/Pulau Batu Puteh, Middle Rocks and South Ledge (Malaysia/Singapore)*[1].

---

[1] Nevertheless, by a letter dated 28 May 2018, Malaysia notified the Court that the Parties had agreed to discontinue the proceedings in the case. A copy of that letter was communicated to the Agent of Singapore, who, by a letter dated 29 May 2018, confirmed his Government's agreement to the discontinuance of the proceedings. Accordingly, on 29 May 2018, the Court made an Order recording the discontinuance and directing the removal of the case from the List.

ANNEXE 16

DEMANDES EN RÉVISION

Des demandes en révision d'arrêt ont été présentées dans quatre affaires :

- par la Tunisie (conjointement à une demande en interprétation) au sujet de l'arrêt rendu par la Cour le 24 février 1982 en l'affaire du *Plateau continental (Tunisie/Jamahiriya arabe libyenne)* ;
- par la Yougoslavie au sujet de l'arrêt rendu par la Cour le 11 juillet 1996 sur les exceptions préliminaires en l'affaire relative à l'*Application de la convention pour la prévention et la répression du crime de génocide (Bosnie-Herzégovine c. Yougoslavie)* ;
- par El Salvador au sujet de l'arrêt rendu par la Cour le 11 septembre 1992 en l'affaire du *Différend frontalier terrestre, insulaire et maritime (El Salvador/Honduras; Nicaragua (intervenant))* ; et
- par la Malaisie au sujet de l'arrêt du 23 mai 2008 en l'affaire relative à la *Souveraineté sur Pedra Branca/Pulau Batu Puteh, Middle Rocks et South Ledge (Malaisie/Singapour)*[1].

---

[1] Cependant, par lettre datée du 28 mai 2018, la Malaisie a notifié à la Cour que les Parties étaient convenues d'un désistement de l'instance en l'affaire. Copie de cette lettre a été communiquée à l'agent de Singapour, qui, par lettre en date du 29 mai 2018, a confirmé l'accord de son gouvernement concernant ce désistement. En conséquence, le 29 mai 2018, la Cour a rendu une ordonnance prenant acte du désistement de l'instance et prescrivant que l'affaire soit rayée du rôle.

ANNEX 16

APPLICATIONS FOR REVISION

Applications for the revision of judgments of the Court have been made on four occasions:

- an Application for revision (along with a request for interpretation) of the Court's Judgment of 24 February 1982 in the case concerning the *Continental Shelf (Tunisia/Libyan Arab Jamahiriya)* was filed by Tunisia;
- an Application for revision of the Court's Judgment on preliminary objections of 11 July 1996 in the case concerning *Application of the Convention on the Prevention and Punishment of the Crime of Genocide (Bosnia and Herzegovina* v. *Yugoslavia)* was filed by Yugoslavia;
- an Application for revision of the Court's Judgment of 11 September 1992 in the case concerning the *Land, Island and Maritime Frontier Dispute (El Salvador/Honduras: Nicaragua intervening)* was filed by El Salvador; and
- an Application for revision of the Court's Judgment of 23 May 2008 in the case concerning *Sovereignty over Pedra Branca/Pulau Batu Puteh, Middle Rocks and South Ledge (Malaysia/Singapore)* was filed by Malaysia[1].

---

[1] Nevertheless, by a letter dated 28 May 2018, Malaysia notified the Court that the Parties had agreed to discontinue the proceedings in the case. A copy of that letter was communicated to the Agent of Singapore, who, by a letter dated 29 May 2018, confirmed his Government's agreement to the discontinuance of the proceedings. Accordingly, on 29 May 2018, the Court made an Order recording the discontinuance and directing the removal of the case from the List.

ANNEXE 17

TÉMOINS, EXPERTS ET TÉMOINS-EXPERTS

Des témoins, experts et/ou témoins-experts ont été entendus dans les 18 affaires suivantes:

- *Détroit de Corfou (Royaume-Uni c. Albanie).* Dans cette affaire, la Cour a entendu des témoins et experts présentés par chacune des Parties.
- *Temple de Préah Vihéar (Cambodge c. Thaïlande).* Dans cette affaire, la Cour a entendu des témoins et experts présentés par chacune des Parties.
- *Sud-Ouest africain (Éthiopie c. Afrique du Sud; Libéria c. Afrique du Sud).* Dans ces affaires, la Cour a entendu des témoins et experts présentés par l'Afrique du Sud.
- *Plateau continental (Tunisie/Jamahiriya arabe libyenne).* Dans cette affaire, la Cour a entendu un expert présenté par la Jamahiriya arabe libyenne.
- *Délimitation de la frontière maritime dans la région du golfe du Maine (Canada/États-Unis d'Amérique).* La chambre constituée en cette affaire a entendu un expert présenté par les États-Unis.
- *Plateau continental (Jamahiriya arabe libyenne/Malte).* Dans cette affaire, la Cour a entendu des experts présentés par chacune des Parties.
- *Activités militaires et paramilitaires au Nicaragua et contre celui-ci (Nicaragua c. États-Unis d'Amérique).* Dans cette affaire, la Cour a entendu des témoins présentés par le Nicaragua.
- *Différend frontalier (Burkina Faso/République du Mali).* Les experts dans cette affaire ont été désignés après l'arrêt de la Cour sur le fond, afin d'assister les Parties dans la démarcation de leur frontière, conformément aux pouvoirs qui lui sont conférés par le compromis.
- *Elettronica Sicula S.p.A. (ELSI) (États-Unis d'Amérique c. Italie).* La chambre constituée en cette affaire a entendu des témoins présentés par les États-Unis et des experts présentés par chacune des Parties.
- *Différend frontalier terrestre, insulaire et maritime (El Salvador/Honduras; Nicaragua (intervenant)).* Dans cette affaire, la Cour a entendu un témoin présenté par El Salvador.
- *Application de la convention pour la prévention et la répression du crime de génocide (Bosnie-Herzégovine c. Serbie-et-Monténégro).* Dans cette affaire, la Cour a entendu des experts présentés par la Bosnie-Herzégovine, et des témoins et un témoin-expert présentés par la Serbie-et-Monténégro.
- *Chasse à la baleine dans l'Antarctique (Australie c. Japon; Nouvelle-Zélande (intervenant)).* Dans cette affaire, la Cour a entendu des experts présentés par l'Australie et un expert présenté par le Japon.
- *Application de la convention pour la prévention et la répression du crime de génocide (Croatie c. Serbie).* Dans cette affaire, la Cour a entendu des témoins et témoins-experts présentés par la Croatie.
- *Certaines activités menées par le Nicaragua dans la région frontalière (Costa Rica c. Nicaragua).* Dans cette affaire, la Cour a entendu un expert présenté par le Costa Rica et deux experts présentés par le Nicaragua.
- *Construction d'une route au Costa Rica le long du fleuve San Juan (Nicaragua c. Costa Rica).* Dans cette affaire, la Cour a entendu quatre experts présentés par le Nicaragua et deux experts présentés par le Costa Rica.
- *Activités armées sur le territoire du Congo (République démocratique du Congo c. Ouganda).* Dans cette affaire, la Cour a entendu les quatre experts qu'elle avait désignés par ordonnance.

ANNEX 17

WITNESSES, EXPERTS AND WITNESS-EXPERTS

Witnesses, experts and/or witness-experts have been called in the following 18 cases:

- *Corfu Channel (United Kingdom* v. *Albania)*, where the Court heard witnesses and experts presented by each of the Parties.
- *Temple of Preah Vihear (Cambodia* v. *Thailand)*, where the Court heard witnesses and experts presented by each of the Parties.
- *South West Africa (Ethiopia* v. *South Africa; Liberia* v. *South Africa)*, where the Court heard witnesses and experts presented by South Africa.
- *Continental Shelf (Tunisia/Libyan Arab Jamahiriya)*, where the Court heard an expert presented by the Libyan Arab Jamahiriya.
- *Delimitation of the Maritime Boundary in the Gulf of Maine Area (Canada/United States of America)*, where the Chamber constituted heard an expert presented by the United States.
- *Continental Shelf (Libyan Arab Jamahiriya/Malta)*, where the Court heard experts presented by each of the Parties.
- *Military and Paramilitary Activities in and against Nicaragua (Nicaragua* v. *United States of America)*, where the Court heard witnesses presented by Nicaragua.
- *Frontier Dispute (Burkina Faso/Republic of Mali)*. The experts in this case were appointed after the Judgment on the merits was rendered, to assist the Parties in demarcating their boundary, pursuant to the power conferred upon the Court by the Special Agreement.
- *Elettronica Sicula S.p.A. (ELSI) (United States of America* v. *Italy)*, where the Chamber constituted heard witnesses presented by the United States and experts presented by each of the Parties.
- *Land, Island and Maritime Frontier Dispute (El Salvador/Honduras: Nicaragua intervening)*, where the Court heard a witness presented by El Salvador.
- *Application of the Convention on the Prevention and Punishment of the Crime of Genocide (Bosnia and Herzegovina* v. *Serbia and Montenegro)*, where the Court heard experts presented by Bosnia and Herzegovina and witnesses and a witness-expert presented by Serbia and Montenegro.
- *Whaling in the Antarctic (Australia* v. *Japan: New Zealand intervening)*, where the Court heard experts presented by Australia and an expert presented by Japan.
- *Application of the Convention on the Prevention and Punishment of the Crime of Genocide (Croatia* v. *Serbia)*, where the Court heard witnesses and witness-experts presented by Croatia.
- *Certain Activities Carried Out by Nicaragua in the Border Area (Costa Rica* v. *Nicaragua)*, where the Court heard an expert presented by Costa Rica and two experts presented by Nicaragua.
- *Construction of a Road in Costa Rica along the San Juan River (Nicaragua* v. *Costa Rica)*, where the Court heard four experts presented by Nicaragua and two experts presented by Costa Rica.
- *Armed Activities on the Territory of the Congo (Democratic Republic of the Congo* v. *Uganda)*, where the Court heard the four experts it had appointed by Order.

- *Différend concernant le statut et l'utilisation des eaux du Silala (Chili c. Bolivie).* Dans cette affaire, la Cour a entendu les deux témoins-experts présentés par le Chili et les trois témoins-experts présentés par la Bolivie.

*

Des experts ont été désignés par la Cour dans les cinq affaires suivantes :

- *Détroit de Corfou (Royaume-Uni c. Albanie).* Dans cette affaire, la Cour a désigné par ordonnance des experts chargés de mener, sur place, une enquête concernant une série de questions relatives au fond. Par une ordonnance ultérieure, la Cour a décidé de confier à des experts désignés par elle l'examen des chiffres et estimations énoncés par le demandeur comme montants des réclamations en l'affaire.
- *Délimitation de la frontière maritime dans la région du golfe du Maine (Canada/États-Unis d'Amérique).* La chambre constituée en cette affaire a nommé par ordonnance, à la demande des Parties et conformément au compromis conclu entre elles, un expert technique pour l'aider dans sa tâche.
- *Différend frontalier (Burkina Faso/Niger).* Dans cette affaire, la Cour a désigné, après le prononcé de son arrêt au fond et en application du compromis conclu entre les Parties, des experts pour assister les Parties aux fins de l'opération de démarcation de leur frontière dans la zone contestée.
- *Délimitation maritime dans la mer des Caraïbes et l'océan Pacifique (Costa Rica c. Nicaragua).* Dans cette affaire, la Cour a décidé de faire procéder à une expertise par ordonnance avant de désigner deux experts pour déterminer l'état de la côte entre les points invoqués respectivement par les Parties.
- *Activités armées sur le territoire du Congo (République démocratique du Congo c. Ouganda).* Dans cette affaire, la Cour a décidé de faire procéder à une expertise pour examiner certains chefs de préjudice allégués par la demanderesse, à savoir les pertes en vies humaines, la perte de ressources naturelles et les dommages causés aux biens, et a désigné, par ordonnance, quatre experts à cet effet.

- *Dispute over the Status and Use of the Waters of the Silala (Chile* v. *Bolivia)*, where the Court heard two witness-experts presented by Chile and three witness-experts presented by Bolivia.

*

Experts were appointed by the Court in the following five cases:

- *Corfu Channel (United Kingdom* v. *Albania)*, where the Court made an Order appointing experts to carry out an on-site investigation concerning a series of questions relating to the merits of the case. By a subsequent Order, it decided that Court-appointed experts would examine the figures and estimates submitted by the Applicant regarding the amount of its claim in the case.
- *Delimitation of the Maritime Boundary in the Gulf of Maine Area (Canada/United States of America)*, where the Chamber constituted appointed, by Order, at the request of the Parties and in accordance with the Special Agreement concluded between them, a technical expert to assist it in its work.
- *Frontier Dispute (Burkina Faso/Niger)*, where the Court, having delivered its Judgment on the merits and in accordance with the Special Agreement concluded between the Parties, appointed experts to assist the Parties in the demarcation of their frontier in the disputed area.
- *Maritime Delimitation in the Caribbean Sea and the Pacific Ocean (Costa Rica* v. *Nicaragua)*, where the Court decided, by Order, to arrange for an expert opinion before appointing two experts to determine the state of the coast between the points suggested by the Parties.
- *Armed Activities on the Territory of the Congo (Democratic Republic of the Congo* v. *Uganda)*, where the Court decided to arrange for an expert opinion on certain heads of damage claimed by the Applicant, namely the loss of human life, the loss of natural resources and property damage, and appointed, by Order, four experts for that purpose.

ANNEXE 18

DÉFAUTS

Des arrêts ou ordonnances ont été rendus en l'absence de l'une des parties dans les 14 affaires ci-après. Si, dans certains cas, il y a eu défaut pendant toutes les phases de l'instance, dans d'autres, il y a eu défaut pendant certaines phases seulement. Les phases pertinentes sont donc indiquées dans le tableau qui suit.

Affaire	Partie ayant fait défaut	Phases de l'instance au cours desquelles il y a eu défaut
Détroit de Corfou (Royaume-Uni c. Albanie	Albanie	Fixation du montant des réparations
Anglo-Iranian Oil Co. (Royaume-Uni c. Iran)	Iran	Mesures conservatoires
Nottebohm (Liechtenstein c. Guatemala)	Guatemala	Exception préliminaire
Compétence en matière de pêcheries (Royaume-Uni c. Islande)	Islande	Mesures conservatoires, compétence de la Cour et fond
Compétence en matière de pêcheries (République fédérale d'Allemagne c. Islande)	Islande	Mesures conservatoires, compétence de la Cour et fond
Essais nucléaires (Australie c. France)	France	Mesures conservatoires et phase ayant abouti à la décision de non-lieu à statuer
Essais nucléaires (Nouvelle-Zélande c. France)	France	Mesures conservatoires et phase ayant abouti à la décision de non-lieu à statuer
Procès de prisonniers de guerre pakistanais (Pakistan c. Inde)	Inde	Mesures conservatoires
Plateau continental de la mer Égée (Grèce c. Turquie)	Turquie	Mesures conservatoires et compétence
Personnel diplomatique et consulaire des États-Unis à Téhéran (États-Unis d'Amérique c. Iran)	Iran	Mesures conservatoires et fond
Activités militaires et paramilitaires au Nicaragua et contre celui-ci (Nicaragua c. États-Unis d'Amérique)	États-Unis d'Amérique	Fond, formes et montant de la réparation
Sentence arbitrale du 3 octobre 1899 (Guyana c. Venezuela)	Venezuela	Compétence de la Cour[1]

[1] Par lettre en date du 12 avril 2019, le Venezuela a confirmé sa décision de ne pas participer à la procédure écrite devant la Cour, faisant toutefois connaître qu'il avait l'intention de fournir à celle-ci

ANNEX 18

NON-APPEARANCES

Judgments or orders were delivered in the absence of one of the parties in the following 14 cases. In some cases, a party failed to appear at every stage of the proceedings; in others, during certain phases only. The relevant phases are indicated in the table below.

Case	Party failing to appear	Phases during which the party failed to appear
Corfu Channel (United Kingdom v. *Albania)*	Albania	Assessment of amount of compensation
Anglo-Iranian Oil Co. (United Kingdom v. *Iran)*	Iran	Provisional measures
Nottebohm (Liechtenstein v. *Guatemala)*	Guatemala	Preliminary objection
Fisheries Jurisdiction (United Kingdom v. *Iceland)*	Iceland	Provisional measures, jurisdiction of the Court and merits
Fisheries Jurisdiction (Federal Republic of Germany v. *Iceland)*	Iceland	Provisional measures, jurisdiction of the Court and merits
Nuclear Tests (Australia v. *France)*	France	Provisional measures and phase resulting in the decision not to proceed to judgment on the merits
Nuclear Tests (New Zealand v. *France)*	France	Provisional measures and phase resulting in the decision not to proceed to judgment on the merits
Trial of Pakistani Prisoners of War (Pakistan v. *India)*	India	Provisional measures
Aegean Sea Continental Shelf (Greece v. *Turkey)*	Turkey	Provisional measures and jurisdiction
United States Diplomatic and Consular Staff in Tehran (United States of America v. *Iran)*	Iran	Provisional measures and merits
Military and Paramilitary Activities in and against Nicaragua (Nicaragua v. *United States of America)*	United States of America	Merits, forms and amount of reparation
Arbitral Award of 3 October 1899 (Guyana v. *Venezuela)*	Venezuela	Jurisdiction of the Court[1]

[1] By letter dated 12 April 2019, Venezuela confirmed its decision not to participate in the written proceedings, while indicating that it would provide information in order to assist the Court in the

Affaire	Partie ayant fait défaut	Phases de l'instance au cours desquelles il y a eu défaut
Délimitation maritime dans l'océan Indien (Somalie c. Kenya)	Kenya	Fond
Allégations de génocide au titre de la convention pour la prévention et la répression du crime de génocide (Ukraine c. Fédération de Russie)	Fédération de Russie	Mesures conservatoires

des informations afin de l'aider à s'acquitter de ses obligations au regard de son Statut ; à cet effet, il a déposé un mémorandum le 28 novembre 2019. Le Venezuela n'a pas participé à la procédure orale qui s'est tenue le 30 juin 2020 ; par lettre en date du 24 juillet 2020, il a cependant formulé des observations écrites concernant les arguments présentés par le Guyana à l'audience. Le 7 juin 2022, le Venezuela a soulevé des exceptions préliminaires, qu'il a qualifiées d'exceptions d'irrecevabilité de la requête. Il a pris part aux audiences publiques consacrées à ces exceptions préliminaires, qui se sont tenues les 17, 18, 21 et 22 novembre 2022.

Case	Party failing to appear	Phases during which the party failed to appear
Maritime Delimitation in the Indian Ocean (Somalia v. *Kenya)*	Kenya	Merits
Allegations of Genocide under the Convention on the Prevention and Punishment of the Crime of Genocide (Ukraine v. *Russian Federation)*	Russian Federation	Provisional measures

fulfilment of its duty under its Statute; to that end, it filed a Memorandum on 28 November 2019. Venezuela did not take part in the oral proceedings which took place on 30 June 2020; by letter dated 24 July 2020, it did, however, make written comments on the arguments presented by Guyana at that hearing. On 7 June 2022, Venezuela raised preliminary objections, which it characterized as objections to the admissibility of the Application. It took part in the public hearings on those preliminary objections, which were held on 17, 18, 21 and 22 November 2022.

ANNEXE 19

AVIS CONSULTATIFS

En vertu de l'article 65 de son Statut, la Cour peut donner un avis consultatif sur toute question juridique, à la demande de tout organe ou institution qui aura été autorisé par la Charte des Nations Unies ou conformément à ses dispositions à demander cet avis.

À ce jour, 29 demandes ont été soumises à la Cour, qui a donné 28 avis[1].

Auteur de la demande	Procédure	Date d'enregistrement	Entités ayant participé à la procédure			Date de l'avis consultatif
			Phase écrite uniquement	Phase orale uniquement	Phases écrite et orale	
Assemblée générale	*Conditions de l'admission d'un État comme Membre des Nations Unies (article 4 de la Charte)*	24 XI 1947	Australie Canada Chine El Salvador États-Unis d'Amérique Grèce Guatemala Honduras Inde Iraq Siam Ukraine Union des Républiques socialistes soviétiques	France Pologne Secrétaire général des Nations Unies Tchécoslovaquie	Belgique Yougoslavie	28 V 1948

[1] La liste chronologique des procédures consultatives figure à l'annexe 1 (p. 186). Dans le cadre de l'une de ces procédures, à savoir celle relative à la demande en *Interprétation des traités de paix conclus avec la Bulgarie, la Hongrie et la Roumanie*, la Cour a donné son avis en deux temps (le 30 mars 1950 (première phase) et le 18 juillet 1950 (seconde phase)).

ANNEX 19

ADVISORY OPINIONS

By virtue of Article 65 of its Statute, the Court may give an advisory opinion on any legal question at the request of whatever body may be authorized by or in accordance with the Charter of the United Nations to make such a request.

To date, 29 advisory proceedings have been submitted to the Court, which has rendered 28 Advisory Opinions[1].

Organ requesting the Opinion	Proceedings	Date of filing	Entities having participated in the proceedings			Date of the Advisory Opinion
			Written phase only	Oral phase only	Written and oral phases	
General Assembly	*Conditions of Admission of a State to Membership in the United Nations (Article 4 of the Charter)*	24 XI 1947	Australia Canada China El Salvador Greece Guatemala Honduras India Iraq Siam Ukraine Union of Soviet Socialist Republics United States of America	Czechoslovakia France Poland Secretary-General of the United Nations	Belgium Yugoslavia	28 V 1948

[1] The chronological list of advisory proceedings can be found in Annex 1 (p. 187). In one of these proceedings, namely those relating to the *Interpretation of Peace Treaties with Bulgaria, Hungary and Romania*, the Court rendered two Advisory Opinions (on 30 March 1950 (first phase) and on 18 July 1950 (second phase)).

Auteur de la demande	Procédure	Date d'enregistrement	Entités ayant participé à la procédure			Date de l'avis consultatif
			Phase écrite uniquement	Phase orale uniquement	Phases écrite et orale	
Assemblée générale	*Réparation des dommages subis au service des Nations Unies*	7 XII 1948	Chine États-Unis d'Amérique Inde	Belgique Secrétaire général des Nations Unies	France Royaume-Uni	11 IV 1949
Assemblée générale	*Interprétation des traités de paix conclus avec la Bulgarie, la Hongrie et la Roumanie*	3 XI 1949	*Première phase* Australie Bulgarie Hongrie République socialiste soviétique de Biélorussie République socialiste soviétique d'Ukraine Roumanie Tchécoslovaquie Union des Républiques socialistes soviétiques	*Première phase* Secrétaire général des Nations Unies	*Première phase* États-Unis d'Amérique Royaume-Uni	*Première phase* 30 III 1950
			Seconde phase	*Seconde phase* Secrétaire général des Nations Unies	*Seconde phase* États-Unis d'Amérique Royaume-Uni[2]	*Seconde phase* 18 VII 1950

[2] Le Gouvernement du Royaume-Uni avait fait connaître ses vues sur les questions traitées lors de la seconde phase dans son exposé écrit déposé au cours de la première phase.

Organ requesting the Opinion	Proceedings	Date of filing	Entities having participated in the proceedings			Date of the Advisory Opinion
			Written phase only	Oral phase only	Written and oral phases	
General Assembly	*Reparation for Injuries Suffered in the Service of the United Nations*	7 XII 1948	China India United States of America	Belgium Secretary-General of the United Nations	France United Kingdom	11 IV 1949
General Assembly	*Interpretation of Peace Treaties with Bulgaria, Hungary and Romania*	3 XI 1949	*First Phase* Australia Bulgaria Czechoslovakia Hungary Romania Soviet Socialist Republic of Byelorussia Soviet Socialist Republic of Ukraine Union of Soviet Socialist Republics	*First Phase* Secretary-General of the United Nations	*First Phase* United Kingdom United States of America	*First Phase* 30 III 1950
			Second Phase	*Second Phase* Secretary-General of the United Nations	*Second Phase* United States of America United Kingdom[2]	*Second Phase* 18 VII 1950

[2] The Government of the United Kingdom had previously stated its views on the questions dealt with in the second phase of these proceedings in its written statement submitted during the first phase.

Auteur de la demande	Procédure	Date d'enregistrement	Entités ayant participé à la procédure			Date de l'avis consultatif
			Phase écrite uniquement	Phase orale uniquement	Phases écrite et orale	
Assemblée générale	*Compétence de l'Assemblée générale pour l'admission d'un État aux Nations Unies*	28 XI 1949	Argentine Égypte États-Unis d'Amérique République socialiste soviétique de Biélorussie République socialiste soviétique d'Ukraine Secrétaire général des Nations Unies Tchécoslovaquie Union des Républiques socialistes soviétiques Venezuela	France	—	3 III 1950
Assemblée générale	*Statut international du Sud-Ouest africain*	27 XII 1949	Égypte États-Unis d'Amérique Inde Pologne	Philippines Secrétaire général des Nations Unies	Union sud-africaine	11 VII 1950
Assemblée générale	*Réserves à la convention pour la prévention et la répression du crime de génocide*	20 XI 1950	États-Unis d'Amérique Jordanie Organisation des États américains Organisation internationale du Travail Pays-Bas	France	Israël Royaume-Uni Secrétaire général des Nations Unies	28 V 1951

Organ requesting the Opinion	Proceedings	Date of filing	Entities having participated in the proceedings			Date of the Advisory Opinion
			Written phase only	Oral phase only	Written and oral phases	
General Assembly	*Competence of the General Assembly for the Admission of a State to the United Nations*	28 XI 1949	Argentina Czechoslovakia Egypt Secretary-General of the United Nations Soviet Socialist Republic of Byelorussia Soviet Socialist Republic of Ukraine Union of Soviet Socialist Republics United States of America Venezuela	France	—	3 III 1950
General Assembly	*International Status of South West Africa*	27 XII 1949	Egypt India Poland United States of America	Philippines Secretary-General of the United Nations	South African Union	11 VII 1950
General Assembly	*Reservations to the Convention on the Prevention and Punishment of the Crime of Genocide*	20 XI 1950	Czechoslovakia International Labour Organization Jordan Netherlands Organization of American States People's Republic of Bulgaria	France	Israel Secretary-General of the United Nations United Kingdom	28 V 1951

Auteur de la demande	Procédure	Date d'enregistrement	Entités ayant participé à la procédure			Date de l'avis consultatif
			Phase écrite uniquement	Phase orale uniquement	Phases écrite et orale	
			Philippines Pologne République populaire de Bulgarie République populaire de Roumanie République socialiste soviétique de Biélorussie République socialiste soviétique d'Ukraine Tchécoslovaquie Union des Républiques socialistes soviétiques			
Assemblée générale	*Effet de jugements du Tribunal administratif des Nations Unies accordant indemnité*	21 XII 1953	Chili Chine Équateur Guatemala Iraq Mexique Organisation internationale du Travail Philippines Suède Turquie[3]		États-Unis d'Amérique France Grèce Pays-Bas Royaume-Uni Secrétaire général des Nations Unies	13 VII 1954

[3] N'ont pas présenté d'exposés écrits, mais ont attiré l'attention sur les vues exprimées à l'Assemblée générale par leurs représentants : Canada, Égypte, Tchécoslovaquie, Union des Républiques socialistes soviétiques et Yougoslavie.

Organ requesting the Opinion	Proceedings	Date of filing	Entities having participated in the proceedings: Written phase only	Entities having participated in the proceedings: Oral phase only	Entities having participated in the proceedings: Written and oral phases	Date of the Advisory Opinion
			People's Republic of Romania Philippines Poland Soviet Socialist Republic of Byelorussia Soviet Socialist Republic of Ukraine Union of Soviet Socialist Republics United States of America			
General Assembly	*Effect of Awards of Compensation Made by the United Nations Administrative Tribunal*	21 XII 1953	Chile China Ecuador Guatemala International Labour Organization Iraq Mexico Philippines Sweden Turkey[3]		France Greece Netherlands Secretary-General of the United Nations United Kingdom United States of America	13 VII 1954

[3] Did not submit written statements, but drew attention to the views expressed by their representatives in the General Assembly: Canada, Czechoslovakia, Egypt, Union of Soviet Socialist Republics and Yugoslavia.

Auteur de la demande	Procédure	Date d'enregistrement	Entités ayant participé à la procédure			Date de l'avis consultatif
			Phase écrite uniquement	Phase orale uniquement	Phases écrite et orale	
Assemblée générale	*Procédure de vote applicable aux questions touchant les rapports et pétitions relatifs au Territoire du Sud-Ouest africain*	6 XII 1954	États-Unis d'Amérique Inde Pologne[4]			7 VI 1955
Assemblée générale	*Admissibilité de l'audition de pétitionnaires par le Comité du Sud-Ouest africain*	22 XII 1955	Chine États-Unis d'Amérique[5]	Royaume-Uni		1er VI 1956
Assemblée générale	*Certaines dépenses des Nations Unies (article 17, paragraphe 2, de la Charte)*	27 XII 1961	Afrique du Sud Bulgarie Danemark Espagne France Haute-Volta Japon Portugal République socialiste soviétique de Biélorussie République socialiste soviétique d'Ukraine	Norvège	Australie Canada États-Unis d'Amérique Irlande Italie Pays-Bas Royaume-Uni Union des Républiques socialistes soviétiques	20 VII 1962

[4] N'ont pas présenté d'exposés écrits, mais ont attiré l'attention sur les vues exprimées à l'Assemblée générale par leurs représentants : Chine et Israël. La Yougoslavie a également exprimé son point de vue.

[5] N'a pas présenté d'exposé écrit, mais a renvoyé aux vues exprimées à l'Assemblée générale : Inde.

Organ requesting the Opinion	Proceedings	Date of filing	Entities having participated in the proceedings			Date of the Advisory Opinion
			Written phase only	Oral phase only	Written and oral phases	
General Assembly	*Voting Procedure on Questions relating to Reports and Petitions concerning the Territory of South West Africa*	6 XII 1954	India Poland United States of America[4]			7 VI 1955
General Assembly	*Admissibility of Hearings of Petitioners by the Committee on South West Africa*	22 XII 1955	China United States of America[5]	United Kingdom		1 VI 1956
General Assembly	*Certain Expenses of the United Nations (Article 17, paragraph 2, of the Charter)*	27 XII 1961	Bulgaria Czechoslovakia Denmark France Japan Portugal Romania South Africa Spain Soviet Socialist Republic of Byelorussia	Norway	Australia Canada Ireland Italy Netherlands Union of Soviet Socialist Republics United Kingdom United States of America	20 VII 1962

[4] Did not submit written statements, but drew attention to the views expressed by their representatives in the General Assembly: China and Israel. Yugoslavia also expressed its views.

[5] Did not submit a written statement, but referred to the views expressed in the General Assembly: India.

Auteur de la demande	Procédure	Date d'enregistrement	Entités ayant participé à la procédure			Date de l'avis consultatif
			Phase écrite uniquement	Phase orale uniquement	Phases écrite et orale	
			Roumanie Tchécoslovaquie[6]			
Assemblée générale	*Sahara occidental*	21 XII 1974	Chili Colombie Costa Rica Équateur France Guatemala Nicaragua Panama République dominicaine	Algérie Zaïre	Espagne Maroc Mauritanie	16 X 1975
Assemblée générale	*Applicabilité de l'obligation d'arbitrage en vertu de la section 21 de l'accord du 26 juin 1947 relatif au siège de l'Organisation des Nations Unies*	7 III 1988	États-Unis d'Amérique République arabe syrienne République démocratique allemande		Secrétaire général des Nations Unies	26 IV 1988
Assemblée générale	*Licéité de la menace ou de l'emploi d'armes nucléaires*	6 I 1995	Bosnie-Herzégovine Burundi Équateur Finlande Inde Irlande	Australie Costa Rica Indonésie Philippines Zimbabwe	Allemagne Égypte États-Unis d'Amérique Fédération de Russie	8 VII 1996

[6] N'ont pas présenté d'exposés écrits, mais ont attiré l'attention sur les vues exprimées en leurs noms respectifs à l'Assemblée générale : Mexique, Philippines et Pologne.

Organ requesting the Opinion	Proceedings	Date of filing	Entities having participated in the proceedings: Written phase only	Entities having participated in the proceedings: Oral phase only	Entities having participated in the proceedings: Written and oral phases	Date of the Advisory Opinion
			Soviet Socialist Republic of Ukraine Upper Volta[6]			
General Assembly	*Western Sahara*	21 XII 1974	Chile Colombia Costa Rica Dominican Republic Ecuador France Guatemala Nicaragua Panama	Algeria Zaire	Mauritania Morocco Spain	16 X 1975
General Assembly	*Applicability of the Obligation to Arbitrate under Section 21 of the United Nations Headquarters Agreement of 26 June 1947*	7 III 1988	German Democratic Republic Syrian Arab Republic United States of America		Secretary-General of the United Nations	26 IV 1988
General Assembly	*Legality of the Threat or Use of Nuclear Weapons*	6 I 1995	Bosnia and Herzegovina Burundi Democratic People's Republic of Korea Ecuador	Australia Costa Rica Indonesia Philippines Zimbabwe	Egypt France Germany Iran (Islamic Rep. of) Italy	8 VII 1996

[6] Did not submit written statements, but drew attention to the views expressed on their behalf in the General Assembly: Mexico, the Philippines and Poland.

Auteur de la demande	Procédure	Date d'enregistrement	Entités ayant participé à la procédure			Date de l'avis consultatif
			Phase écrite uniquement	Phase orale uniquement	Phases écrite et orale	
			Lesotho Nauru Pays-Bas République démocratique populaire de Corée Suède		France Îles Marshall Îles Salomon Iran (Rép. islamique d') Italie Japon Malaisie Mexique Nouvelle-Zélande Qatar Royaume-Uni Saint-Marin Samoa	
Assemblée générale	*Conséquences juridiques de l'édification d'un mur dans le territoire palestinien occupé*	10 XII 2003	Allemagne Australie Belgique Brésil Cameroun Canada Chypre Cuba Égypte Espagne États fédérés de Micronésie États-Unis d'Amérique	Algérie Bangladesh Belize Cuba Madagascar	Afrique du Sud Arabie saoudite Indonésie Jordanie Ligue des États arabes Malaisie Organisation de la Conférence islamique Palestine Sénégal Soudan	9 VII 2004

Organ requesting the Opinion	Proceedings	Date of filing	Entities having participated in the proceedings			Date of the Advisory Opinion
			Written phase only	Oral phase only	Written and oral phases	
			Finland India Ireland Lesotho Nauru Netherlands Sweden		Japan Malaysia Marshall Islands Mexico New Zealand Qatar Russian Federation Samoa San Marino Solomon Islands United Kingdom United States of America	
General Assembly	*Legal Consequences of the Construction of a Wall in the Occupied Palestinian Territory*	10 XII 2003	Australia Belgium Brazil Cameroon Cuba Cyprus Czech Republic Democratic People's Rep. of Korea Egypt Federated States of Micronesia France Germany	Algeria Bangladesh Belize Cuba Madagascar	Indonesia Jordan League of Arab States Malaysia Organisation of the Islamic Conference Palestine Saudi Arabia Senegal South Africa Sudan	9 VII 2004

Auteur de la demande	Procédure	Date d'enregistrement	Entités ayant participé à la procédure			Date de l'avis consultatif
			Phase écrite uniquement	Phase orale uniquement	Phases écrite et orale	
			Fédération de Russie			
			France			
			Grèce			
			Guinée			
			Îles Marshall			
			Irlande (au nom de l'Union européenne)			
			Irlande (en son nom propre)			
			Israël			
			Italie			
			Japon			
			Koweït			
			Liban			
			Malte			
			Maroc			
			Namibie			
			Norvège			
			Organisation des Nations Unies			
			Pakistan			
			Palaos			
			Pays-Bas			
			Rép. populaire démocratique de Corée			
			République tchèque			
			Royaume-Uni			

Organ requesting the Opinion	Proceedings	Date of filing	Entities having participated in the proceedings			Date of the Advisory Opinion
			Written phase only	Oral phase only	Written and oral phases	
			Greece Guinea Ireland (on behalf of the European Union) Ireland (on its own behalf) Israel Italy Japan Kuwait Lebanon Malta Marshall Islands Morocco Namibia Netherlands Norway Pakistan Palau Russian Federation Spain Sweden Switzerland Syria United Kingdom United Nations Organization			

Auteur de la demande	Procédure	Date d'enregistrement	Entités ayant participé à la procédure			Date de l'avis consultatif
			Phase écrite uniquement	Phase orale uniquement	Phases écrite et orale	
			Suède Suisse Syrie Yémen			
Assemblée générale	*Conformité au droit international de la déclaration unilatérale d'indépendance relative au Kosovo*	10 X 2008	Égypte Estonie Iran (Rép. islamique d') Irlande Jamahiriya arabe libyenne Japon Lettonie Luxembourg Maldives Pologne Rép. tchèque Sierra Leone Slovaquie Slovénie Suisse	Arabie saoudite Bélarus Bulgarie Burundi Croatie Jordanie Viet Nam	Albanie Allemagne Argentine Auteurs de la déclaration unilatérale d'indépendance Autriche Azerbaïdjan Bolivie Brésil Chine Chypre Danemark Espagne États-Unis d'Amérique Fédération de Russie Finlande France Norvège Pays-Bas Roumanie Royaume-Uni Serbie Venezuela	22 VII 2010

Organ requesting the Opinion	Proceedings	Date of filing	Entities having participated in the proceedings			Date of the Advisory Opinion
			Written phase only	Oral phase only	Written and oral phases	
			United States of America Yemen			
General Assembly	*Accordance with International Law of the Unilateral Declaration of Independence in respect of Kosovo*	10 X 2008	Czech Rep. Egypt Estonia Iran (Islamic Rep. of) Ireland Japan Latvia Libyan Arab Jamahiriya Luxembourg Maldives Poland Sierra Leone Slovakia Slovenia Switzerland	Belarus Bulgaria Burundi Croatia Jordan Saudi Arabia Viet Nam	Albania Argentina Austria Authors of the unilateral declaration of independence Azerbaijan Bolivia Brazil China Cyprus Denmark Finland France Germany Netherlands Norway Romania Russian Federation Serbia Spain United Kingdom United States of America Venezuela	22 VII 2010

Auteur de la demande	Procédure	Date d'enregistrement	Entités ayant participé à la procédure			Date de l'avis consultatif
			Phase écrite uniquement	Phase orale uniquement	Phases écrite et orale	
Assemblée générale	*Effets juridiques de la séparation de l'archipel des Chagos de Maurice en 1965 (requête pour avis consultatif)*	23 VI 2017	Chili Chine Cuba Djibouti Fédération de Russie France Lesotho Liechtenstein Madagascar Namibie Niger[7] Pays-Bas République de Corée Seychelles Viet Nam	Botswana Kenya Nigéria Thaïlande Vanuatu Zambie	Afrique du Sud Allemagne Argentine Australie Belize Brésil Chypre États-Unis d'Amérique Guatemala Îles Marshall Inde Israël Maurice Nicaragua Royaume-Uni Serbie Union africaine[8]	25 II 2019

[7] Le 14 mars 2018, la Cour a décidé d'autoriser le dépôt, par le Niger, de l'exposé écrit qu'il avait présenté le 6 mars 2018, soit après l'expiration du délai prescrit.

[8] Par une ordonnance en date du 17 janvier 2018, la Cour a décidé que « l'Union africaine, qui [était] susceptible de fournir des renseignements sur la question soumise à la Cour pour avis consultatif, pourra[it] le faire dans les délais fixés par la Cour ». Cette ordonnance faisait suite à une lettre datée du 10 janvier 2018, par laquelle le conseiller juridique de l'Union africaine demandait que cette organisation soit autorisée à fournir des renseignements, par écrit et oralement, sur la question soumise à la Cour pour avis consultatif et se voie accorder une prorogation d'un mois du délai dans lequel elle pourrait présenter son exposé écrit.

Organ requesting the Opinion	Proceedings	Date of filing	Entities having participated in the proceedings			Date of the Advisory Opinion
			Written phase only	Oral phase only	Written and oral phases	
General Assembly	*Legal Consequences of the Separation of the Chagos Archipelago from Mauritius in 1965 (Request for Advisory Opinion)*	23 VI 2017	Chile China Cuba Djibouti France Lesotho Liechtenstein Madagascar Namibia Netherlands Niger[7] Republic of Korea Russian Federation Seychelles Viet Nam	Botswana Kenya Nigeria Thailand Vanuatu Zambia	African Union[8] Argentina Australia Belize Brazil Cyprus Germany Guatemala India Israel Marshall Islands Mauritius Nicaragua Serbia South Africa United Kingdom United States of America	25 II 2019

[7] On 14 March 2018, the Court decided to accept the written statement filed by Niger, submitted on 6 March 2018, after expiry of the relevant time-limit.

[8] By an Order dated 17 January 2018, the Court decided that "the African Union, which [was] likely to be able to furnish information on the question submitted for an advisory opinion, may do so within the time-limits fixed by the Court". This Order followed a letter dated 10 January 2018, by which the Legal Counsel of the African Union requested that this organization be permitted to furnish information, in writing and orally, on the question submitted to the Court for its advisory opinion and be granted an extension of one month for the filing of its written statement.

Auteur de la demande	Procédure	Date d'enregistrement	Entités ayant participé à la procédure			Date de l'avis consultatif
			Phase écrite uniquement	Phase orale uniquement	Phases écrite et orale	
Assemblée générale	*Conséquences juridiques découlant des politiques et pratiques d'Israël dans le Territoire palestinien occupé, y compris Jérusalem-Est*	19 I 2023	Afrique du Sud[9] Algérie Arabie saoudite Bangladesh Belize Bolivie Brésil Canada Chili Chine Colombie Cuba Djibouti Égypte Émirats arabes unis Espagne États-Unis d'Amérique Fédération de Russie Fidji France Gambie Guatemala Guyana Hongrie Indonésie Irlande Israël			

[9] Au cours de la période considérée (du 1er août 2022 au 31 juillet 2023), la procédure orale dans cette affaire ne s'était pas encore tenue.

Organ requesting the Opinion	Proceedings	Date of filing	Entities having participated in the proceedings			Date of the Advisory Opinion
			Written phase only	Oral phase only	Written and oral phases	
General Assembly	*Legal Consequences arising from the Policies and Practices of Israel in the Occupied Palestinian Territory, including East Jerusalem*	19 I 2023	African Union Algeria Bangladesh Belize Bolivia Brazil Canada Chile China Colombia Cuba Czechia Djibouti Egypt Fiji France Guatemala Guyana Hungary Indonesia Ireland Israel Italy Japan Jordan Kuwait League of Arab States Lebanon			

[9] During the period under review (1 August 2022 to 31 July 2023), the oral proceedings in this case had not yet taken place.

Auteur de la demande	Procédure	Date d'enregistrement	Entités ayant participé à la procédure			Date de l'avis consultatif
			Phase écrite uniquement	Phase orale uniquement	Phases écrite et orale	
			Italie Japon Jordanie Koweït Liban Liechtenstein Ligue des États arabes Luxembourg Malaisie Maldives Maroc Maurice Namibie Nauru Norvège Oman Organisation de la coopération islamique Pakistan Palestine Qatar République arabe syrienne Royaume-Uni Sénégal Suisse Tchéquie			

Organ requesting the Opinion	Proceedings	Date of filing	Entities having participated in the proceedings			Date of the Advisory Opinion
			Written phase only	Oral phase only	Written and oral phases	
			Liechtenstein			
			Luxembourg			
			Malaysia			
			Maldives			
			Mauritius			
			Morocco			
			Namibia			
			Nauru			
			Norway			
			Oman			
			Organisation of Islamic Cooperation			
			Pakistan			
			Palestine			
			Qatar			
			Russian Federation			
			Saudi Arabia			
			Senegal			
			South Africa			
			Spain			
			Switzerland			
			Syrian Arab Republic			
			The Gambia			
			Togo			
			Türkiye			
			United Arab Emirates			
			United Kingdom			

Auteur de la demande	Procédure	Date d'enregistrement	Entités ayant participé à la procédure			Date de l'avis consultatif
			Phase écrite uniquement	Phase orale uniquement	Phases écrite et orale	
			Togo Türkiye Union africaine Yémen Zambie			
Assemblée générale	*Obligations des États en matière de changement climatique*	29 III 2023				
Conseil de sécurité	*Conséquences juridiques pour les États de la présence continue de l'Afrique du Sud en Namibie (Sud-Ouest africain) nonobstant la résolution 276 (1970) du Conseil de sécurité*	10 VIII 1970	France Hongrie Pologne Tchécoslovaquie Yougoslavie	Organisation de l'unité africaine Viet Nam	Afrique du Sud États-Unis d'Amérique Finlande Inde Nigéria Pakistan Pays-Bas Secrétaire général des Nations Unies	21 VI 1971
Conseil économique et social	*Applicabilité de la section 22 de l'article VI de la convention sur les privilèges et immunités des Nations Unies*	13 VI 1989	Canada Rép. fédérale d'Allemagne Rép. socialiste de Roumanie	—	États-Unis d'Amérique Secrétaire général des Nations Unies	15 XII 1989

Organ requesting the Opinion	Proceedings	Date of filing	Entities having participated in the proceedings			Date of the Advisory Opinion
			Written phase only	Oral phase only	Written and oral phases	
			United States of America Yemen Zambia			
General Assembly	*Obligations of States in respect of Climate Change*	29 III 2023				
Security Council	*Legal Consequences for States of the Continued Presence of South Africa in Namibia (South West Africa) notwithstanding Security Council Resolution 276 (1970)*	10 VIII 1970	Czechoslovakia France Hungary Poland Yugoslavia	Organization of African Unity Viet Nam	Finland India Netherlands Nigeria Pakistan Secretary-General of the United Nations South Africa United States of America	21 VI 1971
Economic and Social Council	*Applicability of Article VI, Section 22, of the Convention on the Privileges and Immunities of the United Nations*	13 VI 1989	Canada Federal Rep. of Germany Socialist Rep. of Romania	—	Secretary-General of the United Nations United States of America	15 XII 1989

Auteur de la demande	Procédure	Date d'enregistrement	Entités ayant participé à la procédure			Date de l'avis consultatif
			Phase écrite uniquement	Phase orale uniquement	Phases écrite et orale	
Conseil économique et social	*Différend relatif à l'immunité de juridiction d'un rapporteur spécial de la Commission des droits de l'homme*	10 VIII 1998	Allemagne États-Unis d'Amérique Grèce Luxembourg Royaume-Uni Suède	—	Costa Rica Italie Malaisie Secrétaire général des Nations Unies	29 IV 1999
Organisation des Nations Unies pour l'éducation, la science et la culture (UNESCO)	*Jugements du Tribunal administratif de l'OIT sur requêtes contre l'UNESCO*	2 XII 1955	Chine États-Unis d'Amérique France Royaume-Uni UNESCO	—	—	23 X 1956
Organisation mondiale de la santé (OMS)	*Interprétation de l'accord du 25 mars 1951 entre l'OMS et l'Égypte*	28 V 1980	Bolivie Iraq Jordanie Koweït	OMS[10] Tunisie	Égypte Émirats arabes unis États-Unis d'Amérique Syrie	20 XII 1980
OMS	*Licéité de l'utilisation des armes nucléaires par un État dans un conflit armé*	3 IX 1993	Arabie saoudite Azerbaïdjan Colombie Finlande Inde Irlande	Égypte Îles Marshall Indonésie OMS Zimbabwe	Allemagne Australie Costa Rica États-Unis d'Amérique Fédération de Russie	8 VII 1996

[10] L'OMS a déclaré à l'audience ne pas avoir l'intention d'exposer des arguments à la Cour sur les questions énoncées dans la demande d'avis. L'Organisation a toutefois répondu aux questions qui lui ont été posées par des membres de la Cour.

Organ requesting the Opinion	Proceedings	Date of filing	Entities having participated in the proceedings			Date of the Advisory Opinion
			Written phase only	Oral phase only	Written and oral phases	
Economic and Social Council	*Difference Relating to Immunity from Legal Process of a Special Rapporteur of the Commission on Human Rights*	10 VIII 1998	Germany Greece Luxembourg Sweden United Kingdom United States of America	—	Costa Rica Italy Malaysia Secretary-General of the United Nations	29 IV 1999
United Nations Educational, Scientific and Cultural Organization (UNESCO)	*Judgments of the Administrative Tribunal of the ILO upon Complaints Made against UNESCO*	2 XII 1955	China France UNESCO United Kingdom United States of America	—	—	23 X 1956
World Health Organization (WHO)	*Interpretation of the Agreement of 25 March 1951 between the WHO and Egypt*	28 V 1980	Bolivia Iraq Jordan Kuwait	Tunisia WHO[10]	Egypt Syria United Arab Emirates United States of America	20 XII 1980
WHO	*Legality of the Use by a State of Nuclear Weapons in Armed Conflict*	3 IX 1993	Azerbaijan Colombia Democratic People's Rep. of Korea Finland India	Egypt Indonesia Marshall Islands WHO Zimbabwe	Australia Costa Rica France Germany Iran (Islamic Rep. of)	8 VII 1996

[10] The WHO stated at the public sitting that it did not intend to submit any arguments to the Court on the questions set out in the request for an advisory opinion. However, it answered questions put to it by Members of the Court.

Auteur de la demande	Procédure	Date d'enregistrement	Entités ayant participé à la procédure			Date de l'avis consultatif
			Phase écrite uniquement	Phase orale uniquement	Phases écrite et orale	
			Kazakhstan Lituanie Nauru Norvège Ouganda Papouasie-Nouvelle-Guinée Pays-Bas République de Moldova Rép. populaire démocratique de Corée Rwanda Sri Lanka Suède Ukraine		France Îles Salomon Iran (Rép. islamique d') Italie Japon Malaisie Mexique Nouvelle-Zélande Philippines Royaume-Uni Samoa	
Fonds international de développement agricole (FIDA)	*Jugement no 2867 du Tribunal administratif de l'Organisation internationale du Travail sur requête contre le Fonds international de développement agricole*	26 IV 2010	Bolivie FIDA Mme Saez Garcia (ancien fonctionnaire que concernait le jugement du Tribunal administratif)	—	—	1er II 2012

Organ requesting the Opinion	Proceedings	Date of filing	Entities having participated in the proceedings			Date of the Advisory Opinion
			Written phase only	Oral phase only	Written and oral phases	
			Ireland Kazakhstan Lithuania Nauru Netherlands Norway Papua New Guinea Republic of Moldova Rwanda Saudi Arabia Sri Lanka Sweden Uganda Ukraine		Italy Japan Malaysia Mexico New Zealand Philippines Russian Federation Samoa Solomon Islands United Kingdom United States of America	
International Fund for Agricultural Development (IFAD)	*Judgment No. 2867 of the Administrative Tribunal of the International Labour Organization upon a Complaint Filed against the International Fund for Agricultural Development*	26 IV 2010	Bolivia IFAD Ms Saez Garcia (the former staff member to whom the judgment of the Administrative Tribunal is concerning)	—	—	1 II 2012

Auteur de la demande	Procédure	Date d'enregistrement	Entités ayant participé à la procédure			Date de l'avis consultatif
			Phase écrite uniquement	Phase orale uniquement	Phases écrite et orale	
Organisation maritime internationale (OMI)[11]	*Composition du Comité de la sécurité maritime de l'Organisation intergouvernementale consultative de la navigation maritime*	25 III 1959	Belgique Chine Danemark France Inde Suisse	—	États-Unis d'Amérique Italie Libéria Norvège Panama Pays-Bas Royaume-Uni	8 VI 1960
Comité des demandes de réformation de jugements du Tribunal administratif	*Demande de réformation du jugement nº 158 du Tribunal administratif des Nations Unies*	3 VII 1972	M. Falsa (ancien fonctionnaire que concernait le jugement du Tribunal administratif) Secrétaire général des Nations Unies	—	—	12 VII 1973
Comité des demandes de réformation de jugements du Tribunal administratif	*Demande de réformation du jugement nº 273 du Tribunal administratif des Nations Unies*	28 VII 1981	États-Unis d'Amérique France M. Mortished (ancien fonctionnaire que concernait le jugement du Tribunal administratif)	—	—	20 VII 1982

[11] Dénommée précédemment Organisation intergouvernementale consultative de la navigation maritime (OMCI).

Organ requesting the Opinion	Proceedings	Date of filing	Entities having participated in the proceedings			Date of the Advisory Opinion
			Written phase only	Oral phase only	Written and oral phases	
International Maritime Organization (IMO)[11]	*Constitution of the Maritime Safety Committee of the Inter-Governmental Maritime Consultative Organization*	25 III 1959	Belgium China Denmark France India Switzerland	—	Italy Liberia Netherlands Norway Panama United Kingdom United States of America	8 VI 1960
Committee on Applications for Review of Administrative Tribunal Judgments	*Application for Review of Judgment No. 158 of the United Nations Administrative Tribunal*	3 VII 1972	Mr Falsa (the former staff member to whom the judgment of the Administrative Tribunal is concerning) Secretary-General of the United Nations	—	—	12 VII 1973
Committee on Applications for Review of Administrative Tribunal Judgments	*Application for Review of Judgment No. 273 of the United Nations Administrative Tribunal*	28 VII 1981	France Mr Mortished (the former staff member to whom the judgment of the Administrative Tribunal is concerning) United States of America	—	—	20 VII 1982

[11] Formerly known as the Inter-Governmental Maritime Consultative Organization (IMCO).

Auteur de la demande	Procédure	Date d'enregistrement	Entités ayant participé à la procédure			Date de l'avis consultatif
			Phase écrite uniquement	Phase orale uniquement	Phases écrite et orale	
Comité des demandes de réformation de jugements du Tribunal administratif	*Demande de réformation du jugement nº 333 du Tribunal administratif des Nations Unies*	10 IX 1984	Canada États-Unis d'Amérique Italie Secrétaire général des Nations Unies Union des Républiques socialistes soviétiques M. Yakimetz (ancien fonctionnaire que concernait le jugement du Tribunal administratif)	—	—	27 V 1987

Organ requesting the Opinion	Proceedings	Date of filing	Entities having participated in the proceedings			Date of the Advisory Opinion
			Written phase only	Oral phase only	Written and oral phases	
Committee on Applications for Review of Administrative Tribunal Judgments	*Application for Review of Judgment No. 333 of the United Nations Administrative Tribunal*	10 IX 1984	Canada Italy Secretary-General of the United Nations Union of Soviet Socialist Republics United States of America Mr Yakimetz (the former staff member to whom the judgment of the Administrative Tribunal is concerning)	—	—	27 V 1987

ANNEXE 20

ENTITÉS ADMISES À SAISIR LA COUR EN MATIÈRE CONSULTATIVE ET INSTRUMENTS PERTINENTS

Organe/institution	Instrument prévoyant la compétence de la Cour
	Organes des Nations Unies
Assemblée générale	Charte, art. 96, par. 1
Conseil de sécurité	Charte, art. 96, par. 1
Conseil économique et social	Résolution 89 (I) de l'Assemblée générale, 11 décembre 1946
Conseil de tutelle	Résolution 171 (II) de l'Assemblée générale, 14 novembre 1947, par. B
Commission intérimaire de l'Assemblée générale	Résolution 196 (III) de l'Assemblée générale, 3 décembre 1948, par. 3. Le mandat de la Commission intérimaire a été prorogé sans limite de durée par la résolution de l'Assemblée générale 295 (IV) du 21 novembre 1949, dont le paragraphe 3 confirme l'autorisation accordée à la Commission de demander des avis consultatifs à la Cour.
	Autres textes pertinents en ce qui concerne l'Organisation des Nations Unies
	Convention sur les privilèges et immunités des Nations Unies, approuvée par l'Assemblée générale le 13 février 1946, art. VIII, sect. 30 (Nations Unies, *Recueil des traités*, I n° 4, vol. 1)
	Accord entre l'Organisation des Nations Unies et les États-Unis d'Amérique relatif au siège de l'Organisation, 26 juin 1947, art. VIII, sect. 21 (Nations Unies, *Recueil des traités*, I n° 147, vol. 11)
	Accord entre le Gouvernement chilien et la Commission économique des Nations Unies pour l'Amérique latine relatif au fonctionnement du siège de la Commission au Chili, 16 février 1953, art. XI, sect. 21 (Nations Unies, *Recueil des traités*, I n° 4541, vol. 314)
	Accord entre l'Organisation des Nations Unies et la Thaïlande relatif au siège de la Commission économique pour l'Asie et l'Extrême-Orient en Thaïlande, 26 mai 1954, art. XIII, sect. 26 (Nations Unies, *Recueil des traités*, I n° 3703, vol. 260)
	Accord entre l'Organisation des Nations Unies et l'Éthiopie relatif au siège de la Commission économique des Nations Unies pour l'Afrique, 18 juin 1958, art. IX (Nations Unies, *Recueil des traités*, I n° 4597, vol. 317)

ANNEX 20

ENTITIES ENTITLED TO SEEK AN ADVISORY OPINION FROM THE COURT AND RELEVANT INSTRUMENTS

Text governing the jurisdiction of the Court	Organ/Agency
United Nations organs	
Charter, Art. 96, para. 1	*General Assembly*
Charter, Art. 96, para. 1	*Security Council*
Resolution 89 (I) of the General Assembly, 11 December 1946	*Economic and Social Council*
Resolution 171 (II) of the General Assembly, 14 November 1947, para. B	*Trusteeship Council*
Resolution 196 (III) of the General Assembly, 3 December 1948, para. 3. The mandate of the Interim Committee was extended indefinitely by resolution 295 (IV) of the General Assembly of 21 November 1949, paragraph 3 of which preserved its authority to request advisory opinions of the Court.	*Interim Committee of the General Assembly*
Other relevant texts for the United Nations	
Convention on the privileges and immunities of the United Nations, adopted by the General Assembly on 13 February 1946, Art. VIII, Sec. 30 (United Nations, *Treaty Series,* I No. 4, Vol. 1)	
Agreement between the United Nations and the United States of America regarding the Headquarters of the United Nations, 26 June 1947, Art. VIII, Sec. 21 (United Nations, *Treaty Series,* I No. 147, Vol. 11)	
Agreement between Chile and the United Nations Economic Commission for Latin America regulating conditions for the operation, in Chile, of the Headquarters of the Commission, 16 February 1953, Art. XI, Sec. 21 (United Nations, *Treaty Series,* I No. 4541, Vol. 314)	
Agreement between the United Nations and Thailand relating to the Headquarters of the Economic Commission for Asia and the Far East in Thailand, 26 May 1954, Art. XIII, Sec. 26 (United Nations, *Treaty Series,* I No. 3703, Vol. 260)	
Agreement between the United Nations and Ethiopia regarding the Headquarters of the United Nations Economic Commission for Africa, 18 June 1958, Art. IX (United Nations, *Treaty Series,* I No. 4597, Vol. 317)	

Organe/institution	Instrument prévoyant la compétence de la Cour
	Accord entre l'Organisation des Nations Unies et le Japon relatif au siège de l'Université des Nations Unies, 14 mai 1976, sect. 22 (Nations Unies, *Recueil des traités*, I n° 14839, vol. 1009)
	Accord entre l'Organisation des Nations Unies et la Grèce relatif au siège du groupe de coordination du Plan d'action pour la Méditerranée, 11 février 1982, sect. 26 (Nations Unies, *Recueil des traités*, I n° 20736, vol. 1261)
Institutions spécialisées	
Texte général	Convention sur les privilèges et immunités des institutions spécialisées, approuvée par l'Assemblée générale des Nations Unies le 21 novembre 1947, art. VII, sect. 24, et art. IX, sect. 32 (Nations Unies, *Recueil des traités*, I n° 521, vol. 33)
Organisation internationale du Travail (OIT)	Instrument pour l'amendement de la Constitution de l'Organisation internationale du Travail, 9 octobre 1946, art. 29, 31-34 et 37 (Nations Unies, *Recueil des traités*, I n° 229, vol. 15)
	Accord entre l'Organisation des Nations Unies et l'Organisation internationale du Travail, approuvé par l'Assemblée générale des Nations Unies le 14 décembre 1946, art. IX (Nations Unies, *Recueil des traités*, II n° 9, vol. 1)
	Statut du Tribunal administratif de l'Organisation internationale du Travail, adopté par la Conférence internationale du Travail le 9 octobre 1946 et modifié par la Conférence le 29 juin 1949, art. XII, 17 juin 1986, 19 juin 1992, 16 juin 1998, 11 juin 2008, 7 juin 2016, art. XII, et 17 juin 2019[1]
Organisation des Nations Unies pour l'alimentation et l'agriculture (FAO)	Acte constitutif de l'Organisation des Nations Unies pour l'alimentation et l'agriculture, 16 octobre 1945, amendé en 1957, art. XVII (Organisation des Nations Unies pour l'alimentation et l'agriculture, *Textes fondamentaux*, vol. I, 1968)
	Accord entre l'Organisation des Nations Unies et l'Organisation des Nations Unies pour l'alimentation et l'agriculture, approuvé par l'Assemblée générale des Nations Unies le 14 décembre 1946, art. IX (Nations Unies, *Recueil des traités*, II n° 10, vol. 1)

[1] Ce tribunal, auquel ont accès les fonctionnaires du Bureau international du Travail ou leurs ayants droit, a vu également reconnaître sa juridiction par les organisations internationales ci-après, qui sont qualifiées pour demander des avis consultatifs : Organisation des Nations Unies pour l'alimentation et l'agriculture, Organisation des Nations Unies pour l'éducation, la science et la culture, Organisation mondiale de la Santé, Union internationale des télécommunications, Fonds international de développement agricole, Organisation météorologique mondiale, Organisation mondiale de la propriété intellectuelle, Organisation des Nations Unies pour le développement industriel, Agence internationale de l'énergie atomique.

En juin 2016, l'Organisation internationale du Travail a adopté des amendements au statut du tribunal, supprimant l'article XII relatif à la saisine de la Cour.

Text governing the jurisdiction of the Court	Organ/Agency
Agreement between the United Nations and Japan regarding the Headquarters of the United Nations University, 14 May 1976, Sec. 22 (United Nations, *Treaty Series*, I No. 14839, Vol. 1009)	
Agreement between the United Nations and Greece regarding the Headquarters of the Co-ordinating Unit for the Mediterranean Action Plan, 11 February 1982, Sec. 26 (United Nations, *Treaty Series*, I No. 20736, Vol. 1261)	
Specialized Agencies	
Convention on the privileges and immunities of specialized agencies approved by the General Assembly of the United Nations on 21 November 1947, Art. VII, Sec. 24, and Art. IX, Sec. 32 (United Nations, Treaty Series, I No. 521, Vol. 33)	General instrument
Instrument for the amendment of the Constitution of the International Labour Organization, 9 October 1946, Arts. 29, 31-34 and 37 (United Nations, *Treaty Series*, I No. 229, Vol. 15)	*International Labour Organization (ILO)*
Agreement between the United Nations and the International Labour Organization, approved by the General Assembly of the United Nations on 14 December 1946, Art. IX (United Nations, *Treaty Series*, II No. 9, Vol. 1)	
Statute of the Administrative Tribunal of the International Labour Organization, adopted by the International Labour Conference on 9 October 1946 and modified by the Conference on 29 June 1949, Art. XII, 17 June 1986, 19 June 1992, 16 June 1998, 11 June 2008, 7 June 2016, Art. XII, and 17 June 2019[1].	
Constitution of the Food and Agriculture Organization of the United Nations, 16 October 1945, as amended in 1957, Art. XVII (Food and Agriculture Organization of the United Nations, *Basic Texts*, Vol. I, 1968)	*Food and Agriculture Organization of the United Nations (FAO)*
Agreement between the United Nations and the Food and Agriculture Organization of the United Nations, approved by the General Assembly of the United Nations on 14 December 1946, Art. IX (United Nations, *Treaty Series*, II No. 10, Vol. 1)	

[1] The jurisdiction of this Tribunal, which is open to officials of the International Labour Organization or other persons claiming under the terms of appointment of an official, has been recognized also by the following international organizations, which are authorized to request advisory opinions: Food and Agriculture Organization of the United Nations; United Nations Educational, Scientific and Cultural Organization; World Health Organization; International Telecommunication Union; International Fund for Agricultural Development; World Meteorological Organization; World Intellectual Property Organization; United Nations Industrial Development Organization; International Atomic Energy Agency.

In June 2016, the International Labour Organization adopted amendments to its Statute, removing Article XII, relating to referral of cases to the ICJ.

Organe/institution	Instrument prévoyant la compétence de la Cour
	Conditions d'engagement du directeur général de l'Organisation des Nations Unies pour l'alimentation et l'agriculture: recommandation de la conférence de l'Organisation, 27 octobre 1945, par. 3 (Organisation des Nations Unies pour l'alimentation et l'agriculture, *Rapport de la première session de la conférence*, 16 octobre-1er novembre 1945)
Organisation des Nations Unies pour l'éducation, la science et la culture (UNESCO)	Convention créant une Organisation des Nations Unies pour l'éducation, la science et la culture, 16 novembre 1945, art. V, par. 11 (adopté en 1952), et art. XIV, par. 2 (Nations Unies, *Recueil des traités*, I n° 52, vol. 4)[2]
	Accord entre l'Organisation des Nations Unies et l'Organisation des Nations Unies pour l'éducation, la science et la culture, approuvé par l'Assemblée générale des Nations Unies le 14 décembre 1946, sous sa forme révisée approuvée par l'Assemblée générale des Nations Unies le 8 décembre 1962, art. X[3] (Nations Unies, *Recueil des traités*, II n° 11, vol. 1 ; *ibid.*, Assemblée générale, résolution 1786 (XVII))
	Accord entre l'Organisation des Nations Unies pour l'éducation, la science et la culture et la France relatif au siège de l'UNESCO et à ses privilèges et immunités sur le territoire français, 2 juillet 1954, art. 29 (Nations Unies, *Recueil des traités*, I n° 5103, vol. 357)
Organisation mondiale de la Santé (OMS)	Constitution de l'Organisation mondiale de la Santé, 22 juillet 1946, art. 75-77 (Nations Unies, *Recueil des traités*, I n° 221, vol. 14)
	Accord entre l'Organisation des Nations Unies et l'Organisation mondiale de la Santé, approuvé par l'Assemblée générale des Nations Unies le 15 novembre 1947, art. X (Nations Unies, *Recueil des traités*, II n° 115, vol. 19)
Banque internationale pour la reconstruction et le développement (BIRD)	Accord entre l'Organisation des Nations Unies et la Banque internationale pour la reconstruction et le développement, approuvé par l'Assemblée générale des Nations Unies le 15 novembre 1947, art. VIII (Nations Unies, *Recueil des traités*, II n° 109, vol. 16)
Société financière internationale (SFI)	Accord concernant les relations entre l'Organisation des Nations Unies et la Société financière internationale, approuvé par l'Assemblée générale des Nations Unies le 20 février 1957, par. I (Nations Unies, *Recueil des traités*, II n° 546, vol. 265)

[2] Voir aussi le règlement intérieur de la Conférence générale de l'UNESCO (art. 33) et le protocole du 10 décembre 1962 instituant une commission de conciliation et de bons offices chargée de rechercher la solution des différends qui naîtraient entre États parties à la convention concernant la lutte contre la discrimination dans le domaine de l'enseignement (art. 18) (doc. UNESCO 12C/Résolutions).

[3] Article XI avant la révision de 1962.

Text governing the jurisdiction of the Court	Organ/Agency
Terms of appointment of the Director General of the Food and Agriculture Organization of the United Nations: recommendation by the Conference of the Organization, 27 October 1945, para. 3 (Food and Agriculture Organization of the United Nations, *Report of the First Session of the Conference*, 16 October-1 November 1945)	
Constitution of the United Nations Educational, Scientific and Cultural Organization, 16 November 1945, Arts. V, para. 11 (adopted in 1952), and XIV, para. 2 (United Nations, *Treaty Series*, I No. 52, Vol. 4)[2]	*United Nations Educational, Scientific and Cultural Organization (UNESCO)*
Agreement between the United Nations and the United Nations Educational, Scientific and Cultural Organization, approved by the General Assembly of the United Nations on 14 December 1946, as revised and approved by the General Assembly of the United Nations on 8 December 1962, Art. X[3] (United Nations, *Treaty Series*, II No. 11, Vol. 1; *ibid.*, General Assembly, resolution 1786 (XVII))	
Agreement between the United Nations Educational, Scientific and Cultural Organization and France regarding the Headquarters of UNESCO and the privileges and immunities of the Organization on French territory, 2 July 1954, Art. 29 (United Nations, *Treaty Series*, I No. 5103, Vol. 357)	
Constitution of the World Health Organization, 22 July 1946, Arts. 75-77 (United Nations, *Treaty Series*, I No. 221, Vol. 14)	*World Health Organization (WHO)*
Agreement between the United Nations and the World Health Organization, approved by the General Assembly of the United Nations on 15 November 1947, Art. X (United Nations, *Treaty Series*, II No. 115, Vol. 19)	
Agreement between the United Nations and the International Bank for Reconstruction and Development, approved by the General Assembly of the United Nations on 15 November 1947, Art. VIII (United Nations, *Treaty Series*, II No. 109, Vol. 16)	*International Bank for Reconstruction and Development (IBRD)*
Agreement on relationship between the United Nations and the International Finance Corporation, approved by the General Assembly of the United Nations on 20 February 1957, para. I (United Nations, *Treaty Series*, II No. 546, Vol. 265)	*International Finance Corporation (IFC)*

[2] See also Rules of Procedure of the General Conference of UNESCO (Rule 33) and the Protocol of 10 December 1962 instituting a Conciliation and Good Offices Commission to be responsible for seeking the settlement of any disputes which may arise between States parties to the Convention against Discrimination in Education (Art. 18) (UNESCO document 12C/Resolutions).

[3] Article XI before the revision of 1962.

Organe/institution	Instrument prévoyant la compétence de la Cour
Association internationale de développement (AID)	Accord concernant les relations entre l'Organisation des Nations Unies et l'Association internationale de développement, approuvé par l'Assemblée générale des Nations Unies le 27 mars 1961, art. I (Nations Unies, *Recueil des traités*, II n° 582, vol. 394)
Fonds monétaire international (FMI)	Accord entre l'Organisation des Nations Unies et le Fonds monétaire international, approuvé par l'Assemblée générale des Nations Unies le 15 novembre 1947, art. VIII (Nations Unies, *Recueil des traités*, II n° 108, vol. 16)
Organisation de l'aviation civile internationale (OACI)	Convention relative à l'aviation civile internationale, 7 décembre 1944, art. 84-86 (Nations Unies, *Recueil des traités*, I n° 10612, vol. 740; Organisation de l'aviation civile internationale, convention relative à l'aviation civile internationale, 1969)
	Accord entre l'Organisation des Nations Unies et l'Organisation de l'aviation civile internationale, approuvé par l'Assemblée générale des Nations Unies le 14 décembre 1946, art. X (Nations Unies, *Recueil des traités*, II n° 45, vol. 8)
	Accord entre l'Organisation de l'aviation civile internationale et le Canada relatif au siège de l'Organisation, 14 avril 1951, art. VII, sect. 31 (Nations Unies, *Recueil des traités*, I n° 1335, vol. 96)
Union internationale des télécommunications (UIT)	Accord entre l'Organisation des Nations Unies et l'Union internationale des télécommunications, approuvé par l'Assemblée générale des Nations Unies le 15 novembre 1947, art. VII (Nations Unies, *Recueil des traités*, II n° 175, vol. 30)
Organisation météorologique mondiale (OMM)	Accord entre l'Organisation des Nations Unies et l'Organisation météorologique mondiale, approuvé par l'Assemblée générale des Nations Unies le 20 décembre 1951, art. VII (Nations Unies, *Recueil des traités*, II n° 415, vol. 123)
Organisation maritime internationale (OMI)[4]	Convention relative à la création d'une organisation intergouvernementale consultative de la navigation maritime, 6 mars 1948, entrée en vigueur le 17 mars 1958, art. 55-56 (Nations Unies, *Recueil des traités*, I n° 4214, vol. 289). Depuis le 22 mai 1982, l'Organisation intergouvernementale consultative de la navigation maritime (OMCI) a pris le nom d'Organisation maritime internationale (OMI) ; le titre de la convention de 1948 a été modifié en conséquence et ses articles 55 et 56 sont devenus les articles 69 et 70
	Accord entre l'Organisation des Nations Unies et l'Organisation intergouvernementale consultative de la navigation maritime, approuvé par l'Assemblée générale des Nations Unies le 18 novembre 1948, entré en vigueur le 13 janvier 1959, art. IX (Nations Unies, *Recueil des traités*, II n° 553, vol. 324)
Organisation mondiale de la propriété intellectuelle (OMPI)	Accord entre l'Organisation des Nations Unies et l'Organisation mondiale de la propriété intellectuelle, approuvé par l'Assemblée générale des Nations Unies le 17 décembre 1974, art. 12 (Nations Unies, *Recueil des traités*, II n° 729)

[4] Dénommée précédemment Organisation intergouvernementale consultative de la navigation maritime.

Text governing the jurisdiction of the Court	Organ/Agency
Agreement on relationship between the United Nations and the International Development Association, approved by the General Assembly of the United Nations on 27 March 1961, Art. I (United Nations, *Treaty Series*, II No. 582, Vol. 394)	*International Development Association (IDA)*
Agreement between the United Nations and the International Monetary Fund, approved by the General Assembly of the United Nations on 15 November 1947, Art. VIII (United Nations, *Treaty Series*, II No. 108, Vol. 16)	*International Monetary Fund (IMF)*
Convention on International Civil Aviation, 7 December 1944, Arts. 84-86 (United Nations, *Treaty Series*, I No. 10612, Vol. 740; International Civil Aviation Organization, Convention on International Civil Aviation, 1969)	*International Civil Aviation Organization (ICAO)*
Agreement between the United Nations and the International Civil Aviation Organization, approved by the General Assembly of the United Nations on 14 December 1946, Art. X (United Nations, *Treaty Series*, II No. 45, Vol. 8)	
Agreement between the International Civil Aviation Organization and Canada regarding the Headquarters of the Organization, 14 April 1951, Art. VII, Sec. 31 (United Nations, *Treaty Series*, I No. 1335, Vol. 96)	
Agreement between the United Nations and the International Telecommunication Union, approved by the General Assembly of the United Nations on 15 November 1947, Art. VII (United Nations, *Treaty Series*, II No. 175, Vol. 30)	*International Telecommunication Union (ITU)*
Agreement between the United Nations and the World Meteorological Organization, approved by the General Assembly of the United Nations on 20 December 1951, Art. VII (United Nations, *Treaty Series*, II No. 415, Vol. 123)	*World Meteorological Organization (WMO)*
Convention on the Inter-Governmental Maritime Consultative Organization, 6 March 1948, entered into force on 17 March 1958, Arts. 55 and 56 (United Nations, *Treaty Series*, I No. 4214, Vol. 289). As from 22 May 1982, the Inter-Governmental Maritime Consultative Organization (IMCO) became the International Maritime Organization (IMO); the name of the organization was changed in the title of the 1948 Convention and the relevant Articles of the Convention were renumbered 69 and 70	*International Maritime Organization (IMO)*[4]
Agreement between the United Nations and the Inter-Governmental Maritime Consultative Organization, approved by the General Assembly of the United Nations on 18 November 1948, entered into force on 13 January 1959, Art. IX (United Nations, *Treaty Series*, II No. 553, Vol. 324)	
Agreement between the United Nations and the World Intellectual Property Organization, approved by the General Assembly of the United Nations on 17 December 1974, Art. 12 (United Nations, *Treaty Series*, II No. 729)	*World Intellectual Property Organization (WIPO)*

[4] Formerly known as the Inter-Governmental Maritime Consultative Organization (IMCO).

Organe/institution	Instrument prévoyant la compétence de la Cour
Fonds international de développement agricole (FIDA)	Accord entre l'Organisation des Nations Unies et le Fonds international de développement agricole, approuvé par l'Assemblée générale des Nations Unies le 15 décembre 1977, art. XIII (Nations Unies, *Recueil des traités,* II n° 806, vol. 1080)
Organisation des Nations Unies pour le développement industriel (ONUDI)	Acte constitutif de l'Organisation des Nations Unies pour le développement industriel, 8 avril 1979, art. 22 (Nations Unies, *Recueil des traités,* I n° 23432, vol. 1401)
	Accord entre l'Organisation des Nations Unies et l'Organisation des Nations Unies pour le développement industriel, approuvé par l'Assemblée générale des Nations Unies le 17 décembre 1985, art. 12
	Organisation apparentée
Agence internationale de l'énergie atomique (AIEA)	Statut de l'Agence internationale de l'énergie atomique, 26 octobre 1956, art. XVII (Nations Unies, *Recueil des traités,* I n° 3988, vol. 276)
	Accord régissant les relations entre l'Organisation des Nations Unies et l'Agence internationale de l'énergie atomique, approuvé par l'Assemblée générale des Nations Unies le 14 novembre 1957, art. X (Nations Unies, *Recueil des traités,* II n° 548, vol. 281)
	Autorisation habilitant l'Agence internationale de l'énergie atomique à demander des avis consultatifs à la Cour internationale de Justice, résolution 1146 (XII) de l'Assemblée générale des Nations Unies, 14 novembre 1957
	Accord sur les privilèges et immunités de l'Agence internationale de l'énergie atomique, approuvé par le Conseil des gouverneurs de l'Agence le 1er juillet 1959, art. X, sect. 34 (Nations Unies, *Recueil des traités,* I n° 5334, vol. 374)
	Accord entre l'Agence internationale de l'énergie atomique et l'Iraq, le Liban, la Libye, la République arabe unie, la Tunisie, etc., portant création, au Caire, d'un centre régional d'isotopes radioactifs pour le Moyen-Orient destiné aux pays arabes, approuvé par le Conseil des gouverneurs de l'Agence le 14 septembre 1962, art. XVI (Nations Unies, *Recueil des traités,* I n° 7236, vol. 494)
	Accord d'assistance mutuelle exceptionnelle entre les pays nordiques en cas d'accidents impliquant des dommages dus aux rayonnements, signé le 17 octobre 1963 par l'Agence internationale de l'énergie atomique, le Danemark, la Finlande, la Norvège et la Suède, art. IX (Nations Unies, *Recueil des traités,* I n° 7585, vol. 525)

Text governing the jurisdiction of the Court	Organ/Agency
Agreement between the United Nations and the International Fund for Agricultural Development, approved by the General Assembly of the United Nations on 15 December 1977, Art. XIII (United Nations, *Treaty Series*, II No. 806, Vol. 1080)	*International Fund for Agricultural Development (IFAD)*
Constitution of the United Nations Industrial Development Organization, 8 April 1979, Art. 22 (United Nations, *Treaty Series*, I No. 23432, Vol. 1401)	*United Nations Industrial Development Organization (UNIDO)*
Agreement between the United Nations Organization and the United Nations Industrial Development Organization, approved by the General Assembly of the United Nations on 17 December 1985, Art. 12	
Related Organization	
Statute of the International Atomic Energy Agency, 26 October 1956, Art. XVII (United Nations, *Treaty Series*, I No. 3988, Vol. 276)	*International Atomic Energy Agency (IAEA)*
Agreement concerning the relationship between the United Nations and the International Atomic Energy Agency, approved by the General Assembly of the United Nations on 14 November 1957, Art. X (United Nations, *Treaty Series*, II No. 548, Vol. 281)	
Authorization to the International Atomic Energy Agency to request advisory opinions of the International Court of Justice, resolution 1146 (XII) of the General Assembly of the United Nations, 14 November 1957	
Agreement on the privileges and immunities of the International Atomic Energy Agency, approved by the Board of Governors of the Agency on 1 July 1959, Art. X, Sec. 34 (United Nations, *Treaty Series*, I No. 5334, Vol. 374)	
Agreement between the International Atomic Energy Agency and Iraq, Lebanon, Libya, Tunisia, United Arab Republic, etc., for the establishment in Cairo of a Middle Eastern Regional Radioisotope Centre for the Arab Countries, approved by the Board of Governors of the Agency on 14 September 1962, Art. XVI (United Nations, *Treaty Series*, I No. 7236, Vol. 494)	
Nordic Mutual Emergency Assistance Agreement in connection with radiation accidents, signed on 17 October 1963 by the International Atomic Energy Agency, Denmark, Finland, Norway and Sweden, Art. IX (United Nations, *Treaty Series*, I No. 7585, Vol. 525)	

ANNEXE 21

BUDGET DE LA COUR

Budget de la Cour pour l'exercice 2022 (crédits ouverts), tel qu'adopté par l'Assemblée générale (en dollars des États-Unis)

Catégorie budgétaire	
Membres de la Cour	
Émoluments de non-fonctionnaires	7 700 300
Experts	69 900
Frais de voyage	24 900
Total partiel	**7 795 100**
Greffe	
Postes	14 697 200
Autres dépenses de personnel	1 645 400
Frais de représentation	8 800
Consultants	42 400
Frais de voyage du personnel	31 700
Services contractuels	116 000
Subventions et contributions	115 100
Total partiel	**16 656 600**
Appui aux programmes	
Services contractuels	1 424 600
Dépenses générales de fonctionnement	2 201 100
Fournitures et accessoires	261 300
Mobilier et matériel	210 400
Total partiel	**4 097 400**
Total	**28 549 100**

*

ANNEX 21

BUDGET OF THE COURT

Budget of the Court for 2022 (appropriations), as adopted by the General Assembly (United States dollars)

Budget class	
Members of the Court	
Non-staff compensation	7,700,300
Experts	69,900
Travel	24,900
Subtotal	**7,795,100**
Registry	
Posts	14,697,200
Other staff costs	1,645,400
Hospitality	8,800
Consultants	42,400
Travel of staff	31,700
Contractual services	116,000
Grants and contributions	115,100
Subtotal	**16,656,600**
Programme Support	
Contractual services	1,424,600
General operating expenditures	2,201,100
Supplies and materials	261,300
Furniture and equipment	210,400
Subtotal	**4,097,400**
Total	**28,549,100**

*

Budget de la Cour pour l'exercice 2023 (crédits ouverts), tel qu'adopté par l'Assemblée générale (en dollars des États-Unis)

Catégorie budgétaire	
Membres de la Cour	
Émoluments de non-fonctionnaires	7 794 700
Experts	79 300
Frais de voyage	30 200
Total partiel	**7 904 200**
Greffe	
Postes	14 452 200
Autres dépenses de personnel	1 959 100
Frais de représentation	9 300
Consultants	44 700
Frais de voyage du personnel	38 800
Services contractuels	133 800
Subventions et contributions	130 400
Total partiel	**16 768 300**
Appui aux programmes	
Services contractuels	1 589 800
Dépenses générales de fonctionnement	2 349 000
Fournitures et accessoires	316 700
Mobilier et matériel	182 900
Total partiel	**4 438 400**
Total	**29 110 900**

Budget of the Court for 2023 (appropriations), as adopted by the General Assembly
(United States dollars)

Budget class	
Members of the Court	
Non-staff compensation	7,794,700
Experts	79,300
Travel	30,200
Subtotal	**7,904,200**
Registry	
Posts	14,452,200
Other staff costs	1,959,100
Hospitality	9,300
Consultants	44,700
Travel of staff	38,800
Contractual services	133,800
Grants and contributions	130,400
Subtotal	**16,768,300**
Programme Support	
Contractual services	1,589,800
General operating expenditures	2,349,000
Supplies and materials	316,700
Furniture and equipment	182,900
Subtotal	**4,438,400**
Total	**29,110,900**

TABLE DES MATIÈRES

TABLE OF CONTENTS

TABLE DES MATIÈRES

TABLE OF CONTENTS

*

Annexes

*

Annexes